"十二五"职业教育国家规划教材
经全国职业教育教材审定委员会审定

普通高等教育"十一五"国家级规划教材

高等职业教育教学改革特色教材·经济贸易类

Guoji Huidui Yu Jiesuan

国际汇兑与结算

(第六版)

李 娟 谭丽涛 主 编

东北财经大学出版社
Dongbei University of Finance & Economics Press
大连

图书在版编目（CIP）数据

国际汇兑与结算 / 李娟，谭丽涛主编. —6版. —大连：东北财经大学出版社，2024.3
（高等职业教育教学改革特色教材·经济贸易类）
ISBN 978-7-5654-5155-3

Ⅰ.国… Ⅱ.①李… ②谭… Ⅲ.汇兑结算-国际结算-高等职业教育-教材 Ⅳ.F830.73

中国国家版本馆CIP数据核字（2024）第039466号

东北财经大学出版社出版
（大连市黑石礁尖山街217号 邮政编码 116025）
网 址：http://www.dufep.cn
读者信箱：dufep@dufe.edu.cn
大连天骄彩色印刷有限公司印刷 东北财经大学出版社发行

幅面尺寸：185mm×260mm 字数：411千字 印张：18.5
2024年3月第6版 2024年3月第1次印刷

责任编辑：张晓鹏 石建华 孟 鑫 孙 平 郭海雷 周 晗 责任校对：一 心
封面设计：原 皓 版式设计：原 皓

定价：49.00元

教学支持 售后服务 联系电话：（0411）84710309

如有印装质量问题，请联系营销部：（0411）84710711

富媒体智能型教材出版说明

“财经高等职业教育富媒体智能型教材开发系统工程”入选国家新闻出版署新闻出版改革发展项目库，并获得文化产业专项资金支持，是“国家文化产业资金支持媒体融合重大项目”。项目以“融通”“融合”“共建”“共享”为特色，是东北财经大学出版社积极落实国家推动传统媒体与新媒体融合发展的重要举措之一。

“财道书院”智能教学互动平台是该工程项目建设成果之一。该平台通过系统、合理的架构设计，将教学资源与教学应用集成于一体，具有教学内容多元呈现、课堂教学实时交互、测试考评个性设置、用户学情高效分析等核心功能，是高校开展信息化教学的有力支撑和应用保障。

富媒体智能型教材是该工程项目建设成果之二。该类教材是我社供给侧改革探索性策划的创新型产品，是一种新形态立体化教材。富媒体智能型教材秉持严谨的教学设计思想和先进的教材设计理念，为财经职业教育教与学、课程与教材的融通奠定了基础，较好地避免了传统教学模式和单一纸质教材容易出现的“两张皮”现象，有助于教学质量的提高和教学效果的提升。

从教材资源的呈现形式来说，富媒体智能型教材实现了传统纸质教材与数字技术的融合，通过二维码建立链接，将VR、微课、视频、动画、音频、图文和试题库等富媒体资源丰富呈现给用户；从教材内容的选取整合来说，其实现了职业教育与产业发展的融合，不仅注重专业教学内容与职业能力培养的有效对接，而且很好地解决了部分专业课程学与训、训与评的难题；从教材的教学使用过程来说，其实现了线下自主与线上互动的融合，学生可以在有网络支持的任何地方自主完成预习、巩固、复习等，教师可以在教学中灵活使用随堂点名、作业布置及批改、自测及组卷考试、成绩统计分析等平台辅助教学工具。

富媒体智能型教材设计新颖，一书一码，使用便捷。使用富媒体智能型教材的师生首先下载“财道书院”App或者进入“财道书院”（www.idufep.com）平台完成注册，然后登录“财道书院”输入教材封四学习卡中的激活码建立或找到班级和课程对应教材，就可以开启个性化教与学之旅。

“重塑教学空间，回归教学本源！”“财道书院”平台不仅是出版社提供教学资源和服务的平台，更是出版社为作者和广大院校创设的一个自主选择和自主探究的教与学的空间，作者和广大院校师生既是这个空间的使用者和消费者，也是这个空间的创造者和建设者，在这里，出版社、作者、院校共建资源，共享回报，共创未来。

最后，感谢各位作者为支持项目建设所付出的辛劳和智慧，也欢迎广大院校在教学中积极使用富媒体智能型教材和“财道书院”平台，东北财经大学出版社愿意也必将陪伴广大职业教育工作者走向更加光明而美好的职教发展新阶段。

东北财经大学出版社

第六版前言

根据中国人民银行发布的《2023年人民币国际化报告》，人民币在跨境支付中的影响力及国际化水平不断提升，我国在经济领域的成长与开放举世瞩目，释放出了巨大的改革红利，也深刻地影响着世界经济的格局。当前，我国改革开放和现代化建设事业正处于关键时刻，面临的挑战越来越严峻，与人民币汇率确定与调整相关的制度、法规不断变化。为了更好地适应国际汇兑与结算领域应用型人才培养与教学的需要，进一步完善本课程知识内容体系，将最新、最实用的知识传授给学生，同时落实习近平总书记在党的二十大报告中对金融工作的指示，推动党的二十大精神进教材、进课堂、进头脑，我们修订推出了《国际汇兑与结算》第六版。

本教材主要介绍了国际收支平衡表的内容及我国国际收支统计方法的变化，人民币汇率制度改革的历程，外汇交易的流程和品种，国际结算中的信用证结算方式、汇款结算方式、托收结算方式等；同时，对国际结算中的国际惯例、操作方法、使用的结算工具进行了重点介绍和说明，并在章节后面安排了“主要概念和观念”“基本训练”“观念应用”等栏目，在授课过程中潜移默化地对学生进行爱国主义教育和诚实守信的正能量教育，以提高学生的德育素养和专业素养。

本教材的特色是立足于应用型本科院校及高职院校的国际经济与贸易、国际商务、国际金融等专业应用型人才培养的实际教学需求，注重学生动手能力和实际操作能力的培养，同时在修订中考虑到学校和企业的对接，邀请曾在国际结算部门工作过且具有实践经验的教师加入编写团队，承担重要章节的编写任务；与金融企业合作，由其提供相关的综合案例等。

本教材由哈尔滨金融学院李娟、黑龙江工商学院谭丽涛担任主编，哈尔滨金融学院杨菁菁任副主编。其具体编写分工如下：李娟修订编写第1章、第2章、第3章；杨菁菁、郭伟（哈尔滨金融学院）、饶龙先（哈尔滨金融学院）修订编写第4章、第5章、第6章和第7章；谭丽涛修订编写第8章、第9章、第10章；谭明哲（中国银行黑龙江省分行国际清算部）、李早航（中国建设银行哈尔滨香坊支行）参与了各章实训部分的编写并提供了相关案例。全书最后由李娟总纂并定稿，冷丽莲负责审读。

由于国际汇兑与结算理论和实践的发展变化极为迅速，加之作者水平有限，书中难免有不足和疏漏之处，敬请相关专家、学者批评指正。

编　者

2023年11月

目 录

第1章

国际收支概述

学习目标

知识目标：了解国际收支与平衡相关的基础理论知识及国际收支平衡表编制的基本常识，熟悉各国在调节国际收支失衡时采取的措施及预期效果，重点掌握我国目前的国际收支状况。

技能目标：具有读懂并分析国际收支平衡表、读解一国调节国际收支的各项政策及效果的能力。

素养目标：解读近几年我国国际收支平衡表的内容，了解我国国际收支的变化，结合“一带一路”等国策中取得的成绩以及“二十大”等会议精神，对我国的大国复兴之路进行深入了解，培养家国情怀、工匠精神，提升学生的职业素养，培养学生稳重实干的品格。

引例

2023年上半年，我国经常账户顺差1 463亿美元，与同期国内生产总值（GDP）之比为1.7%，继续处于合理均衡区间；非储备性质的金融账户逆差849亿美元。经常账户和非储备性质的金融账户呈现出“一顺一逆”的自主平衡格局，外汇储备规模保持基本稳定。一方面，经常账户顺差处于相对高位，继续保持合理均衡格局。另一方面，资本项下跨境资金流动总体趋稳。国际收支顺差项目流入资金主要转化为境内主体对外投资，促进对外资产负债结构优化。我国国际收支结构稳健能够反映出我国经济发展取得的哪些成绩？

资料来源　唐婧．国家外汇局发布《2023年上半年中国国际收支报告》六大要点一文速览［EB/OL］．［2023-09-29］．https：//baijiahao.baidu.com/s?id=1778359707249658138&wfr=spider&for=pc．有删减．

什么是国际收支？什么样的经济往来会形成国际收支？我国国际收支的经常账户顺差、资本和金融账户逆差是怎样形成的？这种顺差或逆差会给我国的经济发展带来什么样的国际和国内影响？我国的外汇储备连续13年居世界第一位，这对我国来说是利大还是弊大？带着这些疑问，我们将开始本章的学习。

随着全球经济一体化的发展，各国之间的经济交往日益密切，逐渐产生了各种债权和债务关系。这种债权和债务关系总需要在一定的时间内结清，因此产生了国家间货币的收付，即国际收支。国际收支反映的是一个国家在一定时期内对外货币收支的综合情况。有的国家收大于支，称为国际收支顺差；有的国家支大于收，称为国际收支逆差。长期、巨额的顺差与逆差都会对一国经济的长远发展产生不良影响，因此，各国政府经常需要采取各种措施来平衡本国的国际收支。

1.1 国际收支与国际收支平衡表

1.1.1 国际收支的概念

1）狭义的国际收支

“国际收支”一词最早出现在17世纪初，并且经历了从狭义概念向广义概念发展的过程。最早的国际收支概念产生在国际资本流动较少的背景下，简单地将其解释为一个国家的对外贸易差额，即进口与出口的差额。随着国际经济关系的发展，各国之间的经济、政治、文化交流越来越密切。第一次世界大战之后，国际收支的概念也发展为一国在一定时期的外汇收支。也就是说，凡在一定时期内涉及外汇收支国际经济交易都属于国际收支范畴。这就是狭义的国际收支概念。这个概念是建立在外汇收支基础上的，它不包括表面上没有外汇收支发生的交易，如外国以实物形式提供的无偿援助和投资等就不涉及货币支付。

2）广义的国际收支

第二次世界大战后，由于国际经济交易的内容和方式发生了很大的变化，政府间援助、私人赠予、易货贸易、补偿贸易等转移性收支的不断增加和国家间大规模的资本流动，国际收支的内涵日益丰富，各国开始广泛使用广义的国际收支概念，即在一定时间内，一国居民（Resident）与非居民（Nonresident）之间经济交易的系统记录。广义的国际收支将全部对外经济交易都包括在内，而不论其是否有外汇收支。

小知识1-1　　居民与非居民

国际收支中的居民不同于法律上的公民概念，它是以居住地为标准划分的。所谓居民，是指在一个国家（或地区）的居住期限达一年以上的经济单位。若居住不足一年，则该经济单位就是非居民。一国居民具体包括：①一国政府，不仅包括中央、地方政府，而且包括其驻外使领馆和军事设施，即大使馆、领事馆和被派驻使领馆的国民均被视为派出国居民；②在领土内居住一年以上的个人，包括移民和长期逗留的旅游者；③服务于个人的私人非营利机构；④领土内的工商企业。国际性的金融组织（如国际货币基金组织等）属于任何国家的非居民，但是，这些机构的雇员只要在所在国居住一年以上，就是该所在国的居民。

国际货币基金组织在其2009年发布的《国际收支和国际投资头寸手册》（以下简称《国际收支手册》）（第六版）中对国际收支做了如下规定：国际收支（Balance of Payments，BOP）是特定时期内居民与非居民之间的经济交易汇总。

国际收支统计的主要内容包括：①一国与他国之间的货物、服务和收益等的交易行为，指商品进出口，运输、保险、旅游等服务，以及投资收益等国际经济交易。②该国所持有的货币性黄金、特别提款权的变化，以及与他国债权与债务关系的变化。这是指国际资本流动所产生的债权和债务，以及由于各种原因造成的官方储备资产的增减。③凡不需要偿还的单方面转移的项目和对应的科目，会计上必须用来平衡的、尚未抵销的交易以及不易互相抵销的交易。这是指侨民汇款、赠予、援助以及应收未收、应付未付、尚未结清的国际经济交易等。

由于国际收支能够综合反映一国的整体经济实力、一国对外经济与国内经济的联系及相互影响的关系，因此，各国非常重视对国际收支的统计和分析，并力争通过一定的经济调控手段达到国际收支平衡。

延伸阅读1-1

国际货币基金组织

1.1.2　国际收支平衡表

1）国际收支平衡表的概念

国际收支平衡表（Balance of Payments Statement）是反映一定时期内一国同外国全部经济往来的收支流量表。其组成部分有：货物和服务账户、初次收入账户、二次收入账户、资本账户、金融账户等。具体来说是一国遵照IMF关于国际收支的定义，根据本国的国际经济交易内容和范围设置账户和项目，并按照复式簿记原理对一定时期内本国的对外经济交易全面系统地加以记录，对每笔交易进行分类、汇总而编制出来的分析性统计报表。

国际收支平衡表系统记录了一个国家与其他国家进行经济技术交流过程中所发生的贸易、非贸易、资本往来以及储备资产的实际动态，总括地揭示出该国对外经济活动的正常与否，为政府制定对外经济政策、分析影响国际收支平衡的基本经济因素、采取相应的调控措施提供依据，并为其他核算表中有关国外部分提供基础性资料。

2）国际收支平衡表的编制原则

（1）权责发生制原则。它是指交易的记录时间应以所有权的转移为标准，这同样也是会计的基本原则。如果所有权的变更不明显，变更发生的时间可以用交易各方入账的时间来代替。

我国国际收支平衡表中的各项交易遵循《国际收支手册》（第六版）所要求的权责发生制进行记录。如一般商品在其通过海关边境时记录，对外金融资产负债交易在交易主体进行会计账务处理时记录。但受数据源所限，部分交易采用收付实现制记录，如服务贸易、二次收入的部分项目用国际交易报告系统采集数据，其为收付实现制数据。

（2）市场价格原则。国际收支平衡表在编制时必须遵循统一计价原则，因为其记载的每项交易的借贷双方实际上各自都可以从不同的来源中获得价格，假如不遵循统一计价原则，表内就会出现不平衡。对此，IMF提出了通用的解决方法，即以市场价格或其等值为依据来确定价值。也就是说，国际收支平衡表中记载的交易（无论是商品、劳务交易还是金融交易）均按实际价格来计价，如果市场价格不存在，则用同等条件下已知的市场价格来推算。比如，在易货贸易下，货物的价格根据标准的市场报价来推算；非商业性交易（如政府间物资交换）的交易价格往往含有一定成分的优惠，在记录时，也必须按市场价格来计价；贷款和存款等债务工具按账面价值定值。

（3）单一记账货币原则。它是指所有的记账单位都要折合为同一种货币。记账货币既可以是本国货币，也可以是其他国家货币。比如，我国国际收支平衡表的记账货币是美元（外国货币），美国国际收支平衡表的记账货币也是美元（本国货币）。

3）国际收支平衡表的记账方法

国际收支平衡表是按照“有借必有贷，借贷必相等”的复式簿记原理来系统记录每笔国际经济交易的，居民与非居民之间的每一笔经济交易都会产生两项记录：一项借方记录和一项贷方记录。贷方反映的是一切收入项目，用正号表示货物和服务的出口、收益收入、接受的货物和资金的无偿援助、金融负债的增加和金融资产的减少；借方反映的是一切支出项目，用负号表示货物和服务的进口、收益支出、对外提供的货物和资金的无偿援助、金融资产的增加和金融负债的减少。总体来说，凡是本国从国外获得外汇收入的交易记入贷方，凡是本国对国外有外汇支出的交易记入借方；而这笔货币收入或支出本身则相应记入借方或贷方。在经济交易中，无论支付的是本币还是外币，只要交易发生在居民和非居民之间，都要记入国际收支平衡表。

1.1.3 国际收支平衡表的结构内容

为了在世界范围内进行汇总和比较，国际货币基金组织提出了一套关于国际收支平衡表项目标准分类的建议，并从2009年开始采用《国际收支手册》（第六版）的标准格式。按照这一格式，国际收支平衡表包括经常账户、资本和金融账户两大账户。如果考虑到误差与遗漏，国际收支平衡表的项目构成如图1-1所示。

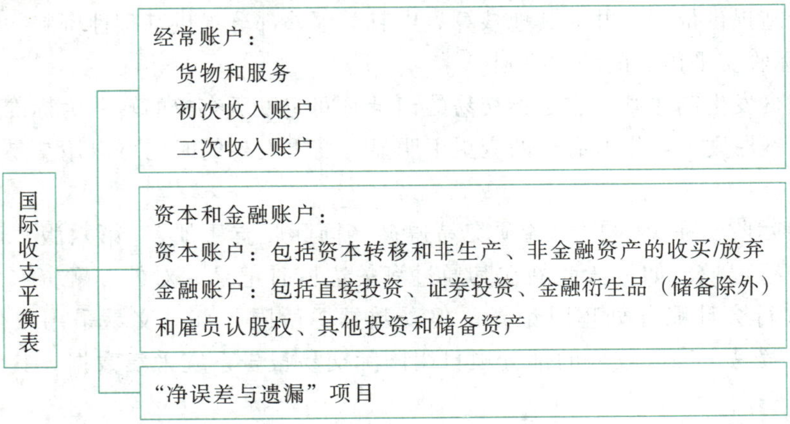

图1-1 国际收支平衡表的项目构成

我国从1997年开始编制国际收支平衡表，记录所有发生在我国大陆居民与非我国大陆居民之间的经济交易。下面以我国2023年上半年的国际收支平衡表为例，说明国际收支平衡表的结构内容，见表1-1。

表1-1 2023年上半年中国国际收支平衡表 单位：亿美元

项目	行次	亿美元
1.经常账户	1	1 463
贷方	2	18 310
借方	3	−16 847
1.A 货物和服务	4	1 910
贷方	5	16 888
借方	6	−14 977
1.A.a 货物	7	2 932
贷方	8	15 264
借方	9	−12 332
1.A.b 服务	10	−1 022
贷方	11	1 623
借方	12	−2 645
1.B 初次收入	13	−533
贷方	14	1 218
借方	15	−1 751
1.C 二次收入	16	85
贷方	17	204
借方	18	−119
2.资本和金融账户	19	−1 267
2.1 资本账户	20	−1
贷方	21	1

续表

项目	行次	亿美元
借方	22	-2
2.2 金融账户	23	-1 266
资产	24	-1 338
负债	25	72
2.2.1 非储备性质的金融账户	26	-849
2.2.1.1 直接投资	27	-616
资产	28	-888
负债	29	273
2.2.1.2 证券投资	30	-623
资产	31	-524
负债	32	-99
2.2.1.3 金融衍生产品	33	-26
资产	34	-24
负债	35	-1
2.2.1.4 其他投资	36	415
资产	37	516
负债	38	-101
2.2.2 储备资产	39	-417
3.净误差与遗漏	40	-195

注：①本表根据《国际收支手册》（第六版）编制，统计的是中国居民与非居民之间发生的一切经济交易。中国居民遵循经济体原则，不包括中国香港、澳门特别行政区和中国台湾地区的机构和个人等。②“贷方”按正值列示，“借方”按负值列示，差额等于“贷方”加上“借方”。本表除标注“贷方”和“借方”的项目外，其他项目均指差额。③本表计数采用四舍五入原则。

数据来源：国家外汇管理局。

国际收支平衡表项目说明如下：

1）经常账户（Current Account）

经常账户记载的是经常发生的国际经济交易，反映一国与他国之间实际资源的转移，是国际收支平衡表中最基本和最重要的项目，与国际收支账户有密切的联系。经常账户下包括货物和服务、初次收入、二次收入三个项目，各项目都要列出借方总额和贷方总额。

（1）货物和服务：包括货物和服务两个项目。

第一，货物（Goods）。它一般包括居民向非居民出口或者从非居民那里进口的大多数可移动货物，也称商品贸易或有形贸易（Visible Trade）。贸易收支是构成国际经济的重要因素，反映一种商品在国际市场上的竞争力，因此它是经常账户中最重要的一个项目。很多国家为了统计方便，对出口商品按FOB价格（Free on Board，离岸价格）计算，对进口商品按CIF价格（Cost，Insurance & Freight，到岸价格）计算。实际上，这样会影响国际收支平衡表的精确性，有时还会引发国家之间的贸易争端。IMF建议，所有的进出口一律按FOB价格进行计算，货物进口和出口均按离岸价格定值。

我国的货物数据以海关总署编制的国际货物贸易统计数据为基础。来自海关的进口数据是到岸价格数据，国家外汇管理局采用运费和保费调整系数（2015年之前，该调整系数为5%，即运费系数为4%，保费系数为1%；2015年后采用定期更新的调整系数）对海关进口数据进行调整，以得到离岸价格数据。此外，还使用国际交易报告系统对海关未做统计的转手买卖货物数据等进行补充。从2015年开始，按照《国际收支手册》（第六版）的要求，服务项下的“转手买卖”记录在货物贸易项下，货物贸易项下的“来料加工”和“出料加工”记录在服务项下。

就货物贸易而言，出口记在贷方，进口记在借方。例如，某企业向美国出口价值200万美元的服装，进口商将款项汇入出口企业指定的银行账户，对这一交易活动应做如下记录：本国企业出口创汇，在货物项下，贷记“+200万美元”，本国企业的外汇账户余额增加，在对外短期资产项下，借记“-200万美元”。

观念应用1-1

德国向美国出口一批价值100万美元的货物，德国应该怎样记入国际收支平衡表？

观念应用1-1

分析提示

第二，服务（Service）。它也称劳务或无形贸易（Invisible Trade），包括运输、保险、金融、文化娱乐、国际旅游、技术转让、咨询等方面的提供和接受。贷方表示服务输出，即外汇收入；借方表示服务输入，即外汇支出。

观念应用1-2

我国一家外贸公司租进日本一家运输公司经营的轮船运输设备，用中国银行在日本分行账户上的外汇余额支付4万美元，我国应如何记入国际收支平衡表？

观念应用1-2

分析提示

国际服务的生产和国际服务贸易不同于国际货物的生产和国际货物贸易。例如，某一经济体生产的货物运送到另一经济体的居民那里，那里的居民可能不知道货物的生产时间，而服务的生产在发生之前就同另一经济体的消费者事先做出的一系列安排联系在一起。因此，国际服务贸易同国际服务生产紧密联系在一起，其生产过程涉及某一居民和另一非居民。然而现在货物和服务的界限已变得模糊了，列为货物的项目包括一定成分的服务，反之亦然。

观念应用 1-3

观念应用 1-3

分析提示

一批英国居民到加拿大旅游，在饮食、住宿、乘车等方面共花费13万英镑，英国应如何记入国际收支平衡表？

（2）初次收入。它显示的是居民与非居民机构单位之间的初次收入流量，是机构单位因其对生产过程所做的贡献或向其他机构单位提供金融资产和出租自然资源而获得的回报。初次收入分为两类：一是与生产过程相关的收入；二是与金融资产和其他非生产性资产所有权相关的收入。前者主要包括雇员报酬和对产品以及生产的税收、补贴；后者主要指投资收益。投资收益是指提供金融资产所获得的回报，包括股息和准公司收益、再投资收益和利息。投资收益有其特殊性，一笔债务还本付息时，本金的流动记入金融账户，而利息则记入经常账户的投资收益中。

观念应用 1-4

观念应用 1-4

分析提示

一法国商人在英国进行证券投资，将自己的投资所得股息与红利20万欧元用支票汇回法国，其家人持支票到当地的一家英国银行领取账户上的欧元结余。法国应如何记入国际收支平衡表？

（3）二次收入。其表示居民与非居民之间的经常转移。各种不同类型的经常转移记入本账户，表明其在经济体之间收入分配过程中的作用。转移可以分为现金和实物。初次收入影响国民收入，二次收入与初次收入共同影响国民可支配总收入。资本转移不影响可支配收入，因此记入资本账户。经常转移（Current Transfer）也称为无偿转移或单方面转移，指商品、劳务或金融资产在居民与非居民之间单方面的无偿转移。

我国国际收支的该项包括侨汇、无偿捐赠和赔偿等项目，包括货物和资金形式。贷方表示外国对我国提供的无偿转移，借方反映我国对外国的无偿转移。其中涉及的各级政府指国外的捐赠者或受援者所在国际组织和政府部门；其他部门指国外的捐赠者或受援者为国际组织和政府部门以外的其他部门或个人。

观念应用 1-5

分析提示

观念应用 1-5

我国政府向菲律宾政府赠送价值50万美元的玉米，我国应如何记入国际收支平衡表？

2）资本和金融账户（Capital and Financial Account）

资本和金融账户，是指对资产所有权在国际上的流动行为进行记录的账户，包括资本账户和金融账户。这两大账户的设置是为了与国民账户体系中相同名字的两个账户一致。值得注意的是，只要国外资产和负债的计价及其他变化不反映为交易，就不反映在资本和金融账户中，而是包括在所附的国际投资头寸（International Investment Position）表中。资本从居民向非居民转移，会增加本国对外债权或减少本国对外债务；资本从非居民向居民转移，会增加本国对外债务或减少本国对外债权。同经常账户以借方总额和贷方总额的记录方法不同，资本账户是按增减额记账的：资产的净减少以及负债的净增加记为贷方项目，资产的净增加以及负债的净减少记为借方项目。

（1）资本账户（Capital Account）。它主要由两部分构成：资本转移和非生产、非金融资产的收买与放弃。资本转移主要指固定资产所有权在国际上的转移。非金融资产的收买/放弃主要指专利、版权、商标权、经销权等各种无形资产的收买和放弃，如注册的单位名称、租赁合同和其他可转让的合同及商誉。

（2）金融账户（Financial Account）。其包括某一经济体对外资产和负债所有权变更的所有交易，可分为直接投资、证券投资、金融衍生品（储备除外）和雇员认股权、其他投资以及储备资产。

第一，直接投资（Direct Investment）。其反映某一经济体的居民单位（直接投资者）对另一经济体的居民单位（直接投资企业）的永久权益，包括直接投资者和直接投资企业之间的所有交易。直接投资者需在外国投资的企业中拥有10%或10%以上的普通股或投票权，从而对该企业的管理拥有有效发言权。直接投资项下包括股本资本、用于再投资的收益和其他资本。我国的该项包括直接投资资产和直接投资负债两部分。

A.直接投资资产：借方表示我国对外直接投资汇出的资本金、母子公司资金往来的国内资金流出；贷方表示我国的撤资和清算以及母子公司资金往来的外部资金流入。

B.直接投资负债：贷方表示外国投资者在我国设立外商投资企业的投资，包括股本金、收益再投资和其他资本；总投资额数据来源于商务部。借方表示外商企业的撤资和清算资金汇出我国。

观念应用1-6

一家德国公司用90万欧元买进了一家美国公司30%的普通股，德国应如何记入国际收支平衡表？

观念应用1-6

分析提示

第二，证券投资（Portfolio Investment）。其包括股票和债券的交易，是跨越国界的股本证券和债务证券的投资。股本证券包括股票、参股或其他类似文件。债券又可以细分为期限在一年以上的中长期债券、货币市场工具和其他衍生金融工具。

A.资产：借方表示我国持有的非居民证券资产的增加；贷方表示我国持有的非居民证券资产的减少。其包括：①股本证券：以股票为主要形式的证券。②债务证券：包括中长期债券和一年期（含一年）以下的短期债券及货币市场有价证券，如短期国库券、商业票据、短期可转让大额存单等。

B.负债：贷方表示当期我国发行的股票和债券筹资额，借方表示当期股票的收回和债券的还本。其包括：①股本证券：包括我国发行的B股、H股等境内外上市外资股。②债务证券：包括我国发行的中长期债券和短期商业票据等。

观念应用1-7

观念应用1-7

分析提示

英国居民在纽约股票交易市场买进20万美元的普通股，纽约英国银行的美元结余减少，其减少额相当于英国银行对英国买主出售美元的金额。美国应如何记入国际收支平衡表？

第三，金融衍生品（储备除外）和雇员认股权。金融衍生品包括期权和远期型合约；雇员认股权作为一种报酬形式，是向公司雇员提供的一种购买公司股权的期权。

第四，其他投资（Other Investment）。它指除直接投资和证券投资外的所有金融交易，包括长短期的贸易信贷、贷款、货币和存款以及其他类型的应收款项和应付款项。其中，长期指合同期为一年以上的金融交易，短期为一年及以下的金融交易。

A.资产：借方表示资产增加，贷方表示资产减少，具体包括：①贸易信贷：借方表示我国出口商对国外进口商提供的延期收款额，以及我国进口商支付的预付货款；贷方表示我国出口延期收款的收回。②贷款：借方表示我国金融机构以贷款和拆放等形式体现的对外资产增加，贷方表示减少。③货币和存款：包括我国金融机构存放境外资金和库存外汇现金的变化，借方表示增加，贷方表示减少。④其他资产：包括除贸易信贷、贷款、货币和存款以外的其他资产，如租赁本金的收回、其他投资。

B.负债：贷方表示负债增加，借方表示负债减少，具体包括：①贸易信贷：贷方表示我国进口商接受国外出口商提供的延期付款额，以及我国出口商预收的货款；借方表示归还延期付款。②贷款：我国各类经济主体借入的各类贷款，如外国政府贷款、国际组织贷款、国外银行贷款和卖方信贷。贷方表示新增额，借方表示还本金额。③货币和存款：包括海外私人存款、银行短期资金及向国外出口商和私人借款等短期资金。贷方表示新增额，借方表示偿还额或流出额。④其他负债：其他类型的外债。

小思考1-1

小思考1-1

分析提示

2023年上半年，我国对外证券投资净流出（资产净增加）524亿美元，同比下降38%。其中，债务证券投资净流出307亿美元，占对外证券投资净流出的近6成，规模同比下降48%；股本证券投资净流出217亿美元，同比下降13%。请问：原因是什么？

第五，储备资产（Reserve Asset）。其包括某一经济体的货币当局认为可以用来满足国际收支需求和在某些情况下满足其他需求的各类资产的交易。储备资产涉及的项目包括货币化黄金、特别提款权、在国际货币基金组织的储备头寸、外汇资产以及其他债权。储备资产的变动情况反映的是官方部门的国际交易活动。由于往往是出于对冲私人部门国际交易影响的目的而发生的，所以储备资产也被称作平衡项目，许多国家在编制国际收支平衡表时会将这一项目单独列示。

小思考1-2

我国2023年上半年的外汇储备余额为−356亿美元，我国的外汇储备是增加了还是减少了？

小思考1-2

分析提示

储备资产具体包括：①货币化黄金：指一国中央银行作为储备持有的黄金。②特别提款权：是国际货币基金组织根据会员国缴纳的份额无偿分配的，可用以归还国际货币基金组织贷款和会员国政府之间偿付国际收支赤字的一种账面资产，可视为该国国际收支的一项收入。③在基金组织的储备头寸：指在国际货币基金组织普通项目中，会员国可自由提取使用的资产。④外汇储备：指一国中央银行持有的可用作国际清偿的流动性外汇资产和债权。

知识链接1-1　特别提款权（Special Drawing Rights，SDR）

SDR是国际货币基金组织于1969年创建的一种账面资产，用于缓解美元危机，解决国际清偿能力的不足。国际货币基金组织按成员国缴纳的“份额”大小进行分配，成员国可借以向国际货币基金组织提用资金，并可对其他会员国进行支付，归还国际货币基金组织的贷款，以及在成员国政府间进行转账结算，但不能兑换黄金，也不能用于个人一般支付。最初的特别提款权与美元等值，选择了16个在国际贸易中占有份额超过1%的成员国的货币，1981年简化为5种货币，2016年10月以后，由美元、欧元、人民币、日元、英镑5种货币加权平均定值。

20世纪50年代至70年代，我国外汇储备相当紧张，1952年年末外汇储备只有1.08亿美元，1978年年末也仅为1.67亿美元，居世界第38位。改革开放以来，我国外汇储备稳步增加，2006年年末突破1万亿美元，超过日本居世界第一位。2022年年末，外汇储备余额为3.13万亿美元，连续13年稳居世界第一。

3）净误差与遗漏（Errors and Omissions）

前已述及，国际收支平衡表是按照会计学的复式簿记原理编制的。按此原理记账，经常账户、资本与金融账户、储备资产可形成一个借贷方总额相抵之后总净值为零的报表。实际上，一国国际收支平衡表不可避免地会出现净的借方余额或净的贷方余额。这个金额是统计资料有误差和遗漏而形成的。为使国际收支平衡表的借方总额和贷方总额相等，编表人员就人为地在平衡表中设立了“净误差与遗漏”这个单独的项目，来抵销净的借方余额或净的贷方余额：如果经常账户、资本与金融账户和储备资产3个账户的贷方出现余额，就在“净误差与遗漏”项下的借方列出与其金额相等的数字；如果这3个账户的借方出现余额，则在“净误差与遗漏”项下的贷方列出与其余额相等的数字。

形成净误差与遗漏的主要原因有：①统计资料人为造成的不完整。这指当事人出于各种原因故意改变、伪造或压低某些项目的数字，或由商品走私、以隐蔽形式进行的资本外逃等人为隐瞒原因造成的统计资料不完整。②统计数字的重复计算和漏算。这是由统计资料来自四面八方所导致的，有的统计资料来自海关，有的来自银行报表，还有的来自官方主管机构的统计报表，某些经济交易项目还是跨年度的，这就难免造成统计口径不一致而出现重复计算和漏算。③国际短期资本流动的投机性非常强，流入流出迅速且形式隐秘，为了躲避外汇管制常超越正常的收付渠道出入国境，因此很难得到真实资料。

1.1.4 国际收支平衡表的分析方法

1）静态分析

静态分析也称项目分析，是指分析某国在某一时期内国际收支平衡表中的各个项目及其差额、项目差额形成的原因及对国际收支总差额的影响，从而找出国际收支总差额形成的主要原因。

2）动态分析

一国的国际收支处于连续不断的运动过程之中，因此，对国际收支也应该用动态的方法加以分析。动态分析是指分析某国若干连续时期的国际收支平衡表，以此来考察过去一定时期内该国的经济结构状态、经济发展进程及经济政策导向。

3）比较分析

比较分析一般是指对不同国家在相同时期的国际收支平衡表进行比较和分析。随着国际政治、经济和军事关系的变化，一国与其相关国家之间的国际收支也会相应地变化，因此必须对相关国家的国际收支平衡表进行横向的比较和分析，找出其中隐藏的经济关系及其作用的规律。

1.2 国际收支平衡及其影响因素

1.2.1 国际收支平衡

为了正确地反映一国国际收支的真实状况，必须对国际收支平衡的定义进行严格的规范。目前，对于国际收支的平衡与失衡，国际上有不同的定义方法，一般认为，只有主动平衡和内容平衡二者兼具才是真正的国际收支平衡。

1）主动平衡与被动平衡

这种分类方法首先将各种国际经济交易按其性质分为自主性交易和调节性交易。自主性交易又称为事前交易，指根据个人自主的经济动机而进行的各种经济活动，如商品和劳务的输出入、馈赠和侨汇等。调节性交易又称为事后交易，指为弥补自主性交易差额或缺口而进行的各种经济活动，如当一国的自主性交易发生逆差时，要从国外银行获得短期资金融通或动用黄金或外汇储备进行支付等。国际收支的主动平衡是指自主性交易的收支自动相等（抵），无须用调节性交易来弥补；而自主性交易收支不能相抵，必须用调节性交易来轧平，这样达到的平衡则被称为被动平衡。

2）数额平衡与内容平衡

这种分类方法认为，国际收支的主动平衡有时也并非真正的平衡，而仅仅是数额的平衡，还必须同时实现内容的平衡。假定一国的国际收支主要表现为贸易收支，其他收支的比重皆微不足道，那么，如果该国输出的货物是本国生产能力较强的制成品，通过出口可以带动国内的经济增长，而输入的货物却是本国稀缺的资源或先进的机器设备，这种进出口结构显然是有利于本国经济长期发展的，这样达到的平衡才是真正的内容平衡；反之，如果出口的货物是国内经济发展中所短缺的，而进口的货物又明显会对本国幼稚产业的产品造成打击，这样虽然在数额上实现了平衡，却没有在内容上达到平衡，长期下来将对该国的经济发展不利。

1.2.2 影响国际收支平衡的因素

1）一般因素

（1）周期性因素：任何国家的经济都存在着波动周期，这个波动周期分为繁荣、衰退、萧条和扩张四个阶段，且在一定时期内周而复始，反复循环。在不同阶段，国际收支可能会出现不同的失衡情况。当一国经济处于繁荣或扩张阶段时，由于国内投资和消费需求过旺，进口增长超过出口增长，可能会出现逆差；当一国经济处于萧条或衰退阶段时，由于国内需求萎缩，进口需求迅速消退，可能会出现顺差。另外，由于国际交往日益紧密，发达工业国家的经济状况往往影响其他国家，致使各国的国际收支出现不平衡。

（2）结构性因素：各国由于历史、地理及政府引导等多种原因，产业结构差别很大，生产力发展水平各异。一些发展中国家曾长期受到殖民统治，经济结构单一，甚至仅以一两种初级产品作为其出口换汇的唯一或主要手段。独立后由于多方面的原因，一旦国际市场对这些发展中国家赖以换汇的初级产品的需求减少或价格降低，这些国家的国际收支就会出现重大困难。另外，一些发展中国家经济和产业结构变动的滞后和困难也会导致国际收支失衡。例如，一国的国际贸易在一定的生产条件和消费需求下本来是均衡的，当国际市场发生变化时，新产品不断地淘汰老产品，这些新的替代品性能更优、价格更低，如果该国不能及时根据国际形势调整自己的生产结构，那么，原有的贸易平衡就会被打破，逆差就会出现。一般来说，这种由产业结构和经济增长等因素造成的国际收支失衡具有持久、不易消除的特点。

（3）货币性因素：是指在一定汇率条件下，国内货币成本与一般物价水平上升导致国际收支失衡。例如，某个国家内部发生通货膨胀，物价大幅上涨，出口商品的成本提高，价格上涨，这种商品的输出必然受到影响，而进口商品的价格相对便宜，输入受到鼓励，导致国际收支逆差。一国国内物价水平提高的原因一般被认为是货币供应量的过度增加，因此，这种国际收支的失衡被认为是货币性的。

（4）收入性因素：如果一国经济迅速发展，居民的收入也会相应地迅速增加，从而提出更高的消费要求，除了要求进口商品迅速增加外，还会增加原来在较低的收入水平时所没有或较少的其他消费需求，如旅游和进口奢侈品等。这种国民收入的相对快速增长会导致进口的增长超过出口的增长，从而引起国际收支失衡。

（5）意外事件：如国际政治事件、经济危机和严重的自然灾害等，会影响一段时间内的国际收支平衡。

2）特殊因素

（1）发达国家国际收支不平衡的表现有：①由于发达国家之间的国际竞争力或投资回报的利润率对比有差异，所以巨额逆差的成因可能是商品劳务输出过多、吸引外来直接投资较多，如20世纪六七十年代的日本；或者是商品劳务输入过多、对外直接投资较多，如20世纪七八十年代的美国。②发达国家的资本与金融账户在其国际收支中的地位越来越重要，资本的输出与输入日益频繁且不稳定，大规模的资本流入或流出足以引起相关国家的国际收支变动。③在当今高度一体化的国际金融市场上，资本对有资信的发达国家来说筹措相当方便，即使贸易收支或经常账户有巨额逆差，也可以通过调节性交易（如提高利率）引起资本与金融账户中大量资本的流入来抵销。

（2）发展中国家国际收支不平衡的表现有：处在经济发展阶段，一方面，由于国内资源和技术的短缺，产品结构比较单一，出口的产品一时只能是传统的初级产品且停留在较低的技术水平上，故出口规模难以有效持久地扩大；另一方面，进口需求相对旺盛，进口的产品都是技术含量较高的制成品或本国还无法制造的高档消费品，其出口增长往往不及进口，从而形成国际收支逆差。另外，由于资信低，缺乏国际金融专门人才，筹措国外资金的成本高，很难通过资本与金融账户的顺差来弥补贸易逆差，所以，发展中国家的国际收支不平衡多表现为逆差。

1.3 国际收支的失衡与调节

1.3.1 国际收支失衡

1）国际收支中的顺差和逆差

国际收支平衡表中每一具体项目的借方和贷方经常是不平衡的，收支相抵后总会有差额。如果收入大于支出，出现盈余，称为顺差（Surplus）；支出大于收入，出现亏损，称为逆差（Deficit）。在没有特殊说明的情况下，人们称某国的国际收支为顺差或逆差，是指总差额为顺差或逆差。总差额（Overall Balance）是经常账户差额、资本账户差额、金融账户差额、净误差与遗漏四项之和，总差额不为零时，需要动用储备资产予以调节，则为国际收支不平衡。总差额反映报告期内一国的国际收支状况对其储备的影响，是目前广泛使用的概念。

基本差额（Basic Balance）也是反映一国国际收支状况的差额，是经常账户差额与长期资本账户差额之和。第五版《国际收支手册》删除了基本差额的概念。IMF这么做主要是因为在金融创新与日益高涨的融资证券化趋势下，各种新的金融交易与金融工具不断出现，使得资本交易期限长短之间的界限变得模糊了。

2）国际收支失衡的消极影响

长期存在的严重的国际收支逆差和顺差都会对一国经济产生不良影响。其中，逆差的影响表现在：①一国的国际收支逆差一般会使该国的汇率下跌，如果逆差十分严重，该国汇率下跌的幅度也会相当大；②如果一国政府不愿意接受本币汇率下跌和贸易条件恶化的后果，就需要在国际收支出现逆差时动用外汇储备干预市场，这会导致外汇储备减少，而外汇储备的减少会导致国内银根紧缩和利率上升，这又会对收入和就业产生不良影响；③如果国际收支逆差是由贸易逆差引发的，则会通过外贸乘数使本国收入水平下降和失业增加；④如果国际收支逆差是由资本账户逆差引发的，则会加剧国内资金的紧张，造成本国收入水平下降和失业增加。

顺差的消极作用不像逆差那样明显，有时它会成为政府追求的目标。但如果顺差过大且长期存在，也会有不良影响，这主要表现在：①顺差形成促使本币对外升值的压力，这样会鼓励进口和抑制出口，从长远来看不利于该国扩大市场和发展生产；②顺差使该国黄金外汇储备增加，但同时它也使该国货币供应量增加，加剧该国的通货膨胀；③由于一国的顺差意味着其他国家的逆差，容易导致逆差国家采取报复性措施，这不利于该国长期稳定地发展对外经济；④对主要面临资源约束而非需求约束的发展中国家来说，如果贸易顺差源自过度物资出口，它会通过加强资源约束而影响该国经济的长期发展。

1.3.2　国际收支失衡的调节

鉴于巨额、连续的国际收支顺差和国际收支逆差对经济的长期稳定发展都是不利的，各国往往采取各种措施调节自己的国际收支，使其趋向平衡。

1）外汇缓冲政策

外汇缓冲政策是指各国政府为调节国际收支失衡，将持有的一定数量的黄金外汇作为外汇平准基金（Foreign Exchange Stabilization Fund），来抵消市场的超量外汇供给或需求，从而使国际收支不平衡所产生的影响不致超过官方储备增减的限度。当一国的国际收支出现逆差或顺差时，中央银行可以通过外汇平准基金，在外汇市场上买卖外汇，调节外汇供求。这种做法简便易行，既有利于避免汇率的暂时波动，又有利于本国对外贸易和投资的顺利进行。但通过外汇储备的弥补只能用来平衡一次性或季节性的国际收支逆差，不适合用来应对巨额、长期的逆差，因为一国的外汇储备规模毕竟是有限的，过度依赖这一政策会导致储备枯竭，不能从根本上解决赤字。

2）财政货币政策

（1）财政政策，主要是采取缩减或增加政府的财政预算或财政支出和调整税率的方式，来调节国际收支的顺差或逆差。

如果出现连续的国际收支逆差，首先，可以削减政府的财政预算，压缩财政支出，抑制公共支出和私人支出，迫使国内的物价水平下降，出口所需的投入成本也随之下降，这样就能够增强本国出口商品的竞争力，最终减少国际收支逆差。其次，提高本国相关的税率。税率一经提高，就会减少国内的投资和消费，进而减少国民收入，使国内物价水平下降，进而有条件地扩大商品出口，达到缩小国际收支逆差的目的。反之，在出现连续顺差时，调节措施首先是增加政府的财政预算和财政支出；其次是降低税率，以扩大需求，减少出口，增加进口，以此达到缩小顺差的目的。

（2）货币政策，是西方国家普遍、频繁采用的调节国际收支的政策措施，中央银行通过各种政策工具的运用来调节需求规模，进而达到调节国际收支的目的。当国际收支出现逆差时，中央银行实施紧缩的货币政策，通常采取以下措施：①提高利率，以增加融资成本的方式来限制货币需求的膨胀，并吸引外资流入；②提高存款准备金率，以紧缩信贷规模，从而达到制约进出口规模的目的；③实行公开市场业务操作，卖出债券，回笼货币，调节货币需求规模，从而减少直至消除逆差。货币政策的局限性是国际收支的改善往往与国内的经济发展目标冲突，只有在国际收支逆差是因为总需求大于总供给，同时实现充分就业的情况下，采取紧缩的货币政策才不至于牺牲国内的经济目标。

同理，在国际收支出现顺差时，可采取扩张性的货币政策，如通过降低利率、降低存款准备金率、买入债券等方式予以调整。

小知识1-2　中央银行及其货币政策

中央银行是一个国家银行体系的中心，是管理全国货币的最高机构，执行国家的金融政策，控制全国的信用。目前，世界上大多数国家都设立了中央银行。

中央银行传统的货币政策工具有存款准备金、再贴现、公开市场业务三种，通常被称为央行的三大法宝。它们是中央银行控制货币供应量最主要的常规手段。存款准备金是中央银行在法律所赋予的权力范围内，通过规定或调整商业银行缴存中央银行的存款准备金比率，控制商业银行的信用创造能力，间接地控制货币供应量的手段。再贴现是中央银行通过提高或降低再贴现率来干预和影响市场利率及货币市场的供应和需求，从而调节市场货币供应量的一种金融政策。公开市场业务是指中央银行为实现货币政策目标而在公开市场上买进和卖出有价证券的行为。当金融市场上缺乏资金时，中央银行就通过公开市场业务买进有价证券，向社会投入一定量的基础货币，增加货币供应量；当金融市场上资金过多时，中央银行则抛出有价证券，使信用规模收缩和调节货币供应量。

3）汇率政策

汇率政策，即通过宣布货币法定升值或贬值的办法，提高或降低本币与外币的兑换比例，使国际收支失衡得到改善。一般来讲，当国际收支出现严重的逆差时，可实行货币的法定贬值，降低本币汇率，提高外汇汇率，使本国产品以外币表示的价格下跌，从而使其具有竞争力，扩大出口，以改善国际收支；当国际收支出现巨额顺差时，则在他国的压力下实行货币法定升值，以减少甚至消除国际收支顺差。

4）直接管制政策

直接管制政策是政府通过发布行政命令，对国际经济交易进行行政干预，以求平衡国际收支的政策措施。它可以分为数量性管制措施和价格性管制措施。前者包括进口配额、进口许可证、外汇管制等各种进口的非关税壁垒；后者主要是运用关税壁垒，即对本国进口数量较大或用汇较多的商品实行高额关税，以减少进口支出，同时也采用出口补贴、出口退税、外汇留成等行政手段，增加外汇收入。这一政策灵活、具体，易于有针对性地区别实施，不致引起整个经济局势的起伏。但是，它也会产生国际收支隐性赤字、贸易伙伴国的报复等不良后果。有的国家在国际收支出现逆差时，会颁布外汇管制条例，对外汇的买卖、收入、支出均实行严格控制，借以改善国际收支。例如，禁止外汇自由买卖，规定不同的结汇汇率和结汇条件，控制外汇的支出和使用，防止资本外逃。

1.3.3 国际收支的自动调节机能及其局限性

国际收支的逆差或顺差，会引起国内某些经济变量的变动，这些变动反过来又会影响国际收支。国际收支的自动调节，就是指由国际收支失衡引起的国内经济变量变动对国际收支的反作用过程。自动调节机能的作用原理是：在持续逆差的情况下，因外汇供不应求，而本币相对过剩，则本币对外贬值，出口商品的价格竞争力提高，进口商品的价格竞争力下降，从而扩大出口，限制进口；同时，在持续逆差的情况下，信用将紧缩，利率将上升，也将限制国内总需求，从而使逆差额逆转。在持续顺差的情况下则相反。自动调节机能的生效条件是净出口商品供需弹性大，对利率升降敏感，而且国家财政、金融等政策调整与之相适应；否则，这一机能就难以取得预期效果。

1.4 我国的国际收支

1.4.1 我国的国际收支统计

国际收支统计（体系）是全面反映一国涉外经济发展状况的统计体系，与国民账户体系、货币与金融统计、财政统计并称宏观经济四大账户。国际收支统计体系是我国宏观经济监测体系的重要组成部分，它主要反映我国与世界其他地方经济交往的基本状况和趋势，是开放经济条件下进行宏观经济决策的主要信息来源之一。

1）我国国际收支统计的历史沿革

国际货币基金组织于1948年首次颁布了《国际收支手册》，之后又于1950年、1961年、1977年和1993年进行了修改，不断地补充新的内容。编制和提供国际收支平衡表已成为国际货币基金组织成员的一项义务，并成为参与其他国际经济组织活动的一项重要内容。从1997年起，我国依照第五版的《国际收支手册》进行了标准格式的调整。

随着经济环境的变化，尤其是各种金融衍生品的层出不穷，2001年国际货币基金组织开始启动对第五版《国际收支手册》的修订和调整工作，并于2009年发布了第六版《国际收支手册》。新版手册发布后，世界各国都要以新版手册为标准进行国际收支统计。为此，2013年11月，我国颁布了《国务院关于修改〈国际收支统计申报办法〉的决定》，自2014年1月1日起施行。

2）我国的国际收支统计发展历程

改革开放以来，随着我国对外交往的不断扩大，经济生活中的市场化程度日趋提高，我国从1980年开始试编国际收支平衡表，自1985年起对外公布国际收支平衡表。1995年，经国务院批准，中国人民银行发布了《国际收支统计申报办法》，成为我国开展国际收支统计的法律基础。在1996年推出“金融机构间接申报国际收支”举措的基础上，1997年又推出了直接投资、证券投资、金融机构对外资产及损益、汇兑四项直接申报举措。现在我国已经建立起完整、科学的国际收支申报、统计体系，国际收支的申报、统计和分析预测工作在我国宏观经济调控体系中发挥着重要的作用。

3）新版《国际收支统计申报办法》的修改内容

新版《国际收支统计申报办法》的修改内容主要涉及六个方面：一是明确规定统计范围扩大至“中国居民对外金融资产、负债”；二是申报主体由中国居民扩大至非中国居民，可以更全面、准确地掌握有关国际收支交易，尤其是发生在我国境内与非中国居民间的国际收支交易；三是根据电子银行、国际银行卡以及证券市场的管理和发展情况，增加对提供登记结算、托管等服务的机构的申报要求；四是增加拥有对外金融资产、负债的中国居民个人的申报义务；五是根据对申报主体的修改情况，增加对这些申报主体的保密义务；六是删除原《国际收支统计申报办法》中的有关罚则，明确规定根据《中华人民共和国外汇管理条例》的要求进行处罚。

延伸阅读1-2

国务院关于修改《国际收支统计申报办法》的决定

1.4.2 我国的国际收支近况

中华人民共和国成立后相当长的时期内，我国一直未编制国际收支平衡表，只编制外汇收支计划，作为国民经济发展计划的一个组成部分。当时的外汇收支计划包括贸易收支计划、非贸易收支计划和利用外资还本付息计划三部分。1980年，我国恢复了在IMF的合法席位，1982年开始按年度编制和公布国际收支平衡表，2001年按半年度公布，2010年开始按季度公布。2014年我国进行了人民币汇率制度改革，我国国际收支记录也进入了新的阶段：

（1）2014—2019年。我国的国际收支总差额虽在2008年国际金融危机之后仍保持顺差，但期间是震荡下行的，2014年顺差总额达到1 846亿美元，变化相对较平稳，仍保持中等顺差水平。2015年，受世界经济和全球贸易增速放缓、国际金融市场震荡加剧、主要经济体货币政策进一步分化的影响，我国国际收支总差额首次出现逆差格局，波动变得更为剧烈，人民币兑美元汇率也出现了一波显著的贬值走势。其中，经常账户基本保持了较高的顺差水平，非储备性质的金融账户则在2015年和2016年出现大幅度逆差，反映出期间资本流动压力突然加大。2017年以来，随着国内外市场环境的总体改善，人民币汇率预期合理分化，我国国际收支总差额反弹至较高的顺差水平，逐渐呈现出自主平衡的发展态势（见表1-2）。

表1-2 我国经常账户、非储备性质的金融账户及国际收支总差额（2014—2019年）

单位：亿美元

项目	2014	2015	2016	2017	2018	2019
经常账户差额	2 360	3 042	2 022	1 951	255	1 413
非储备性质的金融账户差额	−514	−4 345	−4 161	1 095	1 727	378
国际收支总差额	1 846	−1 303	−2 139	3 046	1 982	1 791

数据来源：吴志明．国际金融［M］．北京：高等教育出版社，2021.

（2）2020—2023年。2020年，新冠肺炎疫情开始在全球蔓延，世界经济出现严重衰退。国家外汇管理局的数据显示，2020年第一季度，由于货物贸易顺差的显著缩水以及证券投资余额的由正转负，国际收支出现了数十年以来的第一次双逆差。但从全年度来看，2020年我国国际收支延续基本平衡的发展格局，经常账户顺差增加。其中，货物贸易顺差较2019年增长31%，呈现出先抑后扬的走势；服务贸易逆差收窄44%，主要是旅行支出萎缩；跨境双向投融资活跃。我国对外金融资产和负债较2019年年末分别增长11%和18%，对外净资产2.2万亿美元。2021年，国际收支仍延续基本平衡的格局，经常账户顺差持续增加，货物贸易顺差进一步增加，服务贸易逆差维持低位，跨境双向投融资保持活跃，我国对外金融资产和负债较2020年年末分别增长5%和11%。2022年，我国国际收支延续基本平衡的格局，货物贸易顺差较2021年增长19%，服务贸易逆差收窄9%。从存量看，2022年年末我国对外净资产2.53万亿美元，较2021年年末增长16%。

受三年全球疫情的影响，我国经济放缓，但国际收支持续基本平衡，与国内生产总值之比始终保持在合理均衡的区间内，这与我国统筹推进疫情防控、经济社会发展取得重大战略成果、国内经济稳定恢复密不可分。2020—2023年我国经常账户差额、非储备性质的金融账户差额及国际收支总差额见表1-3。

表1-3 我国经常账户、非储备性质的金融账户及国际收支总差额（2020—2023年）

单位：亿美元

项目	2020	2021	2022	2023（前三季度）
经常账户差额	2 488	3 529	4 019	2 090（前三季度）
非储备性质的金融账户差额	−611	−301	−2 114	−1 854（前三季度）
国际收支总差额	1 877	3 228	1 905	236（前三季度）

1.4.3 疫情以来我国经常账户稳健性在全球表现突出的原因

多年来，我国经常账户顺差长期保持在合理均衡的区间。2020年新冠肺炎疫情暴发以来，我国经常账户表现出较强的稳健性，经常账户顺差规模持续稳步扩大，发挥了稳定国际收支和外汇市场的基础性作用。

（1）2020年以来多个经常账户顺差国出现顺差规模较大波动，我国经常账户顺差保持稳健增长。在2020年全球新冠肺炎疫情初始阶段，德国和日本经常账户顺差分别收窄7%和16%；2021年在低基数效应下，两国经常账户顺差恢复增长。2022年俄乌冲突以来，俄罗斯、挪威等少数能源供应国经常账户顺差增长，多数传统贸易顺差国经常账户顺差显著下降。2022年前三季度，德国、日本、韩国经常账户顺差分别为1 022亿美元、778亿美元和257亿美元，较2021年同期分别下降57%、53%和60%。2020年以来，我国经常账户顺差持续呈现增长态势，顺差规模扩大至2022年的4 019亿美元，年均增幅为66%，与国内生产总值（GDP）之比保持在2%左右，持续处于合理均衡区间。

（2）货物贸易是经常账户的主要顺差来源，近年来很多顺差国受到多重因素的冲击影响，但我国货物贸易韧性凸显、顺差增加。全球货物贸易顺差国大致可以分为工业产品出口国和能源资源出口国两大类，其中，德国、日本、韩国以及我国主要通过制造业生产带动工业产品出口，同时也是重要的能源需求国。近年来，全球疫情叠加俄乌冲突，使得很多以工业产品出口为主的货物贸易顺差国面临多重冲击，尤其是2022年，德国、日本、韩国货物贸易顺差明显收窄，甚至转为逆差。根据国际货币基金组织的数据，2022年前三季度，德国和韩国的货物贸易顺差分别为867亿美元和175亿美元，同比下降53%和71%；日本的货物贸易为逆差850亿美元，2021年同期为顺差211亿美元。2022年，我国货物贸易顺差为6 686亿美元，较2021年增长19%，延续持续增加态势。

（3）我国产业链供应链稳固、贸易结构优化是货物贸易保持顺差的重要支撑。从出口看，我国产业门类齐全，制造业持续转型升级，出口商品中不但包括德国、日本、韩国出口中占比较高的汽车、机械等中高端制造业产品，也涵盖纺织服装等生活必需品，以及手机、电脑等日用电子产品，较好地拟合了疫情背景下的全球消费需求。同时，我国出口市场多元化，近年来对东盟和非洲的出口占比逐年提升，有效弥补了欧美需求波动对出口的影响；德国的出口市场欧美占据7成多份额，日韩的出口市场非洲和拉丁美洲占比较低。从进口看，在俄乌冲突抬升了全球粮食和能源价格的背景下，我国进口产品中食品占比较低，粮食自给自足能力强；同时，我国石油、天然气进口占比也低于日韩，且我国能源进口来源稳定多元，2022年我国能源类商品进口额的增速为德国、日本、韩国的一半。

（4）近年来我国服务贸易逆差总体收窄，除受全球疫情影响外，也体现出了新兴服务贸易的蓬勃发展，这也是经常账户顺差增加的另一个重要因素。2022年前三季度，德国服务贸易逆差321亿美元，2021年同期为顺差21亿美元；日本服务贸易逆差338亿美元，较2021年同期增长18%。德国、日本服务贸易逆差扩大主要源于信息服务、商业服务、知识产权使用费等的逆差增加；同时，德国边境较早开放，拉动旅行支出逐步恢复。近三年，全球疫情蔓延背景下我国旅行逆差维持低位，但2022年在旅行逆差有所增长的情况下，服务贸易逆差进一步收窄9%，主要是其他商业服务和电子计算机信息服务顺差分别增长24%和66%，表明我国知识密集型服务业国际竞争力增强，体现了近年来制造业和服务业深度融合的发展成效。

未来，我国将加快构建新发展格局，增强国内大循环的内生动力和可靠性，提升国际循环质量和水平，推动货物贸易提质增效和服务贸易高质量发展，进一步夯实我国经常账户稳健运行的基础。

主要概念和观念

○ 主要概念

国际收支　国际收支平衡表　经常账户　经常转移　自主性交易　调节性交易　顺差　逆差

○ 主要观念

国际收支平衡是主动平衡和内容平衡　长期的国际收支失衡会对经济产生不良影响

基本训练

○ 知识题

随堂测1

▲ 简答题

(1) 国际收支平衡表中借方和贷方的经济含义各是什么？

(2) 国际收支失衡的原因有哪些？

(3) 如何采取政策措施调节国际收支失衡？

(4) 居民与非居民的区别是什么？

▲ 单项选择题

(1) 投资收益在国际收支平衡表中应列入（　　）。

A.经常账户　B.资本账户　C.金融账户　D.储备资产项目

(2) 根据国际收支理论，影响外汇供求的决定性因素是（　　）。

A.贸易收支　B.经常账户收支　C.国际储备量　D.资本账户收支

(3) 在未特别指明的情况下，某国的国际收支差额是指（　　）。

A.总差额　B.基本差额　C.官方结算差额　D.贸易差额

(4) 下列不属于官方储备的是（　　）。

A.中央银行持有的黄金储备　B.商业银行持有的外汇资产

C.会员国在IMF的储备头寸　D.中央银行持有的外汇资产

▲ 多项选择题

(1) 经常账户是国际收支平衡表中最基本和最重要的账户，记载的是经常发生的国际经济交易，该账户反映一国与他国之间实际资金的转移。经常账户包括（　　）项目。

A.服务　　B.货物　　C.经常性转移　　D.收益

(2) 服务项目也称劳务或无形贸易，以下各项中，属于服务项目的有（　　）。

A.证券投资　　B.建筑　　C.旅游　　D.保险

(3) 当国际收支发生逆差时，央行实施紧缩的货币政策，调节货币需求规模，从而减少直至消除逆差。其通常采取的手段有（　　）。

A.提高利率　　B.降低利率

C.提高存款准备金率　　D.降低存款准备金率

(4) 外汇缓冲政策只能用来平衡（　　）的国际收支逆差，不适合用来对付（　　）逆差，过度依赖这一政策会导致储备枯竭。

A.一次性　　B.长期的　　C.巨额的　　D.季节性

▲ 阅读理解

阅读以下资料，分析说明美联储加息50个基点，如何影响中国外汇收支走势：

2022年5月4日下午，美联储通过会议决定将美国联邦基金利率增加0.5%（即上涨50个基点），以降低美国高企的通胀率。加息后，联邦基金利率区间增至0.75%~1%。这也是美联储22年来首次一次升息0.5%。

同时，美联储还宣布将启动一项缩表计划，从6月开始，每月从9万亿美元资产负债表中减少475亿美元资产负债，3个月后，每月将减少950亿美元。

美联储主席鲍威尔表示，美国通胀太高，必须降低通胀以保持劳动力市场强劲。FOMC（美国联邦公开市场委员会）正迅速行动，以期压低通胀，并高度重视通胀对美联储双重使命的风险。鲍威尔表示，FOMC认为在接下来的几次会议上，加息50个基点是可能的，并没有积极地考虑单次加息75个基点的可能性。

此前，2022年3月，美联储进行了本周期中的第一次加息，将基准利率上调25个基点至0.25%~0.5%的区间。

美联储连续释放鹰派信号，加息缩表力度超市场预期，这会如何影响中国外汇收支走势?

资料来源　佚名. 22年来首次！美联储加息50基点，如何影响中国外汇收支走势？[EB/OL]. [2022-05-05]. https://baijiahao.baidu.com/s?id=1731970311651381728&wfr=spider&for=pc.有删减.

○ 技能题

▲ 单项操作训练

A国政府向菲律宾政府赠送价值50万美元的玉米，A国应如何记入国际收支平衡表?

▲ 综合操作训练

美国××××年度国际收支平衡表的编制如下：

(1) 一美国出口商出口了价值100万美元的商品，3个月后收到货款。

(2) 一批美国居民到伦敦旅游，在饮食、住宿等方面花费了30万美元。

(3) 美国石油进口商租进希腊经营的油轮，支付40万美元，用支票支取在瑞士银行的存款结余。

（4）美国人获取英国证券所得的利息与红利共25万美元，持所得的支票，可到纽约的英国银行账户上领取美元结余。

（5）美国公司从日本公司买进价值50万美元的照相机，用美元支票来增加纽约日本银行的美元结余。

（6）美国向印度赠送价值30万美元的小麦。

（7）一家美国公司买进一家日本公司51%的普通股，用去100万美元，用美国银行的支票付款。

（8）法国中央银行从美国纽约银行买进35万美元，以兑换等值的欧元。

（9）英国居民在纽约的股票交易所买进20万美元的普通股。纽约英国银行的美元结余减少，其减少额相当于英国银行对英国买主出售美元票据的金额。

（10）德国中央银行从美国财政部买进价值15万美元的黄金，用支票提取在纽约的美元存款来付款。

要求：根据所提供的交易资料，编制美国××××年的国际收支平衡表。

观念应用

○ 案例题

某年泰国国际收支平衡表的数据见表1-4。

表1-4　某年泰国国际收支平衡表的数据　单位：亿美元

商品输出FOB	60.93
商品输入FOB	−61.54
劳务收入	9.44
劳务支出	−30.69
私人单方面转移	0.11
政府单方面转移	0.17
直接投资	13.41
证券投资	—
其他长期投资净额	27.56
其他短期投资净额	0.03
净误差与遗漏	
特别提款权的价值变动	−0.67
对外官方债务	—
外汇储备变化	−22.30

认真阅读上表，分析如下问题：

（1）净误差与遗漏项目的数额是多少？

（2）泰国该年的国际收支是逆差还是顺差？金额是多少？

（3）表中是通过哪些措施取得平衡的？

（4）外汇储备的变化数为-22.30亿美元，是指外汇储备增加了还是减少了？

○ 讨论题

登录国家外汇管理局和中国人民银行的网站，下载中国2014—2023年国际收支平衡表，比较分析历年国际收支状况，观察2015年国际收支统计方法的新变化对国际收支的影响，分析其对我国经济产生了什么影响。

参考网站：①国际金融报网，http：//www.ifnews.com；②国家外汇管理局门户网站，www.safe.gov.cn；③中国货币网，www.chinamoney.com.cn；④汇通财经，www.fx678.com。

第2章

外汇与汇率

学习目标

知识目标：了解关于外汇和汇率方面的基础知识及基本理论，知晓各国调节汇率的政策措施及其效果，熟悉各国所实行的汇率制度的区别，了解我国汇率制度的改革状况及外汇管理体制的改革情况。

技能目标：按照不同的汇率标价方法对外汇汇率进行换算，能简要分析影响一国汇率变动的主要经济因素，并能分析研究人民币的走势及预测人民币的可自由兑换情况。

素养目标：掌握汇率的经济分析内容、汇率制度的发展与各国的选择，了解中国的金融政策、国际金融策略，拓展国际视野，思考大国的责任与担当，引导学生的情感倾向。

引例1

在美国和墨西哥的边境上住着一个聪明的农民，别人都以种地维持生计，而他却另辟蹊径，仅仅依靠自己手中的10美元积蓄便过上了无忧无虑的生活。早晨起来，他在美国这边的饭店花1美元买一杯啤酒和一盘牛排，吃完后，他拿着剩下的9美元来到墨西哥，这时已经过了中午，他在当地银行按1∶3的汇率，将9美元换成27比索，然后拿出3比索，在当地饭店继续喝一杯啤酒，吃一盘牛排。晚上，他拿着剩下的24比索回到美国这边，再按美国的1∶2.4的汇率，将其换为10美元。这样，一天下来他等于白白享用了两顿啤酒和牛排，第二天他再次重复这个行程。

引例2

乔治·索罗斯1930年出生于布达佩斯，从伦敦经济学院毕业后，他来到纽约。1969年，乔治·索罗斯和分析师吉姆·罗杰斯一起创立了量子基金（Quantum Fund）。

1992年9月，乔治·索罗斯看准机会大笔做空英镑，仅仅一个晚上就轻松赚得20亿美元。这是如何实现的呢？早在1979年，欧洲共同体创建了欧洲汇率机制（The European Exchange Rate Mechanism），这一机制旨在实现成员国之间的货币稳定，并仅允许各国之间的汇率维持在一定的交易区间内。由于各个国家经济周期和通货膨胀存在差异，想要维持汇率在一定范围内波动，对于一些国家来说是非常困难的，因为这不符合金融市场客观规律。虽然英镑重新进入了复兴的欧洲货币体系，但是英国经济长期不景气，正陷于重重困难中，英国不可能维持高利率的政策，要想刺激本国经济发展，唯一可行的方法就是降低利率。但假如德国的利率不下调，英国单方面下调利率，将会削弱英镑的影响力，迫使英国退出欧洲汇率体系。在英国央行用尽了所有的办法后，英国政府最终妥协了，放弃欧洲汇率机制成员国的地位，并取消了英镑与德国马克的挂钩机制，英格兰银行也将不再对英镑汇率进行干预，英镑大幅贬值，于是索罗斯决定大笔做空英镑。在此事件中，英国央行损失了200亿英镑，索罗斯集团赚得20亿美元。

乔治·索罗斯大笔做空英镑而获利看似投机行为，但在整个过程中充分体现了其对外汇市场特性的深刻理解，并在交易行为发生之前充分地考察市场，运用外汇交易和汇率波动等市场特点做出有针对性的交易行为。外汇，看似与普通大众很遥远，但却与全世界每个人息息相关，外汇交易也是很多人投资理财的一种重要形式。

外汇是进行国际经贸交往必不可少的中介。在不同的标价法下，汇率有不同的表示方法。一国汇率的变动是诸多经济因素共同作用的结果，同时，汇率变动对一国的经济发展也会产生巨大影响，因此，各国政府都会进行不同程度的外汇管制。当前，我国的外汇管理制度改革正在进行之中。

2.1 外汇

2.1.1 外汇概述

1）外汇的概念

外汇是国际汇兑（Foreign Exchange）的简称，具有动态和静态两层含义，动态的含义是指一种活动，即把一国货币通过兑换活动转换成另一国货币的实践过程，通过这种活动来清偿国家间的债权和债务关系；静态的含义是指一种国际支付手段，即国际货币或以国际货币表示的用于国际结算的支付凭证，如汇票、本票、支票等。我们在日常生活中所用到的外汇概念主要指它的静态含义。静态的外汇又有广义和狭义之分。

（1）广义的外汇。它是指国际货币基金组织和各国外汇管理法令中的外汇。国际货币基金组织将外汇定义为："货币行政当局（包括中央银行、货币管理机构、外汇基金组织及财政部）以银行存款、国库券、长短期政府债券等形式所保有的在国际收支出现逆差时可以使用的债权。"我国于2008年8月1日修正的《中华人民共和国外汇管理条例》规定：本条例所称外汇，是指下列以外币表示的可以用作国际清偿的支付手段和资产：①外币现钞，包括纸币、铸币；②外币支付凭证或者支付工具，包括票据、银行存款凭证、银行卡等；③外币有价证券，包括债券、股票等；④特别提款权；⑤其他外汇资产。

（2）狭义的外汇，即我们通常所说的外汇，是指以外币表示的可以直接用于国际结算的支付手段。其主体是在国外银行的外币存款，以及包括银行汇票、支票等在内的外币票据。因此，狭义的外汇必须有以下三个特征：①国际性，即必须是以外币表示的资产；②可偿性，即必须是在国外能作为支付手段无条件使用或可立刻得到补偿的债权；③可兑换性，是指持有人能够不受限制地兑换为其他外币的支付手段。按照这个标准，以外币表示的有价证券和黄金就不能视为外汇，因为它们不能用于国际结算，而只有把它们变成在国外的银行存款才能用于国际结算。至于外币现钞，严格地说也不能算作外汇，因为外国现钞在发行地属于法定货币，一旦流入他国，就失去法定货币的身份和作用，持有外币现钞者必须将这些外国货币在本国银行兑换成本国货币才能使用。因此，严格的狭义外汇指在国外的银行存款以及索取这些存款的外币票据与外币凭证，如汇票、支票、本票和电汇凭证等。

2）货币的国际标准代码

为了便于外汇交易，国际标准化组织公布了ISO 4217国际货币与资金代码，这是一国在交易中为了方便而使用的代表货币名称的字符，一般以3个大写的英文字母表示，其中前两个字母一般代表国名，后一个字母一般代表货币名。如美元（United State of America Dollar）用USD代表。在全世界的200多个国家和地区中，大约有30种货币属于交易活跃的货币，其都有标准的三字代码，具体见表2-1。

表2-1　部分国家和地区货币名称及标准符号

国家（地区）	货币名称	国际标准符号	国家（地区）	货币名称	国际标准符号
中国	人民币	CNY	越南	越南盾	VND
中国香港	港元	HKD	韩国	韩元	KRW
中国澳门	澳门元	MOP	马来西亚	马来西亚林吉特	MYR
中国台湾	新台币	TWD	沙特阿拉伯	沙特阿拉伯里亚尔	SAR
英国	英镑	GBP	俄罗斯	俄罗斯卢布	RUB
美国	美元	USD	加拿大	加拿大元	CAD
瑞士	瑞士法郎	CHF	澳大利亚	澳大利亚元	AUD
新加坡	新加坡元	SGD	欧盟	欧元	EUR
瑞典	瑞典克朗	SEK	菲律宾	菲律宾比索	PHP
丹麦	丹麦克朗	DKK	泰国	泰国铢	THB
挪威	挪威克朗	NOK	新西兰	新西兰元	NZD
日本	日元	JPY			

资料来源　国家外汇管理局网站。

小思考2-1

分析提示

小思考2-1

“纽元”指的是“新西兰元”，为什么？

2.1.2 外汇的分类

外汇按兑换限制程度的不同可分为自由兑换外汇、限制兑换外汇及记账外汇。

（1）自由兑换外汇。它是无须经过货币发行国外汇管理当局的批准，在国际结算和国际金融市场上可以自由使用、自由兑换成其他国家的货币，自由向第三国支付的外国货币及其支付手段，如美元、欧元、英镑、日元、瑞士法郎、丹麦克朗、加拿大元、澳大利亚元、泰国铢等。世界上目前有67个国家和地区的货币是可自由兑换的。

根据IMF有关条款的规定，一国货币可自由兑换的前提是：①对本国国际收支中经常账户往来的付款与资金转移不加限制；②不采取歧视性的货币措施或多种货币汇率；③在另一个成员方的要求下，随时有义务购回对方经常账户中所结存的本国货币。自由兑换外汇在国际交往中被广泛使用，是典型的外汇形式。

（2）限制兑换外汇。它是指未经货币发行国批准不能自由兑换成其他货币或对第三国进行支付的货币。这类货币自由兑换的限制主要表现在两方面：一是在一定条件下可自由兑换，即只有在货币发行国规定的条件下才能有限制地兑换成其他国家的货币。目前，人民币在经常账户下已经可以自由兑换。二是在一定区域内可自由兑换，即只能在本区域内兑换成特定的外汇，而不允许兑换成其他的外币或将资金转移到本区域以外的国家。

（3）记账外汇。它是指记载在两国特定的银行账户上，不经债务国外汇管理当局批准，不能自由兑换成其他货币或向第三国进行支付的外汇。例如，我国在改革开放初期与某些发展中国家之间的进出口贸易，双方为了节省自由兑换外汇，决定采用记账外汇办理清算。所有进出口货款，只在双方银行开立专门账户记载，年度终了，发生的顺差或逆差，通过友好协商解决（一般都将差额转入下一年度的贸易项下）。这种记载在双方银行账户上的外汇，就是记账外汇。它只能用来冲销两国间的债权债务，不能转给第三国，也不能兑换成自由兑换外汇。

2.1.3 外汇的作用

外汇是国际经济交流不可缺少的工具，是国际结算的支付手段，对促进国际经济贸易及政治文化交流具有明显的作用。其具体作用可以概括为：

（1）外汇转移了国家间的购买力，使国与国之间的货币流通成为可能。由于各国的货币制度不同，一国货币不能在其他国家内流通，不同国家间的购买力是无法转移的。而国家间的债权债务关系发生在不同的国家之间，用什么来充当国家间的债务清偿手段就成了问题。过去一般是以国际上共同确认的财富——黄金作为清偿手段。外汇的出现解决了这一难题，它是用一种货币兑换成另一种货币作为支付手段，使货币购买力在不同的国家内流通变为现实，促进了各国的经济发展和国际经济交往。

（2）外汇促进了国际贸易的开展。外汇是国家间债权债务关系清偿的工具，使用这种工具结算，不仅减少了运送黄金或现钞的费用，防范了风险，而且加速了资金周转。特别是汇票等各种外汇信用工具的使用，提高了进出口商的信用，资金的融通范围进一步扩大，使得国际结算安全、迅速和便利，从而促进了国际贸易的开展。

（3）外汇调节了资金在国家间的流动，加速了经济全球化进程。世界各国经济发展很不平衡，资金余缺情况不同，在客观上存在着调剂余缺的必要。一般来说，资金比较匮乏的发展中国家特别需要外汇资金来加速其经济增长，开发国内潜在的资源；而发达国家一般拥有大量的闲置资金，正在寻找投资获利的途径。外汇使资本的国际化成为可能，发达国家可以通过建立跨国公司等形式，将其资本进行国际化投资，支持发展中国家的经济建设，加速世界经济的均衡发展和一体化进程。

2.2　汇率与汇率制度

2.2.1　汇率及其标价方法

1）汇率的概念

汇率（Foreign Exchange Rate）又称汇价、外汇牌价或外汇行市，是不同货币之间兑换的比率或比价，也可以说是以一种货币表示的另一种货币的价格。外汇是可以在国际上自由兑换、自由买卖的，是一种特殊商品，而汇率就是这种特殊商品的价格。在国际汇兑中，不同的货币之间可以相互表示对方的价格，既可以用本币来表示外币价格，又可以用外币来表示本币价格。这里，本币和外币都具有同样的表示对方货币价格的功能，至于某个国家是使用本币来表示外币，还是使用外币来表示本币，则取决于其所采取的不同的汇率标价方法。

2）汇率标价方法

（1）直接标价法（Direct Quotation）。这种标价法又称应付标价法，是用一定单位的外国货币作为标准（如1、100、10 000等）来计算可折合成多少单位的本国货币。目前，世界上绝大多数国家都采用直接标价法，我国人民币对外币也采用这种标价方法。例如，2023年10月19日，中国人民银行授权中国外汇交易中心公布的人民币汇率中间价为1美元=7.3139元人民币；1港元=0.9342元人民币；100日元=4.8813元人民币；1欧元=7.7059元人民币。

在直接标价法下，外币的金额不变，始终为一定的单位，本币的金额随着外币币值的变化而变化。如果一定单位的外币换得的本币数额增多，说明外币的币值上升，本币的币值下降，称为外汇汇率上升；反之，如果一定单位的外币换得的本币数额减少，称为外汇汇率下降。

（2）间接标价法（Indirect Quotation）。这种标价法又称应收标价法，是指用一定单位的本国货币作为标准（如1、100、10 000等）来计算可折合为多少单位的外国货币。

例如，2023年10月18日，纽约外汇市场外汇收盘价为：1美元=149.83日元，1美元=1.3729加元，1美元=0.8990瑞士法郎。

在间接标价法下，本币的金额不变，始终为一定的单位，应收外币的金额随着本币币值的变化而变化。如果一定单位的本币换得的外币数额减少，称为外汇汇率上升；反之，如果一定单位的本币换得的外币数额增多，说明本币的币值上升，外币的币值下降，称为外汇汇率下跌。

世界上采用间接标价法的国家主要是以英国和美国为代表的少数几个国家。英国是资本主义发展较早的国家，当时伦敦是国际性金融中心，因此英镑成为最早被广泛使用的国际结算货币。另外，英镑在1971年以前一直没有采用十进位制，如果用直接标价法计算起来极不方便，因此长期以来，伦敦外汇市场一直采用间接标价法。第二次世界大战以后，美国的经济实力迅速增强，美元逐渐成为国际结算、国际储备的主要货币。各国所公布的汇率多半为本币对美元的汇率，为了便于计价结算，自1978年9月1日开始，纽约外汇市场也改用间接标价法，以美元为标准公布美元与其他货币之间的汇价，但当时美元对英镑和爱尔兰镑仍沿用直接标价法。

直接标价法和间接标价法是针对本国货币与外国货币之间的关系而言的。对某个国家或某个外汇市场来说，本币以外其他各种货币之间的比价无法用直接或间接标价法来判断。实际上，非本国货币之间的汇价往往是以一种国际上的主要货币或关键货币为标准的。例如，第二次世界大战以后，由于布雷顿森林货币体系的确立，美元成为中心货币，各国外汇市场上公布的外汇牌价均以美元为标准，这种标价情况被称为“美元标价法”。“美元标价法”与前述两种基本的标价法并不矛盾，银行汇价挂牌时，标出美元与其他各种货币之间的比价，如果需要计算美元以外的两种货币的比价，必须通过各自与美元的比价进行套算。

3）汇率的种类

在国际汇兑的实际业务中，经常涉及不同种类的汇率，下面我们按不同的分类标准加以简单介绍。

（1）按汇率制定的方法不同，可将汇率分为基础汇率和套算汇率。基础汇率（Basic Rate）是一国所制定的本国货币与基础货币（往往是关键货币）之间的汇率。与本国货币有关的外国货币往往有许多种，但不可能对本币与每种外国货币都单独确立一个汇率，所以往往选择某种关键货币作为本国汇率的制定标准。所谓关键货币，是指在国际贸易或国际收支中使用最多、在各国的外汇储备中占比最大、自由兑换性最强、汇率行情最稳定、事实上普遍为各国所接受的货币。一国在一定时期内采用哪种货币作为关键货币不是一成不变的，一国的基础汇率一般不对外公布，只是作为内部掌握并起主导作用的汇率。目前，各国普遍把美元作为制定汇率的关键货币，因此，本币与美元的汇率一般被作为基础汇率。套算汇率（Cross Rate）是在基础汇率的基础上套算出的本币与非关键货币之间的比率。如果将本币与美元之间的汇率作为基础汇率，则本币与其他非美元货币之间的汇率即为套算汇率，它是通过它们各自与美元之间的基础汇率套算出来的。例如，若在某一时点上我国的基础汇率是1美元兑换6.2762元人民币，而美元对英镑的汇率是1英镑兑换1.3290美元，则1英镑可兑换8.3411元人民币。

目前，各国外汇市场上每天公布的外汇汇率都是各种货币对美元的汇率，非美元货币之间的汇率均需通过该汇率套算出来。其具体计算方法如下：

第一，关键货币同为单位货币，交叉相除。已知：某日外汇市场的行情为USD/JPY=120.00/120.10，USD/AUD=1.8080/1.8090，求AUD/JPY。

分析：在这两组报价中，美元均为关键货币并且是单位货币，采用交叉相除的办法。

　　　　买入价　卖出价
USD/JPY：120.00　120.10

USD/AUD：1.8080　1.8090（交叉相除）
　　　　买入价　卖出价

因此，AUD/JPY=66.335/66.427。

第二，关键货币同为报价货币，交叉相除。已知：某日外汇市场行情为EUR/USD=1.1010/1.1020，GBP/USD=1.6010/1.6020，求EUR/GBP。

分析：在这两组报价中，美元均为关键货币并且都是报价货币，采用交叉相除的办法。

　　　　买入价　卖出价
EUR/USD：1.1010　1.1020

GBP/USD：1.6010　1.6020（交叉相除）
　　　　买入价　卖出价

因此，EUR/GBP=0.6873/0.6883。

第三，关键货币在两组汇率中分别为单位货币和计价货币，同边相乘。已知：某日外汇市场行情为USD/JPY=120.10/120.20，EUR/USD=1.1005/1.1015，求EUR/JPY。

分析：在这两组报价中，美元均为关键货币并且在两组汇率中分别为单位货币和报价货币，采用同边相乘的办法。

　　　　买入价　卖出价
USD/JPY：120.10　120.20

EUR/USD：1.1005　1.1015（同向相乘）
　　　　买入价　卖出价

因此，EUR/JPY=132.17/132.40。

（2）从银行买卖外汇的角度出发，可将汇率分为买入汇率、卖出汇率、中间汇率和现钞汇率。买入汇率（Buying Rate）又称买入价，是银行购买外汇时所使用的汇率，卖出汇率（Selling Rate）又称卖出价，是银行卖出外汇时所使用的汇率。银行从事外汇买卖活动分别以不同的汇率进行，其买入外汇时往往以较低的价格买入，卖出外汇时则以较高的价格卖出，两者之间的价差即银行的经营费用和利润。中国银行人民币外汇牌价（2023年10月19日）见表2-2。

表2-2 中国银行外汇牌价（2023年10月19日）

货币名称	现汇买入价	现钞买入价	现汇卖出价	现钞卖出价	中行折算价	发布日期	发布时间
阿联酋迪拉姆	198.59	192.31	199.99	206.6	196.21	2023.10.19	13：38：08
澳元	459.94	445.65	463.02	464.68	457.7	2023.10.19	13：38：08
巴西雷亚尔		138.88		157.69	144.66	2023.10.19	13：38：08
加元	531.31	514.54	534.87	536.79	527.32	2023.10.19	13：38：08
瑞士法郎	811.3	786.27	817	820.5	803.27	2023.10.19	13：38：08
丹麦克朗	102.92	99.74	103.74	104.24	101.58	2023.10.19	13：38：08
欧元	768.56	744.68	773.94	776.49	760.82	2023.10.19	13：38：08
英镑	884.57	857.08	890.5	893.69	877.13	2023.10.19	13：38：08
港元	93.32	92.58	93.7	93.7	91.72	2023.10.19	13：38：08
印度尼西亚卢比	0.046	0.0446	0.0465	0.0481	0.0465	2023.10.19	13：38：08
印度卢比		8.2637		9.3187	8.79	2023.10.19	13：38：08
日元	4.8699	4.7186	4.9025	4.9079	4.8278	2023.10.19	13：38：08
韩元	0.5366	0.5178	0.541	0.5608	0.5362	2023.10.19	13：38：08
澳门元	90.65	87.67	91.01	94.11	90.83	2023.10.19	13：38：08
马来西亚林吉特	153.18		154.57		151.31	2023.10.19	13：38：08
挪威克朗	65.82	63.78	66.34	66.66	65.23	2023.10.19	13：38：08
新西兰元	425.05	411.93	427.99	432.09	424.13	2023.10.19	13：38：08
菲律宾比索	12.79	12.36	12.95	13.52	12.87	2023.10.19	13：38：08
俄罗斯卢布	7.36	7.02	7.66	8	7.41	2023.10.19	13：38：08
沙特阿拉伯里亚尔		189.72		200.58	192.12	2023.10.19	13：38：08
瑞典克朗	66.07	64.03	66.61	66.92	65.51	2023.10.19	13：38：08
新加坡元	530.85	514.46	534.52	536.44	525.46	2023.10.19	13：38：08

小知识 2-1

双向报价法

在外汇市场上，银行通常采用双向报价法，即同时报出买入价和卖出价；在直接标价法下，较低的价格为买入价，较高的价格为卖出价。例如，某日纽约外汇市场上，某家银行报出的汇率为1英镑=1.3056/1.3066美元，表示该银行买进1英镑外汇时付给对方1.3056美元，卖出1英镑时则向对方收取1.3066美元；而在间接标价法下则相反，价格较低的是外汇卖出价，价格较高的是外汇买入价。例如，某日伦敦外汇市场上某银行美元对英镑的汇率为1英镑=1.3056/1.3066美元，则前者表示该行收入英镑即卖出美元的价格为0.7659英镑（1÷1.3056）；后者表示该行付出英镑即买入美元的价格为0.7653英镑（1÷1.3066）。所以在间接标价法下，银行所公布的价格中较低的是外汇卖出价，较高的是外汇买入价。银行的买入价与卖出价之间的差额就是银行买卖外汇的收益，被称为兑换收益。兑换收益的大小因银行交易的策略、对象、币种、金额的不同而变化，一般为1‰～5‰。目前，我国银行买卖外汇的收益为5‰。

中间汇率（Middle Rate）又称中间价，是银行买入价和卖出价的平均数。中间汇率一般不挂牌公布，套算汇率就是根据中间汇率计算求得的。报刊上关于汇率的报道、分析和预测也常常用中间汇率。自2006年1月4日起，中国人民银行授权中国外汇交易中心于每个工作日上午9时15分对外公布当日人民币对美元、欧元、日元和港元汇率中间价，作为当日银行间即期外汇市场（含OTC方式和撮合方式）以及银行柜台交易汇率的中间价。例如，中国人民银行授权中国外汇交易中心公布，2023年10月19日人民币汇率中间价为1美元=7.3139元人民币；1港元=0.9342元人民币；100日元=4.8813元人民币；1欧元=7.7059元人民币。

现钞汇率（Bank Note Rate）又称现钞价，是银行在买卖外汇现钞时使用的汇率。现钞价又分为现钞买入价和现钞卖出价，银行的现钞卖出价与现汇卖出价相同，但现钞的买入价略低于现汇的买入价。

小思考 2-2

小思考 2-2
分析提示

为什么银行的现钞买入价低于现汇买入价？

（3）按外汇交易中支付方式的不同，可将汇率分为电汇汇率、信汇汇率和票汇汇率。电汇汇率（Telegraphic Transfer Rate，T/T Rate）又称电汇价，是以电汇方式支付外汇所使用的汇率。银行卖出外汇后，立即用电报、电传等通信方式通知国外分行或代理行支付款项给收款人，外汇付出迅速，银行无法占用客户的汇款资金，且国际电报、电传收费较高，因而向客户收取的价格（汇率）也较高。现代外汇市场上多用电汇方式付出外汇，因而电汇汇率成为一种具有代表性的汇率，较其他汇率略高。信汇汇率（Mail Transfer Rate，M/T Rate）又称信汇价，是银行用信函方式通知支付外汇的汇率。银行卖出的外汇要用信函通知国外分行或代理行付出，所用时间较长，因此需将银行占用在途资金的利息扣除，汇率也就较电汇汇率低。票汇汇率（Demand Draft Rate，D/D Rate）又称票汇价，是银行买卖即期汇票的汇率。买卖即期汇票所需的时间也较长，因而汇率较电汇汇率低。若买卖的是远期汇票（如30天、60天期限），则其汇率水平取决于远期期限的长短和该种外汇升值或贬值的可能性。

（4）按外汇买卖成交后交割时间的长短不同，可将汇率分为即期汇率和远期汇率。即期汇率（Spot Rate）又称现汇率，是交易双方达成外汇买卖协议后，在两个营业日以内办理交割的汇率。这一汇率一般就是现时外汇市场上的汇率水平。远期汇率（Forward Rate）又称期汇率，是交易双方达成外汇买卖协议，约定在将来某一时间进行外汇实际交割所使用的汇率。这一汇率是双方以现汇率为基础约定的，但往往与现汇率有一定差价，其差价称为升水或贴水。当远期汇率高于即期汇率时称外汇升水；当远期汇率低于即期汇率时称外汇贴水。升水、贴水主要取决于利率差异、供求关系、汇率预期等因素。另外，远期汇率虽然是未来交割所使用的汇率，但与未来交割时的市场现汇率是不同的，前者是事先约定的远期汇率，后者是将来的即期汇率。

（5）按外汇管制程度的不同，可将汇率分为官方汇率和市场汇率。官方汇率（Official Rate）又称法定汇率，是外汇管制较严格的国家授权其外汇管理当局制定并公布的本国货币与其他各种货币之间的外汇牌价。这些国家一般没有外汇市场，外汇交易必须按官方汇率进行。官方汇率一经制定往往不能频繁变动，这虽然保证了汇率的稳定，但也使汇率缺乏弹性。

市场汇率（Market Rate）是外汇管制较松的国家在自由外汇市场上进行外汇交易的汇率。它一般存在于市场机制较发达的国家中，在这些国家的外汇市场上，外汇交易不受官方限制，市场汇率受外汇供求关系的影响自发地经常波动，官方不能规定市场汇率，而只能通过参与外汇市场活动来干预外汇变化，以避免汇率出现过度频繁或大幅度的波动。除了外汇管制严的国家实行官方汇率、外汇管制松的国家实行市场汇率外，在一些逐步放松外汇管制、建立外汇市场的国家，可能会出现官方汇率与市场汇率并存的状况，在官方规定的一定范围内使用官方汇率，而在外汇市场上使用由供求关系决定的市场汇率。

（6）按适用范围的不同，可将汇率分为单一汇率与复汇率。如果一国货币对某种外国货币仅有一个汇率，各种收支都按这个汇率结算，就称为单一汇率（Single Rate）；如果一国货币对某种外国货币同时规定两种以上的汇率，就称为复汇率（Multiple Rate）。实际上，复汇率是外汇管制的一种产物，在某些外汇管制比较严格的国家，常常对进出口及非贸易方面规定不同的汇率，如规定用于进出口方面的贸易汇率以及用在资本国际转移、劳务服务等非贸易方面的金融汇率，就是复汇率。

（7）按外汇的来源与用途不同，可将汇率分为贸易汇率、金融汇率等。贸易汇率（Commercial Rate）是用于进出口贸易及其从属费用计价结算的汇率。一些实行外汇管制的国家，对出口收入外汇的卖出、进口支付外汇的买入及进出口贸易所发生的从属费用，如中间商的佣金、货物样品费等的收入或支出，专门规定一种汇率，即贸易汇率，目的主要是促进出口、限制进口，改善本国的贸易状况。金融汇率（Financial Rate），又称非贸易汇率，是用于非贸易往来（如劳务、资本流动等方面）的汇率。一些实行外汇管制的国家常常针对非贸易往来所发生的外汇收支（如资本输出/入、旅游、通信、驻外机构经费以及运输、银行、保险、邮电等业务收支的外汇买卖）另行规定一种金融汇率，目的是增加非贸易外汇收入以及限制资本流出。

（8）浮动汇率（Floating Rate）是指本国货币与其他国家货币之间的汇率不由官方制定，而由外汇市场供求关系决定，可自由浮动，官方在汇率出现过度波动时才出面干预市场，这是布雷顿森林体系解体后西方国家普遍实行的汇率制度。由于各国的具体情况不同，所选择汇率的方式也有所不同，因此浮动汇率制度又可以进一步分为自由浮动、管理浮动、联合浮动、钉住浮动、弹性汇率、联系汇率制度等。

（9）根据纸币制度下汇率是否经过通货膨胀调整，可将汇率分为名义汇率和实际汇率。名义汇率（Nominal Rate）是由官方公布的或在市场上通行的、没有剔除通货膨胀因素的汇率。由于纸币制度下各国都会发生不同程度的通货膨胀，因此，货币在国内的购买力也会有不同程度的下降，由此造成的货币对内贬值应该反映在货币的对外比价即汇率上，但现实中的汇率变化与国内通货膨胀的发生常常是相脱离的，名义汇率便是没有消除过去一段时期两种货币通货膨胀差异的汇率。实际汇率（Real Rate）是在名义汇率的基础上剔除了通货膨胀因素后的汇率。从计算方法上看，它是在当期名义汇率的基础上用过去一段时期两种货币各自的通货膨胀率（物价指数上涨幅度）来加以矫正，从而得出实际的而不是名义的汇率水平及汇率变化程度。由于消除了不同货币之间存在的通货膨胀差异，它比名义汇率更能反映不同货币的实际购买力水平。

小思考 2-3

分析提示

小思考 2-3

什么是通货膨胀？为什么会发生通货膨胀？

2.2.2　汇率制度

汇率制度（Exchange Rate System），又称汇率安排，是一国货币当局对本国汇率变动的基本方式所作出的一系列安排或规定。作为货币政策的重要手段和国际货币体系的核心内容，汇率制度无论是对一国国内经济发展还是对国际货币体系都具有重要意义。传统上，按照汇率变动的幅度，汇率制度被分为两大类型：固定汇率制度和浮动汇率制度。

1）固定汇率制度

固定汇率制度（Fixed Rate System），是指两国货币的比价基本固定，或者把两国汇率的波动严格限制在一定幅度之内的汇率制度。当汇率波动超过上下限时，货币当局或中央银行有义务进行干预。

（1）固定汇率制度的类型。历史上出现的固定汇率制度分为金本位制下的固定汇率制度和布雷顿森林货币体系下的固定汇率制度。

第一，金本位制下的固定汇率制度。在金本位制下，决定汇率的基础是各国货币的含金量，汇率的波动幅度受到黄金输送点的限制。因此，汇率的变化幅度很小，是典型的固定汇率制度。19世纪后期至第一次世界大战之前，是固定汇率制度的全盛时期。此后，随着金本位制度的彻底崩溃，建立在金本位基础上的固定汇率制度也告结束。

第二，布雷顿森林货币体系下的固定汇率制度。金本位制崩溃之后，各国普遍实行了纸币流通制度。第二次世界大战后，欧洲各国因受战争的破坏，生产设备短缺，物资匮乏，只能从美国进口商品，而美国在扩大其商品输出的同时，又趁机限制商品输入，形成了巨额贸易顺差，因此，美国的黄金储备剧增，约占世界总黄金储备的3/4，西欧各国都希望增持美元，于是出现了“美元荒”。在此情况下，1944年7月，在美国新罕布什尔州的布雷顿森林召开了由44国参加的“联合国与联盟国家国际货币金融会议”，并通过了《布雷顿森林协定》。这个协定建立了以美元为中心的资本主义货币体系和以美元为中心的固定汇率制度。

这一汇率制度可以概括为“双挂钩、一固定、上下限、政府干预”。“双挂钩”，即将美元作为最主要的国际储备货币，与黄金直接挂钩，按35美元等于1盎司黄金的价格确定美元的含金量，其他国家的货币与美元挂钩，美国政府承担准许各国政府或其中央银行按照黄金官方价用美元兑付黄金的义务，然后通过各国货币不同的含金量确定各国货币与美元的兑换比例。“一固定”，是指国际货币基金组织要求其会员规定本国（本地区）货币的金平价，并使各国（各地区）货币钉住美元，与之建立固定的比价关系。“上下限”与“政府干预”，是指规定两国货币汇率的波动界限为其金平价比值的上下各1%，各国有义务维持美元与本国货币的比价在这一固定的范围内波动；1971年12月，这一波动幅度又调整为2.25%。在布雷顿森林货币体系下，汇率的波动界限已大大超过了金本位制下的黄金输送点，汇率只是相对固定，并且当一国的国际收支出现根本性的不平衡而使汇率变动成为必要时，则允许该国汇率进行变动。可见，布雷顿森林货币体系下的固定汇率制度实质上是一种可调整的钉住汇率制度。

进入20世纪70年代，美国的政治和经济地位下降，外汇收支大量逆差，美元对黄金不断贬值，西方各国从各自的经济利益出发，纷纷宣布放弃固定汇率制，实行浮动汇率制。自1974年4月1日起，根据国际协定，正式解除了货币与黄金的固定关系，以美元为中心的布雷顿森林货币体系正式解体。

（2）固定汇率制度的优点与缺陷。在固定汇率制度下，稳定的汇率对国际经济的发展具有重要意义。首先，固定的汇率有利于国际贸易的开展，因为汇率波动幅度大而频繁不利于出口贸易的成本核算，使进出口商失去获取利润的保证；其次，固定汇率制度有利于国际资本流动，汇率的剧烈变动所带来的汇率风险往往会使投资获利的希望化为乌有。

但是，固定汇率制度本身也存在重大缺陷：一是汇率的杠杆作用不能发挥出来，出现国际收支失衡时，只能通过对国内采取紧缩性或扩张性的货币政策及财政政策来进行调节，这会使国内经济出现不平衡，致使失业率上升或者通货膨胀严重；二是在外资流入的过程中，巨额资本的流入所形成的压力逐渐积聚风险，尤其是在国际游资的冲击下，固定汇率制度如果难以继续维持，与强势货币脱钩时，通常会引起经济领域的巨大震荡。

(3) 固定汇率制度的崩溃。在1958—1972年的14年间，美国国际收支持续出现逆差，累计赤字达886亿美元。这些逆差绝大部分是以美元偿付的，这就增加了美国国外美元的数量，形成了美元大量过剩的局面。与此同时，日本和联邦德国的经济和金融力量相对增强，美元的霸权地位受到挑战。人们对美元的信心减弱，于是出现了抛售美元、抢购黄金和硬通货的"美元灾"浪潮。为此，美国联合西方各国采取了种种干预措施，试图维持以美元为中心的固定汇率制。但由于美元危机不断恶化，美国不得不在1971年12月将美元法定贬值7.89%，其他顺差国货币则相应升值，并且把各国货币对美元的汇率波幅由原来规定的金平价之比的±1% 扩大到±2.25%。然而，投机性资本仍持续不断地流向其他硬通货，致使美元于1973年2月再度贬值10%，至此，以美元为中心的固定汇率制已无法维持，固定汇率制宣告结束，各国政府不再承担维持对美元的固定汇率义务，各国货币对美元开始普遍实行浮动汇率制度。

2）浮动汇率制度

浮动汇率制度（Floating Rate System），是一国政府不规定本币对外币的平价和上下波动的幅度，汇率由市场的外汇供求情况决定并任其自由涨落的汇率制度。当外币供过于求时，外币汇率下浮；当外币供不应求时，外币汇率上浮。浮动汇率制度是固定汇率制度崩溃以后西方主要国家普遍实行的一种汇率制度。

早在金本位制度盛行之前，美国和俄国就曾采取过使本币处于浮动状态的汇率制度。第一次世界大战后，法国、意大利、加拿大等国和亚非拉的一些发展中国家也曾实行浮动汇率制度。有些本来实行固定汇率制度的国家当其固定汇率无法维持时，也曾实行浮动汇率制度，如加拿大于1950年9月实行浮动汇率制度，直至1962年5月才恢复固定汇率制度，但1970年5月又实行浮动汇率制度。因此，浮动汇率制度并非新的汇率制度，只是过去在固定汇率制度无法维持时的一种权宜之计，自1968年以后才逐渐成为西方各国普遍采取的汇率制度。

(1) 浮动汇率制度的类型。浮动汇率制度可以从不同的角度划分为不同的类型。

首先，根据政府是否对市场利率进行干预，可以将浮动划分为自由浮动和管理浮动。

第一，自由浮动（Free Floating），又称清洁浮动，是一国政府对汇率不进行任何干预，市场汇率完全听任外汇市场的供求变化而自由波动的汇率浮动方式。事实上，由于一国汇率的波动直接影响到一国经济的稳定与发展，各国政府都不愿意让本国的汇率长期在供求关系的影响下无限制地波动，因此纯粹的自由浮动是不存在的，各国为了自身的利益，通常或明或暗地对外汇市场进行干预。

第二，管理浮动（Managed Floating），又称肮脏浮动，是一国政府从本国利益出发，对汇率的波动进行不同程度的干预的汇率浮动方式。在现行的货币制度下，各国实行的实际上都是管理浮动，政府主要采取以下三种方式管理本国汇率：一是直接干预外汇市场，可以是一国政府独自干预，也可以是联合他国政府共同干预；二是运用货币政策，调节国内的货币供应量，进而影响本币的对外汇率；三是实行外汇管制，主要是通过各种措施来影响国际资本流动的方向和规模。

其次，根据汇率浮动的方式，可以将浮动（汇率）划分为单独浮动、联合浮动和钉住其他货币浮动。

第一，单独浮动（Single Floating），是一国货币不与其他国家货币保持固定的联系，其汇率根据外汇市场的供求变化而单独浮动的一种汇率制度。比如，美元、英镑、日元、加拿大元等货币都属于单独浮动。

第二，联合浮动（Joint Floating），又称共同浮动，是指某些国家由于经济发展的需要，组成某种形式的经济联合体，在联合体成员方之间实行固定汇率制，而对非成员方的货币则实行共升共降的一种浮动汇率制度。联合浮动的意义在于为联合体内部创造一个稳定的汇率环境，减少汇率风险，促进联合体内部的经贸发展，同时形成与个别发达国家相抗衡的货币干预力量。

第三，钉住其他货币浮动（Pegged Exchange Rate），指一国货币与某一种或多种货币按固定的汇率挂钩，随该货币或多种货币汇率的浮动而浮动。这种汇率制度具体又可以分为钉住单一货币浮动和钉住一篮子货币浮动。钉住单一货币浮动是指将本国货币与某一外国货币挂钩。一些国家由于历史、地理等诸多方面的原因，其对外经济往来主要集中于某一经济发达国家，或主要使用某一外国货币，因此，往往将本国货币钉住该发达国家的货币浮动。钉住一篮子货币浮动是指将本国货币与某一篮子货币挂钩。这种一篮子货币主要由与本国经济联系最密切的国家的货币组成，如沙特阿拉伯和阿拉伯联合酋长国等国家的货币就与特别提款权挂钩。钉住一篮子货币有利于摆脱本国货币受某一外国货币的支配。

（2）浮动汇率制度的优点与缺陷。

第一，浮动汇率制度的优点。首先，浮动汇率制度可以防止国际游资的冲击。在固定汇率制度下，汇率的升降会受到人为的限制，很难与货币的内在价值始终保持一致，国际金融市场上的游资为了套汇或套利，纷纷抢购硬货币，使硬货币的汇率不断受到冲击；而在浮动汇率制度下，汇率是随外汇市场上的供求关系而自动涨落的，汇率水平比较符合两国货币的实际价值，可以降低该国受国际游资冲击的可能性。其次，可以防止外汇储备的大量流失。在固定汇率制度下，一国政府有义务维持本国货币与其他货币的固定比价，一旦市场上汇率波动，必须动用外汇储备大量购进或抛出本币，从而使该国外汇储备大量流失；而在浮动汇率制度下，一国政府不必维持这种固定比价，因此也就不必损失外汇储备。最后，在浮动汇率制度下，汇率能发挥其调节国际收支的杠杆作用，各国可以通过汇率的自动调整而实现国际收支的平衡，因此在制定国内货币政策时，不必考虑对国际收支的影响，还可以提高国内货币政策的自主性。

第二，浮动汇率制度的缺陷。首先，在浮动汇率制度下，汇率变动得频繁和剧烈，不利于进出口的成本核算和利润计算，同时增加了国际贸易的风险，不利于国际贸易的稳定发展。其次，汇率的剧烈变动可能会使投资的预期利润化为泡影，给投资者带来普遍的不安全感，限制国际资本尤其是长期资本的流动。再次，在浮动汇率制度下，汇率波动极为频繁和剧烈，波动幅度甚至一天之内就能达到5%，这使得国际投机活动加剧，国际金融市场动荡不安，容易引发金融危机。一些经济规模较小而对外依存度较高的国家和地区，如新加坡和我国香港地区等不得不保持较高的外汇储备，以备干预市场之用。最后，在浮动汇率制度下，各国的货币政策和财政政策因受到的约束较小，容易盲目扩张，引发通货膨胀，再加上有许多国家利用货币贬值来刺激出口，带动了国内物价上涨，加重了全球通货膨胀的压力。

2.3　汇率的决定和变动

2.3.1　金本位制度下的汇率决定和变动

在不同的货币制度下，各国货币所代表的价值量是不同的，因此货币之间的汇率便具有不同的决定因素，影响汇率水平变动的因素也不相同。我们首先来看金本位制度下汇率的决定与变动因素。

1）金本位制度下的汇率决定基础：铸币平价

在金本位制度下，各国货币均以黄金作为统一的货币币材、统一的价值衡量标准，尽管它们在重量、成色等方面有不同的规定，但在国际结算和国际汇兑领域都可以按各自的含金量加以对比，从而确定出不同货币之间的比价。因此，金本位制度下两种货币之间含金量之比，即铸币平价，就成为决定两国货币汇率的基础。以下用英国的本位币英镑和美国的本位币美元这两个典型例子来说明。在1929年经济危机以前的金本位制度下，英国规定1英镑的含金量为113.0016格令，美国规定1美元的含金量为23.22格令，则1英镑金币的含金量是1美元金币含金量的4.8665倍（113.0016÷23.22）。这就是英镑与美元之间汇率的决定基础，它建立在两国法定的含金量基础上，而法定的含金量一经确定，一般是不会轻易变动的，因此，作为汇率决定基础的铸币平价是比较稳定的。

2）金本位制度下的汇率变动因素：外汇供求关系及黄金输送点

延伸阅读2-1

金本位制度

铸币平价是决定汇率的基础，两者理论上是相等的。但实际上，外汇市场上的汇率水平变化还要取决于外汇供求关系等其他因素。正如商品价格取决于商品的价值，但供求关系会使价格围绕价值上下波动一样，在外汇市场上，汇率也是以铸币平价为中心，在外汇供求关系的作用下上下浮动的。当某种货币供不应求时，其汇率会上涨，超过铸币平价；当某种货币供大于求时，其汇率会下跌，低于铸币平价。在金本位制下，外汇供求关系变化的主要因素在于国际债权债务关系的变化，尤其是由国际贸易引起的债权债务清偿。当一国在某个时期出口增加，有大量的贸易顺差时，外国对该国货币的需求旺盛，同时本国的外汇供给增加，从而导致本币汇率上涨；反之，当一国在某个时期进口增加，出口减少，有大量贸易逆差时，该国对外汇的需求增加，同时外国对该国货币的需求减少，从而导致本币汇率下跌。

值得注意的是，金本位制下由供求关系变化导致的外汇市场汇率变化并不是无限制上涨和下跌的，而是被限定在铸币平价上下的一定界限内，这个界限就是黄金输送点(Gold Transport Points)。黄金输送点是黄金输出点和黄金输入点的合称。黄金输送点的存在并作为汇率波动的界限，是由金本位制度的特点决定的。金本位制度下黄金可以自由熔化、自由铸造和自由输出入的特点，使得黄金可以代替货币、外汇汇票等支付手段用于国际债务清偿。具体地说，当外汇市场上的汇率上涨达到或超过某一界限时，本国债务人用本币购买外汇的成本超过直接输出黄金支付的成本，从而引起黄金输出，引起黄金输出的这一汇率界限就是“黄金输出点”；当外汇市场上汇率下跌，达到或低于某一界限时，本国拥有外汇债权者用外汇兑换本币的所得会少于用外汇在国外购买黄金再输回国内的所得，从而引起黄金输入，引起黄金输入的这一汇率界限就是“黄金输入点”。黄金输出点和黄金输入点共同构成了金本位制下汇率波动的上下限。仍然以英国和美国的实例加以说明，假设在金本位制下，英国向美国出口的商品多于美国向英国出口的商品，英国对美国有贸易顺差，那么外汇市场上对英镑的需求增加；英镑对美元的汇率上涨，高出其铸币平价（4.8665）。当市场上汇率进一步上涨，超过从美国向英国输出黄金的运输费等成本时，美国进口商便会采取直接向英国运送黄金的方法支付商品货款。假设运输费等按英镑价值的6‰计算，支付1英镑债务需附加费用0.0292（4.8665×6‰）美元，那么，当英镑对美元的汇率超过4.8957美元（即铸币平价4.8665加上黄金输送费用0.0292）时，美国进口商输出黄金显然比在外汇市场上用高价购买英镑更便宜，则美国进口商停止在外汇市场上购买英镑，而代之以直接用黄金支付。这样，1英镑=4.8957美元就成了英镑上涨的上限，这一上限就同时是美国的黄金输出点和英国的黄金输入点。相反，假如美国对英国有贸易顺差，英镑对美元的汇率下跌，跌至4.8373美元（即铸币平价4.8665美元减去黄金输送费用0.0292美元）以下，持有英镑的美国债权人也就不会再用贬值的英镑在外汇市场上兑换美元，而是将英镑在英国换成黄金运回国内。这样，1英镑=4.8373美元就成了英镑下跌的下限，这一下限也就是美国的黄金输入点和英国的黄金输出点。

由此可见，在金本位制下，由于黄金输送点的制约，外汇市场上汇率波动总是被限制在一定范围内，最高不超过黄金输出点，最低不低于黄金输入点。也就是说，由供求关系导致的外汇市场汇率波动是有限度的，汇率制度也是相对稳定的。

2.3.2 纸币制度下的汇率决定基础

纸币制度是在金本位制度崩溃之后产生的一种货币制度。纸币作为价值符号，是金属货币的取代物，在金属货币退出流通领域之后，执行流通手段和支付手段的职能。这种职能是各国政府以法令形式赋予它并保证其实施的。

在布雷顿森林货币体系下，各国政府都参照过去流通的金属货币的含金量规定了本国货币所代表的法定含金量，因此，在国际汇兑中，两国货币之间的汇率也就成为它们所代表的含金量之比。但是，纸币所代表的含金量所决定的汇率与金本位制下铸币所具有的含金量所决定的汇率相比，具有本质上的区别，因为在纸币制度下，货币的实际价值并不一定等于其法定的含金量，这就使汇率的决定基础不再稳定。

在浮动汇率制度下，黄金的非货币化使各国之间的汇率不再以其法定含金量为决定基础，而是取决于货币在国内的购买力高低，货币购买力是用能表现通货膨胀程度的物价指数来计算的。当一国物价指数上涨时，通货膨胀水平上升，该国的货币购买力就相应下降，它在国际市场上的汇率也会相应下跌；反之，当一国物价指数上涨程度较其他国家慢，通货膨胀水平较低时，则意味着该国货币的购买力增强，它在国际市场上的汇率也会相应提高。

2.3.3 影响汇率变动的主要因素

1）影响长期汇率变动的因素

一国汇率的变动要受到许多因素的影响，既包括经济因素，也包括政治因素和心理因素等。其中，有些因素对汇率产生作用的时间比较长，有些因素对汇率产生作用的时间比较短。下面结合大多数国家的实际情况，列举影响长期汇率变动的几个基本因素，且这些因素在各国之间属于可比的经济指标。

（1）国际收支的经常账户。在影响长期汇率变动的因素中，国际收支的经常账户是最重要的因素。当一国进口增加或产生逆差时，该国将对外币产生额外的需求，这在外汇市场上会引起本币汇率下跌；反之，当一国经常账户出现顺差时，就会引起外国对本币需求的增加与外币供应的推动，顺差国货币汇率就会上升。例如，1976—1979年间，日本的经常账户收支曾出现先顺差后逆差的格局。与此同时，日元汇率也出现了先上升后下跌的情形。但是，暂时的、小规模的国际收支差额可以较容易地被国际资本流动等有关因素抵销或调整，只有巨额的、长期存在的国际收支差额才会影响本国的汇率。

（2）通货膨胀。它也属于影响长期汇率变动的因素。在纸币流通制度下，两国货币之间的比率，从根本上来说是由各自货币所代表的购买力的对比关系决定的。因此，在一国发生通货膨胀的情况下，该国货币所代表的价值量就会减少，其实际购买力也随之下降，于是其对外比价趋于下跌。通货膨胀对汇率的影响，一般也要经过一段时间才能显露出来。因为它对汇率的影响是间接的，要通过一定的渠道才能起作用。例如，它会削弱一国商品和劳务在国际市场上的竞争力，从而影响经常账户；它会影响一国实际利率，从而影响国际资本流动；它会影响市场上对汇率和利率的预期心理，从而影响外汇市场参与者的外汇持有额等。一般来说，通货膨胀率对汇率的影响，往往需要经过半年以上的时间才能显示出来，但这种影响一旦起作用，其延续时间却比较长，可能要持续好几年。

（3）经济增长率。一国的实际经济增长率与他国的差异，对汇率也会产生长期影响。在其他条件不变的情况下，一国的实际经济增长率相对他国来说较快，从而其国民收入提高也较快，会使该国增加对外国商品和劳务的需求，结果外汇供不应求，导致本币汇率趋于下跌。但如果一国经济是以出口为导向的，经济增长是生产更多的出口货物引起的，经济增长率的提高就可以使出口的增长弥补进口的增加，而不会导致本币汇率下跌。同样，如果国外的投资者把该国经济增长较快看成是资本收益率较高的反应，就可能会产生对该国的资本净流入，以抵销经常账户的逆差。这时，该国货币汇率也可能不会下跌，甚至出现上升的趋势。

2）影响短期汇率变动的因素

汇率短期变动即汇率的日常波动，在外汇市场上是较为常见的现象。从某种意义上说，汇率的长期波动，也是通过日常波动表现出来的，在日常波动中呈现上升或下跌的趋势。对汇率短期变动影响最大的因素是国际收支的资本账户，因为在外汇市场上，人们把外汇作为一种金融资产来进行交易，事实上要远远多于因国际贸易派生出来的外汇交易。国际金融资产的交易速度快、变动大，在外汇市场上，国际游资往往转眼之间就会从一国移向另一国，从一种货币流向另一种货币，这样就会对汇率的短期波动产生巨大影响。所以引起国际收支资本账户变动的因素，同时也是影响短期汇率变动的因素。

（1）货币供应量。纸币流通制度下的汇率，取决于两国纸币各自所代表的价值量的变动。而纸币所代表的价值量的变动，通常是由纸币供应量的变化引起的。因为劳动生产率在短期内不会有很大变化，故商品的价值在一定时期内比较稳定。从长期看，一国货币的供应量与需求量应该是均衡的。许多经济学家的研究证明，各国的货币需求一般比较稳定，各国货币供应量的增长则较易变动。这是因为在短期内，由于各国政府的政策偏好不同，货币的供应量就会大于或小于货币的需求量。在一国货币供应量增长较快的情况下，该国公众持有的货币存量若超过其客观的货币需求量，则超过部分就会溢往国外，致使该国汇率下降。此外，货币供应量增长过快，还会增加一国通货膨胀的压力，削弱该国商品的国际竞争力，间接地使其汇率受到影响。

（2）利率。其高低会影响一国金融资产的对外吸引力。在相关国家之间的资本流动都不受限制的状况下，若一国的利率高于其他国家，就有可能提高其金融资产对外国投资者的吸引力，从而使资本流入，本国货币汇率上升；反之，若一国利率低于其他国家，就可能导致资本流出，本国货币汇率下跌。当然，短期资金在国际市场上追逐最大收益时，除了考虑利率之外，还要考虑汇率因素，即要考虑两国利率的差异与汇率预期变动率之间的关系。只有当外国利率加汇率的预期变动率之和大于本国利率时，把资金移往国外才有利可图。

（3）心理预期。在外汇市场上，人们买进还是卖出某种货币，与交易者对各种货币汇率走势的心理预期有相当大的关系。当他们预期某种货币的汇率以后要下跌时，为了避免损失便会大量抛出该种货币；反之，若他们预期某种货币的汇率将会上升，则会大量买进。外汇交易者对某种货币的心理预期，是决定这种货币短期汇率的因素之一。因为在心理预期的支配下，往往会引发资金的大规模流动。

（4）信息。现代外汇市场由于通信设施高度发达，已成为一个高效率的市场，任何可能影响外汇市场变动的信息发布，都会立刻引起资金大规模的国际流动，去追逐任何微小的盈利机会，直至这种资本流动带来的盈利机会消失。影响外汇市场变动的信息可分为两大类：一类是公开发布在大众传播媒体上的；另一类是在一定的“圈子”内传递的。其中，有些与外汇市场变动的相关性较为明显，有些却较为隐蔽，由投资者自己去进行分析和联想。但在信息爆炸的今天，人们在信息的获取上几乎完全是不对称的，谁最先获得能影响外汇市场变动的相关信息，谁就可能在他人之前做出反应，抛出一种货币，而买进另一种货币，从中获得盈利。在这种卖出买进的同时，外汇市场的汇率也随之发生了变动。在外汇市场日趋发达的今天，信息因素对汇率变动的影响既强烈又微妙。

（5）政府干预。虽然目前世界上大多数国家都实行浮动汇率制度，但是鉴于汇率变动对国际经贸、金融和国民经济的发展影响巨大，各国政府为了稳定外汇市场，或使汇率的变动控制在一定范围之内，通常要对外汇市场进行干预。这种干预的形式主要有：①直接在外汇市场上买进或卖出外汇，其影响汇率变动的能力取决于该国金融当局持有外汇储备的多少；②调整国内货币政策和财政政策；③在国际上发表表态性言论以影响市场预期心理；④与其他国家联合，进行直接干预或通过政策协调进行间接干预等。政府干预有时规模很大，几天之内就可能向市场投入数亿乃至数十亿美元的资金。当然，它只能在短期内对汇率的变动产生影响，无法从根本上改变汇率的长期趋势。

小思考 2-4

分析提示

小思考 2-4

政府是如何运用资金在外汇市场上干预本币对外汇行情的？

2.3.4　汇率变动对经济产生的影响

浮动汇率制度下汇率变动频繁，对各国经济产生的冲击日益深远。因此，汇率政策及汇率调整已成为各国经济政策的重要组成部分。汇率变动无论是对一国的国际收支、外汇储备、国内经济，还是对国际资本流动、国际经济关系都会产生极大的影响。

1）汇率变动对一国国际收支的影响

（1）汇率变动会影响一国的贸易收支，进而使贸易收支差额以至国际收支差额发生变化。以本币贬值为例，本币贬值后，对出口会产生两种结果：一是等值本币的出口商品在国际市场上会折合比以前更少的外币，使其在国外销售价格下降，竞争力增强，出口扩大；二是出口商品在国际市场上的外币价格保持不变，则本币贬值会使等值的外币兑换比以前更多的本币，国内出口商品的出口利润增加，从而促使国内出口商的积极性提高，出口数量增加。也就是说，本币贬值或者会使出口商品价格下降，或者会使出口商利润提高，或者二者兼而有之，这都会使出口规模扩大，因而会扩大贸易顺差。

（2）汇率的变动也会影响一国的非贸易收支。比如，本币汇率下跌，外币的购买力相对提高，有利于本国服务产品的扩大出口和吸引境外游客入境旅游；同时，将减少进口服务产品和本国国民出境旅游。这有利于该国涉外旅游与其他劳务收支状况的改善。若本币汇率上升，则作用正好相反。

2）汇率变动对一国外汇储备的影响

外汇储备是一国国际储备的主要内容，由本国对外贸易及结算中的主要货币组成。在第二次世界大战以后形成的布雷顿森林货币体系下，美元是各国外汇储备的主要币种。在以美元为主要储备货币时期，外汇储备的稳定性和价值高低完全取决于美元汇率的变化。美元升值，一国外汇储备相应升值；美元贬值，一国外汇储备也相应贬值。因此，20世纪70年代初期，美元在国际市场上的一再贬值，曾经给许多国家尤其是发展中国家的外汇储备带来了不同程度的损失。70年代以后，各国外汇储备逐渐走向多元化，由美元、日元、英镑、欧元等外汇共同组成。不管是以单一的币种为储备还是以多元化的币种为储备，储备货币的汇率变化都会直接影响到一国外汇储备的价值。

在多元化外汇储备时期，汇率变动对储备货币的影响较为复杂：有时外汇市场上汇率波动较大，但因储备货币中升值、贬值货币的力量均等，外汇储备就不会受到影响；有时虽然多种货币汇率下跌，但占比重较大的储备货币汇率上升，外汇储备总价值也能保持稳定或略有上升。国际储备多元化加之汇率变动的复杂化，使国际储备管理的难度加大，各国货币当局都随时注意外汇市场行情的变化，相应地进行储备货币的调整，以避免汇率波动给外汇储备造成损失。

汇率的变动对储备的影响要从多方面进行分析：首先，应明确构成一国外汇储备的币种，这些货币在外汇市场上的汇率变化常常是不同的，它们会分别地对外汇储备总体产生影响；其次，需要将各储备货币分成升值的和贬值的两种，计算各自升值和贬值的幅度；再次，根据构成外汇储备币种的不同权重，结合各种货币升、贬值的幅度，衡量出一定时期内储备币种汇率变化对一国外汇储备的综合影响；最后，还要考虑储备货币中软、硬币的利息差异，与汇率涨跌相比较，从而得出一定时期内不同货币汇率变化及利率变化对一国外汇储备总体影响的分析结论。

3）汇率变动对国内经济的影响

（1）汇率变动对价格水平的影响。一国汇率变动对国内经济最为直接的作用是影响物价。一般来讲，一国汇率下降容易引发国内的通货膨胀现象。首先从进口角度看，本币贬值引起进口商品的本币价格相应上升，它会带动国内同类商品的价格上升。若进口商品属于生产资料，其价格上升还会通过生产成本上升推动最终产品价格上涨。其次从出口角度看，一国汇率下降首先引起出口量的扩大。在国内生产力已经得到比较充分利用的情况下，这会加剧国内的供需矛盾，使出口商品的国内价格上升，因此容易引发通货膨胀。反之，一国汇率上升，则有助于抑制本国通货膨胀。

（2）汇率变动对国内利率的影响。一国汇率下降往往会激发人们产生其会进一步下降的心理，导致短期资本外逃、国内资本供给减少，从而引起利率上升。但是，如果汇率下降激发起人们对汇率反弹的预期，则可能导致短期资本流入、国内资本供给增加和利率下降。

（3）汇率变动对国民收入和就业的影响。一国汇率下降会使该国出口增加，从而刺激国内出口产品生产规模的扩大，进而带动国内其他行业生产的发展，推动就业水平的提高，增加国民收入。同时，本币汇率下降使进口减少，国内对进口商品的需求转向国内的同类商品，即产生进口替代效应，使生产进口替代品的部门和企业的收益增加，从而引起资源在国内各部门的重新配置，而上述的一系列变化会使该国的国民收入总额增加。如果一国的汇率上升，则情况正好相反。

4）汇率变动对国际资本流动的影响

汇率变动是影响国际资本流动的直接因素，国际资本流动的目的主要是追求利润和避免受损。当一国的货币贬值时，国内资本的持有者和外国投资者为避免该国货币再次贬值而蒙受损失，会将资本调出该国，进行资本逃避。若该国货币贬值已经到位，在具备投资环境的情况下，投资者不再担心贬值受损，外逃的资本就会流回国内。特别是如果某种货币贬值过头，投资者预期该汇率将会反弹时，就会引起大规模的资本流入。而货币升值的作用与此正好相反，当一国的货币升值尚未到位时，国内资本的持有者和外国投资者为获得利润会将资本调入该国；若该国货币升值已经到位，投资者会担心接下来发生贬值受损，资本纷纷外逃。因此，一国汇率的起伏不定注定要导致国际上的资本流动频繁。

5）汇率变动对国际经济关系的影响

在浮动汇率制度下，外汇市场上各种货币频繁的、不规则的变动，不仅对各国的对外贸易、国内经济等产生深刻影响，而且影响着各国之间的经济关系。这体现为：

（1）加深了各国争夺销售市场的竞争。如果一国实行以促进出口、改善贸易逆差为主要目的的货币贬值，会使对方国家的货币相对升值，出口竞争力下降，尤其是以外汇倾销为目的的本币贬值必然引起对方国家和其他利益相关国家的反抗甚至报复，这些国家会采取针锋相对的措施，直接或隐蔽地抵制货币贬值国商品的侵入，汇率战由此而展开；货币竞相贬值以促进各自国家的商品出口是国际上很常见的现象，由此造成的不同国家之间的利益分歧和矛盾也层出不穷，这加剧了国际经济关系的复杂化。

（2）促进了国际储备货币多元化。如果某些储备货币发行国的国际收支恶化，其货币汇率不断下跌，则会影响其国际地位，而有些国家的情况相反，其货币在国际领域的地位和作用日益加强，这就促进了国际储备货币多元化的形成。

（3）加剧了国际金融市场的动荡和投机行为，促进了国际金融业务的不断创新。由于汇率变动，促进了外汇交易的投机，造成了国际金融市场的动荡与混乱；同时，由于汇率的起伏不定，加剧了国际贸易与金融的汇率风险，进一步促进了期货和期权交易、货币互换和欧洲票据等衍生金融工具的出现，使国际金融业务的形式与市场机制不断创新。

汇率变动对一国经济的影响程度要视该国货币制度发展的具体情况而定，其中比较重要的决定因素有：①该国货币的可兑换性。可兑换性越强，汇率变动对该国经济特别是资本国际流动的影响越大。②该国金融市场的发育程度。金融市场发育程度越高，汇率变动对该国经济的影响越大。③该国的对外开放程度。一国对外开放程度越高，汇率变动对该国经济的影响越大。④政府对经济运行的干预程度。政府对经济运行的干预会改变市场机制的运行过程，使汇率变动对经济运行的影响复杂化。

2.4 人民币汇率制度的形成与改革

人民币汇率制度是指关于人民币汇率的政策、依据、确定的原则和采取的措施等一系列规定与安排。人民币对外币的汇率，是在独立自主的方针下，根据我国各个时期的经济政策和经济建设的要求，并参照各国汇率的变化情况制定的，因此，自1949年中华人民共和国成立以来，我国在不同经济发展时期实行了不同的汇率制度。人民币汇率制度先后经历了官方汇率、官方汇率与市场汇率并存、单一的有管理的浮动汇率、参考一篮子货币的有管理的浮动汇率的市场化演进过程。以1994年汇改、2005年“7·21汇改”和2015年“8·11汇改”这三次重要的汇率制度改革为时间节点，我们可以将人民币汇率制度的演变历程分为四个阶段。

2.4.1 1994年之前，从单一汇率制度到双重汇率制度

中华人民共和国成立之后的1953年，我国开始建立统一的外贸和外汇体系，人民币实行单一的固定汇率制度，当时人民币对美元的汇率为2.62。2年后，经过币制改革，人民币对美元的汇率被调整至2.46，固定汇率的制度安排一直延续至布雷顿森林货币体系瓦解之前。1973年，布雷顿森林货币体系崩溃，我国开始实行钉住一篮子货币的固定汇率制度，以对各国的贸易量计算相应篮子货币的权重。1973—1979年，人民币对美元的汇率逐步从2.5上升至1.5左右。但在实际市场中，出口企业获得1美元所对应的换汇成本大约为2.75元人民币，人民币汇率被严重高估。在这种情况下，外贸企业出口以及外资进入的意愿都受到打击，导致我国的外汇储备量难以增加，到1980年甚至降为负值。

为了鼓励外贸企业出口创汇，支持我国经济发展，我国于1981年开始实行双重汇率制度，即官方汇率与贸易体系内部结算价并存的双重汇率模式。前者适用于非贸易部门，人民币对美元的汇率维持在按一篮子货币计算的1.5左右；而后者用于贸易部门结算，汇率根据市场实情调整至2.8左右。这样一来，外贸企业的盈利大幅上升，带动外汇储备增至1983年的89亿元。但与此同时，未被纳入外贸体系的企业出口面临的亏损日益严重，由此导致外汇储备在1984年不升反降，外汇体制需要进一步改革。

1985年，我国取消了贸易体系内部结算价的设置，同时实施外汇留成制度，为企业出口提供便利，最初企业可保留10%左右的外汇。此外，国家还建立了外汇调剂市场，企业或个人可以在该市场上对自己留成的外汇进行交易，价格由交易双方商定，由此便形成了一种新的“官方汇率+调剂市场汇率”两轨并行的双重汇率制度。

2.4.2 1994年汇改，人民币汇率市场化改革的开端

随着外汇调剂市场贸易规模的日益扩大，这种汇率制度的弊端开始显现。民间调剂市场的外汇交易量逐步超过官方市场，到1993年，80%以上的外汇交易都发生在调剂

市场，外汇储备更多地集中在私人部门手中，“藏汇于民”的情况使得政府对外汇市场的控制力受到挑战。此外，两市场间汇差显著拉大，1993年，官方汇率基本维持在5.8左右，而调剂市场上人民币对美元的汇率则一度超过了11。在外汇管制的条件下，两市场间巨大的汇差使得寻租腐败现象日益猖獗。事实上，随着当时国家市场经济改革决心和力度的加大，一场真正意义上的汇率市场化改革正在酝酿。

1994年，汇率制度改革如期而至，成为我国汇率市场化改革过程中的里程碑事件。这次汇改主要包括三方面内容：①实现汇率并轨，形成以市场供求为基础、单一的、有管理的浮动汇率制度。人民币汇率随之从原先的5.7跳至8.7，并在之后的10年间一直维持在8.3左右的水平。②取消外汇留成和上缴制度，转为实行强制结汇制度，中资企业需要将出口所得外汇悉数送到银行进行结汇。③建立全国统一的、规范性的外汇市场。不同于此前的外汇调剂市场，外汇市场的交易主体是银行，“私人部门—银行—央行”这样的结售汇闭环形成，使得央行的货币政策与贸易、汇率等因素的关联得以加强。

1994年汇改取得了明显的效果：首先，经常账户逆差得以逆转，汇改当年我国经常账户就实现了54亿美元的顺差；其次，外商直接投资明显增加，经常账户与外商直接投资顺差之和占GDP的比重从1993年的4.8%增长至1995年的8.2%，由此带动外汇储备规模显著扩大，到1997年年末，我国的外汇储备存量已至1 050亿美元。这为我国应对1997年亚洲金融危机和2001年加入WTO提供了强有力的储备基础。

2.4.3 2005年“7·21汇改”，人民币汇率制度向浮动汇率制度迈进

进入21世纪，我国经济运行面临的国内外形势都发生了显著变化。一方面，2001年我国正式加入世贸组织，贸易出口量随之大规模增长，经常账户顺差由2000年的205亿美元增长至2005年的1 324亿美元，国内经济进入高速增长阶段，GDP平均增速在10%以上；另一方面，美国经济受到“9·11”事件和互联网金融泡沫破灭的冲击，美联储在2001年一年间连续降息11次，此后一直维持低利率水平。在这种情况下，境内外利差拉大，外资开始大举进入我国市场，导致我国金融账户顺差显著增加，国际收支双顺差的格局带来外汇储备的迅猛增长。而此时，人民币汇率却依旧维持在8.27的水平，人民币面临较大的升值压力。

2005年上半年，随着世界经济企稳、美联储稳步加息、国内经济运行平稳，我国迎来了新一轮汇率改革的时间窗口。2005年7月21日，央行宣布改革汇率形成机制，主要包括三个方面：①实行以市场供求为基础、参考一篮子货币调节、有管理的浮动汇率制度，人民币汇率不再单一钉住美元，人民币汇率从8.27一次性升值2.1%至8.10；②人民币汇率中间价的形成参考上一交易日的收盘价，但维持汇率0.3%的日浮动区间不变；③为配合汇率制度改革，我国进一步丰富了外汇市场的交易品种和主体，包括增加外汇远期和互换业务，扩大外汇远期结售汇业务的试点范围。到2006年1月4日，我国对中间价形成机制进行了进一步的调整，引入询价模式和做市商制度，即做市商在每日开市之前，向中国外汇交易中心报价，当日汇率中间价由去掉做市商

报价中的最高、最低报价后加权平均得到。由于各做市商所报的价格及其在中间价形成过程中所占权重等信息是非公开的，这就意味着在汇率中间价形成过程中央行有较大的操作空间。

2005年“7·21汇改”使得人民币汇率回到有管理的浮动模式，但市场整体平稳。人民币对美元汇率在此后进入上升通道，但从启动汇改当天到2005年年末，人民币汇率仅升值0.5%，未出现大规模的波动。此外，在单边升值预期下，我国的国际收支情况并未出现恶化，反而有所改善，2005年下半年，金融账户产生了520亿美元的顺差，外汇储备增加1 262亿美元。

2.4.4 2015年“8·11汇改”，人民币汇率逐步实现双向浮动

汇率制度改革主要包含两个维度：一是增强汇率浮动的弹性，二是强化汇率中间价的市场化形成机制。2005年后，人民币汇率的波动区间逐步扩大：2007年5月，汇率浮动区间从0.3%小幅扩大至0.5%；2012年4月21日，央行宣布将银行间外汇市场汇率的浮动区间扩大至1%；2014年4月，汇率的日波幅进一步扩大至2%。相较汇率弹性的增强，汇率中间价的市场化改革则相对滞后。此外，从2014年开始，我国的经济环境也发生了变化，人民币汇率面临贬值压力。2013年年底，美国开启货币政策正常化进程，美元随之走强，并带动人民币相对于全球其他主要货币有效汇率升值。而在此期间，中国经济增速有所放缓，走强的人民币汇率和走弱的实体经济出现矛盾，使得市场对人民币由升值预期转向贬值预期，人民币汇率中间价与交易价差距大幅走扩。

2015年8月11日，中国人民银行宣布优化人民币对美元汇率的中间价报价机制。改革内容主要包括两方面：①做市商在对人民币对美元中间价报价时主要参考上一交易日的汇率收盘价；②8月11日当天，央行一次性将人民币对美元汇率中间价贬值1 136个基本点。“8·11汇改”对市场造成了不小的冲击，此后人民币汇率进入了近一年半的贬值区间，并伴随着资本的大规模流出。

面对“8·11汇改”引发的市场剧烈波动，央行在此后及时调整汇率中间价形成机制以稳定市场。2016年2月，央行正式发布新的人民币汇率中间价的定价公式，即“中间价=上一交易日收盘价+一篮子货币汇率变化”，要求做市商在对中间价报价时，适度调整人民币对美元汇率，以维持人民币对一篮子货币汇率的基本稳定。从2016年下半年开始，人民币面临的贬值压力再度抬升。2017年5月26日，央行宣布在人民币汇率中间价定价机制中引入“逆周期因子”，逆周期因子由反映市场供需情况的汇率变动经过逆周期系数调整后得到，至此形成了现行的“上一交易日收盘价+一篮子货币汇率变化+逆周期因子”三因素共同决定的汇率中间价形成机制。此后至今，人民币汇率的单边贬值预期逐步化解并逆转，人民币汇率企稳回升，开启双边浮动模式，人民币汇率波动的弹性也在逐步增强。

“8·11汇改”的启动是我国汇率市场化改革进程中的重要一步。在市场对人民币由升值转向贬值预期的状况下，启动汇率改革，下调人民币汇率，是纠正被高估的人民币对美元汇率、缓解贬值预期的合理选择。此外，“8·11汇改”重点优化了人民币汇率中

间价形成机制，使得中间价的形成主要由外汇市场的供求情况决定，做市商报价来源更为透明，很大程度上缩小了央行对汇率中间价的操控空间。同时，“8·11汇改”也是促进人民币加入SDR、推动人民币国际化进程的重要助力。

主要概念和观念

○ 主要概念

外汇　汇率　直接标价法　间接标价法　基础汇率　关键货币　套算汇率　中间汇率　现钞汇率　名义汇率　实际汇率　汇率制度　固定汇率制度　浮动汇率制度

○ 主要观念

自由兑换外汇　金本位下决定汇率的基础　布雷顿森林货币体系下决定汇率的基础

基本训练

○ 知识题

▲ 简答题

随堂测2

(1) 影响一国汇率变动的经济因素有哪些？汇率变动反过来又会对一国经济产生怎样的影响？

(2) 我国2015年“8·11汇改”的主要内容是什么？

(3) 试分析固定汇率制度和浮动汇率制度各有哪些优点与缺陷。

(4) 试用本章所学的知识，分析说明一国货币对外法定贬值是否能真正改善这个国家的国际收支状况。

▲ 单项选择题

(1) 即期外汇交易在外汇买卖成交后，原则上的交割时间是（　　）。

A.3个营业日　　B.5个工作日　　C.当天　　D.2个营业日

(2) 1994年外汇体制改革后，我国建立的汇率制度为（　　）。

A.固定汇率制度

B.清洁浮动汇率制度

C.以市场供求为基础的、单一的、有管理的浮动汇率制度

D.钉住浮动汇率制度

(3) 汇率按外汇资金的性质和用途可划分为（　　）。

A.商业汇率与银行间汇率　　B.复汇率与单汇率

C.市场汇率与官定汇率　　D.金融汇率与贸易汇率

(4) 1973年春以后，国际汇率制度的性质是（　　）。

A.固定汇率制度　　B.钉住汇率制度

C.联系汇率制度　　D.浮动汇率制度

(5) 我国进行汇率并轨，实行单一汇率是在（　　）。

A.1993年　　B.1994年　　C.1995年　　D.1996年

▲ 多项选择题

(1) 广义外汇的范畴包括（　　）。

A.外钞　　B.外币有价证券　　C.记账外汇　　D.特别提款权

(2) 外汇的作用有（　　）。

A.国际购买手段　　B.国际支付手段　　C.弥补国际收支逆差

D.防范汇率风险　　E.调剂国际资金余缺

(3) 按国际汇率制度来划分，汇率可分为（　　）。

A.固定汇率　　B.商人汇率　　C.基本汇率

D.浮动汇率　　E.联合浮动汇率

(4) 汇率变动会影响一国的（　　）。

A.国际收支　　B.工资收入　　C.外汇储备　　D.旅游收入

(5) 影响汇率变动的经济因素有（　　）。

A.国际收支　　B.外汇干预　　C.通货膨胀

D.心理预期　　E.资本流动

▲ 阅读理解

认真阅读以下资料，分析人民币汇率弹性增强对我国经济的利弊影响。为什么我们不急于采取较大幅度的降息和量化宽松的政策？（提示：从宏观层面和跨境资本流动方面分析）

人民币汇率弹性增加　阵痛难免

1）人民币汇率三季度走势回顾

汇率波动是常态，有了波动，价格机制才能发挥资源配置和自动调节的作用。2019年三季度人民币汇率总体处于贬值通道，其中7月美元对人民币中间价小幅贬值0.2%，离岸人民币贬值0.61%，在岸人民币贬值0.27%；8月美元对人民币中间价贬值2.8%，离岸人民币大幅贬值3.65%，在岸人民币跟随贬值幅度达到3.93%；9月中间价小幅调升0.22%，离岸人民币波动幅度较大，不过最终微升0.28%，在岸人民币收涨0.16%。那么到底是什么原因造成8月份人民币汇率的剧烈波动呢？下面我们来具体回顾一下。

8月1日美联储开启过去10年以来首次降息后，在美元回落的情况下，人民币不涨反跌，且下跌速度远远超过美元指数，8月1日至2日短短两个交易日，离岸人民币对美元汇率直线下跌逾800个基点。8月5日上午，离岸人民币急贬破“7”，市场恐慌情绪骤增，境内外人民币汇率双双跌破7整数关口后，许多华尔街投资机构表示根本“搞不清状况与原因”，只能任由程序化量化交易模型自动结清人民币多头头寸止损离场，导致离岸人民币汇率快速跌至7.10附近。究其原因是人民币中间价大幅下调，受美国意外宣布对我国3 000亿美元的出口商品加征关税的影响，市场避险情绪升温，人民币汇率承压下行。由于美方严重违背中美两国元首大阪会晤共识，中国相关企业决定暂停采购美国农产品。为防止市场过度解读和过激反应，央行及时发声表示此次贬值是市场供求和国际汇市波动的反应，主要受单边主义和贸易保护主义措施及对中国加征关税预期等的影响，人民币对一篮子货币继续保持稳定和强势。8月6日上午9时，中国人民银行宣布将于8月14日在香港地区发行两期人民币央行票据，总发行量为300亿元，其中3个月期央行票据200亿元，1年期央行票据100亿元；此项操作有利于对离岸市场人民币流动性进行逆周期调节，维护市场稳定。消息发布后，离岸人民币大涨400点。随后，美国财政部认定中国为货币操纵国，我们认为此举与5月美国商务部曾提议制定一项新规定有关，对低估本币对美元汇率国家的产品征收反补贴税，其目的在于抵销进口商品享受的补贴金额，削弱我国产品的竞争力。贸易局势趋紧导致不少投资机构调低人民币汇率估值。另外，我国央行在悄然弱化汇率调控措施，背后逻辑是调控措施容易导致人民币汇率高估，在贸易局势紧张与经济下行压力较大的情况下，容易引发资本外流与金融市场动荡的隐患。人民币汇率更贴近市场供需关系而呈现出均衡合理价格，会让资本感到安全，资本外流与金融市场动荡的风险相应减小。9月26日，中国人民银行在香港地区成功发行6个月期人民币央行票据100亿元，中标利率为2.89%，此次6个月期人民币央行票据中标利率与当前离岸市场同期限利率水平基本相符，有助于推动离岸人民币货币市场和债券市场的发展。人民币汇率维持在7.1附近波动，短期走势受中美贸易局势发展等事件驱动的影响较大。

2）影响因素分析

随着人民币汇率市场化程度不断提高，人民币汇率双向波动越来越常态化，企业和投资者对人民币汇率的分析预判也更为关心，以有效应对汇率风险。2019年9月，我国官方制造业PMI（采购经理人指数）环比上涨0.3%至49.8%，优于市场预期，显示国内经济景气改善，制造业生产总体恢复。新订单指数环比由跌转涨，为5月以来首次升至扩张区间，原材料库存指数环比小幅上涨，产成品库存环比下降，采购指数有所回升，显示企业原材料库存增长主要来自企业加快生产、加大采购，但考虑到当前制造业的需求主要依靠基建支撑，且制造业企业盈利压力暂未出现改善，因此制造业库存恐难趋势性回升。当前，国内货币政策转向宽松，当局实施全面降准，支持基建投资增长，经济政策逆周期调节力度加大。随着基建对冲作用显现，国内经济下行压力有所缓解，预计四季度国内经济增长将呈现弱势企稳。

资料来源　车美超．人民币汇率弹性增加 阵痛难免［EB/OL］．［2019-10-14］．https：//baijiahao.baidu.com/s？id=1647331404502336873&wfr=spider&for=pc.有删减．

▲ 技术应用

（1）某日中国银行报价：USD/JPY=108.10/108.15，假设某进口商需从中国银行买入100万日元用于支付货款，其适用汇率应是多少？

（2）某日中国银行报价：EUR/USD=1.5500/1.5510，假设某进口商需从中国银行买入100万欧元用于支付货款，其适用汇率应是多少？

○ 技能题

▲ 单项操作训练

已知外汇市场某日即期汇率为EUR/USD=1.1325/35，USD/HKD=7.7757/85，求EUR/HKD的买入价和卖出价。

▲ 综合操作训练

如果你是我国香港某银行交易员，你向客户报出美元对港元汇率为7.8057/67，客户要以港元向你买进100万美元，请问你应给客户什么汇价？如果客户以你的上述报价向你购买3.500万美元，卖给你港元，随后，你打电话给经纪人想买回美元平仓，几家经纪人的报价情况分别是：A经纪人7.8058/65，B经纪人7.8062/70，C经纪人7.8054/60，D经纪人7.8053/63。那么哪一位经纪人、以什么汇价进行交易对你最有利？这两笔交易你赚了还是赔了？

观念应用

○ 实训题

2023年10月19日，中国银行外汇牌价见表2-3。

表2-3　中国银行外汇牌价（人民币元/100外币）

币种	现汇买入价	现钞买入价	现汇卖出价	现钞卖出价	发布时间
美元	730.62	724.68	733.54	733.54	2023.10.19　13：38：08
欧元	768.56	744.68	773.94	776.49	2023.10.19　13：38：08
英镑	884.57	857.08	890.5	893.69	2023.10.19　13：38：08
港元	93.32	92.58	93.7	93.7	2023.10.19　13：38：08
日元	4.8699	4.7186	4.9025	4.9079	2023.10.19　13：38：08

（1）一位出境旅游者到中国银行兑换3 000元港元现钞，需要付多少人民币现钞？

（2）一位客户欲将1 000英镑现钞兑换成等值的人民币，该客户能兑换多少人民币？

（3）一家出口企业到中国银行以10 000美元即期结汇，能兑换多少等值人民币？

（4）中国银行港元/人民币、美元/人民币买卖差价是多少点？它们买卖差价是多少？

○ 讨论题

在岸、离岸人民币汇率跌破7.1什么原因？还会继续下行吗？

自2023年5月17日在岸、离岸人民币对美元汇率双双跌破“7”关口后，人民币对美元汇率仍持续承压。5月30日，离岸人民币对美元汇率盘中失守“7.1”关口；5月31日，在岸人民币对美元汇率亦失守“7.1”关口，均为2022年11月以来首次。

5月31日，银行间外汇市场人民币对美元汇率中间价报7.0821元，较前值调降3个基点。本月，该中间价累计调降1 581个基点。

资料来源　唐婧 在岸、离岸人民币汇率跌破7.1什么原因？还会继续下行吗？[N]. 21世纪经济报道，2023-05-31.有删减.

阅读上述资料，从市场预期、利率、金融市场等因素的影响讨论在岸、离岸人民币汇率跌破7.1的原因是什么，还会继续下行吗？

第3章

外汇市场与外汇交易

学习目标

知识目标：了解与各类传统外汇交易相关的基础知识、各类传统外汇交易的交易程序及其盈亏状况，掌握各类传统外汇交易之间的区别。

技能目标：按照不同的交易种类和交易程序进行简单的传统外汇交易，能够利用不同地区汇率的差异进行两地直接套汇或三地间接套汇，能够分析各类外汇交易盈亏的基本原理，并能够进行基本的传统外汇交易、分析传统外汇交易盈亏状况。

素养目标：了解传统的外汇交易的性质、功能及交易方法，使学生具备利用外汇交易工具管理外汇风险的能力，使学生认识到在国际金融市场大环境下，我国金融市场的可持续性发展的重要性，树立学生认真严谨的职业态度，培养学生具有“四个自信”，树立正确的“三观”，成为新时代社会主义的建设者和接班人。

引例

某日本出口商向美国进口商出口价值10万美元的商品，共花费成本1 200万日元，约定3个月后付款。双方签订买卖合同时的汇率为1美元=130日元。按此汇率，出口该批商品可换得1 300万日元，扣除成本，出口商可获得100万日元。但3个月后，若美元汇价跌至1美元=128日元，则出口商只可换得1 280万日元，比按原汇率计算少赚了20万日元；若美元汇价跌至1美元=120日元以下，则出口商就亏本了。可见，美元贬值或日元升值将对日本出口商造成压力。因此，该日本出口商在订立买卖合同时，就按1美元=130日元的汇率，将3个月的10万美元期汇卖出，即把双方约定远期交割的10万美元外汇售给日本的银行，届时就可收取1 300万日元的货款，从而规避了汇率变动的风险。

外汇交易是伴随着国际贸易的发展而产生的，是国际上结算债权债务关系的工具。

与股票、商品期货市场相比，外汇市场历史尚短，但是，近十几年来，外汇交易不仅在数量上成倍增长，而且在实质上也发生了重大变化。它不仅是国际贸易的一种工具，而且已经成为国际上最重要的金融商品。

本章主要阐述外汇市场的概念和运作机制以及传统的外汇交易品种，如即期外汇交易、远期外汇交易、外汇掉期交易等；重点介绍各个交易品种的特点、交易方式和盈亏分析。

3.1 外汇市场

3.1.1 外汇市场概述

1）外汇市场的概念

外汇市场是指由外汇的需求者和供给者以及交易中介机构所构成的买卖外汇的场所或网络。它包括金融机构之间的同业外汇市场（或称批发市场）和金融机构与客户之间的外汇零售市场。

现代外汇市场通常是一个分散的由经纪商、交易员、通信设备、电脑终端以及坐落在世界各地的商业银行组成的24小时不间断的、非主权货币头寸交易活动的市场。

2）外汇市场的参与者

可以肯定地说，外汇市场中绝大多数（大约90%）的外汇交易都是在银行之间进行的，因此，外汇市场中首先要提到的参与者就是银行。

（1）商业银行。

各发达国家的商业银行通常都有外汇买卖业务并且承办外汇存款、汇兑、贴现等业务。

在一些实行外汇管制的国家，外汇业务由中央银行指定的具有经营外汇业务特许权的银行办理。

例如，在中国，外汇业务是由大型金融机构、外国银行在本国的分行、代理行或代办处作为外汇市场做市商的。这些商业银行不仅受进出口商的委托办理进出口结汇业务，充当外汇买卖的中介人，还通过自行买卖外汇来获取利润。

截至2023年9月，中国共有25家商业银行作为外汇市场做市商，分别是：中国工商银行股份有限公司、中国农业银行股份有限公司、中国银行股份有限公司、中国建设银行股份有限公司、交通银行股份有限公司、国家开发银行、中信银行股份有限公司、招商银行股份有限公司、华夏银行股份有限公司、中国光大银行股份有限公司、平安银行股份有限公司、广发银行股份有限公司、兴业银行股份有限公司、上海浦东发展银行股份有限公司、中国民生银行股份有限公司、浙商银行股份有限公司、上海银行股份有限公司、南京银行股份有限公司、宁波银行股份有限公司、渣打银行（中国）有限公司、汇丰银行（中国）有限公司、花旗银行（中国）有限公司、法国巴黎银行（中国）有限公司、华侨永亨银行（中国）有限公司、摩根大通银行（中国）有限公司。[①]

全球各地都分布着从事外汇交易的银行，因此外汇市场是一个24小时运作的市场。

① 根据《银行间外汇市场做市商指引》（汇发〔2021〕1号），国家外汇管理局对银行间外汇市场做市商进行评估，每两年对做市商名单进行更新。

由于各地外汇市场的收市和开市时间几乎首尾相连，所以一家银行几乎可以在一天中的任何时刻不受时间约束地进行外汇交易。

国际主要外汇市场交易时间表见表3-1。虽然由世界各地的银行组成的外汇市场很多，但是超过半数的外汇交易是在伦敦和纽约的银行里进行的。

表3-1　国际主要外汇市场交易时间表

地区	市场	当地开收盘时间	非夏令时时段		夏令时（DST）	
			换算为北京时间的开收盘时间			
			开盘	收盘	开盘	收盘
大洋洲	惠灵顿	9：00—17：00	05：00	13：00	04：00	12：00
	悉尼	9：00—17：00	07：00	15：00	06：00	14：00
亚洲	东京	9：00—15：30	08：00	14：30	08：00	14：30
	香港	9：00—16：00	09：00	16：00	09：00	16：00
	新加坡	9：30—16：30	09：30	16：30	09：30	16：30
欧洲	法兰克福	9：00—16：00	16：00	23：00	15：00	22：00
	苏黎世	9：00—16：00	16：00	23：00	15：00	22：00
	巴黎	9：00—16：00	16：00	23：00	15：00	22：00
	伦敦	9：30—16：30	17：30	（次日）00：30	16：30	23：30
北美洲	纽约	8：30—15：00	21：00	（次日）04：00	20：00	（次日）03：00
	芝加哥	8：30—15：00	22：00	（次日）05：00	21：00	（次日）04：00

注：以上所列时间是当地主要工作时间段，可能会与实际情况存在出入，仅供参考。

（2）外汇经纪商。

他们是帮助买卖双方达成交易并从中收取佣金的商人。由于他们非常了解外汇市场的行情和供求关系，所以可以帮助交易双方促成交易。

在外汇交易中，各个外汇需求者为了购买到更便宜的外汇，往往要找出价最低的供给者，由于汇率在很短的时间里就会发生变化，所以这样的寻找是要付出成本的。

外汇经纪商由于非常了解各个银行愿意接受的外汇交易价格，因此通过他们进行外汇交易可以降低搜索最佳汇率条件的成本。

另外，在通过经纪商进行交易时，交易双方是匿名交易的，所以参与者可以隐藏其交易动机。

外汇经纪商一般分为两种：

一种是用自己的资金参与外汇买卖，并承担外汇买卖的损益的外汇经纪商，称为一般经纪商。

另一种是仅以收取佣金为目的，代客买卖外汇的外汇经纪商，称为掮客。

中国银行业监督管理委员会（现中国银行保险监督管理委员会）于2005年8月8日颁布了《货币经纪公司试点管理办法》，依照《货币经纪公司试点管理办法》批准设立货币经纪公司。

货币经纪公司可以从事以下部分或全部的业务：①境内外外汇市场交易；②境内外货币市场交易；③境内外债券市场交易；④境内外衍生产品交易；⑤经中国银行保险监督管理委员会批准的其他业务。

货币经纪公司从事证券交易所相关业务的经纪服务，须报经中国证券监督管理委员会审批。

按《货币经纪公司试点管理办法》的规定，目前，我国货币经纪公司及其分公司仅限于向境内外金融机构提供经纪服务，不得从事任何金融产品的自营业务。

（3）中央银行。

其担负着维持本币汇率稳定的责任，常常在外汇市场上或明或暗地通过买卖外汇的方式来达到调控汇率的目的。

中央银行一般设有外汇平准基金（Exchange Stabilization Funds）或者叫外汇平准账户（Exchange Equalization Account）。这些账户一般由一定数量的本币、外汇和黄金构成。中央银行就是利用这些资金来随时干预外汇市场的。有时中央银行希望在干预外汇市场的时候以匿名的方式进行，因此它会通过外汇经纪商代理买卖外汇。

（4）一般客户。

外汇市场中的一般客户主要有两种：

一种是需要进行外汇买卖的企业或公司。除了开展进出口贸易的公司需要买卖外汇以外，跨国公司也需要买卖外汇。

随着国际经济的快速发展，跨国公司已经成为外汇市场的主要客户，它们在经营过程中不但需要进行大量的由进出口而产生的外汇结算，而且一些对外直接投资项目也需要进行外汇买卖。另外，一些资产管理机构为了资产的保值和增值也常常参与外汇交易。属于这一范畴的还有航运公司、保险公司、外汇投机者等。

另一种是需要进行外汇交易的居民个人。国家外汇管理局发布的《境内居民个人购汇管理实施细则》中规定的16种个人可以购汇的情况包括：出境旅游（含港澳游）、朝觐、探亲会亲、境外就医、自费留学、其他出境学习、商务考察、境外培训、被聘工作、外派劳务、缴纳国际组织会费、境外邮购、出境定居、境外直系亲属援助、国际交流及其他。

居民个人进行外汇买卖的特点是金额小、笔数多。随着外汇交易市场的发展，居民个人进行外汇交易除了自费留学、出境旅游等外汇支付所需之外，还利用其进行投机，赚取投机收益。

3）外汇市场的层次

根据外汇市场的参与者不同，外汇市场可以分为三个层次：银行与顾客之间的外汇市场、银行同业之间的外汇市场、商业银行与中央银行之间的外汇市场。

（1）银行与顾客之间的外汇市场。

银行与顾客之间的外汇市场也称为柜台市场，主要是外汇指定银行与客户之间的交易市场，具有单笔交易金额小、交易笔数多、市场不透明等特点，交易平台由各家银行自主开发。参与交易的顾客分为个人和企业。

因为各国所使用的货币大多是不同的，因此个人在出国旅游、探亲、求学、就医时，需要使用其他国家的货币进行支付。

企业要进行经贸往来，涉及的国际结算往往需要外汇交易。

例如，日本的索尼公司出口电子产品到美国，美国的进口商想用美元支付货款，由于当时美元贬值得很厉害，日本出口商可能更愿意接受日元作为货款的计价货币。这时，美国进口商就只能到外汇市场中去把美元兑换成日元再进行支付了，它可以选一家经营外汇业务的银行，把手中的美元兑换成日元。这种业务就是银行的外汇零售业务，是银行与单个的客户（企业或个人）进行的外汇交易。

银行参与外汇零售业务，买入外汇和卖出外汇之间是有差价的，银行的主要目的是从买卖外汇的行为中赚取价差。

（2）银行同业之间的外汇市场。

银行同业之间的外汇市场是交易商相互交易形成的外汇买卖市场，具有交易产品多样、参与者多、信息较公开等特点，大部分交易都在外汇交易中心的CFETS FX 2009系统上实现。

银行同业之间的外汇交易是将银行开展的外汇零售交易汇聚在一起，使外汇银行过多买入了某种外汇（如美元，我们把这叫作美元的多头寸），同时又过多卖出了某种外汇（如日元，我们把这叫作日元的空头寸）。如果美元连续贬值，日元连续升值，银行的风险就很大；在营业日里，由于外汇市场汇率波动的速度很快，因此，外汇银行无形中承担了汇率波动的风险。

如果外汇银行持有某种外汇的多头头寸，则称这种外汇为超买，反之则称超卖。我们把超买和超卖统称为敞口头寸（Open Position）。

银行为了平抑敞口头寸也需要相互进行交易，卖出多头头寸，买入空头头寸。银行之间的外汇交易一般都是大宗性质的，属于外汇批发业务。

此外，银行因外汇投机、套汇、套利等行为也会与同业开展外汇交易。

（3）商业银行与中央银行之间的外汇市场。

中央银行干预外汇市场所进行的交易主要在它与商业银行之间进行。通过调节外汇市场上的货币供求量，中央银行可以使外汇的市场汇率相对地稳定在某一水平上。

如果某种外汇对本币的汇率低于界限值，中央银行就会在外汇市场上购入这种外币，增加市场对这种外币的需求量，促使银行调高其汇率；反之，如果中央银行认为某种货币对本币的汇率偏高，就会向银行出售该外汇的储备，促使其汇率下降。

我国外汇市场可以分为两个层次：银行与顾客之间的外汇市场和银行同业之间的外汇市场。其中，银行同业之间的外汇市场交易量占据主导地位。

4）外汇市场的类型

（1）有形外汇市场和无形外汇市场。有形外汇市场，是在固定的交易场所内，交易双方进行面对面交易的外汇市场。在历史上，这种外汇交易方式在欧洲大陆比较流行，如巴黎、法兰克福、米兰等。

无形外汇市场，是指外汇交易不在具体交易场所内进行，而是通过现代化的通信工具如各种网络系统、电话、电传达成交易的外汇市场。

随着科技的发展，无形外汇市场已经逐渐占据主要位置，涉及的外汇交易设备或系统有：

①电话。银行通过电话达成交易对我们来说并不陌生，但外汇交易室里用于外汇交易的电话不同于一般的电话，这种电话被称为IDD，是一种具有完备录音系统的多线路、多声道的国际直拨电话。

由于在外汇交易中双方通过电话询价报价，一旦询价方说“Done”，则买卖成交，并且遵循“我说的就是合同”的原则，因此，为了防止纠纷，外汇交易中所使用的电话都具备录音功能。

②电传。这是一种比较传统的外汇交易方式。由于汇率瞬息万变，所以需要双方在很短的时间内达成交易，交易速度的快慢成为衡量外汇银行服务好坏的首要标准。

电传方式的一个致命缺点就是交易信息的传递速度较其他交易方式要慢得多，因此已经趋于淘汰，只在一些小型交易机构中使用。

③路透交易系统（Reuter Dealing System）。该交易系统由总部设在伦敦的路透通讯社创立。

路透通讯社拥有的信息收集网络联系着全球5 000家银行和金融机构、200多家交易所，24小时不间断地由总部发出各种经济信息和金融信息，客户可以随时获得从外汇、债券到期货、股票、能源市场的实时行情。

该系统为每一个参加这个系统的交易商提供一个终端密码，交易员在进行交易的时候可以首先通过在路透交易系统终端机（包括显示终端、键盘和打印机等）输入自己的终端密码（如中国银行总行的终端密码是BCCD）进入系统，然后输入对方银行号码进行呼叫，这样双方就可以通过终端机进行询价和报价。如果双方交易成功，则可以把交易对话通过打印机打印出来，作为书面合同。

通常，交易员都是同时向多家银行进行询价，然后找到最适宜的价格成交的。

利用路透交易系统进行外汇买卖，要使用专门的对话语言和形式并且要注意应有的礼貌用语。

比如，讨价还价可以说“My risk”，结束交易时可以说“Thanks for the deal, Bibi”等。

④德励财经咨询系统（Telerate System）。它原隶属于美国道·琼斯公司，现隶属于Money Line公司。德励财经咨询系统于1969年创设电子化金融信息市场，以即时同步方式提供全球最新的经济和金融信息，其资讯来自全球1 900余家银行、证券交易所及商品交易中心等，该系统24小时为用户提供外汇、证券、期货、商品等方面的价格行情，以及市场评论、图表分析、走势预测等文字性资料。

无形外汇交易由于不受地域的限制而且方便快捷，因此成为外汇交易的主流形式。大部分外汇市场都是典型的无形市场，没有固定的交易场所，只是通过电话、电传、电报完成外汇交易。

比如，在伦敦外汇市场，被批准的外汇经纪商，包括清算银行、商业银行、外国银行设在伦敦的分支行及其他金融机构之间，有十分完备的电讯网络设备、专用的对讲电话、灵敏的电子装置，能迅速灵活地处理各种即期和远期外汇买卖业务。

（2）现汇市场和期汇市场。

现汇市场又叫即期外汇市场。即期外汇交易，是指外汇买卖成交后，交易双方于当天或两个交易日内办理交割手续的一种交易行为。即期外汇交易是外汇市场上最常用的一种交易方式，即期外汇交易占外汇交易总额的大部分。

期汇市场又叫远期外汇交易市场，是进行远期外汇交易的场所和媒介。远期外汇交易，是指交易双方在成交后并不立即办理交割，而是事先约定币种、金额、汇率、交割时间等交易条件，到期才进行实际交割的外汇交易。

（3）根据币种不同划分的外汇市场。例如，美元对日元市场、美元对欧元市场等，其中，交易量最大的也是这两种市场。

3.1.2 世界主要的外汇市场

外汇市场诞生于20世纪70年代初。

1971年8月15日，时任美国总统尼克松宣布美元大幅度贬值，并与黄金脱钩，西方国家汇率波动幅度加大。

1972年5月，芝加哥商业交易所（CME）成立国际货币市场，正式推出了7种外汇期货合约，拉开了外汇期货市场发展的大幕。

1973年年初，布雷顿森林货币体系彻底崩溃，西方国家进入浮动汇率时代，外汇市场开始迅速发展。

时至今日，外汇市场已成为全球最大的金融产品交易市场。

外汇市场的平均日交易额约6.6万亿美元，是全球股市平均日交易额的30倍，是全球期货市场平均日交易额的120倍。

外汇市场的交易量非常庞大，而且每年以120%的速度在递增，是全球任何一个市场都无法比拟的“巨无霸”。

根据国际清算银行（BIS）发布的三年一度的报告，2022年10月，全球外汇交易市场日均交易额达到7.5万亿美元，与三年前的6.6万亿美元相比，增长了14%，外汇行业蓬勃发展。

从交易品种上看，美元交易额占交易总额的88%（与2019年相比没有变化）。欧元交易额占交易总额的比例小幅下降至31%（从2019年的32%），日元和英镑交易额占交易总额的比例分别保持在17%和13%不变。人民币交易额占交易总额的比例上升至7%，使其成为2022年第五大交易货币（高于2019年的第八位，2019年人民币交易额占交易总额的比例为4%）。

从市场组织形式上看，这些国际金融中心的市场组织形式基本上都是典型的无形市场，没有固定的交易场所，通过电话、电传、电报、计算机网络完成外汇交易。

从地域上看，外汇交易继续集中在主要金融中心。

2022年4月，英国、美国、日本、新加坡以及我国香港特别行政区这五个地点的外汇交易市场的交易额占全球外汇交易总额的78%。

英国的外汇交易市场仍然是全球最重要的外汇交易市场，其交易额占全球总交易额的38%。

虽然自2019年以来主要交易中心的排名保持不变，但它们在全球营业额中的相对份额发生了变化。美国报告的交易份额从17%增加到19%。亚洲主要金融中心的增长情况出现分化。

新加坡外汇交易市场的交易额增长速度高于全球总额，而香港特别行政区外汇交易市场（以下简称“中国香港外汇市场”）和日本外汇交易市场的交易额增长较慢。新加坡外汇交易市场交易额占全球外汇交易总额的比例从2019年的8%上升到2022年的9%，而中国香港外汇市场交易额占全球外汇交易总额从8%下降到7%，日本外汇交易市场交易额占全球外汇交易总额从5%下降到4%。

（1）伦敦外汇市场。

它是世界上最大的外汇市场，这与其得天独厚的地理条件有关。伦敦处于世界时区适中的位置，与其他各主要外汇市场基本上都能保持衔接。

伦敦外汇市场的交易量在全球外汇交易总量中占比高达43.1%，是纽约的近3倍。而其竞争对手瑞士和巴黎分别只占3.3%和2%左右。

伦敦外汇市场参与外汇交易的外汇银行机构有600多家，包括本国的清算银行、商人银行、其他商业银行和外国银行。

这些外汇银行组成了伦敦外汇银行公会，负责制定参与外汇市场交易的规则和收费标准。交易货币种类众多，常见的就有30多种，其中交易规模最大的为英镑兑美元的交易，其次是英镑兑欧元、美元兑瑞士法郎、美元兑日元等的交易。

（2）纽约外汇市场。

它是世界第二大外汇交易中心，对世界外汇走势有着重要影响。

由于美国没有外汇管制，对运营外汇业务没有限制，政府也不指定专门的外汇银行，所以几乎所有的美国银行和金融机构都可以经营外汇业务，这使得美国外汇交易量占全球较大比重。

第二次世界大战以后，随着美元成为世界性的储备和清算货币，纽约成为全世界美元的清算中心。

目前，世界上90%以上的美元收付都是通过纽约“银行间清算系统”进行的，因此纽约外汇市场有着其他外汇市场所无法取代的美元清算和划拨功能，地位日益巩固。

除美元外，纽约外汇市场的主要交易币种依次为欧元、英镑、瑞士法郎、加拿大元（以下简称“加元”）和日元。但随着金融危机后严苛的金融监管政策的实施，美国外汇交易量并未攀升，反而呈下滑之势。

（3）新加坡外汇市场。

它是亚洲最重要的外汇市场之一，也是全球最重要的外汇交易中心之一。根据国际清算银行发布的数据，2023年4月，新加坡外汇市场的日均交易量达到了1.85万亿美元，位居全球第四。

新加坡外汇市场是“亚洲美元”市场的交易中心，地处欧、亚、非三洲交通要道，时区位置优越。

新加坡外汇市场除了保持现代化的通信网络外，还直接同纽约的CHIPS系统和欧洲的SWIFT系统连接，货币结算十分方便。

新加坡外汇市场的交易以美元兑新加坡元为主，约占交易总额的85%。大部分交易都是即期交易，掉期交易及远期交易合计占交易总额的1/3。

（4）中国香港外汇市场。

自1973年中国香港取消外汇管制后，国际资本大量流入，香港外汇市场由此发展成为国际性外汇市场。

中国香港的地理位置和时区条件与新加坡相似，可以十分方便地与其他国际外汇市场进行交易。该市场的参加者主要是商业银行和财务公司。

该市场的外汇经纪人有三类：

一是当地经纪人，其业务仅限于香港本地。

二是国际经纪人，是20世纪70年代后将其业务扩展到香港的其他外汇市场的经纪人。

三是香港本地成长起来的国际经纪人，即业务已扩展到其他外汇市场的香港经纪人。

香港外汇市场上的交易可以划分为两大类：一类是港元和外币的兑换，其中以美元兑港元为主。另一类是美元兑换其他外币的交易。

（5）东京外汇市场。20世纪80年代，随着日本经济的迅猛发展和在国际贸易中的地位的逐步上升，东京外汇市场也日渐壮大起来。

20世纪90年代以后，受日本泡沫经济崩溃的影响，东京外汇市场的交易一直处于低迷状态。

日本是贸易大国，进出口商的贸易需求对东京外汇市场上汇率波动的影响较大。由于汇率的变化与日本贸易状况密切相关，日本中央银行对美元对日元的汇率波动极为关注，同时频繁地干预外汇市场，这是该市场的一个重要特点。

在东京外汇市场上，银行同业间的外汇交易既可以通过外汇经纪人进行，也可以直接进行。

东京外汇市场上的交易品种比较单一，主要是美元兑日元、欧元兑日元的交易。

（6）上海外汇市场。

根据2019年国际清算银行发布的全球外汇调查报告，中国（上海）日均外汇交易额高达1 360亿美元，相比2016年上涨了87%，排名从2016年的第13位升至2019年的第8位，成功跻身全球八大外汇交易中心。

上海是中国最重要的金融中心，也是中国外汇交易中心所在地，随着中国（监管部门）开放金融市场的力度不断加大，以及更多金融改革措施的出台，上海正不断向国际金融中心的目标迈进。

3.1.3 我国外汇市场

1）我国外汇市场的特征

1994年我国的外汇管理体制改革取消了外汇留成制度和外汇调剂市场，将官方市场和调剂市场合并，从而建立了强制结售汇制度和统一的外汇市场，并建立了外汇交易中心。

我国的外汇市场兼具有形与无形的特点。

中国外汇交易中心通过计算机网络与全国37个分中心和调剂中心实行联网交易，外汇指定银行必须指派外汇交易中心认可的交易员进入交易中心指定的交易场所进行外汇交易，这也是人民币汇率形成的场所。同时，外汇交易系统通过计算机进行交易，又具有无形市场的特征。

中国外汇市场分为银行间外汇市场（外汇指定银行相互之间以及外汇指定银行与中央银行之间的外汇交易）和零售市场（银行对客户结售汇）。

银行间外汇市场实行会员制，凡经中国人民银行批准设立，国家外汇管理局准许经营外汇业务的金融机构及其分支机构，经外汇交易中心审核批准后，均可成为外汇交易中心的会员。会员分为自营会员和代理会员，自营会员可兼营代理业务，而代理会员只能从事代理业务。

目前的会员以银行为主，此外还有财务公司和证券公司（如国泰君安）、基金（如嘉实）等金融机构。

银行间外汇市场与银行结售汇市场并存、分层的外汇市场框架，很好地满足了市场需求与监管调控需要。

中国人民银行根据前一日银行间外汇交易市场形成的价格，公布人民币兑美元交易的中间价，即基准汇价。

零售市场上各外汇指定银行以基准汇价为依据，在规定的浮动幅度内自行决定外汇牌价，按照规定审核客户的商业单据和有效凭证，向客户买卖外汇。

企业经常账户下的外汇收支可以直接通过银行办理，由银行审核其真实性，无须事先审批。

对资本账户下的外汇收支仍实行严格管制，其买卖须经国家外汇管理局逐笔审批；

外汇指定银行之间买卖外汇的汇价在中间价上下3‰的范围内浮动。

从价格形成方式来看，目前中国外汇市场采用的是混合交易模式，金融机构与客户之间的零售市场为场外市场（OTC）的做市商模式，而银行间市场则是交易所集中竞价交易模式与询价交易和做市商模式并存。

集中竞价外汇交易，是市场上多个交易主体同时通过某一交易系统或平台，按一定的竞价规则进行外汇交易的方式。

银行间外汇市场做市商，指的是经国家外汇管理局核准，在银行间外汇市场进行人民币与外币交易时，承担向市场会员持续提供买卖价格义务的银行间外汇市场会员，通常是指有实力和有信誉的商业银行。外汇市场的其他参与者需要向这些商业银行询问其所能提供的汇率，充当做市商的商业银行通常愿意承担汇率风险并从事交易，市场上一部分外汇也会分流到做市商手里。

2005年“7·21汇改”前后，中国逐渐放松了外汇和资本管制，不断提高境内机构及个人持汇和用汇便利化程度，稳步推进人民币可兑换和国际化。在此过程中，中国外汇市场也实现了跨越式发展。

2006年1月，银行间外汇市场在保留竞价交易方式的同时也引入了询价交易方式，并正式全面引入人民币对外币做市商制度。目前，有38家中资、外资银行担任银行间外汇市场中即期、远期和掉期的做市商。

2014年12月，国家外汇管理局取消了对金融机构进入银行间外汇市场的事前准入许可，境内金融机构经国家外汇管理局批准取得即期结售汇业务资格和衍生产品交易业务资格后，在满足银行间外汇市场相关业务技术规范的条件下，可以成为银行间外汇市场会员。

国家外汇管理局不再实施银行间外汇市场事前入市资格许可，有助于将参与主体从银行为主扩大至全部境内金融机构。

2）我国外汇交易中心交易品种

初期，我国银行间外汇市场仅有外汇即期交易业务，上线运行8个货币对的即期交易：EUR/USD、GBP/USD、AUD/USD、USD/JPY、USD/CHF、USD/HKD、USD/CAD、EUR/JPY。

2005年8月，中国人民银行发布了《关于加快发展外汇市场有关问题的通知》，从此之后我国银行间外汇市场允许进行远期外汇业务，并正式推出了人民币远期外汇合约，这是我国的第一个外汇衍生品，从此我国外汇衍生品市场得到了初步发展。

2006年4月，我国推出了人民币外汇掉期业务；2007年8月，我国上线了货币互换；2011年4月，我国推出了人民币对外汇期权业务。至此，我国外汇市场已形成涵盖远期、外汇掉期、货币掉期和期权的衍生品产品体系。

我国外汇市场包括银行对客户市场和银行间外汇市场。

其中，银行对客户市场是零售市场，银行间外汇市场是金融机构之间进行交易的“批发市场”。

2015年，中国银行间外汇市场首次对境外开放。截至2016年8月，已经有23家境外中央银行类机构获准入市交易。

自2009年我国开展跨境人民币贸易结算试点、开启人民币国际化进程以来，境内外人民币市场得到了长足发展。

2018年全年，我国外汇市场累计成交192.97万亿元。

专家表示，随着未来更多境外投资主体获准进入，我国外汇市场的广度和深度将继续提高，交易量也将更上一层楼。

截至2019年10月，人民币已成为全球第五大支付货币、第三大贸易融资货币、第六大储备货币，全球约1 900家金融机构使用人民币，超过60个国家和地区将人民币作为储备货币，全球有33个国家与中国达成了本币互换协议。

3.2 外汇交易概述

3.2.1 外汇交易的规则

外汇市场主要分为零售市场和批发市场，其中批发市场占有很大的比重。下面介绍的交易规则主要针对批发市场。外汇交易的规则主要包括：

（1）常常使用统一的标价方法。除了英镑、澳大利亚元、新西兰元和欧元采用间接标价法外，其他交易一律采用直接标价法，且为美元标价，即报价的时候，基础货币采用美元。如东京外汇市场报日元价时，形式为USD/JPY：108.5900/108.5910。

（2）同时报出买入价和卖出价。这里说的买入价和卖出价指的是银行买入外汇和卖出外汇所使用的汇率，如某时刻香港外汇市场某银行报价为USD/HKD：7.8280/90，在这个报价中，7.8280是银行买入1单位美元所需要支付的港币数量，7.8290为银行卖出1单位美元可以收回的港币的数量。

银行总是能从一种外汇的买卖中，通过贱买贵卖来赚取差价。这种差价幅度一般为1‰～5‰。

（3）报价一般为五位数字。外汇银行报出的汇率一般为五位数字，如GBP/USD：1.3135/46，其中从后往前数，倒数第一位称为X个基本点，倒数第二位称为X十个基本点，倒数第三位称为X百个基本点，依此类推，并且后二位我们叫作小数，前三位叫作大数。

由于外汇市场一天中价格变动的往往都是小数，所以为了节省时间，银行同业或银行与经纪商报价的时候通常只报小数而不报大数，如GBP/USD：1.3135/46，其中1.31为大数，35/46为小数。

（4）交易额通常以100万美元为单位。在外汇市场上，1表示100万，如交易1Dollar，表示交易100万美元，交易6Dollar表示交易600万美元。

这里说的是大宗外汇交易的准入限制，但现在外汇银行为了吸引客户，赚取营业利润，往往经营一系列的外汇个人买卖业务。

这种业务的准入标准是相对较低的，如中国银行的外汇宝业务，准入的交易最低额为5万美元；MG集团推出的外汇交易平台，交易金额是以10万美元为基数的，并且允许客户在开立真正的交易账户之前下载软件进行模拟操作。

（5）外汇交易一旦成交，一般是不能反悔的，并遵循“我说的就是合同”的惯例。

（6）外汇交易常常使用规范化的专业术语。如用“Mine”“Buy”“Bid”“Pay”“Taking”表示买入某种外汇，用“Yours”“Giving”“Sell”表示卖出某种外汇。

在询价时，如果觉得对方的价格自己接受不了，可以说“My risk”讨价还价；如果不想与其进行交易，可以说“Thanks，nothing”。

下面是一次即期交易的交易对话：

某日一家英国公司为了支付向一家美国公司购买机械零件的货款，需要在即期市场上用英镑购买200万美元。英国公司委托ABC银行买入美元。ABC银行的交易员马克向另一家银行——Mega银行的交易员约翰进行询价。已知英镑兑美元（GBP/USD）的价格为1.3135/46。

双方的对话如下：

马克：嗨，约翰，可以给我200万英镑兑换美元的价格吗？①

约翰：35/46。②

马克：我以35的价格买200万美元。③

约翰：好的，成交。我以1.3135的价格卖出200万美元，交割日为12月4日，谢谢您，再见。④（证实）

请注意：

①在这个阶段，马克并没有告诉约翰他要买入还是卖出。英镑兑美元（GBP/USD）又称Cable，因此约翰有义务报出双边的买卖价格，金额为200万美元。

②约翰只报出点数，因为马克与约翰都知道“大数”为何。约翰报出以1英镑兑换1.3135美元的价格买入英镑、卖出美元，以1英镑兑换1.3146美元的价格卖出英镑、买入美元。

③这表示马克同意以约翰报出的买入价格1.3146卖出英镑、买入美元。

只有在交易员报价后，马克才表示他要买入美元。

如果约翰知道该英国公司想要卖出英镑、买入美元，他的报价可能会变成33/44。

④约翰接着确认这笔交易，交割日在2个营业日之后。

可见，外汇交易员要想顺利地完成一笔外汇交易，必须了解和掌握外汇交易的各种行话和术语。

下面是一些在进行外汇交易时经常使用或者交易员在确定交易方向和策略时可能会涉及的术语。

3.2.2　外汇交易的术语

The Big Figure：大数，汇价的基本部分，通常交易员不会报出，只有在须证实交易的时候，或是在变化剧烈的市场才会报出。如在GBP/USD：1.3135中，1.31就是大数。

The Small Figure：小数，汇价的最后两个数字，如在GBP/USD：1.3135中，35就是小数。

Pips或Points：基本点，汇价变化的最小部分，通常也称点。在上述5位有效数字中，从右边向左边数，第一位称为“X个基本点”，第二位称为“X十个基本点”，第三位称为“X百个基本点”，依此类推。

The Spread：点差，买价和卖价的差额。

Bid：买价；Buy，Pay，Mine，Taking表示买入。

Offer：卖价；Paid，Yours，Giving，Sell表示卖出。

The Figure：当交易员报价以00结尾时用的术语，如GBP/USD：1.3135/46，交易员的报价会是“Figure-five”。

Choice：交易者愿以同一汇率买入或卖出基础货币时会说的术语，如GBP/USD：1.3135中，汇率被报价为“Figure Choice”。

Long、Short、Flat or Square：多头、空头和空仓。

Deliver Date（Value Date，Maturity Date）：交割日、起息日、结算日；Delivery：交割。

Position：头寸。

Account：账户；Account Balance：账户结余。

Discount/Premium：贴水/升水。

All or None：整批委托（一种限价订单），要求代理商在特定价格下，要么执行全部订单，要么不执行订单。

Appreciation：增值。当物价应市场需求抬升时，一种货币即被认为增值，资产价值因而增加。

Depreciation：贬值。

Arbitrage：套汇。利用不同市场的对冲价格，通过买入或卖出信用工具，同时在相应市场中买入相同金额但方向相反的头寸，以便从细微价格差额中获利。

Ask Rate：卖出价，被售金融工具的最低价格。

Attorney in Fact：代理人，由于持有委任书，因而可代表他人进行交易的人。

Base Currency：基础通货，即投资者或者发行商用以记账的通货。其他货币均比照其进行报价。在外汇市场中，美元通常被用作报价的基础通货。

Basis：基差，即期价格与远期价格的差额。

Basis Point：基点，百分之一的一百分之一。

Bear：空头业者，认为价格/市场将下跌的投资者。

Bull：多头业者，认为价格/市场将上涨的投资者。

Bull Market：牛市，以长时期的价格上涨为特征的市场。

Bear Market：熊市，以长时期的价格下跌为特征，同时弥漫着悲观情绪的市场。

Big Figure Broker：经纪人。

Book：账本。在专业交易环境中，账本是交易商或者交易柜台全部头寸的总览。

Cable：电缆，交易商针对英国英镑的行话，指英镑对美元的汇率。

Candlestick Charts：蜡杆图表，是表示当日成交价格幅度以及开盘价和收盘价的图表。如果收盘价低于开盘价，此矩形会变暗或被填满；如果收盘价高于开盘价，此矩形将不被填充。

Clearing：清算，结算一笔交易的过程。

Commission：佣金，在一笔交易中经纪人收取的费用。

Confirmation：确认书，由交易双方交换、确认各项条款的交易文件。

Contract（or Unit）：合约（或单位），某些外汇交易的标准单位。

Convertible Currency：可兑换货币，可与其他货币或黄金以市场汇率进行自由兑换的货币。

Cost of Carry：持有成本，与借款以维持头寸相关的成本。此成本以决定远期价格的利率平价为基础。

Counterparty：交易对方，与之进行金融交易的参与者、银行或客户。

Country Risk：国家风险，即与政府干预（不包括中央银行干预）相关的风险。典型事例包括法律和政治事件，如战争、国内骚乱等。

Cross Rates：交叉汇率，即两种货币间的汇率。在以货币对报价的国家，交叉汇率被指为非标准汇率。比如，在美国，英镑/瑞士法郎的报价会被认为是交叉汇率，而在英国或瑞士，英镑/瑞士法郎是主要交易货币对之一。

Dealer：交易员，在交易中充当委托人或者交易对方的人。

Deposit：存款，借入和借出的现金。货币被借入或借出所依照的利率称为存款利率。存款凭证亦为可交易工具。

Federal Deposit Insurance Corporation（FDIC）：联邦存款保险公司，美国负责管理银行存款保险的机构。

Flat（or Square）：持平（或者轧平）。如既没有多头也没有空头，即相当于持平或者轧平。如果交易商没有任何头寸，或者其所持全部头寸都互相抵销了，那么他的账目持平。

Initial Margin：原始保证金，为建立头寸所需的期初抵押存款，用于担保将来业绩。

小知识3-1

外汇结算方式

当我们在淘宝上购物时，淘宝并非一个交易所，即使是同一个商品，也不会在某一时刻有统一的价格，我们需要不停去询价，问问这家卖多少钱，可以有多少折扣，另外一家卖多少钱，有多少折扣，这就相当于外汇交易的询价机制。

在淘宝上结算时，我们使用支付宝，而外汇现货市场则通过清算系统和支付系统进行结算。

在我国实盘外汇业务中，最常见的外汇结算方式有两种：

（1）结汇水单。

银行的结汇水单一般包括两联：一联为贷记通知，是公司财务人员的记账凭证；另一联为出口收汇核销专用联，专为国家外汇管理局核销用。结汇时，外汇收入者将外汇收入出售给外汇指定银行，银行按照一定汇率付给外汇收入者等值人民币。结汇分为三种基本方式：强制结汇、意愿结汇以及限额结汇或部分结汇。在这三种结汇方式中，结汇水单均为重要的结算凭证。

（2）折算入账。

折算是指外币折算交易，折算入账是企业将记账本位币以外的货币按照本位币的价值结算。进行折算入账需要注意：在交易初始就采用交易发生日的即期汇率将外币折算为记账本位币金额，而在外汇折算入账的时候，汇率应该是上一年的即期汇率。外汇折算入账有两个基本结算流程：一是在发生外币交易时所进行的初始确认与结算时的差额确认；二是在核对资产负债表的时候对与外币交易相关项目的折算。

3.2.3 外汇交易的程序

外汇交易程序主要指外汇银行与其他外汇银行、经纪商和一般客户的交易程序。交易对象不同，交易程序也不同。

（1）银行同业间的交易。它一般都是由银行内部的资金部门或外汇交易室的交易员通过路透交易系统、电话、电传等形式进行的。

通过路透交易系统进行外汇交易的程序如下：首先，一方交易员寻找一家资信较好、双方有过良好合作的对家银行，在路透交易机终端的键盘输入对家的代码并且呼叫，成功后，双方开始交易对话，主要包括询价、报价。达成交易之后，双方可以把交易对话打印出来，作为交易合同。然后由外汇银行的风险管理系统自动记录该笔交易，以便将来进行清算及头寸管理。交易员可能也会填写交易清单，以便送清算所清算，通过填写头寸登记表来管理头寸情况。

（2）通过外汇经纪商进行的外汇交易。它有两种形式：一种形式是外汇银行通过路透交易系统或者电话呼叫经纪商，请经纪商报价，银行根据报价决定是否与之成交。如果成交，则经纪商通知询价银行与之进行外汇交易的对家银行是谁，并且收取佣金。另一种形式是外汇银行把买卖外汇的基准价格以订单的形式交付给经纪商，由经纪商进行撮合成交，然后以电传的形式通知交易双方，并且收取佣金。

（3）外汇银行与一般客户的交易。这也是外汇银行重要的盈利点。其对一般客户的服务非常周到，提供的外汇交易程序也各有不同。

延伸阅读3-1

我国的个人实盘外汇交易

我国银行进行个人外汇交易的品种主要是外汇宝业务，像中国银行、交通银行、招商银行等都开立了这样的业务。该业务允许拥有外汇存款的客户用一种外汇交易另一种外汇，也叫实盘外汇买卖（是指个人客户在银行通过柜面服务人员或其他电子金融服务方式进行的不可透支的可自由兑换外汇（或外币）的交易）。

小思考3-1

分析提示

小思考 3-1

了解了实盘外汇买卖之后，与之对应的概念是虚盘外汇买卖，何谓虚盘外汇买卖？二者有何区别呢？

3.2.4　外汇交易的类型

在传统的外汇市场上，主要有以下三种交易类型：即期外汇交易、远期外汇交易、掉期外汇交易。

3.3　即期外汇交易

3.3.1　即期外汇交易概述

（1）即期外汇交易的概念。即期外汇交易又称现汇交易或现货交易，是指买卖双方按照外汇市场上的即时价格成交后，在两个交易日内办理交割的交易。

理解即期外汇交易，首先要知道什么是交割。

交割（Delivery）就是双方把买卖的货币进行清算的过程，交割结束的标志是买卖双方交易货币存款数额的增减。如果双方买卖的是现钞，交割则是指双方分别向对方付出、卖出货币现钞。

（2）即期外汇交易的交割日。它的确定对完成一笔外汇交易是十分重要的。

交割日（Delivery Date）是买卖双方实际收付资金的日期，也是双方资金起息和结息的日期。其主要有以下三种分类：

①标准交割。它指外汇的买卖双方成交后，在第二个营业日交割。

目前，世界上大多数的外汇交易都采用这种方式。所谓营业日，是指除节假日之外的工作日，主要的节假日有周六、周日、各国的法定节假日等。

比如，一笔16日达成的标准交割日的外汇交易，17日、18日是交易货币发行国的工作日，交割日应该在18日。

而如果成交后的第一天是两个结算国中某国银行的节假日，则这一天不算营业日，交割时间顺延一天。

同理，如果成交后的第一天是两国的营业日，而第二天是一国的节假日，则交割日同样要顺延一天。

但是，涉及美元的交割则是例外，如果交易后的第一天在美国是节假日而在另一国不是，则这一天也算营业日。

如用美元买入欧元，成交日在周一，周二是美国的节假日而另一国不是，周三是双方的营业日，则双方仍然在周三进行交割。

②隔日交割，即在成交后第一个营业日进行交割。比如，美元兑加拿大元、美元兑

墨西哥比索的交易都采取隔日交割。

③当日交割，即在成交当日交割。比如，在中国香港外汇市场上，美元兑港元就采用当日交割方式。另外，如果是现钞交易，则交易日即成交日。

（3）即期外汇交易的结算方式。其主要指SWIFT系统，即环球同业银行金融电信协会系统。它专门用于国际上银行间的转账结算。

目前，大多数国际性大银行都加入了这个系统，结算通过双方的代理银行或分行进行。结算结果表现为交易货币银行存款账户上的记加记减。

另外，还有CHIPS，即纽约清算所银行同业支付系统，国际上美元的清算统一通过该系统完成。

（4）即期外汇交易的具体方式。它主要有两种：

一种是外汇银行之间的交易。首先，由一家银行询价，然后获得对方的报价，而后，询价方应该立刻答复对方是否成交；否则，在很短的时间内，价格可能就会有所变动。

另一种是外汇银行与经纪人进行的外汇交易。其主要有三种方式：

① 银行主动向经纪人询价，经纪人根据银行的要求进行报价，如果银行觉得价格合适，可以接受，经纪人便会通知该银行这笔交易是同哪家银行进行的，并且收取一定数量的佣金。

② 经纪人主动、频繁地向银行报价，银行如果觉得某一时刻经纪人的报价有利，就会与经纪人达成交易。

③ 银行定出外汇买卖的条件，向经纪人传递交易订单，经纪人根据收到的订单进行撮合成交，然后向双方开出交易确认书，并且收取佣金。

（5）即期外汇交易的应用。其包括：

① 进行货币兑换，即期外汇交易可以满足客户对不同货币的临时性付款需求，是外汇市场上最常用的一种交易方式，即期外汇交易额占外汇交易总额的大部分。

② 调整外汇头寸，企业和银行进行与现有敞口头寸（外汇资产与负债的差额，即暴露于外汇风险之中的那部分资产或负债）数量相等、方向相反的即期外汇交易，可以弥补两日内汇率波动带来的损失。

③ 进行外汇投机获利，指买入汇率将要上升的货币投机或者在不同的外汇市场上进行贱买贵卖套汇获利。

3.3.2 即期外汇交易中的报价方法

1）银行报价

即期外汇交易中银行报价首先要遵循外汇交易的惯例并选用专业术语，另外还要考虑以下几个因素：

（1）作为报价行的交易员，在报出价格后，如果询价方愿意与自己成交，那么，该交易员就有义务与对家以报出的价格成交。报价员如果不想与询价方交易，可以通过拉开买卖差价的方法委婉拒绝对方。

（2）作为询价方的交易员，在询价的时候，不必告知对方自己交易的方向，以防对方报出不利的价格，但是要报出买卖的数量，因为数量大可以使对方报出更优惠的价格。

（3）报价水平不能脱离市场行情，否则将无法成交。可以根据自己的头寸情况来决定价差，在没有损失的情况下，持有某种货币多头，卖价可以报得低一些；持有某种货币空头，卖价可以报得高一些。一般价差为5～10个基本点，一些大银行报的价差可以为1～3个基本点，或者报出Choice价。

（4）掌握好报价时间。外汇交易员在报价时应该反应敏捷、报价迅速，经常交易的外汇应在10秒内报出价格，有的大银行可以在5秒内答复询价方。

小思考3-2

小思考3-2

分析提示

什么是Choice价格？

在外汇市场上，即期外汇交易通常用英语进行，举例如下：

A：Spot USD/JPY pls?（请问即期美元兑日元报价？）

B：MP（等一等），00/10.

A：Buy USD2.（买进200万美元。）

B：OK，done.I sell USD 2 Mine JPY at 108.5910 value 2/12/23，JPY pls to ABC BK Tokyo，A/C No.12345.

（好的，成交啦。卖给你200万美元买进日元，汇率是108.5910，起息日2023年12月2日。我们的日元请付至东京ABC银行，账号是12345。）

A：USD to XYZ BK New York A/C 654321，Tks for the deal BIBI.

（我们的美元请付至纽约XYZ银行，账号654321，多谢你的交易。）

2）进出口报价

在进出口贸易中，往往存在这样的情况：

一是出口方本来以本币报价，但进口方要求以某种外币报价。

二是出口方以某种外币报价，但需要折算出可以获得多少本币或进口商要求以出口商的本币报价。

三是出口商以一种外币报价，但是需要折算成另一种外币。

这些都涉及一个问题，就是在外汇交易中，既报买价又报卖价。

在把一种货币折算成另一种货币报价时，到底应该使用买入价还是卖出价呢？

要解决这个问题，需遵循以下三点规则：

（1）本币报价改为外币报价时，应按买入价计算。例如，我国某出口商出口机械设备，原来以人民币报价，每件6万元，但进口商要求以美元报价，即期美元对人民币的汇率为100美元=703.48～703.68元人民币，则该出口商在报价时应该遵循的原则为：经过美元报价之后获得的美元卖到银行后换得的人民币的数目应与原报价数目相同。

很明显，出口商在获得美元后，要以703.48元人民币的价格把每100美元卖给银行，因此要获得6万元人民币，应该报出的美元价格为8 529.03美元（60 000÷7.0348）。也就是说，在把6万元人民币折算成美元的时候应使用买入价，如果使用卖出价，则出口商将会遭受损失。

（2）外币报价改为本币报价时，应按卖出价计算。例如，某瑞士出口商原来以美元报价，每件商品100美元，现在进口商要求以瑞士法郎报价，即日汇率为USD/CHF：0.9902/0.9908。这种情况下遵循的原则还是出口商把收回的瑞士法郎卖到银行后可以换回原报价数量的美元。出口商把1单位瑞士法郎卖到银行会获得0.9908美元，因此报价应该用卖出价，需要99.08瑞士法郎（100×0.9908）。

（3）一种外汇报价改为另一种外汇报价时，应先依据外汇市场所在地确定本币和外币，然后再按照上述（1）、（2）两项原则处理。例如，我国某出口商原以美元报价，每件商品10 000美元，现在应客户的需要，改为以日元报价，纽约外汇市场当日的即期汇率为USD/JPY：108.5900/10。由于外汇市场所在地是美国，所以把美元作为本币，以买入价折算，采取直接标价法，得出的日元报价为1 085 910日元（10 000×108.5910）。

3.3.3 套汇

套汇（Arbitrage）是指套汇者利用两个或两个以上外汇市场上某一时刻某种外汇汇率存在的差异，对该种外汇在不同的市场进行买卖，从而获得差价收入的交易活动。这种交易活动具有强烈的投机性。

套汇主要包括两种：一是直接套汇；二是间接套汇。

（1）直接套汇（Direct Arbitrage）。它也叫两地套汇或两角套汇（Two Point Arbitrage），是利用两地之间的汇率差异，同时在两地进行低买高卖，获得差额收入的一种套汇业务。例如：香港市场，USD/HKD=7.8280/87；纽约市场，USD/HKD=7.8292/99。

我们可以很明显地看出，在香港市场美元便宜，在纽约市场美元贵。这样香港的金融机构就可以在本地用港元买美元，从而实现贱买的过程；同时，在纽约外汇市场抛美元买港元，实现贵卖的过程。在很短的时间内，该机构买卖1美元就可以赚到5个基本点的收益。

在两地套汇中，一种比较简单的判断是否存在套汇机会的方法是图示法，即把两地银行报出的汇价在一个坐标横轴中表示出来，如果两地汇率没有重合，就有套汇的机会。例如，上例用图示可表示为：

7.8287与7.8292之间相差5个基本点，则这5个基本点就是盈利。另外，在套汇过程中还要涉及一些费用，如通信费等，所以要考虑好损失和收益之后再开始套汇。

（2）间接套汇（Indirect Arbitrage）。它是指套汇者利用三个或三个以上外汇市场间的汇率差异，在三地或多地进行贱买贵卖，从而获得差额收入的外汇交易。间接套汇最大的难点是套汇者很难一眼看出外汇在哪个市场便宜，在哪个市场贵。在这种情况下，想成功套汇就要遵循以下几个原则：

① 将三个或更多市场上的汇率都变换为统一的标价方法来表示，即统一为直接标价法或间接标价法。

② 将各个汇率买入价或卖出价连乘，如果连乘的积是1，则各个市场间不存在汇率差异，无法套汇；若连乘的积不等于1，则存在汇率差异，可以套汇。

③ 套汇的起始点为：在统一标价法后，如果连乘的积大于1，则从以手中的货币作为基础货币的市场套起；如果连乘的积小于1，则从以手中的货币作为标价货币的市场套起。

④ 从哪种货币套起，就在哪种货币结束，这样才能准确地判断盈亏情况。

例如：香港外汇市场，USD/HKD：7.8265/70；纽约外汇市场，USD/GBP：0.7613/20；伦敦外汇市场，GBP/HKD：10.2837/47。某银行有100万港元头寸可以进行套汇交易，是否可以套汇？如果可以，收益是多少？

第一步：统一标价法。由于有两个市场采用的都是间接标价法，所以把香港外汇市场的汇率以间接标价法表示，即HKD/USD：0.127763/0.127771。

第二步：把三个卖出价相乘，即$0.127763\times0.7613\times10.2837=1.000254>1$，存在汇率差，不考虑费用的情况下可以套汇。

第三步：选择起始市场。因为连乘的积大于1，所以从以手中的货币港元作为基础货币的市场套起，即从香港外汇市场套起，则在香港外汇市场卖出100万港元，得到12.7763万美元，然后到纽约外汇市场把12.7763万美元卖出，得到9.7266万英镑。

第四步，由于要遵循从哪种货币套起就在哪种货币结束的原则，在伦敦外汇市场卖出9.7266万英镑，得到100.0254万港元（9.7266×10.2837），则通过套汇该银行可赚到254港元的收益。

观念应用3-1

分析提示

观念应用 3-1

如果外汇市场上出现了套汇机会，能够参加外汇投机交易的所有投机者都希望从这个机会中分一杯羹，那么套汇的结果是什么呢？

小知识 3-2　汇价和货币所代表价值的关系

华尔街有两位“炒手”不断交易一罐沙丁鱼罐头，每一次甲方都用更高的价格从乙方手里买进，这样双方都赚了不少钱。

一天，甲决定打开罐头看看：一罐沙丁鱼罐头为什么要卖这么高的价格？结果令他大吃一惊：鱼是臭的！他为此指责对方。

乙的回答是：罐头是用来交易的，不是用来吃的啊！

这与外汇交易是一个道理，外汇交易关注的是外汇汇率的变化，交易者本身并不持有其中任何一种货币，即使“炒手”拿着外汇账户去银行也兑换不出来现金，“炒手”只是利用外汇汇率的变化来达到赚钱的目的。这就是汇价和货币所代表价值的关系。

3.4 远期外汇交易

3.4.1 远期外汇交易的概念

远期外汇交易（Forward Foreign Exchange Transaction）是外汇买卖成交后，于两个工作日以外的预约时间再办理交割的外汇业务。

这种外汇交易的实现需要两个步骤：

第一步，买卖双方签订远期外汇合约（Forward Foreign Exchange Contract），合约规定交易外币的种类、金额、约定的远期汇率、交割时间及地点等内容。

第二步，到约定的时间进行交割。

进行远期外汇交易的优点之一是成交日就可以确定将来自己支付或收入的外汇的买卖价格。

远期外汇交易与即期外汇交易的区别就在于前者从成交日到交割日至少相隔2天，最短的交易期限为成交日后的第3天交割，最长的交易期限可达到10年。

远期外汇合约的合同期包括1、2、3、6、9和12个月等，最常用的是3个月的远期外汇交易，因为国际贸易付款往往是在3个月之后。

另外，有些客户还需要特殊期限的远期外汇交易，如52天、97天等，这些客户可以同银行签订特殊期限的远期外汇合约，进行零星交易（Odd/Broken Date Transaction）。

确定远期外汇交易的交割日要遵循以下几个原则：

① 远期外汇交易交割日的确定一般以即期外汇交易的交割日为基准，在当天即期外汇交易交割日的基础上加上远期合同期限。

② 远期外汇交易的交割日必须是交易双方的营业日，如正好碰上非营业日，则交割日顺延。

③ 实行月底对月底的原则，即如果即期外汇交易的交割日是该月的最后一个营业日，则远期外汇交易的交割日也应该是交割月的最后一个营业日而不论日期是否相符。例如，即期外汇交易的交割日为1月31日，则1个月期限的远期外汇交易的交割日为2月29日（假设该年为闰年）。

④ 实行不跨月原则，即若远期外汇交易的交割日恰逢月底且该日又是银行的非营业日，则交割日不能顺延到下一个月，只能回推到前一个营业日。比如，远期外汇交易的交割日为2月29日（假设该年为闰年）且为非营业日，则在2月28日（双方的营业日）进行交割，不能推到3月1日交割。

远期外汇交易的银行报价主要有两种形式：

（1）完整汇率（Outright Rate）报价法。直接报出远期外汇的实际汇率，即完整汇率报价法。这种报价方法一目了然，主要用于对一般客户的报价。

由于一般客户不了解外汇市场的行情，所以直接报出远期汇率有利于其顺利进行交易。报纸、杂志引用期汇行情时一般也使用这种方法。但是由于远期汇率是以即期汇率为基础的，所以它也会随着即期汇率的波动而波动。直接报出远期汇率，就要不断根据行情改变汇价，因此比较麻烦。比如，FORWARD 1 MOHTH GBP/CNY：9.2481/9.3851，在报价时采用了完整汇率报价法。

（2）掉期率（Swap Rate）报价法。报出远期汇率与即期汇率的差价，即掉期率报价法。掉期率是指某一时点远期汇率与即期汇率的差价。这种报价方法使银行可以不用根据即期汇率频繁地调整远期汇率。但是，远期汇率到底是多少，需要客户自己根据即期汇率与掉期率算出来。如SPOT GBP/USD：1.3135/46，SPOT/3 MONTH 20/10，那么如何算出3个月的远期汇率呢？这需要遵循以下原则：

第一，如果掉期率前小后大，则不管即期汇率是直接标价法还是间接标价法，都相加；若掉期率前大后小，则都相减。

比如，USD/HKD：7.8265/70，SPOT 1 MONTH 10/20，则远期汇率为7.8275/90（（7.8265+0.0010）/（7.8270+0.0020））。若即期汇率为SPOT GBP/USD：1.3135/46，掉期率为SPOT/3 MONTH 20/10，则远期汇率为1.3115/1.3136（（1.3135−0.0020）/（1.3146−0.0010））。

第二，结果得出后，可以用一种简单的方法进行验证，如果远期汇率的买卖差价大于即期汇率的买卖差价，是正确的；反之，则是错误的。

如上例，GBP/USD远期汇率的差价为21个基本点，而即期汇率的差价均为11个基本点，所以计算正确。

第三，升水与贴水。如果一某种外汇远期价格比即期价格高，则称这种外汇远期升水；反之，则称该种外汇远期贴水。如果某种外汇远期价格与即期价格相等，则叫作平价。

例如，如果银行报价为GBP/USD：1.3135/46，1个月美元贴水10/20，则表明美元远期比即期价格便宜，也意味着远期1英镑可以换得更多的美元，因此远期汇率为GBP/USD：1.3145/66。买卖差价为21个基本点，大于即期差价11个基本点，所以计算正确。

两种货币在市场上的利率直接决定着这两种外汇远期的汇率情况。利率高的外汇，远期价格表现为贴水；利率低的外汇，远期价格表现为升水。

3.4.2 远期外汇交易的种类

（1）根据交割日不同，远期外汇交易可分为规则交割日交易和不规则交割日交易。

规则交割日交易是指期限为1个月的整数倍的远期外汇交易，如1个月、2个月、6个月远期外汇交易等。

不规则交割日交易指的是期限不是1个月的整数倍的远期外汇交易，如远期57天交割的交易。

（2）根据交割日的确定方法，远期外汇交易可分为固定交割日交易和选择交割日交易。

固定交割日交易是指进行远期外汇交易的买卖双方在确定的交割日进行交割。这个交割日一旦确定则不能推迟，也不能提前。如4月15日是即期交割日，则3个月期的远期交易交割日为7月15日。到7月15日这一天，双方按时把各自的资金划到指定的账户中，如果有一方延迟，则需要向另一方交纳一定的资金作为补偿。

选择交割日交易也称择期交易（Optional Forward Transaction），即交易双方确定一个交割期限，双方可以在约定期限内的任何一个营业日办理交割。

由于在国际贸易中，有些进出口贸易合同只规定一个大概装船期，而不规定货物装运的准确时点，因而双方也不知道收汇或付汇的准确时间。在这种情况下，进口商或出口商为了避免由汇率变动带来的风险和损失，通常在进行远期外汇交易时要求银行提供灵活的交割日期。

一般选择交割日的权利是给予客户的，客户可以在双方约定的期限内的任何一个营业日进行交割。这样，银行需要在选择期内承担汇率风险，因此银行报价时就会选择有利于自身的汇率。

银行在择期报价中的报价原则为：

① 如果银行卖出远期外汇且其升水，则汇率按择期最后一天的远期汇率计算；如果银行卖出远期外汇且其贴水，则汇率按择期第一天的远期汇率计算。

② 如果银行买入择期远期外汇且其升水，则汇率按择期第一天的远期汇率计算；如果银行买入择期远期外汇且其贴水，则汇率按择期最后一天的远期汇率计算。

总之，银行在报择期交易价格时，总是以自己的利益为出发点，在最便宜的时候买入外汇，在最贵的时候卖出外汇。

表3-2是某银行的择期报价表。

表3-2 某银行的择期报价表

USD/HKD	美元升水（买入/卖出）	美元贴水（买入/卖出）
即期汇率	7.8000 / 7.8030	7.8000 / 7.8030
1个月远期汇率	7.8070 / 7.8115	7.7915 / 7.7960
2个月远期汇率	7.8140 / 7.8200	7.7830 / 7.7890
3个月远期汇率	7.8215 / 7.8275	7.7755 / 7.7815
3个月择期1~3个月	7.8000 / 7.8275	7.7755 / 7.8030
3个月择期2~3个月	7.8070 / 7.8275	7.7755 / 7.7960

3.4.3 远期外汇交易对象

经常参与远期外汇交易的交易者主要有：①有购汇或结汇需要的进出口商；②有对外短期债务或债权的投资者；③对远期汇率的走势进行了分析，并且认定远期外汇看涨或看跌的投机商；④希望通过外汇交易轧平头寸的外汇银行。

经常作为远期外汇买方的有：

（1）进口商。如果进口商进口的货品是以外币计价的，他就需要在未来的某一时间向出口商支付一定数量的外汇。在换汇的问题上，进口商面临着汇率风险。

比如，如果需要购买的外汇将来升值了，那么进口商将会遭受损失；如果进口商提前购进该种外汇，则又占压了资金。所以对进口商而言，购买远期外汇合约规避汇率风险就成了其最佳选择。

（2）有外汇债务的债务人。他同样面临着汇率风险，即还债时所使用的外汇升值，从而造成损失。因此其参与远期外汇交易，需规避汇率风险。

（3）预测远期汇率会上涨的投机商。他们认为某种外汇的价格现在比较低，将来价格会上升，因此现在购买远期外汇，待将来汇率上涨之后再卖出该种外汇，从而赚取差价收益。

由于投机商并没有真正的外汇需求，所以他们通常并不进行实际的交割，而只对汇差进行清算。

（4）外汇银行。外汇银行在进行零售业务的时候难免会产生外汇头寸，由于汇率经常波动，所以外汇银行持有头寸，就意味着其面临汇率波动的风险。因此一般外汇银行在卖出了一笔远期外汇之后，就要买进一笔相同种类、数量和交割期限的远期外汇。

经常作为远期外汇卖方的有：

（1）出口商。如果出口商品的价格对出口商而言是以外汇来计价的话，出口商就要面临将来把出口货款转换为本币的汇率风险。为了规避该种风险，出口商往往进行远期外汇交易，卖出将来收入的以外币表示的货款，提前确定转换价格。

（2）拥有外汇债权的债权人。由于将来要收进贷出的外汇，如果该种外汇汇率下降，债权人将会面临损失，所以他会做远期外汇交易，预先以确定的价格卖出外汇。

（3）预测远期汇率下跌的投机者。如果投机者预测远期外汇汇率下跌，他会现在卖出外汇，待将来下跌时再买入，从而获得价差收益。

（4）希望轧平头寸的外汇银行。如果外汇银行在进行零售外汇交易之后产生了远期多头头寸，为了规避汇率风险，它会卖出该种远期外汇。

3.4.4 远期外汇交易的应用

1）外汇保值交易

保值（Hedge）是交易一方通过远期外汇交易，现在就确定将来将要收到或付出的一笔外汇的转换价格，从而规避汇率风险的一种策略。

例如，某年5月中旬，一美国出口商向英国出口价值1 000万英镑的机器设备，预计3个月后收到货款，到时需把英镑兑换成美元核算盈亏。当时纽约外汇市场即期汇率水平为GBP/USD：1.3145/66，3个月远期英镑贴水20个点。3个月后即期汇率为GBP/USD：1.3014/24，美国出口商如果不采取保值措施，3个月后会收回多少美元？如果采取保值措施，会避免多少损失？

（1）如果不采取保值措施，3个月后收到1 000万英镑，换得1 301.4万美元。

（2）如果采取保值措施，在签订进出口合同的同时，与银行做一笔卖出3个月英镑的远期外汇交易，3个月后，可以换得1 312.5万美元，不但避免了11.1万美元的损失，而且在签订贸易合同时就可以确定该笔交易的收入。

需要注意的是，如果到时候即期汇率对希望保值的一方不利，那么也要与另一方进行交割。如果该交易者不做其他交易获利，则虽然提前确保了外汇兑换价格，但是也享受不到汇率波动给自己带来的好处。

比如，本例中，如果3个月后即期汇率为1.3143/64，则该出口商还会有所损失，那么这笔远期交易的意义只有一个，就是提前确定了收益。

2）外汇投机交易

外汇投机交易（Foreign Exchange Speculation）是指投机商通过买卖现汇或期汇，有意保持某种外汇的多头或空头，以期在汇率实际发生变动之后获得收益。

外汇投机交易一般没有贸易背景，投机商只是希望通过贱买贵卖获得差价收益。

如果投机商预测的汇率走势与实际的汇率走势相同，他就可以通过投机获得收益；反之，则可能产生亏损。

利用远期外汇交易进行投机主要有两个方向：卖空（Sell Short）和买空（Buy Long）。

卖空是指如果投机商预测将来某种外汇会贬值，则现在就卖出该种外汇，待将来便宜的时候再把这种外汇买回来从而获利的交易。

买空是指如果投机商预测某种外汇将来会升值，则现在就买入该种外汇，在将来升值的时候再将其卖出从而获利的交易。

比如，一美国投机商预期英镑有可能大幅贬值，也就是说英镑现在贵而将来便宜，假定当时英镑3个月远期汇率为GBP/USD：1.6780，则其首先卖出100万英镑，期限3个月，在第二个月的时候，英镑果然贬值，他再买进100万英镑1个月远期，汇率为1.4780，交割日与第一笔交易相同。在交割日，该投机商拿买来的100万英镑支付卖出的英镑，获得167.8万美元，同时支出147.8万美元，最终获利20万美元。

显然，这是一个卖空的例子，其实运用即期外汇交易也可以进行投机，但是运用远期外汇交易进行投机的好处是由于不用立即交割，所以投机者不用持有足额的现汇就可以进行交易。

需要注意的是，如果投机商的资信不被银行认可的话，银行可能会要求投机商提供担保或者抵押才与其进行交易。

3.5 外汇掉期交易

3.5.1 掉期交易的概念及性质

掉期交易（Swap Transaction）是指在买进或卖出一定期限的某种货币的同时，卖出或买进期限不同、金额相同的同种货币。

如某银行在5月6日买进即期英镑100万，同时，卖出1个月远期英镑100万。该银行所做的就是一笔掉期交易。

通过以上的例子可以看出，掉期交易有以下性质：

（1）买卖同时进行，即一笔掉期交易必须包括买进一笔外汇和卖出一笔外汇，并且买卖活动几乎同时进行；

（2）买卖外汇的数额相同、币种相同；

（3）交割的期限不同，即买卖外汇交割日期是错开的，如上例买入英镑的一笔交易交割是在5月8日（是标准交割日，而且不是双方的营业日），远期卖出1个月英镑的交割日应该在6月8日。凡符合上述三个条件的外汇交易（组合）均属于掉期交易。

根据我国《银行办理结售汇业务管理办法实施细则》（汇发〔2014〕53号附件）第八条第（二）款的规定，取得远期业务资格后，银行可自行开办外汇掉期和货币掉期业务。

3.5.2 掉期交易的种类

1）按照掉期交易的买卖对象划分

（1）纯粹的掉期交易。它是指掉期交易中发生的方向相反的两笔交易都在相同的两个交易者之间进行的。比如，A银行做了一笔掉期交易，其中买入100万即期美元的交易是与B银行进行的，即A银行从B银行买入100万美元。另外一笔卖出100万远期美元的交易也是同B银行进行的，即A银行把100万远期美元卖给了B银行。

（2）制造的掉期交易。它是指两笔期限不同的掉期交易是与不同的对家分别进行的。例如，A银行从B银行买入100万即期美元，卖出100万远期美元给C银行。

2）按照掉期交易的买卖性质划分

（1）买/卖掉期交易。它是指买入某种货币的即期的同时卖出该种货币的远期，或买入某种货币的较短期限远期，卖出该种货币较长期限的远期。总之，买入的货币的交割期限短，卖出的货币的交割期限长。比如，A银行买入1个月远期美元100万，同时卖出3个月远期美元100万，则该笔交易属于买/卖掉期交易。

（2）卖/买掉期交易。它是指卖出某种货币的即期的同时买入该种货币的远期，或卖出较短期限的该种货币远期，买入较长期限的该种货币远期。总之，卖出某种货币的外汇交易的交割期限短，买入某种货币的外汇交易的交割期限长。比如，A银行买入3个月100万远期欧元的同时，卖出1个月100万远期欧元。

3）按照掉期交易的交割期限划分

（1）即期对远期（Spot-Forward Swaps）的掉期交易。它是指买进或卖出一笔现汇的同时，卖出或买进一笔期汇的交易，是最常见的掉期交易。这种掉期交易又可分为：

① 即期对次日（Spot/Next）的掉期交易，即掉期交易包括的两笔交易中一笔交易是即期外汇交易，另一笔交易是远期外汇交易，该笔远期外汇交易的交割日是即期交割日的下一个营业日。

② 即期对一周（Spot/Week）的掉期交易，即期汇交割日是即期交割日一周之后的营业日。

③ 即期对整月（Spot/Month）的掉期交易，即期汇交割日是从即期交割日算起1个月、2个月等整月后的交割日。

（2）即期对即期（Spot against Spot）的掉期交易。它是指即掉期交易中包含的两笔外汇交易都是即期交易。

该种交易又可分为两种情况：一是隔夜（Over-Night）交割，是指在两笔即期外汇交易中，一笔即期交易的交割日是交易日当天，即成交日；另一笔即期交易的交割日是成交日后的第一个工作日。比如，5月10日，A银行与B银行做了一笔掉期交易，买入即期美元100万，当日交割（即5月10日交割），卖出即期美元100万，则需在5月11日交割。二是隔日交割，即前一笔即期外汇交易的交割日是成交日后的第一个营业日，后一笔即期外汇交易的交割日是成交日后的第二个营业日。如上例，则两笔交易的交割日分别为5月11日和5月12日。

（3）远期对远期（Forward against Forward）的掉期交易。它是指掉期交易中包含的两笔交易都是远期外汇交易。如A银行买入3个月期远期日元100万，同时卖出6个月期远期美元100万，即为远期对远期的掉期交易。

在我国的实际业务中，外汇掉期可分为两种情况：一种是近端结汇/远端购汇，另一种是近端购汇/远端结汇。企业可根据自身实际情况进行选择。

根据《银行办理结售汇业务管理办法实施细则》（汇发〔2014〕53号附件）第三十五条第（二）款的规定，对于近端购汇/远端结汇的外汇掉期业务，客户近端可以直接以人民币购入外汇，并进入经常账户外汇账户流程或按照规定对外支付。

3.5.3 掉期交易的应用

（1）保值避险。例如，某公司从外国借入一笔100万日元的资金，期限为6个月，该公司想把这笔日元转换成美元来使用，但是意识到6个月后还款的时候可能会遇到汇率风险，这时该公司可以做一笔掉期交易，卖出一笔即期日元100万，买入6个月远期日元100万。这样该公司既可以满足即期把日元转换为美元的需要，又可以为远期还款保值。

2017年以来，人民币对美元的汇率波动幅度更加剧烈，涉汇主体对未来人民币走势的预判难度加大，账面容易产生汇兑损失。外汇掉期作为对冲汇率波动风险的工具，可以提前锁定远期汇率，且外汇掉期较灵活，在远端交割时可根据实际情况自行决定履约还是违约，将未来汇兑成本降至最低水平。

2018年2月，国家外汇管理局发布了《国家外汇管理局关于完善远期结售汇业务有关外汇管理问题的通知》（汇发〔2018〕3号），明确规定银行为客户办理远期结售汇业务时，在符合实需原则的前提下，到期交割方式可以根据套期保值需求选择全额或差额结算。

但从近年运行情况看，银行代客人民币与外币掉期业务交易量持续萎缩，占我国人民币对外汇衍生品交易总量的比重持续走低，2017年占比为0.7%，2018年1季度更是降至近年来的新低点0.4%；占银行代客衍生品市场的比重从2015年3月份的峰值42.1%一路走低，降至2018年1季度的7%，为近年来的最低值。

（2）用于调整外汇交易的交割日。银行在承做外汇交易的时候，时常有客户提出要求，把交易的交割日提前或推迟。为应对这种情况，银行可以运用掉期交易对交割日进行调整，并重新确定汇率水平。

有些公司想改变进行外汇交易的交割时间，这时银行可以直接做一笔掉期交易。

比如，某公司预计3个月后需要100万美元，于是买入3个月远期美元100万，但是由于情况的变化，公司变更了使用美元的时间，希望6个月后使用这笔美元，这时该公司就可以做一笔掉期交易，卖出3个月远期美元100万，买入6个月远期美元100万。

3.5.4　套利交易

套利交易（Interest Arbitrage Transaction）是套利者利用不同国家或地区短期利率的差异，将资金由利率低的国家或地区转移到利率高的国家或地区，以赚取利差收益的一种外汇交易。

比如，某套利者有资金100万美元，美元存款年利率为10%，英镑存款年利率为15%，该套利者可以把手中低利率货币美元转换为高利率货币英镑，然后存为英镑存款，存期6个月，待到期时再把英镑本利和转换成美元，从而获利。

可以看出，这种转换虽然可以使套利者享受到高利率的好处，但是如果不进行保值，高利率货币本利和在换回的时候可能会遭受由汇率风险导致的损失。

因此，根据是否对高利率货币进行保值，可以把套利交易分为补偿性套利交易和非补偿性套利交易。

（1）补偿性套利（Covered Interest Arbitrage）交易。它是指套利者把资金从低利率国调往高利率国的同时，在外汇市场上卖出高利率货币的远期，以规避汇率风险的外汇交易。

补偿性套利往往把即期外汇买卖与远期外汇交易结合起来，或者在套利的过程中做一笔掉期交易。补偿性套利交易的步骤大体是：

第一步，计算掉期成本，即确定在给出的条件下是否可以套利。

其计算公式为：

掉期成本率=（升水或贴水×12）÷（远期汇率×远期月数）×100%

如果掉期成本率小于利率差，则套利可以获利；反之，则套利不能获利。

第二步，把低利率货币换成高利率货币，并计算换回的本利和。

首先，做即期外汇交易，买入高利率货币，卖出低利率货币，同时把计算出来的高利率货币本利和转换为低利率货币，即做卖出高利率货币本利和的远期；或者直接做掉期交易，即期卖出低利率货币，远期买入相同金额的低利率货币；或者即期买入高利率货币，远期卖出相同金额的高利率货币。

这种做法虽然简便，但是有一个弊端，就是只能为本金保值，不能为利息保值。

第三步，计算盈亏。

衡量套利交易能否获利，主要比较如果不进行套利，手中的低利率货币存在银行一段时间之后的本利和与进行套利换回的本利和之间的大小。如果前者大于后者，则没有盈利；如果后者大于前者，则可以盈利。

例如，某交易日伦敦市场3个月期存款利率为8%，纽约市场3个月期存款利率为5%，SPOT GBP/USD：1.3145，SPOT 3 MONTH GBP/USD：1.3010或1.3055，某套利者想进行10万英镑的套利交易，则在哪个汇率下可以进行？获利是多少？

第一步，计算掉期成本率。

H1=［（1.3145−1.3010）×12］÷（1.3010×3）×100%=4.15%，大于利率差3%，不能进行套利。

H2=［（1.3145−1.3055）×12］÷（1.3055×3）×100%=2.76%，小于利率差3%，可以进行套利。

第二步，在即期市场买入10万英镑，需要13.145万美元（10×1.3145），把10万英镑存成英镑存款3个月，本利和为10.2万英镑（10×（1+8%×3÷12）），卖出10.2万英镑的3个月远期，可换回13.3161万美元（10.2×1.3055）。

第三步，计算盈亏。

如果不套利，则得本息13.3093万美元（13.145×（1+5%×3÷12）），所以盈利为0.0068万美元（13.3161−13.3093）。

（2）非补偿性套利（Uncovered Interest Arbitrage）交易。

非补偿性套利交易是指单纯地把资金从利率低的货币转换成利率高的货币存储，在换回本利和的时候并没有事先进行远期保值的套利交易。

这种交易风险较大，不能确定盈亏，因此，套利交易一般都采用补偿性方式进行。

主要概念和观念

○ 主要概念

外汇市场　敞口头寸　无形外汇市场　现汇市场　实盘外汇买卖　即期外汇交易　交割　交割日　营业日　套汇　直接套汇　间接套汇　远期外汇交易　掉期率　保值　外汇投机交易　掉期交易　套利交易　补偿性套利交易　非补偿性套利交易

○ 主要观念

远期外汇交易　掉期交易的功能　套汇、套利交易的市场结果和交易原则

基本训练

○ 知识题

随堂测 3

▲ 简答题

(1) 简述掉期交易的性质。

(2) 进行套利交易要遵循哪几个步骤?

(3) 外汇银行为什么要进行大宗的外汇交易来轧平敞口头寸?

(4) 如果两个市场中存在两角套汇机会,如何进行操作才能获利?

(5) 套利交易和套汇交易的结果各是什么?

(6) 进行间接套汇所遵循的原则是什么?

(7) 在进行择期远期外汇交易中,银行的报价原则是什么?

▲ 判断题

(1) 1月29日,A银行与B银行进行了一笔远期外汇交易,期限1个月,2月29日为2月份的最后一天且为非营业日。在这种情况下,交割日应为3月1日。 ( )

(2) 外汇交易中"1"表示10万。 ( )

(3) 利率低,远期汇率趋于升水。 ( )

(4) 在进出口报价中,本币报价改为外币报价时,应按买入价计算。 ( )

(5) 在通过无形市场进行外汇交易时,交易双方通过电话口头确定的外汇交易价格可以无效,因为双方没有签订正式的书面合同。 ( )

(6) 如果交易双方通过路透交易系统达成了一笔外汇交易,那么这笔外汇交易是在有形外汇市场进行的。 ( )

(7) 现在人们几乎可以24小时全天进行外汇交易。 ( )

▲ 不定项选择题

(1) 择期与远期外汇合约的区别在于( )。

A.远期外汇合约和择期均可在有效期内的任何一天交割

B.远期外汇合约只能在到期日交割,择期可在有效期内的任何一天交割

C.远期外汇合约和择期都只能在到期日交割

D.远期外汇合约可在合约有效期内的任何一天交割,择期只能在到期日交割

(2) 如果某时刻即期汇率为SPOT GBP/USD:1.3135/50,掉期率为SPOT/3 MONTH=30/20,则远期汇率为( )。

A.1.3105/1.3130　　B.1.3135/50　　C.1.3165/1.3170　　D.1.3115/1.3120

(3) 把低利率货币转换为高利率货币并且存在高利率货币国,同时,对将要转换回来的高利率货币进行保值的交易叫作( )。

A.远期外汇交易　　B.掉期交易

C.补偿性套利交易　　D.非补偿性套利交易

(4) 某投机商预测将来某种外汇会贬值,则现在就卖出该种外汇,待将来便宜的时候再把这种外汇买回来从而获利的外汇交易是( )。

A.卖空　B.买空　C.买/卖掉期交易　D.卖/买掉期交易

(5) 只实行直接标价法的国家有（　）。

A.中国　B.日本　C.美国　D.欧元区国家

(6) 银行挂牌的汇率是USD/CNY：7.0348/7.0368，其中7.0368是（　）的价格。

A.银行买入美元　B.客户卖出美元　C.银行卖出美元　D.客户买入美元

(7) 外汇银行报价时，若报全价应报出（　），若采取省略形式，则应报出（　）。

A.整数和小数点后的4位数，小数点后的2位数

B.小数点后的4位数，小数点后的最后2位数

C.整数和小数点后的4位数，小数点后的最后2位数

D.整数和小数点后的2位数，小数点后的4位数

(8) 一般情况下，利率较高的货币远期汇率会（　），利率较低的货币远期汇率会（　）。

A.升水，贴水　B.贴水，升水　C.升水，升水　D.贴水，贴水

(9) 若昨日开盘价为GBP/USD：1.3122，今日开盘价为GBP/USD：1.3135，则下列说法正确的是（　）。

A.USD升值，GBP贬值　B.USD贬值，GBP升值

C.USD贬值，GBP贬值　D.USD升值，GBP升值

(10) 国际外汇市场上交易的币种具有（　）。

A.统一性　B.集中性　C.分散性　D.以上均不是

▲阅读理解

人民币汇率距离最低水平仅一步之遥，该何去何从？

2023年8月16日，人民币对美元中间价降至7.3380，这是自2023年7月7日以来的最低水平，距离2022年10月25日的最低点7.3745，近在咫尺。

人民币对美元中间价的降低反映了中美两个最大经济体之间持续紧张的关系。这次调整是一种前所未有的策略。中美双方持续的贸易争端和紧张局势，以及对经济增长放缓的担忧，都对人民币的汇率形成了压力。

人民币贬值的主要原因之一是中美贸易战的持续不确定性。贸易战对中国经济增长造成了压力，导致投资者对人民币的抛售。但是，人民币贬值也会提升中国出口商品竞争力，刺激贸易增长。正如人们常说的，“每个问题都有两面性”，我们可以尝试从这个方面来看待人民币贬值，把它转化成一个发展机会。

另外，美联储加息的预期也对人民币汇率产生了一定影响。美国经济的复苏可能导致美联储加息以抑制通胀，这引发了国际资本的流动，增加了人民币的抛售压力。在这种情况下，我们应该认识到，贬值也可以吸引外资流入中国市场，促进经济的发展。

央行在维护人民币的稳定和控制人民币贬值方面扮演着重要角色。央行采取了一系列措施，以抑制人民币贬值压力。然而，这些措施只能暂时缓解形势，因为贸易战和经济不确定性的持续存在仍然会对人民币带来负面影响。因此，央行需要继续密切关注人

民币汇率的走势，并采取必要的措施来维护汇率的稳定。

在面对汇率波动带来的挑战时，政府和央行并非唯一能够采取行动的一方。作为企业和投资者，我们也应该积极应对。首先，我们需要制定风险管理策略，以应对汇率波动对企业经营的影响。其次，我们可以寻找新的市场机会，扩大出口，提高商品竞争力，从而减轻汇率贬值带来的负面影响。

同时，政府和央行也应该积极采取措施来增加人民币的国际使用。通过提供更便捷的金融服务，推动人民币国际化进程，可以减少人民币对美元的依赖，降低汇率波动的风险。

人民币汇率的贬值是一个具有挑战和机遇并存的问题。我们不必过分忧虑，而应积极应对。政府、央行、企业和投资者之间的合作将是解决这一问题的关键。通过智慧和合作，我们有能力克服困境，走向繁荣。让我们共同努力，为人民币的稳定和中国经济的发展贡献绵薄之力！

资料来源　财经王二哥．人民币汇率距离最低水平仅一步之遥，该何去何从？[EB/OL]．[2023-12-31]．https：//baijiahao.baidu.com/s？id=1774347575173804101&wfr=spider&for=pc.

阅读上述资料，深入理解导致人民币贬值的原因，并解释汇率对中国经济和全球市场的潜在影响，理解外汇市场的重要性。

▲ 技术应用

假设一家中国公司在6个月后将收到货款2 000万美元，目前的市场条件是：即期汇率USD/CNY：7.0348，美元利率为1.25%，人民币利率为2.25%，问该公司6个月后收到的货款能换得多少元人民币？

○ 技能题

▲ 单项操作训练

（1）假设某日纽约、法兰克福和伦敦三地外汇市场上的汇率分别为：纽约外汇市场上USD1=EUR1.1100～1.1110；法兰克福外汇市场上GBP1=EUR1.1650～1.1690；伦敦外汇市场上GBP1=USD1.3130～1.3150。如果你有1 000万美元，应该如何进行套汇？

（2）某美国投机商想进行套利投机交易，美国货币市场上3个月期美元定期存款利率为8%，英国货币市场上3个月期英镑定期存款利率为12%，如果外汇市场上即期汇率为GBP/USD：1.3135，3个月英镑掉期贴水100点，该美国投机商有能力以8%（3个月期）利率借入1 000万美元。他是否可以在以上市场条件下套利？如果可以，如何操作？结果如何？

▲ 综合操作训练

下面几家银行报出了EUR/USD和USD/JPY的汇率，见表3-3。

请问：

①你向哪家银行卖出欧元，买进美元？

②你向哪家银行卖出美元，买进日元？

③假如你想卖出欧元，买进日元，用对你最有利的汇率计算EUR/JPY的交叉汇率。

表 3-3　EUR/USD和USD/JPY的汇率

银行	EUR/USD	USD/JPY
A	1.1060/70	108.50/80
B	1.1063/73	108.50/75
C	1.1058/70	108.45/65
D	1.1065/75	108.55/90
E	1.1061/75	108.60/90

观念应用

○ 案例题

下面是本章涉及的一些传统外汇交易品种在无形市场进行外汇交易的程序。请将下列交易翻译成中文。

（1）即期外汇交易程序。

A：GBP 5 MIO.

B：1.6624/29.

A：MY RISK.

B：1.6626 CHOICE.

A：SELL PLS MY USD TO A NY.

B：OK DONE AT 1.6626.WE BUY GBP 5 MIO SELL USD VAL MAY 20 GBP TO MY LONDON.TKS FOR DEAL，BIBI.

（2）远期外汇交易程序。

A：GBP 0.5 MIO.

B：GBP/USD 1.5202/25.

A：MINE PLS ADJUST TO 1 MONTH.

B：OK，DONE.SPOT 1 MONTH 95/90 AT（　　）. WE SELL GBP 0.5 MIO VAL MAY/22/2019，USD TO MY NY.

A：OK，ALL AGREED，MY GBP TO MY LONDON .TKS，BIBI.

B：OK，BIBI，AND TKS.

○ 实训题

（1）某年4月中旬外汇市场行情为：即期汇率GBP/USD=1.3130/50；2个月掉期率105/100。一美国出口商签订了一份向英国出口价值10万英镑仪器的协议，预计2个月后才会收到英镑（货款），到时需将英镑兑换成美元核算盈亏。

假如美国出口商预测2个月后英镑会贬值，即期汇率水平会变为GBP/USD=1.3010/20，在不考虑交易费用的情况下，如果美国出口商现在不采取保值措施规避汇率变动风险，则2个月后将收到的英镑折算为美元时相对于4月中旬兑换美元将会损失多少？美国出口商如何利用远期外汇市场进行套期保值？

（2）某日纽约和巴黎外汇市场上的汇率分别为：USD1=HKD7.8265/75；USD1=HKD7.8285/95。请问：两地是否存在套汇条件？若你有100万美元，在不计其他费用的前提下如何套汇能够获利？获利如何？

○ 讨论题

阅读下列资料，谈谈你对远期结售汇的认识。

国家外汇管理局发布最新结售汇数据显示，2023年9月，远期结售汇对冲比率双双走低，对于这一较为反常的现象，分析师表示，这说明市场对人民币汇率后期走势的看法分歧较大。

9月，远期结汇对冲比率，即远期结汇签约额与客户涉外外汇收入之比，为7.9%，比上月下降3.4个百分点，远期售汇对冲比率，即远期售汇签约额与客户涉外外汇支出之比，为6.0%，较上月下降0.7个百分点。

分析师指出，这表示客户对进行远期结汇和远期付汇的意愿均有所下降。假如市场对人民币汇率的预期一致，二者通常会反向变动。

中国银行研究院高级研究员王有鑫对界面新闻表示，从结汇角度看，结汇意愿走低一方面源于近期人民币汇率持续承压，外汇持有者和出口企业希望获得更加有利的结汇价格，因而选择观望。另一方面，随着出口贸易增速下降，以及短期跨境资本流入速度放缓，外汇来源和收入减少，远期结汇量也会随之回落。

从售汇角度看，他指出，企业对远期售汇更谨慎，一方面在于市场普遍认为人民币汇率接近底部，未来有望逐步回升，因而将购汇安排延后。另一方面也和目前外贸形势有关，进口需求回落，导致企业用汇需求下降。

从外汇市场表现来看，人民币对美元汇率近期的确非常胶着，9月下旬以来，在岸人民币对美元汇率基本在7.29~7.32的区间窄幅波动。在岸人民币对美元周三16：30收盘报7.3150，较上一交易日下跌75个基点。

此外，国家外汇管理局数据显示，9月份，剔除远期履约额的付汇购汇率，即客户购汇与客户涉外外汇支出之比，环比回落1.6个百分点至62.7%，而收汇结汇率，即客户结汇与客户涉外外汇收入之比，较上月回落了7.4个百分点至51.7%。

中银证券全球首席经济学家管涛在研究报告中指出，9月结汇率较售汇率降幅更大，说明在人民币汇率承压的背景下，企业推迟结汇的动机更强，加剧了境内外汇市场供不应求的问题，这或是招致当月央行频频出手的一个主要原因。

9月8日盘中，在岸人民币对美元汇率触及7.3510，创2007年12月以来新低。为增加外汇供应、稳定人民币汇率预期，9月15日，央行下调金融机构外汇存款准备金率2个百分点至4%。另外，9月11日召开的全国外汇市场自律机制专题会议强调，金融管理部门有能力、有信心、有条件保持人民币汇率基本稳定，该出手时就出手，坚决对单边、顺周期行为予以纠偏，坚决对扰乱市场秩序行为进行处置，坚决防范汇率超调风险。

王有鑫表示，结售汇意愿主要依赖于市场主体对于人民币汇率走势的预期、进出口贸易形势、跨境投资、跨境旅游等因素的变化。如果未来人民币汇率震荡回升，初期可能将刺激部分企业和居民加快将手里的存量外汇资产结汇，而购汇安排可能会继续后延。

中国社会科学院国家金融与发展实验室本周发布报告称，未来一段时间内，人民币对美元汇率走向取决于两个问题：一是中国高频宏观数据能否全面触底反弹，二是房地产市场系统性风险能否顺利化解。

他们认为，在乐观情景下，如果中国经济环比增速在2023年的剩余时间内显著走强，且房地产行业民营开发商的流动性危机能够基本得到遏制，那么人民币对美元汇率有望止跌回升，预计人民币对美元汇率在7.0~7.2的区间内运行。在悲观情景下，如果民营开发商流动性危机进一步加剧，那么人民币对美元汇率可能继续面临贬值压力，预计人民币对美元汇率在7.3~7.5的区间内运行。

资料来源　佚名．9月远期结售汇对冲比率双双走低，市场对人民币汇率走势分歧较大．[2023-10-26]．https：//baijiahao.baidu.com/s？id=1780770308020972025&wfr=spider&for=pc.

第4章

外汇衍生品交易

学习目标

知识目标：了解外汇衍生交易的基础知识及基本理论、各类外汇衍生交易的盈亏状况及交易程序，熟悉各类外汇衍生交易在应用上的功能。

技能目标：按照不同的交易种类和交易程序进行外汇期货和期权交易，能够知晓货币互换的应用方法及盈亏的基本原理；基本掌握进行外汇衍生交易的步骤，具有运用所学的外汇期货、期权交易的基础知识从事交易的能力及分析外汇衍生交易盈亏状况的能力。

素养目标：通过本章的学习，增强对跨境交易者外汇风险的认知，同时掌握相应的解决策略，理解金融创新的原因及发展思路，加强对学生创新能力的培养、对专业发展方向的掌握；增强对外汇衍生品的认识，鼓励学习者积极参与外汇衍生品交易，充分把握中国外汇市场发展机遇，使学生正确认识市场的风险与收益的关系，树立正确的投资观念。

引例

美国出口商的保值措施

海信家电集团股份公司（以下简称“海信家电集团”）作为全球知名跨国家电企业，自2017年起至2021年汇兑损益恒为亏损状态，且呈现逐年扩大的趋势，这表明海信家电集团在汇率风险应对处理方面存在着巨大问题。

2021年海信家电集团主营业务收入为607.6亿元，其中，海外主营业务收入为231.6亿元，占比为38.1%；主营业务成本为477.8亿元，其中，海外主营业务成本为211.8亿元，占比为44.3%。

海信家电集团在进行结算业务时以美元、欧元、日元、港元和印度卢比五种货币为主要货币。海信家电进行贸易往来时存在19.8亿元的外汇敞口，且使用币种不单一，有巨大汇率风险隐患。

从2019年之后海信家电集团使用远期外汇协议获得了正向收益，尤其是2021年带来了5 311.14万元的收益。

而远期外汇协议的对冲效果不仅仅体现在为企业带来正向的收益，同时表现在对企业外汇风险的对冲上，当远期外汇协议带来负向收益时，也能体现其对冲效果。

资料来源　吴毓．跨国企业汇率风险经营对冲策略研究［D］．广州：广东外语外贸大学，2021：8-24.

外汇衍生品交易是在传统的外汇交易品种的基础上创新而来的，它为外汇交易者提供了更加灵活的交易工具，为人们规避各种交易风险、获得更高的收益提供了便利。

随着我国对外开放程度的加深，国际资本流动规模的扩大，外汇衍生品交易不仅可以帮助进出口商规避外汇风险，还可以提高我国金融市场发展的深化程度，有利于人民币国际化以及降低系统性金融风险程度。

但是，外汇衍生品交易也有自身的弊端，由于外汇衍生品交易本身存在着较大的风险，所以一旦运用不当，投资者将会遭受巨大的损失。

比如，索罗斯的量子基金在泰国打压泰铢之前，就曾经进行了外汇期权交易，索罗斯的交易对家由于对汇率将要开始的波动一无所知而蒙受了巨大损失。

外汇衍生交易的主要品种有外汇期货交易、外汇期权交易、互换交易等。

4.1　外汇衍生品的特征

外汇衍生品是一种金融合约，通常指从原生资产（货币或外汇）中派生出来的外汇交易工具。其价值取决于一种或多种基础资产或指数，合约的基本种类包括期货、互换和期权。

外汇衍生品还包括具有期货、互换和期权一种或多种特征的结构化金融工具。

4.1.1　外汇衍生品的基本特征

（1）未来性。外汇衍生品交易是在现时对基础工具未来可能产生的结果进行交易。交易在现时发生，而结果要到未来某一约定的时刻才能呈现，未来性是衍生品最基本的特征。

（2）杠杆效应。衍生品通常采用保证金交易方式，即只要支付一定比例的保证金就可以进行全额交易，不需要实际上的本金转移，合约的终止一般也采用差价结算方式进行；只有在到期日以实物交割方式履约的合约才需要买方交足货款，财务杠杆作用使衍生品成为一种威力巨大的武器，一旦启用，套期保值者可以迅速地为庞大的金融资产找到避风港，投机者也可在承担高风险的代价下迅速获取较高的收益。

（3）风险性。衍生品是在国际金融市场动荡不安的环境下，为实现保值和风险防范而进行的金融创新。其内在的杠杆作用和工具组合的复杂性、随意性，也决定了衍生交易的高风险性。

（4）虚拟性。它是指衍生品所具有的独立于现实资本运动之外，能给持有者带来一定收入的特性。具有虚拟性的衍生品本身并没有什么价值，它只代表获得收入的权利，是一种所有权证书，而且衍生品的交易价值是按照利息资本化原则计算的。

（5）高度投机性。衍生品市场是一个充满不确定性的市场，价格高低在很大程度上取决于买卖双方在各自掌握的信息的基础上对未来价格形成的预期。

因此，当一种金融衍生品的价格进入上升周期时，价格越上涨，就越有人因为预期价格继续上涨而入市抢购，从而使得价格真的进一步上涨。

这种所谓的羊群效应，显然又会提高价格上涨的市场预期。

当这种正反馈过程得到足够的资金支撑时，就会导致衍生品的价格完全脱离实体经济基础而过度膨胀。

（6）设计的灵活性。衍生品由于种类繁多，其创造具有一定的灵活性，故较传统的金融产品更能适应不同市场参与者的需要。

一方面，对以场外交易方式进行的非标准化的衍生品合约来说，金融专家可以就时间、金额、杠杆比率、价格、风险级别等进行设计，以满足客户独特的非标准化要求，使之充分实现保值避险的目的。

另一方面，那些在交易所挂牌交易的标准期货、期权等衍生合约，也能迅速适应形势，根据市场需求提供更加细分的衍生品种。

（7）账外性。衍生品交易是对未来的交易，按照现有的财务规则，在交易结果发生之前，交易双方的资产负债表中都不会记录这类交易情况，因此，其潜在的盈亏或风险无法在财务报表中体现。

（8）组合性。从理论上讲，衍生品可以有无数个不同形式，可以把不同时间、不同基础工具、不同现金流量的金融工具组合成不同的合约，这种组合而成的金融合约，在数学上表现为一种模型、公式或图表，正因为如此，金融工程师们常常通过建立数学模型来装配或组合新的衍生品。但无论如何组合，产品怎么复杂，其基本构成元素仍是若干个简单的基础工具和普通的衍生品。

4.1.2　外汇衍生品的功能

（1）规避和管理系统性金融风险。据统计，在发达国家金融市场的投资风险中，系统性风险占50%左右，防范系统性风险是金融机构风险管理的重中之重。传统风险管理工具如保险、资产负债管理和证券投资组合等均无法防范系统性风险，外汇衍生品却能以其特有的对冲和套期保值功能，有效规避汇率等基础产品市场价格发生不利变动所带来的系统性风险。

（2）增强金融体系整体抗风险能力。外汇衍生品具有规避和转移风险的功能，可将风险由承受能力较弱的个体转移给承受能力较强的个体，将金融风险对承受力较弱企业的强大冲击转化为对承受力较强的企业或投机者的较小的或适当的冲击，有的甚至转化为投机者的盈利机会。

这提高了金融体系的整体抗风险能力，增强了金融体系的稳健性。

（3）提高经济效率。这主要是指提高企业经营效率和金融市场效率。前者体现为给企业提供更好的规避金融风险的工具，降低筹资成本，提高经济效益。后者体现为多达2万余种的产品（种类），极大地丰富和完善了金融市场体系，减少了信息不对称，实现了风险的合理分配，提高了定价效率等。

小知识4-1　我国银行间外汇衍生交易品种

我国银行间外汇衍生交易品种见表4-1。

表4-1　我国银行间外汇衍生交易品种

业务种类	主要产品
远期合约	T+1、T+2结售汇，远期结售汇，外汇远期，DNF合约
掉期合约	人民币外汇掉期、外汇掉期
期权合约	单一期权、组合期权、复杂期权组合等

资料来源　由中国银行内部资料整理所得。

4.2　外汇期货交易

4.2.1　外汇期货交易概述

1）外汇期货交易的概念

外汇期货交易是指在固定的交易场所，买卖双方通过公开竞价的方式买进或卖出具有标准合同金额和标准交割日期的外汇合约的交易。

远期外汇交易大多是在银行之间进行的，银行只与资信被认可的客户进行交易。

对于资信不被认可或者对其资信不了解的客户，银行不与之进行交易或者要求对方提供担保、抵押，即远期外汇交易在准入的问题上是有一些限制的。

而外汇期货交易的准入相对容易，只要拥有足够交易的保证金就可以了。

外汇期货交易发源于美国，是随着布雷顿森林货币体系崩溃、浮动汇率制度逐步建立而产生的避险衍生工具。

1972年，芝加哥商业交易所（CME）成立国际货币市场（International Monetary Market，IMM），首次推出了外汇期货交易，上市了美元对七大主流货币期货。这标志着外汇期货市场的成功建立。

1976年，《牙买加协议》正式生效，全球汇率正式进入自由浮动时代，该阶段的汇率波动，给外汇期货发展带来了巨大机遇，各发达经济体陆续开始涉足外汇衍生品。

目前，全球进行外汇期货交易的主要场所除了IMM之外，还有伦敦国际金融期货期权交易所（LIFFE）、悉尼期货交易所（SFE）、东京国际金融期货交易所（TIFFE）、新加坡国际金融交易所（SIMEX）等。

据国际期货业协会（FIA）统计，截至2022年年底，外汇期货成交活跃，总成交量为77.14亿手，增幅高达38.8%，在所有期货交易中，外汇期货交易额占比9.2%，仅次于股指期货占比，为世界期货交易市场第二大交易品种。

2）外汇期货交易的特点

外汇期货交易的特点，也是其与远期外汇交易的主要区别。

（1）交易标的为标准化的外汇期货合约（Standard Currency Future Contract）。外汇期货交易直接买卖的是代表标准数量外汇的期货合约，而远期外汇交易直接买卖的是外汇本身。之所以说外汇期货合约是标准化的，主要原因在于：

①合约所代表的外汇交易的数量是标准化的。比如，CME集团一张英镑合约代表的固定交易金额为62 500英镑，即买入一张英镑合约代表买入62 500英镑。而远期外汇交易的买卖数量却是双方商定的。

②交割时间标准化。外汇期货交易有固定的交割时间，以CME集团的英镑合约为例，其交割月份有3月、6月、9月、12月几种。

如果一笔远期外汇交易的远期期限为3个月，其指的是从成交日到远期交割日相隔3个月的时间；而外汇期货交易的交割日为3月，指的是3月份交割。

CME集团英镑合约的具体期货交割时间是交割月份第三个星期的星期三，如果遇到双方的非营业日，则向后推迟一天。

③报价和价格变动尺度标准化。CME集团交易的期货合约的报价都以美元为基础货币，以交易货币为报价货币。英镑合约的最小变动单位为0.0001，即1个基本点。

由于一张期货合约代表的是62 500英镑，所以每一张英镑期货合约交易价格的变动都是6.25英镑（62 500×0.0001）的倍数。

另外，最多交易数量和保证金规定、结算地点等也都是标准化的。

表4-2是CME集团交易的一张英镑期货合约的基本内容。

表4-2 CME集团英镑期货合约的基本内容

<table>
<tr><td>合约单位</td><td colspan="2">62 500英镑</td></tr>
<tr><td>可交易月份</td><td colspan="2">3月开始每季（3月、6月、9月、12月）</td></tr>
<tr><td>结算程序</td><td colspan="2">实物交割</td></tr>
<tr><td>可计算部位</td><td colspan="2">10 000口</td></tr>
<tr><td>合约代码</td><td colspan="2">CME GLOBEX电子市场：6B
公开喊价：BP
AON合约代码：LP</td></tr>
<tr><td>最小跳动点</td><td colspan="2">英镑每一跳动点0.0001（6.25英镑/口）</td></tr>
<tr><td rowspan="3">交易时间</td><td>公开喊价</td><td>美中时间7：20—14：00</td></tr>
<tr><td>GLOBEX（ETH）</td><td>周日：美中时间17：00—隔日16：00
周一至周五：美中时间17：00—隔日16：00，周五除外，于16：00关闭，周日17：00重开</td></tr>
<tr><td>CME ClearPort</td><td>周日至周五17：00—隔日16：15；每天于美中时间16：15休息45分钟</td></tr>
<tr><td>最后交易日/时间</td><td colspan="2">时间：美中时间9：16
日期：契约到期月份的当月第三个星期三之前第二个营业日（通常是周一）</td></tr>
<tr><td>交易规则</td><td colspan="2">合约须符合CME规范</td></tr>
<tr><td>巨额交易</td><td colspan="2">是</td></tr>
</table>

资料来源 佚名．CME集团交易的英镑期货合约的基本内容［EB/OL］．［2016-10-10］．http：//www.cmegroup.com/cn-s/.

（2）公开叫价（Open Outcry）方式。期货交易的场所是期货交易所，虽然像CME集团这样的大交易所已经推出了网上期货交易，但是场内交易还是主要方式。

此外，并不是所有的交易个体都能够在交易所内进行直接交易，只有交易所的会员才有这样的权利。

货币期货交易主要是通过交易所的会员在交易所内公开叫价成交，非交易所会员则只能以订单的形式委托和授权交易所会员代其入所交易。

由于交易所大厅内人头攒动，非常喧闹，进行交易的会员很难听清彼此的对话，所以在报价时往往以手势来代替语言。

具体手势如下：①手心向内表示买入，向外表示卖出；②伸出一个食指表示“1”；③食指和中指同时伸出表示“2”；④伸出中指、无名指和小指表示“3”；④伸出食指、中指、无名指和小指表示“4”；⑤五个手指都伸出表示“5”；⑥伸出大拇指表示“6”；⑦伸出大拇指、食指表示“7”；⑧伸出大拇指、食指、中指表示“8”；⑨攥紧拳头并且食指压大拇指尖表示“9”；⑩伸出一个食指并左右晃动表示“10”。

同理，其他数字也是通过手指的晃动来表示数字的10倍的。

交易员公开叫价的手势图如图4-1所示。

图4-1　交易员公开叫价的手势图

（3）实行保证金制度。由于期货交易双方对彼此的资信互不了解，交割或者对冲都是通过清算所进行的，因此，为了防范信用风险，交易所会员必须在指定的清算所开立保证金账户，并存入相应的保证金。

保证金（Margin）是用来确保期货买卖双方履约并承担价格变动风险的一种财力保证。

清算所每天对会员头寸的盈亏进行衡量。盈利，就向其保证金账户中汇入相应的资金；亏损，就从其保证金账户中扣除相应的资金。这种制度叫作逐日盯市制，即结算部门在每日闭市后计算、检查保证金账户余额，通过适时发出保证金追加单，使保证金余额维持在一定水平上，防止负债发生的结算制度。

同样，会员经纪商为了规避其代理客户的信用风险，也会要求客户在其清算所的账户中存入相应的保证金，实行逐日盯市制。

逐日盯市制需要核算两种盈亏：

一种是浮动盈亏，即如果客户有买卖头寸，如某日客户买入一份英镑期货合约，价格相当于1GBP=1.2950USD，则在该份合约被卖出对冲或交割之前，每天经纪商都要核算浮动盈亏。

浮动盈亏=（当日结算价-买入价）×单位合约数×合约份数

=（卖出价-当日结算价）×单位合约数×合约份数

当日结算价一般为当日交易临近结束的时候一个较短时间内各种成交价的加权平均值。比如，当天的结算价为1GBP=1.2970USD，则浮动盈亏=（1.2970-1.2950）×62 500×1=125USD。这表示当天的价格波动对该投资者有利，其实现了贱买。

另一种是买卖盈亏，即如果该投资者将这份期货合约卖出，价格为1GBP=1.2955USD，则要计算其买卖盈亏。

买卖盈亏=（卖出价-买入价）×单位合约数×合约份数

在该例中，买卖盈亏=（1.2955-1.2950）×62 500×1=31.25USD。

这样，客户保证金账户的资金就有可能增加，也有可能减少。

当客户想进行期货交易的时候，经纪商会要求其开立保证金账户并且存入一笔资金，这笔资金叫作初始保证金（Initial Margin），如1 485USD。

如果客户保证金账户亏损到一定程度，如只剩1 100USD的时候，经纪商就会发出催交保证金通知（Margin Call），要求客户在极短的时间内将保证金补足到初始保证金的水平。

这一允许交易者继续进行交易的最低保证金水平叫作维持保证金（Maintenance Margin），即本例中的1 100USD。会员经纪商与清算机构的逐日盯市制同经纪商与客户的逐日盯市制的规则是一样的，只是会员经纪商的保证金没有初始保证金和维持保证金之分。

（4）完整的结算系统。期货交易的清算是在交易所指定的清算所进行的，清算所一般由财力雄厚的银行等机构担当。它的任务是保证每笔交易的双方履行合约。

它能记录发生的每一笔交易并且衡量每一个会员每天的盈亏额和净头寸。保证金制度的实行能够保证清算的顺利进行，它确保了买卖双方履行义务。清算所实行二级清算制度，即先由清算所与会员经纪商进行清算，再由会员经纪商与其客户进行清算。

（5）独特的报价方式。场内期货交易采取公开叫价的方式，交易员一次只能报一个价格，买方报买价，卖方报卖价，然后由交易所撮合成交。

公开叫价所形成的价格对所有投资者都有效。

4.2.2 外汇期货市场的交易主体

（1）交易所。当今，全球大部分可以进行货币期货交易的交易所都是以股份公司的形式在当地政府注册的非营利团体。

其成立的目的是为交易提供场所和所需的设备，订立交易规则、交易时间、交易品种以及保证金数额、交割月份、佣金数额等交易条件，同时调解会员之间的纠纷，为市场提供资讯帮助等。

目前，外汇期货交易的主要品种有：美元、英镑、欧元、日元、瑞士法郎、加拿大元、澳元、新西兰元等。

从世界范围看，外汇期货的主要市场在美国，其中又集中在芝加哥商品交易所的国际货币市场（IMM）和费城期货交易所（PBOT）。

国际货币市场主要进行澳元、英镑、加拿大元、欧元、日元和瑞士法郎的期货合约交易。

费城期货交易所主要进行欧元、英镑、加拿大元、澳元、日元、瑞士法郎的期货合约交易。

延伸阅读 4-1

中国金融期货交易所

（2）清算所。它又称结算所（Clearing House），是通过向期货合约的当事人买入合约成为买家或出售合约成为卖家来完成结算工作的，即可以认为期货交易的卖方把合约先卖给清算所，然后再由清算所卖给买方。这样，如果一方违约，清算所要负责与交易的另一方进行清算。

清算所遭受的损失和承担的风险由违约一方从保证金账户中拿出资金给予补偿。

清算所的职责有：①作为会员账户，向借贷双方提供资金流动和转移的场所以及资金存放中心，使资金得到真正的流动和转移；②作为期货合约保证人，保证交易顺利进行。

（3）佣金商。由于外汇期货交易主要是在交易所场内进行的，而且具有会员资格的交易商才可以进场买卖，所以非会员交易者就要委托具有会员资格的交易商进场代理买卖。

这样，会员经纪商可以通过代理买卖收取佣金，我们把这种经纪商叫做佣金商。

小知识 4-2

佣金的数额是由经纪商与委托人协商确定的，是随着经纪商提供服务的不同或者交易金额的大小而变动的。

（4）场内交易员。在期货交易所直接买卖外汇期货合约的人是场内交易员。这种场内交易员又分为几种：

一是场内的佣金商，即接受委托代客买卖外汇期货合约并收取佣金或费用的交易商。

二是日交易商（Day Trader），即在一个交易日既买又卖期货合约的交易商。他们的目的是通过价格波动赚取价差，但需要当天轧平自己的头寸，使自己手中的期货合约得到对冲，从而使自己将来没有交割义务。

三是头寸交易商（Position Trader）。这类商人对短期的价格波动往往不感兴趣，通常购进头寸之后至少持仓几天，从而赚取收益。

四是抢帽子者（Scalper）。这类商人在场内密切关注价格的微小变动，并随时通过大量买卖赚取差价收入。

另外，还有价差交易者（Spread Trader）、跨市价交易者等。

可以看出，在场内进行交易的交易员有代客买卖的，也有利用自有资金自营买卖的，我们把前者叫作场内经纪人（Floor Broker），把后者叫作场内交易商（Floor Trader）。

小思考4-1

分析提示

小思考4-1

外汇期货和远期外汇二者有什么区别呢？

4.2.3　外汇期货交易的应用

（1）套期保值。通过期货交易进行套期保值的原理是：利用期货市场与现货市场价格同升同降的关系，通过对冲，用期货市场的盈利去平衡现货市场的亏损。

对于期货交易，虽然买卖双方有义务在合约到期的时候进行交割，但是真正进行交割的期货交易非常少，大多是在合约到期之前再做一笔相反的交易进行对冲了结。

例如：美国某进口商从加拿大进口了一批农产品，价值50万加元，6个月后支付货款，为防止6个月后加元升值，进口商在期货市场上买进5份6个月后到期的加元期货合约（每份加元期货合约为10万加元）。当时的市场汇率为：现汇汇率，0.7555美元/加元；期货价格，0.7545美元/加元。6个月后的市场汇率为：现汇汇率，0.7585美元/加元；期货价格，0.7582美元/加元。

美国进口商如何利用期货交易规避风险呢？

其一，现货市场：如果6个月后买加元，需要37.925万美元（50×0.7585），但是当时买只需付出37.775万美元（50×0.7555），即多付出0.15万美元（37.925−37.775），即1 500美元。

其二，期货市场：因为买了5份期货合约，则买卖盈利为0.185万美元（（0.7582−0.7545）×50），即1 850美元。

其三，现货市场的损失由期货市场的收益来弥补，且有盈利350美元（1 850−1 500）。

（2）投机交易（SPE）。利用期货交易进行投机的原理与运用远期外汇交易进行投机的原理是一样的，如果投机商想获得利润，预测价格的方向必须与实际走势相同，或者把期货交易与远期外汇交易、即期外汇交易结合起来，通过寻找投机机会获得投机收益。

例如，某时刻外汇市场3个月远期外汇价格为EUR/USD：0.9010/0.9020，假设与该远期外汇交易同时到期的期货交易价格为EUR/USD：1.1020，不考虑各种费用，投机者如何利用机会赚取投机收益？

投机的基本思路就是通过贱买贵卖来赚取差价。该时刻，市场存在投机机会。可以看出，在远期外汇市场，欧元价格为EUR/USD：1.1086/1.1099，较期货市场价格贵。这样可以在远期外汇市场卖欧元，实现贵卖，同时在期货市场买入欧元，实现贱买。交易每1欧元获得的收益为0.0066美元（1.1086-1.1020）。

如果该投机商预测3个月后欧元将会升值，达到EUR/USD：1.1080，则该投机商可以现在购买欧元期货合约。如果3个月后即期汇率如其所料，欧元升值了，则该投机商卖出欧元，每1欧元可获利0.0060美元（1.1080-1.1020）。

4.3 外汇期权交易

4.3.1 外汇期权交易的概念及涉及的要素

（1）外汇期权交易的概念。了解外汇期权交易之前，首先要了解什么是期权交易。期权交易买卖的是一种权利，买了这种权利的买方有权在未来某一特定时间，以双方事先确定的特定价格买进或卖出一定数量的某种商品。

买方有权选择执行期权，即按事先约定买进或卖出特定商品，也有权选择不执行期权，但期权买方必须为这样的选择权支付费用，即期权费。

卖方收取了期权费后，就要在买方选择执行交易时与其进行交易。

也就是说，双方权利、义务不对等，在是否执行期权的问题上，买方有权利无义务，而卖方有义务没有权利。

外汇期权交易是指期权的买方购买期权后，有权在未来某一时间以某一特定价格买进或卖出某种数量的外汇的交易。

比如，6月某公司从银行买入10万英镑的期权合约，期权的协定价格为GBP/USD：1.3120，到期日为9月10日。这样，外汇期权的购买者既有权在到期日选择以1GBP=1.3120USD的价格从卖方那里买入英镑，也可以选择不执行期权，即不与卖方做交易。

虽然买方掌握了是否按照商定的条件与卖方进行交易的主动权，但是需要为此支付期权费（又叫作权利金）。

（2）外汇期权交易涉及的要素。若想顺利地进行期权交易，还要了解其涉及的五个要素：

一是期权交易的场所。期权交易可以在场内即交易所内进行，如在费城、芝加哥、伦敦等地的交易所都可以进行场内期权交易。场内交易均在交易所大厅内进行，并通过公开竞价的方式决定合约的价格。

另外，期权交易也可以在场外进行，场外期权交易主要通过电话、电传等电信系统进行，交易双方通过商议决定期权价格。

二者的区别主要有：场内期权交易是双方通过经纪人进行的，买卖的是标准化的期权合约，由于在期权交易中买方的收益可能是无限的，而损失是有限的（最大损失为期权费），所以场内期权交易的买方不需要开设保证金账户。

但是对期权的卖方而言，其收益是有限的（最大收益为期权费），而损失是无限的，而且在期权交割之前，卖方总要面临汇率风险，所以卖方需要开设保证金账户，并且需要交纳一定的保证金。

交易所对期权卖方的保证金账户实行逐日盯市制。场内外汇期权交易的清算是通过清算所进行的，双方不承担对方违约的风险。

而场外期权交易的双方直接进行交易，不通过经纪人，买卖的也不是标准化合约，交易条件是双方商定的，清算直接进行，双方需要承担对方违约的风险。

二是期权费（Premium），也叫权利金，即期权合约的价格。它是期权买方获得选择权而支付给卖方的代价。

无论期权的买方到时是否执行期权，他都要在双方签订期权合约之后的两个营业日内以期权所涉及的两种货币中的一种支付期权费给卖方，有时经过协商也可以用第三种货币进行支付，而且该费用不可返回。

期权费主要由期权的内在价值（Intrinsic Value）和时间价值（Time Value）组成。

内在价值是指期权合约立即履行时可以获得的总利润，体现了期权所含的基础资产市场价格与执行价格之间的关系。

比如，对美元看涨期权而言，如果美元的市场价格高于执行价格，则买方可以通过执行期权而获利，所以该期权有内在价值。

同样，对美元看跌期权而言，如果市场价格低于执行价格，期权买方同样可以通过执行期权而获利，所以该期权也有内在价值。

我们常常把具有内在价值的期权叫作价内期权（In-the-Money Option），把没有内在价值的期权叫作价外期权（Out-of-the-Money Option），把执行价格与市场价格相同的期权叫作平价期权（At-the-Money Option）。

期权的时间价值是指外汇期权因存在市场汇率向有利价格方向变化的可能性而具有的价值。

比如，期权所含权利的有效期限越长，期权具有的时间价值越大，汇率波动的幅度也就越大，这样买方执行期权并获利的机会就越大，并且买方的盈利是无限的；反之，期权卖方遭受的损失也是无限的，所以权利有效期越长的期权价格可能越贵。

此外，要注意期权保证金与期权费的区别，期权保证金是卖方存入交易所的资金，而期权费是由期权买方支付给卖方的期权的价格。

期权卖方存入保证金的目的是表明自己有履约的能力，而期权买方支付期权费的目的是获得期权所代表的权利。

期权费数额一旦确定，就一次性由期权的买方支付给卖方，一般不再追加；而保证金的数额则取决于逐日盯市制的结果，如果保证金账户中的资金数额低于维持保证金所规定的数额，则需要追加保证金到初始水平。

三是执行价格（Exercise/Strike Price），即双方商定的未来执行期权时买卖外汇的交割价格。

比如，上例中GBP/USD=1.3120就是执行价格，如果该公司在9月选择执行期权，即从期权卖方那里买入10万英镑，则买入价格为1GBP=1.3120USD。当然，如果到时市场价格为1GBP=1.3050USD，该公司可以不执行期权，但是会损失期权费。

四是到期日（Expiry Date），又叫权利丧失日。如果期权买方在到期日的截止时间未通知卖方，即表示其放弃执行期权。

五是期权中买卖外汇的种类和数量。

以上要素都是期权交易能够顺利进行所需的基本要素。如果是场外期权交易，双方可以根据需要制定各种交易条件；如果是场内期权交易，则各种要素的内容是通过标准化的期权合约确定的。

4.3.2 外汇期权交易的种类

1）美式期权与欧式期权

（1）美式期权（American Style Option）。

它是指期权买方可以在期权合约所规定的任何交易日（包括到期日当天）选择执行合约的外汇期权。

传统的美式期权允许期权买方在从合约交易日到到期日的任何一天选择执行期权。它对投资者而言非常灵活，实际上相当于赋予期权买方随时执行期权的权利。

相应的，期权卖方由于随时要准备头寸与买方交割，所以承担更大的风险，因此这种期权的价格也很昂贵。

（2）欧式期权（European Style Option）。

它是指期权买方只能在期权到期日选择执行合约的外汇期权。由于缺乏美式期权的灵活性，所以欧式期权的价格也比较便宜。

2）看涨期权与看跌期权

（1）看涨期权（Call Option）。

它也叫买权，是指期权买方如果选择执行期权，则在未来按照商定的价格从卖方购买某种类型的外汇。

进行看涨期权交易有两个方向：一是买入看涨期权，即做看涨期权的多头（买进买权）；二是卖出看涨期权，即做看涨期权的空头（卖出买权）。

买入看涨期权的买方一般预测一种货币的价格将来会上涨，并且将来需要买入该种外汇，所以现在就确定购买价格。

如果汇率不如其所料，则可以放弃执行期权，从市场上买入外汇，这就是期权交易与远期外汇交易、期货交易的区别。

前者不但可以现在确定将来买入外汇的价格，而且还没有必须交割的义务，只要市场价格比执行价格便宜，就可以从市场上买入该种外汇，从而享受汇率波动给自己带来的好处，但损失了期权费。

后者如果不对冲，双方都有交割的义务。

卖出看涨期权的卖方一般预测汇率会降低，从而从买方那里赚取期权费，如果其预测准确，则可以获利。

如果用A表示执行价格，用B表示期权到期时的即期价格（以欧式期权为例，是到期的时候期权标的资产的即期价格），用C表示期权费，用R表示买方的获利情况。

随着时间的推移，若汇率上升，则买方的获利情况是：①$B>A+C$时，买方执行期权，且$R>0$，B越大，则R越大，因此买方的获利是无穷的；②$B=A+C$时，买方执行期权，不赔不赚；③$A<B<A+C$时，买方执行期权，且$R<0$，买方有亏损；④$A=B$时，买方执行期权与不执行期权效果是一样的，其亏损期权费；⑤$A>B$时，买方不执行期权，在市场上买入需要的外汇，损失期权费。

期权卖方的盈利就是买方的亏损，由于期权买方的盈利是无限的，而亏损最多为期权费，所以卖方盈利是有限的，最多为期权费，而亏损是无限的。

另外，可以看出，只要即期价格高于执行价格，买方不管盈利还是亏损，都会执行期权。

（2）看跌期权（Put Option）。

它也叫卖权，是指期权买方如果选择执行期权，则表明其未来将按照商定的价格把一定数量的某种类型的外汇卖给卖方。

进行看跌期权交易也有两个方向：一是买入看跌期权（买进卖权），即做看跌期权的多头；二是卖出看跌期权（卖出卖权），即做看跌期权的空头。

买入看跌期权的买方一般是将来要收到某种外汇，并预测即期汇率会下跌，所以现在就确定将来卖出外汇的价格。如果汇率没有下跌反而上升，则放弃执行期权，把外汇卖到市场中去，而不卖给期权的卖方。看跌期权的卖方一般是预测某种外汇汇率会上升，如果预测准确，其会赚取期权费收益。

看跌期权买方的获利情况是：①$B<A-C$时，买方执行期权，且$R>0$，B越小，则买方获利越大；②$B=A-C$时，买方执行期权，不赚不赔；③$A-C<B<A$时，买方选择执行期权，但是$R<0$，买方有亏损；④$A=B$时，买方执行期权与不执行期权效果是一样的，亏损期权费；⑤$A<B$时，买方不执行期权，把手中的外汇按照即期价格卖到外汇市场，而不是卖给期权的卖方，买方亏损期权费。

同样，卖方的盈利就是买方的亏损，卖方的亏损就是买方的盈利，因此卖方的盈利是有限的，亏损是无限的，这同看涨期权是一致的，并且买方只有在$B<A$的时候才执行期权。

要注意的一点是，由于外汇买卖是用一种货币与另一种货币进行交换，所以在期权合约包括的两种外汇中，如果对一种是买权，对另一种就是卖权。

延伸阅读4-2

人民币外汇期权

比如，USD CALL EUR PUT，即美元买权欧元卖权；USD PUT YEN CALL，表示美元卖权日元买权。

4.3.3 外汇期权的业务操作

（1）期权报价。

其主要有两种方式：

一是点数报价法，如某年费城证券交易所3个月期权到期的执行价格为GBP/USD：1.3100，英镑期权合约的报价为2.02美分，即0.0202美元，表示期权买方购买1英镑的期权权利需支付0.0202美元。由于费城交易所的英镑合约代表32 500英镑，所以购买该种合约的期权费为656.5美元（32 500×0.0202）。

二是百分比报价法，即期权费为交易金额的百分比。比如，100万美元买权的价格为6.4%，即表示期权费为6.4万美元（100×6.4%）。

（2）期权交易与期权合同。

外汇期权交易既可以在场内（Exchange Traded）进行，也可以在场外（Over the Counter，OTC）进行。目前，世界主要外汇期权市场由两大部分组成：

一是以伦敦、纽约为中心的银行同业外汇期权市场；二是费城证券交易所（PHLX）、芝加哥期权交易所（CBOE）等交易所市场。

在场内进行的期权交易与期货交易类似，即期权合约的买卖在交易所的大厅内进行，并通过公开竞价的方式决定合约的价格。交易双方一般通过有会员资格的经纪人进行买卖，并且期权的卖方要交纳保证金。

清算通过交易所指定的清算所进行。

场外交易类似于直接进行的外汇交易，是通过电话、电传、路透交易系统完成的。交易双方要经过询价、报价、成交、证实、结算这五个环节，期权合约的主要内容是由双方商定的，双方交割的时候也不通过清算机构。

无论是在场内还是在场外进行期权交易，交易内容都是通过期权合约加以确定的。

相对而言，场外交易市场外汇期权的交易量远大于场内交易市场，所以场内交易市场只作为场外交易市场的补充而存在。

小知识4-3

出于风险管理的目的，我国的外汇期权业务并不允许市场参与者进行期权的“裸卖空”。其原因在于，从理论上讲，单纯卖出期权带来的损失可能是无限的。

4.3.4 外汇期权交易的作用

外汇期权交易的作用与远期外汇交易和期货交易的作用相似，都有保值避险和投机的功能，而且期权交易比后两者更加灵活。

1）保值避险

某英国进口商3个月后将向美国出口商支付100万美元的货款，该进口商担心美元升值，所以买进了美元看涨期权，数量为100万美元，执行价格为GBP/USD：1.3150，期权费报价为2.5%，即期汇率为GBP/USD：1.3135，3个月后，盈亏情况根据当时的即期汇率而定。由此可知，期权费为2.5万美元（100×2.5%），相当于1.9033万英镑（2.5÷1.3135）。

（1）若3个月后，即期汇率为GBP/USD：1.2820，如进口商所料，美元价格上涨了，则执行期权，购买100万美元需要支付76.0456万英镑（100÷1.3150），加上期权费1.9033万英镑，共需支付77.9489万英镑（76.0456+1.9033），利用期权保值的收益为0.0542万英镑（100÷1.2820−77.9489）。

（2）若3个月后即期汇率为GBP/USD：1.3150，则进口商既可以选择执行期权，也可以选择不执行期权，损失是期权费1.9033万英镑。

（3）若3个月后即期汇率为GBP/USD：1.28289，则选择执行期权，需要支付77.9489万英镑；如果不做期权交易，在市场上购买100万美元，需要77.9490万英镑（100÷1.28289），则不盈不亏（四舍五入导致数额略有差异）。

（4）若3个月后即期汇率为GBP/USD：1.3100，则选择执行期权，需要付出77.9489万英镑；如果在市场上购买美元，需要76.3359万英镑（100÷1.3100），可见该出口商亏损了1.613万英镑（77.9489−76.3359）。

（5）若3个月后即期汇率为GBP/USD：1.3160，则不执行期权，在市场上购买美元需要支付75.9878万英镑（100÷1.3160），损失期权费，但该出口商获得了汇率波动给自己带来的好处。

2）投机交易

单纯地进行期权交易的主要目的是保值，但是如果进行各种期权组合交易，则可以起到投机的作用。

比如，某银行外汇交易员预测3个月内美元会贬值，且幅度较大，于是打算运用期权组合进行投机，即买入较高价格的美元看跌期权，同时卖出较低价格的美元看跌期权，即期汇率为USD/JPY：110.20，期权合约情况如下：第一个执行价格为USD/JPY：113.20，合同数量为5 000 000美元，合同期限为3个月，期权价格为3.32%；第二个执行价格为USD/JPY：108.00，合同数量为5 000 000美元，合同期限为3个月，期权价格为1.18%。

不管是否盈利，该交易员必须要支付的期权费都为107 000美元（5 000 000×（3.32%−1.18%））。

假设期权合约到期时出现3种情况：

一是正如该交易员预测的那样，美元汇率下跌到USD/JPY：100，则该交易员执行第一个期权，售出美元获得日元，数量为566 000 000日元（113.20×5 000 000）；卖出美元看跌期权也得到了执行，因为期权买方把美元卖到市场上，1美元只能卖100日元，所以该交易员买入5 000 000美元，需要支付540 000 000日元（108.00×5 000 000），从而获利26 000 000日元，折合成美元为260 000美元（26 000 000÷100），减去期权费

107 000美元，净盈利为153 000美元。

二是美元汇率为USD/JPY：110，则第一个期权被执行，卖出5 000 000美元可获得566 000 000日元；第二个期权的买方如果执行期权，卖美元给该交易员，则1美元只能获得108日元，卖到市场上去，则可以获得110日元，所以第二个期权将不被执行。这样，交易员把获得的日元卖到市场上去，可获得5 145 454.55美元，从而获利145 454.55美元，减去期权费107 000美元，净盈利为38 454.55美元。

三是美元上涨，假设USD/JPY：135，则第一个和第二个期权都不会得到执行，所以该交易员损失的是期权费107 000美元。

观念应用4-1

人民币汇改进程的逐步深入，使得不可控因素逐渐增加，人民币汇率的敏感性也逐渐增强，经济主体面临的汇率风险进一步加剧，人民币汇率的波动对经济主体的经营影响巨大。因此，人民币外汇期权在规避外汇风险实际应用中的效果不可估量。若运用得当，可以在市场价格不利时锁定未来正收益，也可以在市场价格有利时放弃行权，保留额外收益，以帮助经济主体更好地规避外汇风险。但投机交易如果想获利，前提是即时的汇率走势与预测的方向相同，否则将会遭受损失。

4.4 互换交易

货币互换是各国频繁使用的一种衍生金融工具，主要包括中央银行间货币互换和商业性货币互换。前者作为中央银行间共同应对金融危机、维护金融稳定、促进双边贸易和投资的手段，已经为我国和国外主要中央银行所实践；后者作为一种企业筹资渠道，能够较好地解决外向型企业的经营流动性问题，是企业规避风险的重要手段。中国人民银行出于维护金融稳定、便利贸易和投资、支持人民币离岸市场发展等目的，与多家中央银行（货币当局）签订了双边本币互换协议。

2021年，中国人民银行与加拿大、澳大利亚、日本、英国等11个国家和地区的中央银行或货币当局续签了双边本币互换协议。

截至2021年年末，中国人民银行已与累计40个国家和地区的中央银行或货币当局签署过双边本币互换协议，总金额超过4.02万亿元，有效金额为3.54万亿元。

这也表明，人民币在国际间的流通变得更为顺畅，越来越多的国家开始认可人民币，进而选择与中国开展更密切的货币合作。

货币互换被普遍使用也意味着中国人民银行与其他国家和地区的中央银行间的伙伴关系上升到了新的阶段。

4.4.1 利率互换交易

利率互换是交易双方在相同期限内交换币种一致、名义本金相同，但付息方式不同的一系列现金流的金融交易。

其原理是两个或更多的筹资人根据自己的优势在市场上筹资，然后根据比较优势设定一种交换机制，使双方都获得好处。双方之所以能进行利率互换，是由于有比较优势之差的存在。

为了更好地说明这一点，现举例阐述：现有A、B两家公司，都想借入1 000万美元，期限都是5年。由于A、B的信用等级不同，二者在固定、浮动利率市场面临的融资成本也不同。

A、B公司的利率互换交易情况见表4-3。

表4-3 A、B公司的利率互换交易情况

	固定利率	浮动利率	比较优势之差
A	10%	6个月的LIBOR+0.3%	
B	11.2%	6个月的LIBOR+1%	
比较优势	1.2%	0.7%	0.5%

从表4-5中可以看出，B公司在固定和浮动利率市场中融资的利率都高于A公司，说明其信用等级低于A公司。从比较优势来看，以固定利率融资，A比B的利率低了1.2%，即比较优势为1.2%；以浮动利率融资，A比B的利率低了0.7%，即比较优势为0.7%。

这样可以看出，相对而言，A以固定利率融资优势更大。由于以浮动利率融资B与A的差距较小，所以也可以说B以浮动利率融资具有相对优势。

双方都发挥各自的相对优势，A以固定利率融资，利率水平为10%，B以浮动利率融资，利率为6个月的LIBOR+1%。

由于双方有比较优势利率差，所以双方可以进行利率互换，方法是：

A向B支付LIBOR利率，这样A共支付的利率水平为10%+LIBOR，从而A公司变成了以浮动利率融资，为了降低融资成本，A必须要求B给予其补偿，补偿的数量应该不低于9.7%。此时，A真正的融资成本变成了LIBOR+10%-X（X是大于9.7%的数），如9.95%。这样，A的成本为LIBOR+0.05%，比不进行利率互换低0.25%；如果X是10%，就比不进行利率互换低0.3%，依此类推。

同理，对B公司而言，获得了LIBOR利率的补偿，并向外支付X，所以，变成了以固定利率融资，利率水平为LIBOR+1%+X-LIBOR，即1%+X。如果是9.95%，则B的融资成本为10.95%，节省0.25%，如果是10%，则节省0.2%，但X不能大于10.2%，否则B公司无法获得好处，自然不愿意与A进行利率互换。所以双方交换LIBOR和X，且X的范围为（9.7%，10.2%）。

4.4.2 固定利率货币互换交易

固定利率货币互换交易是指为了防范较长时期的汇率风险，筹资者和投资者之间相互以一种固定利率的货币与另一种固定利率的货币进行交换的外汇业务。

它往往是为了给本金保值，这种互换交易需要经过三步：

（1）本金的互换。

它是指交易双方达成交易之后，按照商定的汇率水平（可以是成交时的即期汇率，也可以是远期汇率）相互交换各自的本金。双方既可以真正交换本金，也可以名义上交换本金，但是本金数量必须是确定的，因为这关系到利息的计算和支付。

（2）利息的交换。

在整个交易期限内，双方要定期按事先商定的固定利率水平以未偿本金为基础相互支付利息。如果涉及兑换问题，则按照支付利息时的即期汇率折算。

（3）期末换回本金。

互换协议到期的时候，双方按照期初的本金额换回各自的本金。

举例说明：美国某公司想在日本进行5年期的投资，需以美元购买日元进行（投资），美元本金为1 000万。另有一家日本公司想在美国进行5年期的投资，需要把日元转换成美元进行（投资）。两家公司都担心投资期限结束时，也就是5年之后，由于汇率的波动导致双方换回本币的时候遭受本金损失。

所以，双方进行固定利率互换。当时的即期汇率水平为USD/JPY：108.64，美元利率为10%、日元利率为7%，则：

第一步，双方交换本金，即美国公司转移1 000万美元的使用权给日本公司，根据即期汇率水平，日本公司转让相应的108 640万日元给美国公司。

第二步，每年双方要进行利息的支付。美国公司应该支付给日本公司的利息为7 604.8万日元（108 640×7%），日本公司应该支付给美国公司的利息为100万美元（1 000×10%）。第一年支付利息时的即期汇率为USD/JPY：106，美国公司应付71.7434万美元（7 604.8÷106），应收100万美元，所以，日本公司要向美国公司支付28.2566万美元（100−71.7434），各年依此类推。

第三步，当固定利率合同到期之后，即5年之后，美国公司从日本公司处收回1 000万美元，日本公司从美国公司处收回108 640万日元，双方通过固定利率互换不但实现了资金的转移，并且使原有投资本金不变。

4.4.3 货币息票互换交易

货币息票互换交易是指以某种固定利率的货币换取交易对方另一种浮动利率货币的货币互换交易。

例如，一家美国公司由于业务需要，从欧洲货币市场获得了一定期限的浮动利率英镑贷款，该公司可能会面临汇率和利率风险，为了规避风险，该公司可以进行货币息票互换交易，如与美元固定利率贷款进行互换。这样，这家美国公司就把英镑浮动利率债务换成了美元固定利率债务，从而规避了各种风险。

4.4.4 基准利率互换交易

基准利率互换交易是指在相同货币的基础上，将一种基准计算的浮动利率利息调换成另一种基准计算的浮动利率利息的互换交易。比如，交易双方把以美元最优惠利率与美元LIBOR利率计息的支付责任进行互换。

小思考 4-2

小思考 4-2
分析提示

外汇掉期和货币掉期（又称货币互换）的区别是什么？

4.5 人民币衍生品市场

截至2021年末，中国境内银行间外汇市场共有人民币外汇即期会员764家，外汇远期、外汇掉期、外汇货币掉期和外汇期权会员各282家、275家、227家、167家，人民币外汇市场做市商共25家。

中国境内银行间外汇市场产品结构进一步完善。全年人民币外汇成交额折合31.35万亿美元，同比增长23.4%，日均成交折合1 289.95亿美元。其中，人民币外汇即期成交折合10.00万亿美元，同比增长19.4%；人民币外汇掉期交易成交折合20.31万亿美元，同比增长24.4%，其中，隔夜美元掉期成交折合13.57万亿美元，占掉期总成交额的66.8%；货币掉期成交304.56亿美元，同比增长50.7%；人民币外汇远期成交折合1 088.86亿美元，同比增长4.3%；人民币外汇期权成交8 934.46亿美元，同比增长57.7%。

4.5.1 在岸人民币市场

自2005年7月21日汇率制度改革以来，人民币汇率波动性显著提升，持有外币资产的各类经济主体面临的汇率风险加大，规避汇率风险的需求大幅增加。由此，我国推出了外汇远期、外汇掉期、外汇期权等场外外汇衍生品。

2006年4月24日，中国外汇交易中心推出了远期交易的孪生产品——人民币外汇掉期交易。

2007年8月17日，中国外汇交易中心进一步推出了人民币外汇货币掉期交易。

2011年4月1日，中国外汇交易中心推出了人民币对美元、日元、港元、欧元、英镑的期权交易。

2011年12月1日，国家外汇管理局推出外汇看跌风险和看涨风险逆转期权组合业务，允许银行办理人民币对外汇期权组合业务。

外汇衍生品场外市场的发展既为进一步的汇率改革奠定了基础，也为场内市场的推出创造了条件。

表4-4为中国外汇交易中心产品一览表。

表4-4　　中国外汇交易中心产品一览表

<table>
<tr><th>衍生品</th><th>交易方式</th><th>清算方式</th><th>市场准入</th><th>2023年6月成交金额（亿美元）</th></tr>
<tr><td>人民币外汇即期</td><td>竞价交易和询价交易</td><td>竞价交易集中清算，询价交易双边清算或净额清算</td><td>符合条件的银行、非银行金融机构或非金融企业，可向交易中心申请人民币外汇即期会员资格（非金融企业经交易中心初审合格后还须提交国家外汇管理局备案）</td><td>91 487</td></tr>
<tr><td>人民币外汇远期</td><td>双边询价</td><td>双边清算或净额清算</td><td rowspan="4">具备银行间外汇市场即期会员资格且取得相关金融监管部门批准的衍生品业务资格的金融机构，可根据业务需要单独或一并申请各类银行间人民币外汇衍生品会员</td><td>3 999</td></tr>
<tr><td>人民币外汇掉期</td><td>双边询价</td><td>双边清算或净额清算</td><td rowspan="2">114 075</td></tr>
<tr><td>人民币外汇货币掉期</td><td>双边询价</td><td>双边清算</td></tr>
<tr><td>人民币外汇期权</td><td>双边询价</td><td>由交易双方按约定方式进行清算，目前主要采用双边清算</td><td>9 346</td></tr>
</table>

资料来源　作者根据中国人民银行网站、招商证券资料整理而得。

4.5.2　离岸人民币市场

2004年2月，中国人民银行正式开始为中国香港银行办理人民币兑换业务提供清算安排，参加行通过清算行（中银香港）在境内银行间外汇市场平盘，这标志着香港银行人民币对美元即期汇率开始出现。

2010年7月，香港离岸人民币市场的企业和机构可以自由开设人民币账户，并自由交易人民币，从此，离岸人民币外汇市场出现爆炸式发展，短时间之内就形成了包括外汇即期、外汇可交割远期（DF）、外汇掉期、不可交割远期（NDF）、期货和外汇期权等在内的丰富的产品体系。

表4-5为境外人民币产品一览表。

表4-5　　境外人民币产品一览表

<table>
<tr><th>产品</th><th>监管机构/交易所</th><th>推出时间</th></tr>
<tr><td>CNH即期</td><td>香港金融管理局</td><td>2004年</td></tr>
<tr><td>人民币离岸不可交割远期（CNY NDF）</td><td rowspan="2">柜台交易</td><td>1996年</td></tr>
<tr><td>人民币离岸可交割远期（CNH DF）</td><td>2010年</td></tr>
</table>

续表

产品	监管机构/交易所	推出时间
人民币期货	芝加哥商业交易所	2006年
	港交所	2012年
	芝加哥商业交易所	2013年
	新加坡国际金融交易所	2014年
人民币期货期权	芝加哥商业交易所	2006年

根据中国人民银行2022年7月发布的《人民币国际化报告2022》，2021年以来，人民币跨境收付金额在上年高基数的基础上延续增长态势。2021年，银行代客人民币跨境收付金额合计为36.61万亿元，同比增长29.0%，收付金额创历史新高。人民币跨境收支总体平衡，全年累计净流入4 044.70亿元。

环球银行金融电信协会（SWIFT）数据显示，人民币国际支付份额于2021年12月提高至2.7%。人民币超过日元成为全球第四大支付货币，2022年1月进一步提升至3.2%，创历史新高。

国际货币基金组织（IMF）发布的官方外汇储备货币构成（COFER）数据显示，2022年第一季度，人民币在全球外汇储备中的占比达2.88%，较2016年人民币刚加入特别提款权（SDR）货币篮子时提高了1.8个百分点，在主要储备货币中排名第五。

2022年5月，国际货币基金组织将人民币在特别提款权中的权重由12%上调至12.28%，反映出对人民币可自由使用程度提高的认可。

（1）人民币离岸不可交割远期市场（CNY NDF）。

它是一种金融衍生工具，用于对那些实行外汇管制的国家和地区的货币进行离岸交易。

首先，在交易环节，交易双方确定交易的金额、远期汇价、到期日。

其次，在合同到期环节，即到期日前两天，确定该货币的即期汇价，并在到期日采用可自由兑换货币进行净额结算，双方根据确定的即期汇价和交易时确定的远期汇价的差额计算出损益，由亏损方以可兑换货币（如美元）交付给收益方，而不用对本金进行交割。

CNY NDF以人民币汇率中间价作为定盘汇率，约定远期价格与到期日中间价的差额用美元结算，是离岸人民币外汇期权市场的主要产品。

CNY NDF1996年出现于新加坡，目前，新加坡和中国香港是CNY NDF交易的主要市场，主要参与者为境外跨国公司、投资银行和对冲基金；近年来，境内银行、企业也通过境外关联机构间接参与CNY NDF交易。

（2）人民币离岸可交割远期市场（CNH DF）。

随着香港人民币存款、债券等离岸资产市场的发展，2010年10月，部分银行开始推出可交割远期，为那些具有贸易背景、需要实际结算人民币的企业提供了新的选择和便利。

2011年7月28日，香港金融管理局允许银行将可交割远期交易计入人民币头寸，意味着外汇掉期交易不再受人民币头寸管理的限制，使CNH DF市场进一步向利率市场靠近，远期价格更多地反映离岸人民币、美元利差。

2012年9月17日，港交所推出了可交割本金的人民币期货交易，至此，CNH DF衍生市场拥有了场外交易的非标准化和交易所集中交易的标准化两类人民币外汇衍生产品。

（3）人民币期货。

早在2006年8月，芝加哥商业交易所便率先推出了人民币对美元、欧元和日元的期货及期权合约，这类人民币期货以在岸人民币汇率为标的。

在2012年9月港交所推出人民币期货半年后，2013年2月25日，芝加哥商业交易所开始正式交易可交割离岸人民币期货，分为标准期货合约和电子微型期货合约两种，合约规模分别为10万美元和1万美元，两种合约均为在香港实物交割的人民币。

与芝加哥商业交易所相比，港交所显然在人民币衍生品交易上具备更多的优势，港交所人民币期货的活跃度高于芝加哥商业交易所。

银行做市商、企业和个人是离岸人民币外汇期货市场的主要参与者，在香港人民币外汇期货市场中，银行做市商的交易量占整个市场的70%，企业的交易量占20%，个人交易量所占比例仅约为5%。大多数参与外汇期货的企业都具有中国内地背景，它们交易的目的是对冲进出口贸易中的汇率风险。

2014年10月，新加坡国际金融交易所正式推出人民币期货合约交易，其中包括美元/离岸人民币期货和人民币对美元期货合约，规模分别为10万美元和50万元人民币。

中国境内人民币现货主要在银行间市场交易，交易时间为北京时间上午9：30至下午4：30。

从2014年的数据来看，芝加哥商业交易所、新加坡国际金融交易所和港交所离岸人民币外汇期货在上述时段的交易量分别占全天总成交量的69%、96%和90%，密集交易时段与中国境内银行间市场交易时间高度吻合，表明亚洲投资者是离岸人民币外汇期货市场的主要参与者。

（4）人民币期货期权。

2006年8月，芝加哥商业交易所在推出了人民币期货的同时推出了人民币期权。

人民币期权是以人民币期货为标的资产的美式期权，购买者可以在合约有效期内的任何时间要求出售者履约，每份期权合约的规模即一份人民币期货合约，交易时间与期货相同。

由于人民币期权的最后交易日恰好也是标的期货合约的最后交易日，如果投资者在期权交易结束时执行期权，就必须对期货进行交割，即按照期货约定的价格交易现货，这使人民币期权实质上相当于现货期权。若投资者提前执行期权，则该期权仍是严格意义上的期货期权。

主要概念和观念

○ 主要概念

外汇期货交易　保证金　逐日盯市制　初始保证金　维持保证金　期权交易　外汇期权交易　期权费　内在价值　价内期权　价外期权　平价期权　期权的时间价值　美式期权　欧式期权　看涨期权　看跌期权　利率互换　固定利率货币互换交易　货币息票互换交易　基准利率互换交易

○ 主要观念

利用衍生外汇交易规避风险和套期保值　外汇期货交易的原理

基本训练

○ 知识题

随堂测 4

▲ 简答题

(1) 试说明远期外汇交易、期货交易、期权交易的异同点。

(2) 对非交易所会员的一般客户而言，期货交易、逐日盯市制、初始保证金、维持保证金四者之间有什么联系？

(3) 为什么远期外汇交易中买卖双方无须交纳保证金而外汇期货交易中双方都需要交纳保证金，场内期权交易只有期权卖方需要交纳保证金？

(4) 期权交易与远期外汇交易相比有哪些优势？

(5) 如果你是一家银行的外汇交易员，你想利用外汇期货交易进行投机，你认为在什么情况下可以获利？

▲ 填空题

(1) 买入美元看跌期权的买方是预测美元将来要________。

(2) 卖出美元看跌期权的卖方是预测美元将来要________。

(3) A、B公司进行利率互换交易。如果A公司以固定利率筹资有比较优势，B公司以浮动利率筹资有比较优势，则A将以________利率筹资，B将以________利率筹资。进行利率互换后，A实际上以________利率筹资，B实际上以________利率筹资。

(4) 期权交易的买方收益是________限的，损失是________限的；期货交易的买方收益是________限的，损失是________限的。

(5) 一般而言，同等条件的欧式期权比美式期权价格________。

▲ 判断题

(1) 外汇期权交易直接买卖的是外汇，期权合约的价格指的是外汇交割时所使用的执行价格。　(　　)

(2) 期权费的多少取决于期权的时间价值和内在价值。　(　　)

(3) 外汇期货交易实行双向报价法，交易双方既报买价又报卖价。　(　　)

(4) 看涨期权的买方在交割时的即期汇率高于执行价格时执行期权，并且一定获利。 ( )

(5) 外汇期货交易的清算实行二级清算制度。 ( )

(6) 可以进行利率互换的前提之一是交易双方有融资的比较优势存在。 ( )

(7) 外汇期货交易直接买卖的是标准化的外汇期货合约。 ( )

▲ 阅读理解

案例一：

A企业是具有多年国际贸易经验的进口型企业，与海外出口商主要以美元进行结算，在当地多家银行均有授信。其中，C银行为其主要合作银行。

对企业而言，进口押汇等美元融资方案相较人民币融资成本更低；对银行而言，具有真实贸易背景的贸易融资，有稳定的还款来源，资产质量更有保障。因此，A企业多以进口押汇的形式在C银行进行提款：期初，银行以进口押汇的形式进行放款，将美元汇给海外出口商；到期，企业购汇归还银行融资。在人民币单向升值阶段，该方案可使A企业降低融资成本，享受人民币升值所带来的购汇成本下降的好处；但在人民币开启双向波动后，该方案则存在潜在的汇率风险——若人民币在3个月或6个月的融资期内贬值，则A企业将面临购汇损失。

案例二：

B企业为某地级市的纳税大户，既有进口业务，又有出口业务，为各家银行的重点营销对象。C银行在上门营销时，针对企业实际情况，为客户推荐了外汇掉期业务，以使其享受更好的结、购汇价格。

例如，在人民币升值期，以6.7000的汇率将美元兑换成人民币，一方面，人民币的定期存款的利率较美元利率高；另一方面，如叙做定期存款，结汇的人民币也可及时用于支付企业的职工薪酬、资金周转等。

案例三：

D企业多年来专注于生产某小五金器材，已申请多项专利，各型号产品出口至美国、英国等多个国家，出口收入占其总销售收入的80%以上，是一家典型的出口导向型企业。

自成立以来，D企业高度重视公司财务能力的提升，从外部引进高端财务人才，对银行各类金融产品的接受度较高，且关注外汇市场，对人民币汇率走势有较强的判断能力。因E银行外汇衍生产品体系健全且做市经验丰富，报价具有竞争力，D企业一直与其进行即期结汇、远期结汇等外汇业务的合作。

但随着双边合作的深入，远期结汇的劣势也逐渐显现，如保证金的长期占用、到期必须按照锁汇价格交割等，灵活度较低。在与E银行沟通后，D企业转而选择叙做买入期权业务。

资料来源 谢道星. 外汇避险策略实践 [J]. 中国外汇，2018 (23)：47-49.

阅读以上资料，分析各案例中金融衍生工具的使用是否正确，如何优化衍生工具的使用，使其能够更好地起到套期保值、规避风险的作用。

▲ 技术应用

我国某公司根据近期国际政治、经济形势预测3个月内美元对日元的汇率会有较大波动，但变动方向难以确定，因此决定购买100份（1份代表1 250万日元）日元双向期权合同（既可以从卖方买日元，也可以把日元卖给卖方），做外汇投机交易。

已知：即期汇价USD1=JPY108，协定价格JPY1=USD0.009200，期权费JPY1=USD0.0002540，佣金为合同金额的0.5%。在市场汇价分别为USD1=JPY100和USD1=JPY120两种情况下，该公司的外汇投机能获利多少？

○ 技能题

▲ 单项操作训练

（1）一名美国商人从加拿大进口农产品，约定3个月后支付1 000万加元，为了防范加元升值带来的不利影响，他进行了买入期货套期保值。3月1日汇率为1美元=1.3506加元，6月份到期的期货价格为1美元=1.3450加元。如果6月1日的汇率为1美元=1.3460加元，该期货价格为1美元=1.3400加元，美国商人该如何利用外汇期货交易进行保值，其盈亏情况如何？

（2）某瑞士出口商向美国出口一批货物，3个月后收到货款180万美元，假定签订购货合同时的即期汇率为USD/CHF=0.9800，期权协定价格与此一致，该出口商为避免3个月后美元贬值造成少收瑞士法郎而带来的损失，以3 600瑞士法郎的期权费购入一份欧式美元看跌期权保值。在到期日，如果市场上即期汇率分别为USD/CHF：0.9980和USD/CHF：0.9500，该瑞士出口商总计应收多少瑞士法郎？

（3）A、B两公司希望进行利率互换，双方的融资能力见表4-6，并且两公司都不介意采取何种利率形式。请你设定一个交换条件，使双方能够平分比较利益之差。

表4-6　A、B两公司的融资能力

公司名称	固定利率	浮动利率
A公司	12.5%	6个月期LIBOR+0.5%
B公司	11.5%	6个月期LIBOR+0.1%

○ 综合操作训练

关于外汇交易规避风险的操作分析

美国一家跨国公司设在某国的分支机构急需250万英镑支付当期费用，于是公司在3月12日向其分支机构汇去了250万英镑，要求其3个月后归还。当时的市场行情为：GBP1=USD1.3100～1.3115，3MTHS 20-15，期货价格为GBP1=USD1.3110，每份合约面值为25 000英镑，期权协定价格为GBP1=USD1.3105，期权费GBP1=USD0.0012。如果6月12日的汇率为GBP1=USD1.3040，期货价格为GBP1=USD1.3030，这家跨国公司不采取任何保值措施和分别采取远期外汇交易、期货交易、期权交易措施来避险，相对而言，哪一种措施更可行？为什么？（可以通过测算哪一种方式收入的美元多、面临的风险情况并结合交割情况来衡量）

分析报告见表4-7。

表4-7 分析报告

分析人员	
采用的避险措施	
采用该避险措施的原因	
与其他方法的比较	
关于分析结果的思考	

观念应用

○ 案例题

外汇期权交易

2020年，中国A公司与澳大利亚的M公司签订股权收购协议，以4.15亿美元收购其旗下分别拥有10亿吨铁矿资源开采权的S公司和B公司的全部股权。

因交易货币为澳元，为降低澳元贬值的风险，中国A公司签订了一系列杠杆期权合约，但在2022年10月公司对外公布盈利预警，因购买澳大利亚铁矿而签订期权合约可能导致公司巨额亏损。这使公司短期股价下跌55%，董事长被迫辞职，并出现了长期现金流持续紧张、发展战略受阻的局面。

从中国A公司公开的信息可知，其签订的外汇期权合约主要为几种累计期权(Knock out Discount Accumulator)，目的是降低澳元交易的汇率风险，主要是1∶2.5的对价交互权利购买。

几种合约对中国A公司都设置了最高利润上限，当美元贬值、澳元升值到某一利润水平时，这些合约都会自动终止。即在澳元对美元汇率高于0.87但不高于上限时，中国A公司就可以赚取差价；但如果该汇率低于0.87，也没有到达过上限，那么中国A公司必须不断以高于市场价格的汇率购买澳元，这在理论上的亏损是无限大的。

根据中国A公司2023年3月披露的相关信息可以看出，每份合约最高利润上限为150万~700万美元，利润上限合计也仅为5 150万美元，相当于4亿港元。

而澳元贬值至低于执行价格时，中国A公司须购买高达90.5亿澳元，相当于485亿港元，加之相应购买的欧元合约，合计达500多亿港元；如澳元贬值超过1%，中国A公司就将亏损超5亿港元，如贬值继续扩大，中国A公司将面临巨额亏损。

问题：(1) 结合案例分析中国A公司期权交易亏损的原因。

(2) 该外汇期权交易中的潜在风险有哪些方面？

(3) 运用哪些外汇衍生产品可以合理规避案件中的外汇风险？

○ 实训题

下面是一次场外期权交易的交易程序，请将其翻译成中文：

A：OPTION DEAL.

A：HI，FRD. CAN YOU GIVE ME INDICATION FOR USD CALL? GBP PUT AMOUNT USD 1 MIO STRIKE PRICE AT GBP/USD 1.8000 EUROPEAN STYLE EXPIRY JUNE 18 TOKYO CUT 03：00 PM?

B：SURE…1.20、1.30 IN USD PCT.

A：I BUY.

B：OK.DONE TO CFM AT 1.30.WE SOLD YOU OPTION FOR USD CALL GBP PUT AMOUNT 1 MIO STRIKE AT 1.8000 EXPIRY JUNE 18 TOKYO CUT 03：00 PM EUROPEAN STYLE PREMIUM AMOUNT USD 13 000.PLS PAY TO B BANK NEW YORK BRANCH FOR OUR ACCOUNT.THANKS FOR THE DEAL.BI.

A：OK.ALL AGREED.THANKS.BI FRD.

……………………………………………………

JUNE 18 TOKYO 03：00 PM

A：OPTION EXE PLS.

A：WE BUY USD 1 AG GBP AT 1.8000 VAL JUNE 20 USD.PAY TO A BANK NEW YORK BRANCH PLS.

B：OK.GBP TO MY B BANK LONDON BRANCH.TKS.

A：THANKS AND BIBI MY FRD.

B：BIBI，FRD.

○ 讨论题

阅读以下资料，结合人民币汇率变动的影响因素，就今后人民币汇率走向展开分组讨论：

美联储2022年3月至今已加息10次，其中2022年加息6次，2023年加息4次。加息至5.5%。这一举措推动了美元持续升值，而相应的，与之有着密切贸易往来的其他经济体货币则面临贬值压力。美元持续加息，使全球对美元的需求增加，外汇市场上出现了大量抛售其他货币购买美元的现象，引起了外汇市场的波动。

2019年5月起，中美贸易争端再度严峻，特朗普政府突然加大施压力度，单方面启动对2 000亿美元的中国输美商品加征25%的关税。

2019年5月15日，美国商务部矛头更加集中，以“国家安全”为由将华为公司及其70家附属公司列入出口管制“实体名单”，谷歌随后称停止向华为提供包括安卓系统在内的技术服务支持……

作为回应，中国决定对600亿美元的美国输华商品加征关税，中国商务部表示将坚决维护中国企业的合法权利。不断升级的中美贸易争端使人民币汇率出现异常波动。

……

2019年1月，欧盟两大经济强国德国和法国同时宣布将人民币纳入外汇储备，用实际行动对人民币投下信任票。欧盟两大国认可人民币，意味着中国的经济将被持续看好，人民币也将在国际汇率波动中有效抵挡风险。

事实上，人民币与欧元“结盟”，无论是从短期还是长期来看，都会给中国的经济带来许多切实的好处。两种货币直接结算，可以绕开美元，减少双方的汇兑成本，促进中欧贸易规模的扩大。与此同时，越来越多的新兴市场国家的当地银行开始接入人民币跨境支付系统（CIPS），向当地企业提供开设人民币账户等服务，让它们得以持有部分人民币头寸对冲本国货币汇率大跌的风险。

中国人民银行2023年10月发布的《人民币国际化报告》指出，人民币国际化取得新进展，根据国际货币基金组织（IMF）数据，截至2022年末，全球央行持有的人民币储备规模为2 984亿美元，占比2.69%，较2016年人民币刚加入SDR时提升1.62个百分点，在主要储备货币中排名第五位。据不完全统计，至少有80多个境外央行或货币当局将人民币纳入外汇储备。2022年以来，中国人民银行不断优化人民币海外清算网络，相继授权设立老挝、哈萨克斯坦、巴基斯坦和巴西人民币清算行。截至2023年9月，中国人民银行已在29个国家和地区授权31家境外人民币清算行。

资料来源　作者根据相关资料整理.

第5章

国际结算概述

学习目标

知识目标：具有较强的自学和分析能力，能够通过阅读相关资料和内容了解国际结算的含义及几种主要结算方式；了解国际结算的概念、作用，认识各种主要结算方式的特点，掌握国际金融业务中银行机构和账户行关系的建立等知识。

技能目标：运用账户行关系的原理，掌握资金划拨技巧；能够运用所学的理论及业务知识进行实地操作。

素养目标：通过对本章的学习，了解“一带一路”倡议对人民币跨境结算的积极影响，对我国复兴之路增强认识，培养学生家国情怀、国际视野；了解我国各项促进贸易发展政策，对中国特色社会主义市场经济建设增强认识，培养学生具有当代年轻人的责任意识感以及积极建设美好国家的使命感。

引例　国际结算新趋势——应用区块链技术发展传统国际结算工具

2016年9月，巴克莱银行率先在其下属的Wave公司开发的区块链平台上进行了首笔信用证交易，这也是全球第一笔用区块链技术结算的交易，结算过程不足4小时。

该笔贸易结算在巴克莱银行下属的Wave公司开发的区块链平台执行完成，担保了价值约10万美元由爱尔兰Ornua公司向Seychelles Trading Company发货的奶酪和黄油产品。

区块链技术相当于一套电子记录和交易处理系统，能够在无须第三方认证的前提下让所有交易参与方在一个安全的网络中跟踪每一笔交易。这种无纸化、去中心化的交易方式比传统上笨重的、大量基于纸面文件的交易处理方式更加快捷、更可靠及更容易审计。

过去，这种进出口交易必须通过银行信用证结算，信用证体系相当于国际贸易中的“支付宝”，以第三方的方式保证买卖双方的利益，但是这种体系在实际操作中相当烦琐，需要将出口单据等通过邮寄的方式在进出口双方的银行和客户之间进行传递。除了中途有丢件的风险外，贸易单据造假也时有发生，处理时间有时长达1个月。改用区块链技术后，交易双方可以通过加密的区块链交换彼此的邮寄、保险和其他原件信息。

巴克莱银行全球贸易和营运资本负责人Baihas Baghdadi表示："我们已经证实了这项技术的可行性，这说明整个流程是十分友好的。"

今天，区块链技术已被广泛接纳，但很多人认为，该技术仍需要5～10年的时间才能普及。不过，鉴于其对银行和贸易公司单证业务人员的替代性，具有操作性质的单证业务处理岗或将成为历史。

资料来源　佚名. 计算机行业：全球首笔区块链贸易结算完成，提振商业应落地信心［EB/OL］.［2016-09-12］. https：//finance.qq.com/a/20160912/033720.htm.有改编.

通过上面这则新闻报道，我们可以发现：区块链技术与结算业务具有高度耦合性，能够以技术推动的形式促进国际业务经营的创新，是国际结算未来发展的重要手段。

党的二十大报告指出，我们实行更加积极主动的开放战略，构建面向全球的高标准自由贸易区网络，加快推进自由贸易试验区、海南自由贸易港建设，共建"一带一路"成为深受欢迎的国际公共产品和国际合作平台。我国成为一百四十多个国家和地区的主要贸易伙伴，货物贸易总额居世界第一，吸引外资和对外投资居世界前列，形成更大范围、更宽领域、更深层次对外开放格局。人民币也成为国际经济交往中的重要货币，同时我国积极推进人民币国际化，积极参与国际结算规则的制定。

5.1　国际结算的产生与发展

5.1.1　国际结算的含义、产生与发展

（1）含义。国际结算（International Settlement）是指国际上由于政治、经济、文化、外交、军事等方面的交往或联系而发生的以货币表示的债权、债务的清偿行为或资金转移行为。根据引起国际货币收付的不同原因，可以将国际结算分为贸易结算和非贸易结算。由国际上的商品交易引发的货币收付称为贸易结算，也称为有形贸易结算；除商品交易之外，由其他经济、政治和文化等方面的交往引起的货币收付称为非贸易结算，由于都是建立在非商品交易基础上的，也称为无形贸易结算。

近二三十年，由于跨国投资和金融等服务性行业的发展，非贸易结算量有了大幅增加。但是，国际结算与国际贸易始终保持着紧密联系，二者相互依存、相互促进。国际贸易是国际结算产生和发展的主要动力，国际结算的发展反过来又促进了国际贸易。同时，贸易结算业务比非贸易结算业务复杂得多，几乎包括了目前所使用的全部结算手段和结算方式。因此，国际贸易结算在国际结算中一直占据主导地位，并且成了国际结算

的主要内容。

（2）产生与发展。国际结算产生于国际贸易中，并随着国际贸易和其他经济、文化的发展而发展。国际结算的雏形是在国家出现之后，随着国与国之间商品交换的出现而逐渐形成的。在奴隶制社会，产生了国际贸易的萌芽，最初是以物物交换的方式进行的。到了封建社会，逐渐出现了以金银为交换中介的国际结算，由于当时是现金结算，所以买方必须将金银运送给卖方。这种以运送金银的方式进行的结算很不方便：①运输过程中要承担很大的风险，如盗窃、劫持或其他的自然灾害带来的损失；②要花费大量的费用，包括运输、保管等相关费用；③金银在途时间长，不利于资金周转。因此，这种结算方式只在商品交易少、交易量小的时代使用。当社会生产和交通运输有了进一步发展，国际贸易也向大规模、大范围方向发展的时候，这种结算方式越来越难以满足国际贸易发展的需要了。

到了14—15世纪，出现了资本主义萌芽，各国对外贸易发展迅速，国际交换的范围日益扩大，区域性国际商品市场逐渐形成。意大利北部诸城，如威尼斯、热那亚、佛罗伦萨等，已经成为欧洲的贸易中心。到15世纪末16世纪初，随着资本主义的发展、地理上的大发现以及海外殖民地的开拓，国际商品交换的种类和范围以及交易量都不断扩大，商人们开始使用“字据”来替代现金，这就是最早的汇票。例如，威尼斯的A进口商从伦敦的B出口商那里购买货物，而同时又有伦敦的C进口商从威尼斯的D出口商处购买货物，B发货后开出一张以A为付款人的汇票，然后通过中间人或直接将其卖给C，收回自己的货款，而C用这张汇票向D支付，最后D持汇票向A要求付款。这样，异国或异地的结算便因为使用了汇票而转变成国内结算。早期汇票流通的具体过程如图5-1所示。

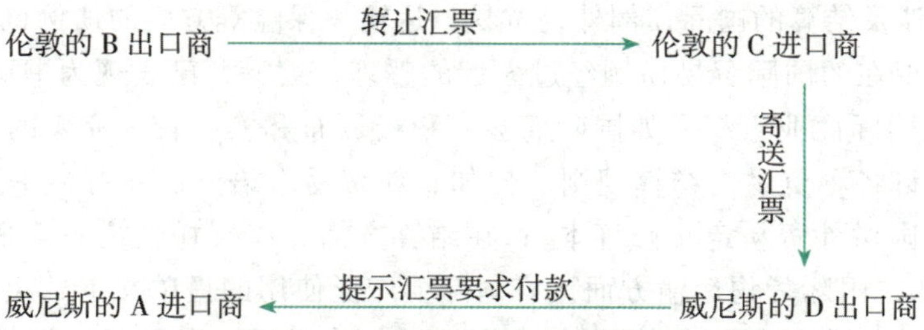

图5-1　早期商业汇票流通图

从上面这个例子可以看出，这种汇票是一种商业信用，局限性很大，要求时间、地点和金额的匹配，进出口商之间的联系密切，信用可靠，其中一方有垫款的能力。16—17世纪，票据在欧洲大陆被广泛使用，国际结算已经从现金结算时代进入票据结算时代。

18世纪60年代，主要资本主义国家相继完成了工业革命。这直接推动了国际关系的深刻变革，社会分工迅速向国际领域扩展，越来越多的国家或多或少地被纳入国际分工体系之中，卷入世界市场。同国际贸易相关的金融业、航运业及保险业也有了长足发展。提单、保险单等相继问世，海运提单从一般性的货物收据发展成为可以背书转让的物权凭证，保险单也成为可以转让的单据，银行业逐渐从高利贷性质发展为信用中介和支付中介。

银行不仅从事国内的存、放、汇款业务，还通过国外分支机构和代理从事国际借贷和国际结算业务。银行的介入促进了国际结算的快速发展，因为银行办理国际结算具有以下有利条件：①银行作为支付中介，克服了上述商业汇票的局限性。银行可买卖、转让不同种货币、不同期限、不同金额的票据，进出口商不必自己找对象来进行清算，而是把所有的信用工具和支付工具委托给银行处理，这大大提高了结算的速度和效率，也节省了时间和利息支出。②随着银行业的发展，一些大银行在全世界形成了业务网络，可运用各种先进的手段通过自己的分支行和代理行办理业务，为进出口商提供完善的服务，而不受时间和地点的限制。③一般来说，银行的信用优于商业信用，资金雄厚，可以向客户提供信用支持和资金融通。

这样，由于银行的参与，逐渐形成了以贸易结算和融资相结合为特征、以银行为中枢的现代国际结算体系。

5.1.2 国际结算的基本特征和发展趋势

1）基本特征

经过几百年的发展，国际结算业务逐步完善。当代国际结算主要呈现出以下几个基本特征：

（1）按照国际贸易惯例进行国际结算。国际贸易惯例是指在国际贸易的长期实践中，在某一地区或某一行业逐渐形成的为该地区或该行业所普遍认知、适用的商业做法或贸易习惯，并被作为确立当事人权利、义务的规则，对适用的当事人有约束力。其中除了很多专门涉及结算的国际惯例外，贸易、运输、保险等方面的惯例也与国际结算有着密切关系。现在的国际贸易惯例经过人们的整理、编纂，已表现为书面的成文形式。20世纪以来，国际商业组织（如国际商会）积极颁布和实施较为完善的国际惯例，不断地出版和修订各种贸易与结算规则。比如，在贸易术语方面，有《华沙-牛津规则》和《1941年美国对外贸易定义修订本》；在结算方面，有《托收统一规则》《跟单信用证统一惯例》；在国际货物运输方面，有国际上广泛使用的提单文本、租船合同；在保险方面，有保险协会的保险条款等。20世纪90年代以后，贸易与结算规则日渐完善，且更加科学化和现代化。新修订的国际惯例和规则纷纷出台，如《国际贸易术语解释通则2020》、《见索即付保函统一规则》（《URDG758》）、《多式运输单据规则》（《ICC481》）、《跟单信用证统一惯例》（《UCP600》）、《托收统一规则》（《URC522》）、《跟单信用证项下银行间偿付统一规则》，这些规则都促进了国际贸易和结算向规范化和标准化方向迅速发展。

国际贸易惯例促进了国际结算规则的统一，减少了当事人之间可能产生的分歧和争议，方便了国际结算的进行。此外，国际贸易惯例虽然不是法律，但在国际结算中为各国所普遍遵守，所以是处理国际结算业务的共同语言，这也是国际结算业务的一大特征。

(2) 使用可自由兑换货币。国际结算使用的货币应该是可自由兑换货币，因为在世界各国的货币中，并不是所有的货币都是可自由兑换的，只有使用那些具有自由兑换性和国际通用性并为人们所愿意接受的货币，才能进行国际结算。

小思考5-1

小思考5-1
分析提示

为什么目前在多边结算中常用的货币只有美元、欧元、人民币、日元、英镑等，而不是使用所有国家的货币呢？

(3) 实行"推定交货"原理。推定交货又称象征性交货，是指卖方不是直接将货物交给买方，而是只要他将货物交承运人托运，就算履行了向买方交货的义务；卖方发货，取得了代表物权的单据后向买方提示，只要单据上关于货物的描述是合格的，那么买方就必须付款。经过几百年的发展，凭单付款已经相当完善，在现代国际贸易中，商品买卖已变为单据买卖。运输业、保险业和金融业的飞速发展，提单、保险单及各种金融票据的背书转让，推动了以"推定交货"为特征的结算进程。

(4) 商业银行成为结算和融资中心。银行信用在国际结算领域的出现和推广，是现代国际结算产生的基础。银行信用一般优于商业信用，并且随着跨国银行的出现和发展，银行拥有了广阔的业务网络，可以满足客户不同时间和地点的要求。因此，国际结算业务逐步地集中于银行。

2) 发展趋势

(1) 信用证结算方式逐步出现边缘化倾向。改革开放初期，信用证结算占比较高，随着国内外客户之间对彼此信誉的了解逐渐加深，更重要的是现代国际贸易已由卖方市场转变为买方市场，进口商考虑到信用证结算方式对自己意味着费用高、占压资金大、手续繁杂等众多不利，便依赖自身的较强议价力（Bargaining Power）逐渐减少使用信用证结算方式。因此，商业信用重新成为国际贸易发展的重心所在，而代表银行信用的信用证结算方式逐步出现边缘化倾向。信用证在欧美发达国家和地区的使用比例已由20世纪70年代的85%下降到目前的不足20%，即使在发展中国家和地区，其使用比例也在逐步下降。

(2) 国际保理、包买票据、保函等新的国际结算方式日益被广泛运用，逐步取代信用证结算方式的主体地位。例如，国际保理作为贸易融资中一种主要的工具，能帮助出口商获得无追索权的、手续简便的贸易融资，出口商出口货物后，就可以获得80%的预付款和100%的贴现融资；出口商借助保理业务可以向客户提供赊销、付款交单、承兑交单等商业结算方式，因而增强了产品出口竞争力；进口商可以有限的资金购进更多的货物，节省了因开立信用证而付出的高额的开证保证金，加快了资金和货物的流动，增加了利润。

(3) 国际结算中混合结算方式日益增多。如部分货款采用信用证结算，部分货款采用托收结算；或部分货款采用T/T预付款结算，部分货款采用信用证结算等。采用混合国际结算方式的优点在于买卖双方分摊结算风险和成本，有利于达成双方均可接受的结算方式合约。

（4）国际结算的电子化程度越来越高。20世纪60年代以后，世界进入了电子与信息技术时代，EDI被广泛使用，使得国际贸易往来不再依赖纸质单证，其逐渐被电子单证所替代，即利用计算机网络技术，对相关物流、信息流和资金流进行整合，通过电子方式来传递、交换有关数据和文件。同时，新一代贸易、结算合一系统——BOLERO已运行，BOLERO由欧盟发起创立，由TTCLUB与SWIFT合资成立。系统设计的目的意在全力应对贸易文件电子化的挑战。BOLERO的运作以互联网为支持，以核心信息平台为主构架，是一个开放、中立、高度安全、合法的电子网络，用以替代纸上贸易。使用者签署协议成为成员后，通过互联网交换单据、核查数据，完成贸易过程。其用户包括国际贸易中的进口商、银行、保险公司、运输公司、海关、检疫机构、港务机构等。用户通过互联网交换单据、核查数据，完成贸易过程，而且可以通过权利注册申请，在线转让货物所有权。

随着全球国际贸易电子化支付越来越普遍，我国国际结算方式中的电子化程度亦不断提高。目前，我国开展国际结算业务的商业银行都使用SWIFT系统，其具有自动加押、核押等安全功能。因此，国际结算的安全性和效率已经大大提高。

（5）国际结算的汇率风险不断增加。在我国，一方面，人民币尚未实现完全可自由兑换，汇率形成机制尚不十分健全，在政府有管制的浮动汇率机制下，国际结算所使用的货币兑换成本和风险较大；另一方面，外汇汇率的市场化机制在逐步完善之中，汇率的浮动区间在逐步增大，货币增值或贬值的不确定性增强，因此国际结算货币的汇率风险也随之增加。

（6）跨境人民币结算日趋普遍。2009年4月8日，我国决定在上海市和广东省内4个城市（广州、深圳、珠海、东莞）先行开展跨境人民币结算试点工作，境外地域范围暂定为我国港澳地区和东盟国家，由中国人民银行、财政部、商务部、海关总署、国家税务总局、银监会共同制定的《跨境贸易人民币结算试点管理办法》于2009年7月2日正式实施。2010年6月22日，境内试点范围扩大到浙江等18个省份，境外扩展至所有国家和地区。2011年8月23日，中国人民银行、财政部等六部委联合发布《关于扩大跨境贸易人民币结算地区的通知》，明确跨境贸易人民币结算境内地域范围扩大至全国。2022年7月，中国人民银行会同国家外汇管理局，扩大跨国公司本外币一体化资金池试点，在上海、广东、陕西、北京、浙江、深圳、青岛、宁波等地开展第二批跨国公司本外币一体化资金池试点，进一步便利跨国公司境内外统筹使用资金。

小知识5-1　　清算系统SWIFT和CIPS

SWIFT（Society for Worldwide Interbank Financial Telecommunication），译为环球同业银行金融电信协会。它成立于1973年5月，是一个国际银行同业间非营利性的合作组织，总部设在比利时首都布鲁塞尔。SWIFT最初由北美和西欧15个国家的239家银行发起成立，如今已在全世界拥有5 000多个会员银行。其环球计算机数据通信网在荷兰阿姆斯特丹和美国纽约设有运行中心，在各会员国（地区）设有地区处理站，连接数千个用户，日处理交易数百万笔。中国银行是我国最早加入SWIFT的银行，并于1985年5月13日开通使用SWIFT系统。此后，我国的大多数银行也都先后成为SWIFT会员。

SWIFT把银行业务分为九大类型：①客户汇款；②银行间头寸调拨；③外汇业务；④托收业务；⑤证券业务；⑥贵金属和银团贷款业务；⑦信用证和保函；⑧旅行支票；⑨银行账单处理。

人民币跨境支付系统（Cross-border Interbank Payment System，CIPS）为境内外金融机构人民币跨境和离岸业务提供资金清算、结算服务，是我国重要的金融基础设施。

为满足人民币跨境使用需求，进一步整合现有人民币跨境支付结算渠道和资源，提高人民币跨境支付结算效率，中国人民银行于2012年启动了人民币跨境支付系统（一期）建设。2015年10月8日，CIPS（一期）成功上线运行，同步上线的有19家直接参与者和176家间接参与者，参与者范围覆盖六大洲50个国家和地区。CIPS的建成运行是我国金融市场基础设施建设的又一里程碑事件，标志着人民币国内支付和国际支付统筹兼顾的现代化支付体系建设取得重要进展，对推动人民币成为全球主要的支付货币、推进人民币成为特别提款权（SDR）篮子货币发挥了重要作用。CIPS（一期）系统上线后，CIPS运营机构不断完善系统功能，顺利完成CIPS（二期）投产。

截至2023年6月底，CIPS共有91家直接参与者，1 365家间接参与者，其中亚洲1 017家（含境内565家），欧洲230家，非洲49家，北美洲30家，大洋洲22家，南美洲17家。

资料来源 作者根据相关资料整理.

5.2 国际结算制度

在国际结算产生后的几百年里，随着结算工具和结算方式的发展以及各种货币体系的变换，先后产生和形成了几种典型的国际结算制度。

5.2.1 国际结算制度的概念

国际结算制度，是指在特定的货币体系下或一定的历史时期所产生的各国之间结算或清算方式、规则和制度安排的总和。其中包括支付货币的选择、清算机构的设立、清算程序的要求以及各种相关协议、规定等。历史上先后出现了多边结算制度、双边结算制度和集团性多边结算制度。其中，多边结算制度最早产生，也是最典型的国际结算制度。

5.2.2 几种主要的国际结算制度

1）多边结算制度

多边结算制度是指各国之间的各种结算并不是固定在某一特定时点上汇总之后再进

行的，而是在账户的变动过程中，使债权、债务彼此抵销而解决各方结算问题的一种结算制度。由于多边结算要求必须使用可兑换货币，所以又称为现汇结算。

多边结算制度萌芽于资本主义自由竞争时代，盛行于资本主义金本位时期。金本位时期货币自由输出入、自由兑换、汇率稳定的特征，为多边结算的发展创造了有利条件。随着国际金本位制度和布雷顿森林体系的崩溃，货币体系进入纸币时代，各国根据自身的对外支付能力和国际储备状况，都不同程度地对本国货币的可兑换性和资金的输出入进行了限制。因此，在这种情况下，进行多边结算是有条件的：

（1）货币的可兑换性。它是指一国的货币能随时兑换成黄金或其他货币，而不问资金的性质和来源。如果国际结算中使用的货币是不可兑换的，也就是说，债务国除只能用其抵偿该货币发行国的债务或向其支付外，不能换成其他货币向第三国支付，那么多边结算将无法进行。在多边结算时期，所使用的货币是可兑换的是首要条件。

（2）相关账户的开立。一个国家如果实行多边结算制度，就需要本国的商业银行在全球各个金融中心的商业银行开立各种货币账户，利用各个账户之间的账目结转，方便国内客户使用各种货币进行结算。结算中使用的币种越多，开立的账户也就越多。在国际金本位时期，英镑是国际上通用的结算货币，伦敦是当时最大的国际金融中心，其他国家只要在伦敦开立了英镑账户，基本上就能满足当时多边结算的需要。之后，随着美元在国际支付中比重的提高，在纽约和芝加哥等地的商业银行开立美元账户的国家也迅速增多。近30年来，由于国际储备多元化的发展趋势，苏黎世、东京、法兰克福、巴黎、卢森堡、香港、新加坡等地也成为有关货币的结算中心。

（3）账户之间的调拨不受限制。这是指一国商业银行在对方国家开立的账户上的余额可以自由转到其他国家的商业银行在该国开立的账户内，用以清偿债务，反之亦然。这样，一个国家以某种货币表示的对外债权、债务都可以通过转账的方式进行收付。如果账户所在国或所用货币发行国对外汇管制比较严格，对账户之间的转存有很多限制，那么这种形式的收付就会出现问题，这种多边结算也就难以进行。

多边结算并没有一个严格的组织形式，没有人为的许多规定和限制，而是在国际结算的发展过程中自发地形成的。一个国家会有许多家商业银行不自觉地通过账户的建立加入到这个多边结算的行列中，而一家商业银行一般也不会只开一种货币的账户。从全世界来看，每时每刻都有不同的银行之间以不同的货币进行多边结算。多边结算减少了资金调拨和结算的手续。

以某天中国银行发生的几笔对外支付为例：A.我国某公司进口德国轿车，支付USD1 250 000；B.在英国的留学生汇给国内家人USD100 000；C.某企业向新加坡出口商品，收入USD320 000；D.某投资者通过在美国的投资，收入USD25 000；E.我国向非洲某国投资USD6 000 000。

由于以上交易涉及6个国家，如果每一笔交易都进行双边结算，至少要进行5次资金调拨。而在多边结算制度下，中国银行只要在美国的某家银行拥有账户，就可以将以上的债权、债务进行集中冲抵。在美国某家银行的中国银行账户上，以上的交易表现为：

中国银行

借方	贷方
A.USD1 250 000	
B.	USD100 000
C.	USD320 000
D.	USD25 000
E.USD6 000 000	

从以上的账户中可以看出，仅仅通过这一个账户的变动就可以收付对其他五国的债权、债务，并且可以对借贷双方相互冲抵一部分，这就减少了资金的调拨手续。

由于多边结算具有以上特点，它促进了国际贸易在数量和范围上的发展，是一种有利于世界经济发展的结算制度。

2）双边结算制度

双边结算制度是两国政府签订支付协定，开立清算账户，用集中抵销的办法，清算两国之间债权、债务的一种结算制度。由于双方的结算是建立在支付协定基础上的，所以也称为协定结算。又由于在结算时使用的货币是一个记账单位而不是可兑换货币，也称为记账结算。在双边结算中使用的是协定外汇或称为记账外汇，这是相对于可自由兑换外汇而言的。这种外汇只能在签订协定的国家之间使用，而不能用于向第三国支付。

这种双边结算是在特定历史时期产生的。第一次世界大战和1929—1933年的世界经济大危机后，各国普遍实行外汇管制，以防止外汇和黄金的流失。在这种情况下，各国间的贸易受到了很大影响。为了摆脱这种困境，各资本主义国家之间及资本主义国家与其殖民地、附属国之间签订了清算协定，开展双边贸易和双边结算，即在指定的银行开立特殊账户，集中双方的债权、债务，在一定时间内进行清算。有数据表明，到1937年，资本主义国家之间签订的清算协定达170多个。当时德国通过协定清算的贸易额达到其全部对外贸易额的75%。20世纪50年代末60年代初，我国也曾大量使用这种结算方式。

双边结算对外汇储备较少的国家比较有利，可以保证其进出口贸易的发展，减少黄金和外汇的流出，在一定的历史时期也会促进国际贸易的发展，但有可能会加深资本主义各国之间在国际市场上竞争的矛盾，还可能会出现大国廉价取得原材料、强行推销其工业品的现象。

小思考 5-2

分析提示

小思考 5-2

进行双边结算的两个国家的记账账户在处理时应注意哪些问题？

3）集团性多边结算制度

集团性多边结算制度是在双边结算制度的基础上发展起来的，即把清算协定的范围有限度地扩大，在集团内形成一定制度、程序和特定清算机构的一种清算制度。这种制度不同于自发形成的多边结算制度。

集团性多边结算制度出现于第二次世界大战后。1950年成立的欧洲支付同盟（European Payment Union，EPU）实现了典型的集团性多边结算，它于1958年宣告解体，取而代之的是欧洲货币协定（European Monetary Agreement，EMA）。它的性质与欧洲支付同盟相似，于1972年宣布终止。与此相对应的经济互助委员会（Council for Mutual Economic Assistance，CMEA，简称经互会）于1949年成立，参加的国家主要有苏联、保加利亚、民主德国、罗马尼亚等。经互会采用双边清算制度，以“贸易卢布”作为计价货币。1963年各成员国签订多边清算协定，实行多边清算。清算机构是设在莫斯科的国际经济合作银行，清算货币为“转账卢布”。这一组织随着东欧剧变和苏联解体而消失。

随着欧元区的正式形成，当今世界正在掀起一场“集团化”热，如“北美自由贸易区”“东亚经济圈”“环太平洋经济合作组织”等，这些都为集团性多边结算制度的发展创造了条件。

5.3 国际结算业务中的往来银行

办理国际结算的基本条件是要有一个国际性的银行网络，这个网络越广泛，办理国际结算的范围就越大，资金清算就越方便。要拥有这样的网络，就必须选择好往来银行，建立银行间的代理关系，这样才能顺利地开展国际结算业务。

5.3.1 代理关系的建立

代理行（Correspondent Bank）是接受其他国家或地区的银行的委托，代办国际结算业务或提供其他服务，并建立相互代理业务关系的银行。一般情况下，经营国际业务的银行都在国外设有分支机构，但不可能在发生债权、债务的所有国家都建立分支机构，于是就需要国际上的银行合作，进而形成一个高效率的资金转移网络。这种合作就是通过它们之间的代理关系来实现的，而互有代理关系的银行就是上面提到的代理行。资信好、关系好的代理行还能提供催收拖欠款、培训员工等服务，也可以促进与贸易有关的国际信贷业务的发展。因此，选择代理行是一项非常重要的工作。

1）代理行选择的标准

选择合适的代理行既能保证国际结算业务的顺利进行，也能促进本国贸易的发展，所以在选择时应注意：

（1）按照客户的要求选择地区和币种等。代理行一般都选在客户国际业务所在地，它们对当地的经济、政治和商业往来更了解，更有利于业务开展；同时，代理行所在地区所使用的货币是本国在对外贸易和其他交往中使用比较频繁的货币。

（2）适合本国的外交政策。同与我国未建交的国家的银行不能往来，不能建立代理关系，双方民间商业往来发生的债权、债务应通过第三国银行结算。

（3）审查对方的资信状况。目前，国际上比较通用的是“5C”原则，即Character（信用品质）、Capacity（能力）、Capital（资本）、Collateral（担保品）、Condition（经营环境）这五方面。

2）建立代理行的程序

(1) 考察、了解对方银行的资信。由于建立代理行关系是国际金融领域内的外交活动，因此必须服从国家的外交政策和国别政策。通常，对于没有正式外交关系的国家的银行，不建立代理行关系；对于有正式外交关系的国家的银行，可以建立代理行关系，但要调查对方银行的资信等级、经营作风以及财务状况等多项指标，在有把握的基础上建立代理行关系。

(2) 签订代理行协议并交换控制文件。双方协商同意后，签订代理行协议。协议一般由双方银行的总行签订，包括双方银行的名称、地址、代理机构、业务范围、代理期限、控制文件、使用的货币、委办的事项、授信额度、合作项目、信息的提供与咨询、培训计划、头寸偿付的方法、协议生效的日期、适用的分支行等。其中，控制文件包括密押、签字样本和费率表。

第一，密押（Test Key）。它是用于识别银行电讯文件的数字密码。每个银行都有绝对机密的密押表。为了高度保密，密押只掌握在个别人手中，并且每使用一段时间后就得更换。传统的密押用于银行间的电报电传中，将发出的电讯文件中的重要信息，如金额、币种、日期等，按密押表编成密押，代理行收到后破译密押并核对电讯文件的正确性。随着国际结算的电子化，新形式的密押出现了，如专用于SWIFT的密押，是电脑根据SWIFT报文的全部字母、数字和符号自动编制的，准确性强、保密性好，且自动化程度高。但为提防“黑客”，按SWIFT守则规定，密押需要半年更换一次。

第二，签字样本（Specimen of Authorized Signature）。它是银行授权签字人的签字样本。代理行之间往来的委托书等书面文件需要有关人员的签字才能生效。代理行之间互相交换授权签字人的签字样本后，当收到对方发来的书面文件时，用签字样本与文件上的签名核对，以辨别其真伪。

第三，费率表（Schedule of Terms and Conditions）。它是银行各种代理业务的收费依据，由此确定代理业务的手续费和佣金。代理行之间互相交换费率表，可让双方明确偿付的标准和方法。费率一般由双方协商议定。

上述步骤完成后，双方就可以互相委托代理业务了。

5.3.2 账户行关系的建立

为了便于调拨资金和办理结算，各家银行一般还需要在位于货币清算中心的代理行中选择关系好、资金雄厚、信誉佳、影响力大、清算方便的银行开立存款账户和往来账户。因此，代理行可以分为有账户关系的代理行和无账户关系的代理行两种。也就是说，并不是所有的代理行都会互相开立账户，而账户行关系是代理行关系中的一种。

账户行关系是指相互开有存款、结算等账户，在国际汇兑业务中可以通过这些账户进行结算的一种代理行关系。这些开有账户的代理行称为账户行。

(1) 账户行选择的标准。账户行应符合以下标准：①账户行所在国的货币应是本国对外支付所使用的主要货币。一家银行可能在一个国家有多家代理行，但为了提高效益，防止外汇资金闲置，往往只与其中一个代理行建立账户关系，以保证一定的业务量。②账户行要比其他一般的代理行具备更雄厚的资金实力、更卓著的信用、更正派的作风和更友好的态度。③账户行应有先进的通信设施、较高的工作效率，账户条件比较优惠。

（2）账户行关系的建立。两家分处不同国家的银行因货币收付关系的需要，或者一方在对方设有账户，或者相互设有账户，就称为建立了账户行关系。账户设置有如下三种情况：①A行在B行设立B行所在国货币账户。这种情况从A行的角度来看，称为往账，即Nostro A/C；这种情况从B行的角度来看，称为来账，即Vostro A/C。②B行在A行设立A行所在国货币账户。与上一种情况相同，从A行的角度来看，称为来账；从B行的角度来看，称为往账。③A行与B行互设以对方所在国货币命名的账户。在这种情况下，双方互有来账与往账。

账户行关系建立起来后，双方在进行资金的调拨时就非常方便了。如果A行在B行开有账户，那么在向B行或其客户划拨资金时，A行可以通过航空信件、Cable、Telex或SWIFT等方式要求B行直接借记该账户，可以说“Please debit our A/C with you.”，或者说“We hereby authorize you to debit our A/C（A/C No.×××）.”；相反，如果B行在A行开有账户，那么A行在向B行划拨资金时，可以明确表示贷记B行的账户，如“In cover, we have credited your A/C with us/our H.O.Beijing.”或者“Your A/C has been credited.”。

小思考 5-3

分析提示

小思考 5-3

请看以下SWIFT报文：

SENDER: BKCHCNBJ45P
MESSAGE TYPE: 103
RECEIVER: CITIUS33
SENDER'S REFERENCE: 20: TG18954204376
BANK OPERATION CODE: 23B: CRED
VALUE/DATE/CURRENCY/INTERBANK
SETTLED AMOUNT: 32A: 160823USD2285471.00
ORDERING CUSTOMER: 50K: /5468799367524
HOLDING（HAERBIN）LTD
BENEFICIARY CUSTOMER: 59: /9917207417
WOSTON（NEW YORK）LTD
DETAILS OF CHARGES: 71A: SHA

请分析以上报文，并回答两家银行是什么关系。

（3）往来银行的选择。①联行为最优选择。商业银行通过其分支机构、账户行和代理行都可以办理国际结算业务，但是它们对商业银行来说产生的影响是不同的。在办理国际结算和外汇业务时，分支机构是最优选择，这是因为本行与分支机构是一个不可分割的整体，同在一个总行的管理下，不仅相互之间非常了解和熟悉，而且从根本上说是利益共享、风险共担的。因此，选择海外分支机构开展有关业务，有助于减少风险、保证质量，而且能够把利润留在本行系统内。②账户行是次优选择。联行数量是有限的，因此在绝大多数情况下，还是需要依靠代理行来进行国际结算，但在所有的代理行中，账户行更加方便和安全。③普通的代理行是最后选择。在没有联行和账户行的少数地区，要开展业务只能委托普通的代理行进行。

主要概念和观念

○ 主要概念

国际结算 国际贸易惯例 国际结算制度 多边结算制度 双边结算制度 代理行账户行关系

○ 主要观念

代理行的选择标准 账户行的选择标准 推定交货原理 按照国际惯例进行国际结算 使用可自由兑换货币 账户行关系原理

基本训练

○ 知识题

随堂测5

▲ 简答题

现代国际结算有哪些特征？

▲ 填空题

（1）国际结算是指世界各个国家或地区相互之间为了清算债权、债务关系而发生的________。

（2）根据引起国际上货币收付的不同原因，可以将国际结算分为________和________。

（3）建立代理行时，双方需要交换控制文件。它包括________、签字样本和________。

（4）推定交货原理又称________，以货物单据代表货物所有权，常称为以单代物。

（5）在国际结算业务往来中，商业银行的选择程序是________、________和________。

（6）环球同业银行金融电信协会的英文缩写为________。

（7）CIPS是指________。

（8）CONTROL DOCUMENTS是指________。

（9）TEST KEY是指________。

（10）VOSTRO A/C和NOSTRO A/C分别指________和________。

（11）SCHEDULE OF TERMS AND CONDITIONS是指________。

（12）SPECIMEN OF AUTHORIZED SIGNATURE是指________。

▲ 选择题

（1）欧洲支付同盟成立了清算机构，是指（　　）。

A.国际货币基金组织　　　　B.国际清算银行

C.欧洲中央银行　　　　D.欧洲开发银行

(2) 在以下方式中，成本较低的是（　　）。

A.电报　　B.电传　　C.SWIFT　　D.三种相同

(3) 以下货币中可以用于国际结算的是（　　）。

A.可自由兑换货币　　　　B.任何一种货币

C.币值稳定的货币　　　　D.发达国家的货币

(4) 以往的国际贸易主要是用黄金、白银作为支付货币的，但黄金、白银用于国际结算，存在的明显缺陷有（　　）。

A.清点上的困难　　　　B.运输过程中的高风险

C.运送费用较高　　　　D.以上三项

(5) 现代国际结算的中心是（　　）。

A.票据　　B.买卖双方　　C.买方　　D.银行

(6) 国际贸易结算是指由（　　）带来的结算。

A.一切国际贸易　　B.服务贸易　　C.有形贸易　　D.票据贸易

(7) 各国在外汇管制、海关制度、政策规定等方面的差异所引起的风险使得国际结算比国内结算要（　　）。

A.简单一些　　B.复杂得多　　C.理性一些　　D.更有规则

(8) 在国际结算中，（　　）是国内结算所没有的一个特殊现象。

A.对各种国际惯例的依赖　　　　B.对票据的依赖

C.结算方式的多样化　　　　D.对法律的依赖

(9) 下列关于代理行与账户行关系的表述不正确的是（　　）。

A.代理行并不一定就是账户行

B.账户行一定是代理行

C.两家银行互设账户时，其关系肯定是代理行关系

D.一方在另一方开设账户，而另一方没有在对方开设账户，它们之间的关系不是账户行的关系

▲ 判断题

(1) 账户行都是代理行，但代理行不一定是账户行。（　　）

(2) 欧洲支付同盟（EPU）采取的是典型的集团性多边结算制度。（　　）

(3) 在现代国际结算中，贸易结算占主要地位。（　　）

(4) 在商业银行的国际结算业务中，贸易结算的业务量比非贸易结算的业务量大得多。（　　）

(5) 在国际结算业务中，商业银行主要处理货物，需把单据作为一个辅助手段。（　　）

▲ 阅读理解

阅读本章“双边结算制度”的内容，回答下列问题：双边结算有哪些优点？又有哪些局限性？

▲ 技术应用

国内某家城市商业银行为开展国际业务需要在境外设立代理行，谈谈具体的操作过程。

○ 技能题

▲ 单项操作训练

如果两家银行互为账户行关系，那么它们之间的资金调拨是如何进行的？请看下面的电文：

FM：C BANK，BEIJING

TO：D BANK，HONGKONG

……………………………

PLS PAY TO WW CO. HONGKONG HKD200 000.00…IN COVER WE AUTHORIZE YOU TO DEBIT OUR ACCOUNT WITH YOU.

请问上述两家银行是何种业务关系？该笔业务具体内容如何？

▲ 综合操作训练

早先，在意大利有一个商人A从伦敦的商人B处进口了一些机织布匹，而伦敦的商人C恰巧要从意大利的商人D处进口一批珠宝，当时虽然有了汇票，但还没有跨国银行机构，所以他们之间的贸易必须彼此直接结清债权、债务。请你为他们设计一个能够顺利结算的方案（画出示意图），并指出使用该结算方案的前提条件。

观念应用

○ 案例题

Advice

Mr. John Smith was a graduate of Michigan Medical College.Now he is a pediatrician working for a children's hospital.His address is Wooster Street 83 New York.He maintains a current account (A/C 818140772) in USD with the Citibank N. A., New York, which is a well-known bank in the world.The hospital transfers salary payment monthly to Mr.Smith's account.

Upon receipt of payment from the hospital, the Citibank makes the credit to Mr. John Smith's A/C, issuing him a credit advice at the same time in the purpose of informing him the arrival of funds.

For example, on April 3, 2023, the children's hospital made a book transfer at the Citibank New York in the amount of USD 4 500.00 to A/C 818140772 in favor of Mr.John Smith. The Citibank New York debited the A/C of the children's hospital and paid USD 4 500.00 to themselves for crediting Mr.John Smith valuing April 3, 2023. After the entries were posted, the Citibank mailed the credit advice to Mr.John Smith at the given address of Wooster Street 83 New York confirming USD 4 500.00 had been credited to the A/C.

A credit advice should include the following items: title, payer, beneficiary, amount & currency, value date and memo.Please complete the credit advice.

CREDIT ADVICE

DATE: __________ AMOUNT: __________

BENEFICIARY:

PAYER:

MEMO: SALARY OF APRIL 3

WE HAVE CREDITED YOUR A/C 818140772 VALUE 070403 FOR THE CITIBANK N.A., NEW YORK.

After receipt of his salary payment, Mr. John Smith decided to make a payment of USD 1 500.00 on April 5 to the real estate company for reimbursing for his loan installment.He wrote a letter to his bank, the Citibank, authorizing it to transfer USD 1 500.00 to the real estate company by debiting his A/C.The Citibank executed his instructions and meanwhile sent him a debit advice informing his A/C had been debited for USD 1 500.00.

Here is an example of a debit advice.Please complete the debit advice.

DEBIT ADVICE

DATE: __________ AMOUNT: __________

BENEFICIARY:

PAYER:

MEMO: HOUSE LOAN INSTALLMENT

WE HAVE DEBITED YOUR A/C 818140772 VALUE 070405 FOR THE CITIBANK N.A., NEW YORK.

○ 实训题

中国银行为了便于开展国际业务，与美国花旗银行建立了代理关系，双方相互提供金融服务，彼此交换了控制文件，并且中国银行在纽约的花旗银行开立了一个美元活期存款账户，双方关系如图5-2所示。

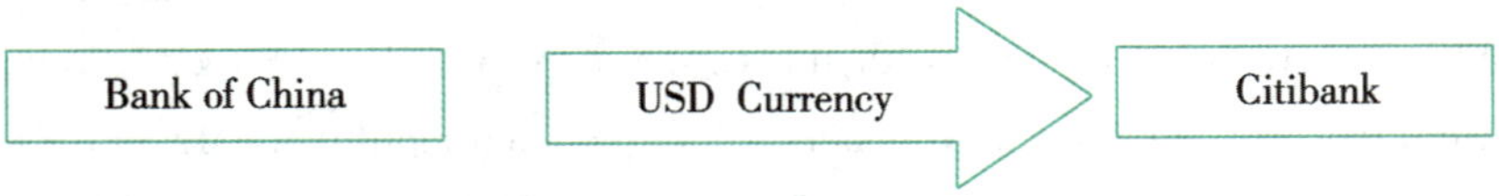

图5-2 中国银行与美国花旗银行的关系图

分析：①找出VOSTRO A/C和NOSTRO A/C；DEPOSITOR BANK和DEPOSITORY BANK。②如果中国银行在纽约有分行，则在处理国际结算业务时优先考虑选择哪家银行？③如果中国银行向美国花旗银行清偿10万美元，则怎样处理此项业务？

○ 讨论题

谈谈你怎样理解“推定交货原理”，它在现代结算中的重要作用及其产生作用的前提条件有哪些？

第6章

国际结算中的票据与单据

学习目标

知识目标：具有较强的分析归纳能力，能够从日常接触的各种票证中分辨出各种单据和票据；了解各种主要单据和票据的概念、作用；掌握汇票要项和票据行为。

技能目标：能够运用所学的理论及业务知识进行实际操作，为后续的信用证审单、审证打下基础；掌握各种主要单据和票据填制及注意的要点。

素养目标：充分认识到工匠精神在金融业务处理中的重要作用，在各类实践活动中，践行注重细节、精益求精的工匠精神，认真履行岗位职责；正确理解契约精神，在国际结算纠纷处理中，能够秉承契约精神，依照各国票据法和国际惯例，准确进行权责认定；在涉外经济活动中，正确看待并尊重国家和地区之间的文化制度差异，拓展国际化视野，树立跨文化交际意识。

引例　　票据性质案例

甲公司向某工商银行申请了一张银行承兑汇票，该银行做了必要的审查后受理了这份申请，并依法在票据上签章。甲公司得到这张票据后没有在票据上签章便将其直接交付给乙公司作为购货款。乙公司又将此票据背书转让给丙公司以偿债。到了票据上记载的付款日期，丙公司持票向承兑银行请求付款时，该银行以票据无效为由拒绝付款。

请问：(1) 从该案例显示的情况看，这张汇票有效吗？

(2) 根据我国《票据法》关于汇票出票行为的规定，记载了哪些事项的汇票才为有效票据？

(3) 银行既然已在票据上依法签章，它可以拒绝付款吗？为什么？

案例分析：(1) 无效。

(2) 根据我国《票据法》关于汇票出票行为的规定，出票人必须在票据上记载“汇票”字样、无条件支付的委托、确定的金额、付款人名称、收款人名称、出票日期、出票人签章。以上事项欠缺之一者，票据无效。

（3）本案例中，承兑银行可以拒绝付款。因为根据票据行为的一般原理，出票行为属于基本的票据行为，承兑行为属于附属的票据行为。如果基本的票据行为无效，附属的票据行为也随之无效。

现代国际结算主要是非现金结算，而进行非现金结算的主要工具就是票据。票据有广义和狭义之分，广义上的票据指所有可以作为权利凭证的单据，包括商业单据和资金票据，狭义上的票据仅指资金票据。本章中，票据指狭义的票据，而单据仅指商业上作为权利凭证的单据，如发票、提单等。

6.1 国际结算中的票据

本节中，我们在介绍票据基本原理的基础上，主要学习汇票、本票和支票这三大金融票据。由于汇票在国际结算中使用最多，所以汇票将是本节的重点。

6.1.1 票据概述

1）票据的定义与起源

票据是指以支付金钱为目的，由出票人签名于票据上，无条件地约定由自己或另一人支付一定金额，可以流通转让的证券。它主要有汇票、本票和支票。

西方票据历史可以追溯到古罗马时代，当时有一种相当于本票的“自笔证书”，由债务人签发，交债权人持有，债权人在请求给付时，先向债务人提示该证书，债务人便按证书内容给付并随后收回证书。在公元12世纪的意大利，有一种兑换商发行的兑换证书，商人在甲地交款给兑换商，在乙地凭这种证书就能在兑换商的支店或代理店领取当地通用的货币。这可以被看作本票的起源。支票出现相对较晚，在16世纪末期，世界上最早的一批银行在威尼斯、荷兰等地建立以后，才开始出现支票的雏形。

我国的票据史可以追溯到唐宋时期。早期的票据是以“飞钱”“帖”“书帖”的形式出现的。在唐宪宗时代（公元9世纪），各地来京城经商的人很多，为了能顺利并安全地将钱款带回本地，商人们把款项交给驻京的一些大商号，由这些商号发给其半联票券，另半联寄送给商人将要取款的所在地的分号，商人回到当地后凭票券取款。这种票券称为“飞钱”，类似于汇票。“帖”与支票类似。宋朝的“便钱”近似于现代的即期汇票，“交子”很像今天的本票。

西方国家的票据立法自17世纪中叶开始进入成文法时期。为了保障票据正常地使用和流通，保护票据当事人的合法权益，促进非现金结算的发展，从19世纪后半期开始，欧洲各国对票据相继立法，重点是将票据流通规则修订为法律，并在这个时期开始了统一票据法的国际性运动。其后，形成了英国票据法和日内瓦统一法这两大法系。

小知识6-1　**两大票据法系**

由于历史原因和习惯做法不同，各国票据立法存在差异和分歧，给国际贸易结算带来了许多现实问题。19世纪后半期到20世纪初，票据法的国际统一运动开展起来，到第一次世界大战后，这一统一运动有了很大的发展。1927年，国际联盟经济委员会指定法国和德国的7名法学家负责起草统一票据法和公约草案。1930年和1931年，国际联盟两次在日内瓦召开统一票据法会议，分别有30多个国家参加，议定了"Convention Providing a Uniform Law for Bills of Exchange and Promissory Notes"（《统一汇票与本票法公约》）和"Convention Providing a Uniform Law of Cheques"（《统一支票法公约》）。公约于1934年生效。德国法系与法国法系逐渐融合为日内瓦统一大法系。但英美未派代表参加，并且拒绝参加日内瓦公约，因为该公约主要是按照欧洲大陆法系的传统制定的，与英美的做法有矛盾。联合国国际贸易法委员会从1971年起开始起草国际统一票据法，于1987年8月在第20届贸法会议上正式通过了《联合国国际汇票和国际本票公约》。但参与国家太少，至今未能生效，所以迄今为止，世界上仍没有统一的票据法，以《英国票据法》为代表的英美法系和以《日内瓦统一法》为代表的大陆法系仍然是最主要的两大票据法法系。

两大法系的主要分歧包括以下几方面：①票据分类不同，《日内瓦统一法》将汇票和本票视为一类，而《英国票据法》将支票视为汇票的一种类型。②伪造背书后拥有票据的人的权利不同，《日内瓦统一法》认为其可以成为持票人，而《英国票据法》认为其不能成为持票人，没有持票人的权利。③对票据要式的要求不同。《日内瓦统一法》对票据要式的要求有明确规定，而《英国票据法》并不要求写明票据的名称等。

2）票据的特性

票据是抵销国际债权、债务的信用工具，它可以代替货币进行非现金结算，具有如下特性：

（1）设权性。它是指票据持有人的票据权利随票据的设立而产生，离开了票据，就不能证明其票据权利，即票据上的权利，完全由票据行为所设定。票据的签发，不是为了证明已经存在的权利，而是为了创设一种权利，即支付一定金额的请求权。这种权利一旦创设，即与创设该权利的背景相分离，成为一种独立的、以票据为载体的权利。

（2）要式性。它是指票据在形式上需要记载的必要项目必须齐全，并符合票据法的规定，这样才能使票据产生法律效力。各国的票据法对这些必要项目都作了详细规定，使票据的文义简单明了，并根据文义来解释票据、明确当事人的权责。

（3）流通性。可以流通转让是票据的基本特性。票据的所有权可以通过背书或无背书交付进行转让，不必通知债务人。善意的、付了对价的受让人可以取得优于前手的权利，不受其前手权利缺陷的影响。票据的这个特点使票据的受让人能得到十足的票据文义所载明的权利，使票据能让人接受从而得以流通。

(4) 无因性。“因”是指产生票据权利、义务关系的原因，票据是一种不需要过问原因的证券。它的有效性不受票据原因的影响，当事人之间的权利和义务完全独立于票据原因之外。只要票据记载合格、符合法定要式，票据受让人就取得了票据文义载明的权利。

(5) 提示性。票据上的债权人在请求债务人履行票据义务时，必须向付款人提示票据，方能请求给付票款。如果持票人不提示票据，付款人就没有付款的义务。因此，票据法规定了票据的提示期限，超过期限的，付款人的责任即被解除。

(6) 返还性。票据的持票人收到票款后，应将已收款的票据交还付款人。该票据一经正当付款，即被解除责任而归入付款人的档案。由于票据的返还性特点，它不能无限期地流通，而是在到期日付款后就结束其流通。

3）票据的功能

(1) 汇兑功能。它是票据的传统功能。国际贸易的双方当事人往往分处两国，交易余额较大，假如不使用票据，每笔交易都通过大量现金进行结算，困难极大。在这种情况下，在甲地将现金转化为票据，再在乙地将票据转化成票款，通过票据的传递、汇兑，实现资金的转移，不仅简单、方便、迅速，而且安全。在票据产生的最初几个世纪里，它几乎成了转移资金的专门工具。在现代经济中，票据的汇兑功能仍具有很重要的作用，它克服了金钱在支付距离上的间隔。

(2) 支付功能。它是票据的基本功能。在交易中，人们以票据代替现金作为支付工具，可以避免清点现钞时产生的错误，而且可以节省清点时间，避免使用现金的风险。因此，人们在经济生活中都普遍使用票据特别是支票作为支付工具。

(3) 信用功能。它是票据的核心功能，被称为“票据的生命”。票据不似商品，本身没有内在价值，它是建立在信用基础上的书面支付凭证。它能被接受并流通，是基于票据关系形成的信用基础。出票人在票据上立下书面的支付信用保证，付款人或承兑人允诺按照票面规定履行付款义务。用票据作为信用工具不仅简化了借贷和追偿手续，而且使资金融通业务得以不断扩大，促进了国际贸易的发展。

(4) 融资功能。随着现代金融业的发展，人们不仅利用票据结算支付的传统功能，还通过贴现票据来实现资金的融通与加速运转。直接融资方式的兴起，又使很多大型跨国企业选择票据作为筹措资金的信用载体，通过发行无交易背景的票据来获取资金。这类票据称为融通票据，主要作用是融资，而不是结算支付。

6.1.2 汇票

1）汇票的定义

《英国票据法》关于汇票的定义是：汇票是由出票人向另一人签发的，要求即期、定期或在可以确定的将来时间，向某人或其指定人或来人无条件地支付一定金额的书面命令。《英国票据法》规定：凡不符合定义规定的必要项目的票据，或者命令去执行支付金钱以外的其他任何行为的票据都不是汇票。

2）汇票的必要项目

汇票的必要项目就是汇票的形式要项（Requisite in Form）。票据具有要式性，汇票的成立和有效，是以这些项目的齐全和符合票据法的规定为前提的。

根据《日内瓦统一法》的规定，汇票必须包含：①“汇票”字样；②无条件的支付命令；③付款人的名称和付款地点；④付款期限；⑤出票地点和日期；⑥出票人的名称和签字；⑦一定金额的货币；⑧收款人名称。汇票样本如图6-1所示。

BILL OF EXCHANGE

Exchange for USD223 623.80　　Shanghai 28 Mar.，2023

At 30 days after sight pay to order of Shanghai Chengzi Imp.& Exp.Co.，Ltd.the sum of United States Dollars two hundred twenty-three thousand six hundred twenty-three and cents eighty only.

Drawn under Bank of Citibank，New York

L/C No.F023/A856 dated 21 Feb.，2023

To Bank of Atlantic Citibank

For Shanghai Chengzi Imp.& Exp.Co.，Ltd.

图6-1 汇票样本

下面具体介绍汇票的各个要项及其填制方法：

（1）“汇票”字样。汇票上应写明“汇票”字样，如Bill of Exchange，Exchange，Draft等。这样做主要是为了与其他支付工具如本票、支票相区别，有利于实际业务中的操作。《日内瓦统一法》第1条和第2条规定：汇票应记载有其为汇票的文句，否则汇票无效。但《英国票据法》无此项要求。

（2）无条件的支付命令。汇票是出票人指示付款人支付款项给收款人的无条件支付命令书，这种支付不能受到限制，也不能附带任何条件，必须用英语的“祈使句”，以动词开头采用命令式语句。例如，“支付A公司或其指定人金额5 000美元”（Pay to A Co.or the order the sum of five thousand US dollars）。

支付命令必须是无条件的。凡是附带有条件的支付命令，均违背了汇票定义，将使汇票无效。例如，“如果A公司供应的货物符合合同要求，支付其金额1 000美元”（Pay to A Co.the sum of one thousand US dollars providing the goods they supply are complied with contract）。如有类似的语句，汇票无效。此外，支付命令必须是书面的。

根据《英国票据法》第3条，使用一种特殊资金去支付的命令，仍是一种有条件的支付命令，不能被接受。例如，“从我们的×号账户存款中支付给A公司1 000美元”（Pay to A Co.the sum of one thousand US dollars out of the proceeds in our No.× account）。这样的文句也是不能接受的。

支付命令连接着付款人可以借记某账户的字样，则视为无条件的，可以接受。例如，“支付给A银行或其指定人5 000美元并将此金额借记申请人在你行开设的账户”（Pay to A bank or order the sum of five thousand US dollars and debit same to applicant's account maintained with you），这样的语句是可以接受的。

支付命令连接着出票条款被视为无条件的，可以接受。出票条款指汇票的业务背景，例如，支付给A银行或其指定人1 000美元，此汇票是在上海B银行开立的第××号信用证项下开出的（Pay to A bank or order the sum of one thousand US dollars drawn under L/C No.×× issued by B bank，Shanghai）。

（3）付款人（Drawee）的名称和付款地点。付款人也称受票人，因为其是接受支付命令者，不是汇票确定付款的人；其可以拒付，也可以指定担当付款人付款。但我国习惯按其付款职能称为付款人。汇票上记载的付款人应有一定的确定性，必须书写清楚，以便持票人向其提示要求承兑或付款。付款人可以是出票人自己，这种汇票称为对己汇票。如果汇票上的付款人就是出票人本人，或者付款人是虚构的，或是没有支付能力的人，持票人有权决定把它作为本票或支票处理。若当作本票看待，持票人可免去提示承兑，让出票人自始至终处于主债务人地位。

付款地点是持票人提示票据请求付款的地点。根据国际私法的“行为地原则”，在付款地发生的票据行为，包括到期日的算法都适用付款地法律。付款地点虽然重要，但不注明付款地点的票据仍然成立，这时是以付款人后面的地址作为付款地点的。

（4）付款期限（Tenor）。它又称付款时间（Time of Payment）或付款到期日（Maturity），是付款人履行付款义务的日期。付款期限有以下四种情形：

第一，即期付款汇票（Bills Payable at Sight/on Demand/on Presentation），又称即期汇票（Sight/Demand Bill）。持票人提示汇票的当天即到期日。即期汇票无须承兑。若汇票未明确表示付款期限，则被视为见票即付汇票。

第二，定期付款汇票（Bills Payable at a Determinable Future Time），又称为远期汇票（Time/Usance/Term Bill）。付款期限一般分为30天、60天、90天等。定期付款汇票又分为三种：①见票后若干天/月付款（Payment at ×× Days/×× Months after Sight）。此种汇票需由持票人向付款人提示要求承兑，以便从承兑日起算，确定付款到期日，并明确承兑人的付款责任。②出票后若干天/月付款（Payment at ×× Days/×× Months after Date）。此种汇票需由持票人向付款人提示要求承兑，以明确承兑人的付款责任。③汇票注明日期后若干天/月付款（Payment at ×× Days/×× Months after Stated Date）。此种汇票也需由持票人向付款人提示要求承兑，以明确承兑人的付款责任。

第三，固定将来日期付款的汇票（Bills Payable on a Fixed Future Date），又称为板期付款汇票，也必须由持票人向付款人提示要求承兑。

第四，延期付款汇票（Deferred Payment Bill）。此种汇票一般是指提单日或交单日或其他特定日期以后若干天付款。由于《英国票据法》和《日内瓦统一法》均未订出延期付款的期限，为了可以在票面上看出到期日，出票人有时在汇票上加注提单日期或交单日期，把它转变成“在说明日期以后固定时期付款”，还可以按照提单或交单的具体日期填写出票日，把汇票变为出票日后若干天付款的汇票。

（5）出票地点和日期。出票地点（Place of Issue）通常写在汇票的右上方，常和出票日期连在一起。它对国际汇票具有重要意义，因为国际惯例遵循行为地法律原则，即出票行为在某地发生，就以所在国的法律为依据，并以此来确定汇票必要项目是否齐全、汇票是否成立和有效。《英国票据法》认为汇票未注明出票地点也可成立，此时就以出票人的地址作为出票地点，或将汇票交收款人，由收款人加注出票地点。

汇票的出票日期具有三个重要作用：①决定汇票的有效期。《日内瓦统一法》第23条和第34条提及的见票后固定时期付款汇票和见票即付汇票，必须在出票日以后一年内提示要求承兑或提示要求付款，一年有效期是从出票日起算的。②决定汇票的到期日。对于出票日后若干天（月）付款的汇票，从其出票日起算，决定其付款到期日。③决定出票人的行为能力。若出票时出票人已宣告破产或丧失行为能力，则汇票不能成立。

《日内瓦统一法》将出票日期作为绝对必要项目，《英国票据法》则认为即使没有出票日期，汇票仍然成立。但在汇票交付后，收款人应补加出票日期。

（6）出票人的名称和签字。票据必须经出票人签字方能成立，这是国际上公认的准则。出票人在汇票上签字后，即要对汇票的付款承担责任。如果签字是伪造的，或是由未经授权的人签字，则视为无效。

出票人如果是代理其委托人签字，该受托人不论是公司、商号还是个人，都应在签字前面加上For或On behalf of或For and on behalf of或Per pro字样以作说明，并在个人签字后写上其职务名称。

（7）一定金额的货币。汇票是一种以支付一定金额货币为目的的证券。这里的“一定金额”是指任何人都可以从汇票的文义记载中计算出来的一个确定的金额。由于汇票除了写明应付的确定金额外，有时还有一些与确定金额有关的其他记载，因而给汇票金额的计算带来了复杂性。如果汇票的大、小写金额不一致，以大写为准，但在现实操作中，一般都是退票，要求出票人更改后再接受。

如果汇票带有利息记载，按照《日内瓦统一法》第5条的规定，即期付款汇票或见票后若干天/月付款的汇票可由出票人加列利息记载，其他付款期限的汇票不能带有利息，如果加列利息条款，则视为无记载。《英国票据法》第9条规定，没有注明利率的汇票不能成立，因为无法确定金额。但《日内瓦统一法》第5条规定，没有注明利率的汇票的利息记载无效，汇票本身则是成立的，并且该条款还规定如果没有注明起算日和终止日，可以以出票日作为起算日，按商业习惯以付款日作为终止日。

根据《英国票据法》第9条的规定，汇票可以分期付款，但《日内瓦统一法》则不允许汇票分期付款。如果汇票带有分期付款记载，必须记载得明确具体，不能过于笼统。如果汇票带有支付等值其他货币的记载，必须注明汇率。此项记载如没有写清具体汇率，但注明了按某日汇率计算，也是可以接受的。

（8）收款人名称。收款人是汇票上记明的债权人，其记载必须明确。汇票上收款人的记载通常称为汇票的“抬头”，汇票不同的“抬头”写法，直接影响着汇票的可流通性。在实务中，汇票的收款人往往只写名称，不必写明地址。汇票抬头通常有下列三种写法：

第一，限制性抬头（Restrictive Order）的汇票，不得转让他人，通常的写法有三种：①Pay to Tom only（仅付给汤姆）；②Pay to Tom not transferable（支付给汤姆，不得转让）；③Pay to Tom（付给汤姆），再在汇票票面上任何地方注明“Not transferable”（不可转让）字样。

第二，指示性抬头（Demonstrative Order）的汇票，又称记名抬头。这种汇票要用背书和交付的方式进行转让。其通常有下列三种写法：①Pay to the order of M Co.（支付给M公司的指定人）；②Pay to the M Co.or order（支付给M公司或其指定人）；③Pay to M Co.（支付给M公司）。按照《英国票据法》第8条的规定，上述第3种写法可以等同于Pay to M Co.or order。

第三，来人抬头（Payable to Bearer）的汇票。其无须持票人背书，仅凭交付而转让。《英国票据法》允许以来人作为汇票的收款人，但《日内瓦统一法》不允许汇票做来人抬头。来人抬头有两种写法：①Pay to bearer（支付给来人）；②Pay to M Co.or bearer（支付给M公司或来人）。

3）汇票的其他记载项目

除了以上必要项目外，汇票还有其他记载项目，包括以下内容：

（1）成套汇票。一套汇票中每一张都是完全相同的，各张汇票上必须都有编号，并应交叉注明全套张数。一套汇票中的任何一张付款后，其他各张都不再付款。从汇票中可以看到这样的文句，“Pay this first bill of exchange，second of exchange being unpaid”（付一不付二）或“Pay this second bill of exchange，first of exchange being unpaid”（付二不付一），因为商业汇票一般是一套两张。

（2）必要时的代理人（Referee in Case of Need）。汇票如果以买方作为付款人，可在其名称旁边记载必要时的代理人的名称和详细地址。如果汇票未遭到拒付，持票人可以与必要时的代理人联系，必要时的代理人即可承兑，成为票据的债务人，准备充当付款人，所以其又称为预备付款人。

（3）付款地点。可以在汇票上单独记载详细地址，如果没有载明，可以将付款人名字旁边的地点视为付款地点。

（4）担当付款人。汇票的出票人为了方便，可以根据与付款人的约定，在汇票上注明由汇票记载的付款人之外的第三人执行付款，这就是担当付款人。汇票记载有担当付款人时，持票人应向担当付款人作付款提示。由于担当付款人只是推定的付款人，并不是债务人，因此持票人在请求承兑时，应向付款人提示票据。

（5）利息和利率。在必要项目的第（7）项中我们提到，汇票上可以记载利息及适用的利率和期限，以便于计算。

（6）用其他货币付款。这种记载要符合当地法律的要求，并注明汇率。

（7）提示期限。出票人在票面上可以规定提示期限，也可以不规定，并且可以规定在指定的日期之前不得提示。

（8）免作退票通知或放弃拒绝证书。汇票的出票人或背书人可在其签名旁边记载放弃对出票人的某种要求，如免作退票通知（Notice of Dishonour Excused）。如果载有此类文句，持票人在遭到拒付时，无须作退票通知。如果汇票上载有放弃拒绝证书（Protest Waived）文句，持票人在遭到拒付时，无须作拒绝证书，在行使追索权时，也不需要出示拒绝证书。

(9) 无追索权 (Without Recourse)。汇票的出票人如果在票面上注明类似字样，或在其签名上记载“无追索权”，就是免除其在汇票遭到退票时受追索的责任。汇票的背书人也可以在其签名上作同样的记载，以免除自己受到追索的责任。这种无追索权的记载，实际上是免除出票人或背书人对汇票应负的责任，但任何解除其保证付款责任的记载都不产生效力。

4) 汇票的当事人及其权利、责任

(1) 出票人 (Drawer)。其是开立和签发汇票并向其他人交付汇票的人。出票人在承兑前是主债务人，承兑后是从债务人。其对汇票承担的责任是保证汇票凭正式提示，即按其文义被承兑和付款，如果遭到退票，其将保证偿付票款给持票人或被迫付款的任何背书人。

(2) 付款人 (Payer)。其是接受汇票的人，又称为受票人 (Drawee)，也是接受支付命令的人。付款人在汇票上签名之前，不是汇票的债务人，因此并非一定要承担付款责任。付款人对远期汇票承兑和签名后，就成为承兑人 (Acceptor)。其以签名表示同意执行出票人发出的无条件支付命令。

(3) 收款人 (Payee)。其是收取票款之人，即汇票的受益人，也是第一持票人。出票人开出汇票后交付收款人，从而产生了收款人对汇票的权利，故收款人是主债权人，其所持有的汇票是一项债权凭证。

(4) 背书人 (Endorser)。其是以转让票据权利为目的、在汇票背面签章并交付给受让人的人。收款人背书后成为第一背书人，随着汇票的继续转让，还会有第二、第三甚至更多的背书人。背书人是汇票的债务人，对汇票承担的责任是：保证汇票凭正式提示，即按其文义被承兑和付款，并保证如果遭到退票，其将偿付票款给持票人或被迫付款的后手背书人。

(5) 被背书人 (Endorsee)。其是接受背书的人，当其接受背书的汇票再将其转让时，就成为另一背书人。被背书人是汇票的债权人，最后的被背书人必须是持票人。

5) 汇票的票据行为

票据行为是指以票据上规定的权利和义务所确立的法律行为，包括出票、背书、承兑、提示、付款、退票和追索等。其中出票是主票据行为，或称基本票据行为，也是创设票据权利的行为；其他行为都是以出票所设立的票据为基础，在出票行为完成后的行为，故称为从票据行为，或称附属票据行为。以上所提到的票据行为是指狭义的票据行为，广义的票据行为指除此之外在票据处理中的一些行为，如提示、付款、退票、行使追索权等。

(1) 出票 (Issue/Draw)，即签发汇票，包括做成汇票并在上面签字和交付收款人两项。交付 (Delivery) 是指实际或推定的从一方拥有转移至另一方拥有的行为。汇票的出票、背书、承兑在交付前都是不生效和可以撤销的。只有将汇票交付给他人后，出票、背书、承兑行为才开始生效，并且是不可撤销的。

(2) 背书 (Endorsement)。它是指在汇票背面签字。背书作为票据行为包括两个动作：在汇票背面签名和交付给受让人。持票人在收款人或被背书人要把票据权利转让给别人时，必须在票据背面签字并交付，则汇票权利由背书人转移至被背书人。背书有以下类型：

第一，特别背书，又称记名背书，需要记载“支付给被背书人”（名称），并经背书人签字。例如：

Pay to the order of X Co., Shanghai

For W Co., Beijing

(signed)

第二，空白背书，又称为不记名背书，即不记载被背书人名称，仅有背书人的签名。当汇票空白背书后，交付转让给一个不记名的受让人时，与来人抬头的汇票相同，可以无须背书，仅凭交付再行转让。

第三，限制性背书。它是指支付给被背书人的指示中带有限制性词语，以限制汇票的再次转让，被背书人只能凭票取款。例如：Pay to A Co.only; Pay to A Bank for account of B Co.; Pay to A Bank, not transferable/not negotiable.

第四，有条件背书。它是指背书的指示是有条件的。例如：

Pay to the order of A Co.

On delivery of B/L No.022311

For M Co., Shenyang

(signed)

第五，托收背书。它是要求被背书人按照委托代收票款时所做的一种背书。这种背书仅仅是授予被背书人代理权，并没有所有权，不能将票据权利转让，汇票不能再流通。例如：For collection pay to the order of C Bank; Pay to the order of C Bank value in collection.

（3）承兑（Acceptance）。它是指远期汇票经持票人提示，付款人同意按出票人指示支付款项的行为。付款人承兑后成为承兑人，其是汇票的主债务人，出票人则退居为从债务人，承兑人不得以出票人的签字是伪造的、背书人无行为能力为由来否认票据的效力。承兑也包含两个动作：写明承兑字样并签字和交付。承兑后的交付有两种情况：一是实际交付；二是推定交付，即只要付款人通知持票人在某日已作承兑，就算交付。

《英国票据法》规定，持票人向付款人作承兑提示，付款人必须在“within customary time”即24小时内做出承兑。而《日内瓦统一法》规定，持票人第一次提示时，付款人可不承兑而要求其第二天再提示，第二天提示时，付款人必须做出承兑。如果付款人没有在规定时限内做出承兑，就被视为拒付。承兑分为两种：

第一，普通承兑。它又称一般承兑，即承兑人对于出票人的指示不加限制地同意。例如：

Accepted

SEP 20, 2023

For A Bank，Shenyang

(signed)

第二，限制承兑。它是指承兑时明确地说明改变汇票承兑的效果。如有条件承兑、部分承兑或限制时间、地点承兑等。

Accepted

SEP 20，2023

Payable on delivery of bills of lading

For A Bank，Shenyang

(signed)

(4) 提示 (Presentation)。它是指持票人将汇票提交给付款人要求承兑或付款的行为。持票人要实现票据权利，必须向付款人提示汇票。无论是承兑提示还是付款提示，都必须在规定的时间和地点进行。

(5) 付款 (Payment)。它是指付款人在规定的时间和地点向持票人支付票款的行为。持票人在到期日提示汇票，付款人或承兑人正当地付款后，汇票即被解除责任，不仅付款人的付款义务随之解除，而且也解除了这张汇票所涉及的所有债务人的债务。所谓正当地付款，一是要由付款人或承兑人支付，而不是由出票人或背书人支付；二是要在到期日或到期日后付款，而不能在到期日前付款；三是要付款给持票人。

(6) 退票 (Dishonour)。它也称拒付，指持票人提示汇票要求承兑或要求付款时，遭到拒绝。导致退票的原因除了拒绝承兑和拒绝付款外，还有付款人逃避不见、死亡或宣告破产，使付款事实上已不可能执行了。

一旦发生退票，持票人可以行使追索权，向背书人和出票人追索票款。一般来说，持票人应及时发出退票通知，目的是使债务人及早知道拒付，以便做好准备。持票人应在退票后一个营业日之内将退票事实通知给前手背书人，前手背书人接到通知后一个营业日之内再通知其前手背书人，一直通知到出票人。接到通知的每个背书人都有向前手行使追索的权利。如果持票人或接到通知的背书人未在规定的时间内将退票通知送达前手背书人或出票人，则该持票人或背书人对应接受通知的前手丧失追索权，但正当持票人的追索权不因遗漏通知而受到损害。持票人也可以将退票事实通知全体前手，这样，每个前手则不用再办理退票通知。

(7) 追索 (Recourse)。它是指汇票遭到拒付后，持票人要求其前手背书人、出票人或其他票据债务人偿还汇票金额及费用的行为。持票人的这种权利就是追索权。保留和行使追索权必须符合的三个条件是：①必须是在法定期限内向付款人提示汇票，未经提示，持票人不能对其前手追索；②必须在法定期限内将退票事实通知前手，再由后者通知其前手，直至出票人；③外国汇票遭到退票，必须在法定期限内由持票人请公证人做成拒绝证书。

6) 汇票的贴现

(1) 贴现及贴现息的计算。贴现 (Discount) 是指远期汇票承兑后尚未到期，由银行或贴现公司从票面金额中扣减按照一定贴现率计算的贴现息后，将净款付给持票人的行为。它是一种票据买卖业务，也是一种资金融通业务。被扣减的贴现息按照下面的公式计算：

贴现息=票面金额×贴现天数÷360×贴现率

其中，贴现天数是指至到期日前要求付款的天数，贴现率用年率来表示，英镑按1年365天计算，而美元等货币是按1年360天计算的。

净款（Net Proceeds）又称现值，即持票人所获得的现金数，按以下公式计算：

净款=票面金额-贴现息

或者

净款=票面金额×（1-贴现天数÷360×贴现率）

小思考6-1

分析提示

小思考6-1

某汇票上注明At 90 days after sight Pay to A Co.the sum of four thousand US dollars。付款人承兑日为5月10日，则汇票的到期日为哪一日？

（2）汇票的再贴现。再贴现（Rediscount）或称重贴现，是指汇票的贴现人售出其所贴进的汇票。贴现人贴进汇票后，占压了资金，如果在汇票到期前需要资金，可以提前售出汇票，即向本国中央银行要求再贴现。再贴现率是衡量一国利率水平的主要标志。汇票贴现时所发生的费用包括承兑费、印花税和贴现息三种。

6.1.3 本票

1）本票的定义

本票（Promissory Note）也称期票。《英国票据法》关于本票的定义是：本票是一人向另一人签发的，保证即期或定期或在可以确定的将来时间，对某人或其指定人或持票来人支付一定金额的无条件书面承诺。

2）本票的必要项目

根据《日内瓦统一法》的规定，本票必须具有以下必要项目：①写明“本票”字样；②无条件支付承诺；③收款人或指定人；④制票人签字；⑤出票日期和地点（未载明出票地点的，制票人名字旁的地点视为出票地）；⑥付款期限（未载明付款期限的，视为见票即付）；⑦一定金额；⑧付款地点（未载明付款地点的，则出票地视为付款地）。

3）本票（样本如图6-2所示）的种类

PROMISSORY NOTE

Dalian March 20，2023

On demand we promise to pay the order of B Company the sum of Five Thousand US dollars only.

For A Company

(Signed)

图6-2 本票样本

其一，按照制票人是否为银行可分为：①银行本票（Banker's Note）。它是由银行开出的付给记名收款人或者支付给来人的本票，可以当作现金交给提取存款的客户。②商业本票（Trader's Note）。它是以其他各类公司作为制票人的本票。

其二，按照付款期限可分为即期本票和远期本票。由于本票出票人和付款人合二为一的特性，任何出票和付款重叠在一个当事人身上的票据都是带有本票性质的票据，如银行券、国库券、旅行支票、金融债券等。

6.1.4　支票

1）支票的定义

《英国票据法》关于支票的定义是：支票是以银行为付款人的即期汇票。具体地说，支票是银行存款户对其开立账户的银行签发的，授权该银行对某人或其指定人或持票来人即期支付一定金额的无条件书面支付命令。

2）支票的必要项目

根据《日内瓦统一法》的规定，支票必须具备以下项目：①“支票”字样；②无条件支付命令；③付款银行名称和地点；④出票人的名称和签字；⑤出票日期和地点（未载明出票地点的，出票人名称旁的地点视为出票地）；⑥写明“即期”字样（如未写明即期，则仍视为见票即付）；⑦一定金额；⑧收款人或其指定人。支票样本如图6-3所示。

Cheque No. 00-00-×× London 25 May，2023

Pay to the order of LL Co.，Shenyang，China

The sum of six thousand US dollars

To: ×× Bank　　For: ABC Co.
London　　London

(signature)

图6-3　支票样本

3）支票的种类

（1）按照支票收款人的不同可以分为：①记名支票，即在“收款人”一栏载明了收款人的姓名，这种支票需由收款人签章才能取款；②不记名支票，又称空白支票，“收款人”一栏只写明“pay to bearer”，持票人取款时无须在支票背后签字即可取款。这种支票凭交付而转让。

（2）按照支票是否带有划线分为：①现金支票，即不带划线的支票。这种支票可以委托银行收款入账，也可以由持票人自行提取现款。②划线支票，指正面划有两道平行线的支票。这种支票只能委托银行代收票款入账。使用这种支票的目的是在支票遗失或被人冒领时，通过银行代收的线索追回票款。划线支票又分为普通划线（General Crossing）支票和特别划线（Special Crossing）支票两种。

其一，普通划线支票是在平行线中不注明收款银行名称的支票。收款人可通过任何一家银行代收票款入账，其形式有以下五种：①支票带有两条平行线，中间无任何加注；②在平行线中加注“& Co.”字样，但目前较少使用；③在平行线中加注“Not Negotiable”（不可流通）字样；④在平行线中加注“Account Payee”（记入收款人账户）字样；⑤在平行线中加注“Not Negotiable Account Payee”（不可流通记入收款人账户）字样。

其二，特别划线支票是指在平行线中写明收款银行名称的支票，收款人不能在其他银行入账。

支票的出票人和持票人可以对支票划线。出票人做成普通划线，持票人可以将其转变成特别划线；出票人做成普通划线或特别划线，持票人可以加注“不可流通”字样。被特别划线的，银行可以再做特别划线给另一家银行代收票款。代收票款的银行可以做成特别划线，表明它自己为收款人。

划线支票必须按照划线规定办理转账付款，即对普通划线支票只能转账给一家代收银行的账户，对特别划线支票只能转账给划线里指定的那家银行的账户。

4）支票的拒付

对于不符合付款条件的支票，付款行应该拒付并退票，一般的退票理由是：①出票人签名不符（Signature Differs）；②奉命止付（Orders not to Pay）；③存款不足（Insufficient Fund）；④请与出票人联系（Refer to Drawer）；⑤大小写金额不符（Words and Figures Differ）；⑥大写金额需出票人确认（Amount in Words Requires Drawer's Confirmation）；⑦金额需大写（Amount Requires in Words）；⑧支票开出不符合规定（Irregularly Drawn）；⑨支票未到期（Post-dated）；⑩逾期提示或过期支票（Out of Date or Stale Cheque）；⑪需收款人背书（Payee's Endorsement Required）；⑫要项涂改需出票人确认（Material Alterations to be Confirmed by Drawer）。

5）支票的止付

支票是出票人授权其开立账户的银行即期付款的票据，本身就是授权书。但是如果出票人要撤销其授权，也就是对支票止付，出票人应向付款银行发出书面通知，要求对某张支票停止付款。

当持票人遗失支票，要求付款银行止付时，该行应告知持票人立即与出票人联系，由出票人发出书面通知后，止付才能成立。以后该支票被提示付款时，付款行在支票上注明“奉命止付”字样，并退票给提示人。

若出票人先以电话通知付款行止付，然后才发出书面止付通知，就在接到电话但尚未接到书面通知时，报失支票被提示给付款银行要求付款，这时付款银行因已知道持票人的权利缺陷而不能付款。

6）支票的有效期

支票作为替代现金的即期支付工具，有效期较短。《日内瓦统一法》规定的支票提示付款期限是：若出票和付款在同一国家内，有效期自出票日起算8天；不在同一国家但在同一洲的，有效期是20天；不同国家又不同洲的，有效期是70天。追索的期限是从上述提示期限到期起算6个月。《英国票据法》对支票的有效期没有什么特殊规定，与汇票一样，要在合理的时间内做出付款提示。

6.1.5　各种票据的比较

1）本票与汇票的比较

本票和汇票都是以一定金额货币表示的，都是以无条件的书面形式做成的；付款期限都有即期和远期之分；“收款人”一栏都可以是记名或不记名的。两者的不同点是：

（1）名称的含义不同。本票是制票人向收款人做出的无条件付款承诺，它包含着一笔交易的结算；汇票是出票人要求付款人无条件支付款项给收款人的书面支付命令，它包含着两笔交易的结算。

（2）基本当事人不同。本票有两个基本当事人，即制票人和收款人；汇票有三个基本当事人，即出票人、付款人、收款人。

（3）承兑事项不同。本票的制票人就是付款人，远期本票到期由制票人付款，无须提示和承兑等手续；远期汇票则必须办理提示承兑和承兑等手续。

（4）主债务人不同。本票的主债务人是制票人；汇票的主债务人在承兑前是出票人，在承兑后是承兑人。

（5）拒绝证书不同。国际本票遭到退票无须做成拒绝证书；国际汇票遭到退票必须做成拒绝证书。

（6）份数不同。本票只能开出一张；汇票则可开出一套，即一式两份或数份。

2）支票与汇票的比较

从概念上可以看出，支票与汇票存在许多相似之处，因为支票本身就是一种特殊的汇票。关于汇票的出票、背书、付款、追索、拒绝证书等，都同样适用于支票。二者的不同点包括：

（1）汇票的出票人与付款人之间不需要先有资金关系；支票的出票人与付款人之间必须先有资金关系。

（2）支票是支付工具，只有即期付款，没有承兑，也没有到期日的记载；汇票是支付和信用工具，有即期和远期之分，有承兑行为，也可能有到期日的记载。

（3）支票的主债务人是出票人；汇票在承兑后主债务人是承兑人。

（4）汇票的付款人可以是银行以外的人；支票的付款人只能是银行。

（5）支票有划线和保付制度，而汇票没有。

（6）汇票可以一式几张，而支票只有一张。

6.2 国际结算中的单据

现代国际贸易和结算实现了“商品单据化”和“单据商品化”，即将交易商品的各方面情况分别用不同的单据加以体现，而这些单据的交接也就代表了有关商品的交接。本节中我们概要地介绍几种在国际结算中处于主要地位的单据。

6.2.1 单据概述

1）单据的作用

单据是贸易过程中的一系列证明文件，有的还是物权凭证。《UCP600》规定：“在信用证业务中，各有关当事人处理的是单据，而不是单据所涉及的货物、服务或其他行为。”《URC522》也规定：托收是指银行按照收到的指示办理金融单据及商业单据。因此，单据在国际结算中起着重要作用。

（1）单据是履约的证明。托收和信用证业务中都规定，卖方用单据来证明其是否履行了合约的义务，单据就是其提供的履约证明。从法律上讲，这些单据就是书面证据。卖方提交单据证明自己履行了合同义务，单据代表了货物。买方凭单付款，通过单据了解货物，从而判断货物是否符合合同要求。

（2）单据是银行办理结算的前提。货物单据化、履约证书化使贸易和结算得以分离，从而为银行办理国际结算创造了有利条件。银行凭审核合格的单据付款，而不凭货物付款，这就使不熟悉商品专门知识的银行能够介入国际贸易，从事结算、担保、资金融通等业务。

2）单据的缮制

（1）单据的缮制方法。传统的单据缮制方法是打印机打字加复写纸复写，从而区分正本（Original）和副本（Copy）。目前，由于复印机的普及，以复制方法制作的单据也为银行所接受，但必须在正本上注明“正本”字样。

（2）单据的签字、盖章。它有两个作用：一个是识别真伪；另一个是确定签字人的责任，表明制单人对单据内容责任的认可。传统的签字、盖章是先盖公司印章，再加有权签字人的签字。在现代的国际贸易和结算中，由于现代通信技术的广泛应用，除手签之外，传真复印、打透花字、盖戳、记号或用机械与电子证实的方法制成的签章也广为接受。《UCP600》第3条规定：除非信用证另有规定，签字时可以用手签，也可以用签样印刷、穿孔签字、盖章、符号表示或其他任何机械或电子证实的方法处理。

（3）单据的签发日期。一般来说，单据应该打出制单日期，按照《UCP600》第14条的规定，除非信用证另有规定，银行将接受出单日期早于信用证日期的单据，但该单据必须在规定的期限内提交。

（4）单据的更改。单据虽是商业文件，但一旦发生纠纷，又成了处理纠纷的依据。

因此，作为涉外法律文件的单据必须由签发单位正式签字或盖章，凡需更改，都应加校正章或简签。

3）单据的种类

国际结算中使用的单据可以分为两大类：一类是基本单据（Basic Documents），包括商业发票、保险单据和运输单据，这些在信用证结算中是必不可少的；另一类是附属单据（Additional Documents），如产地证、检验证书、海关发票、装箱单和重量单等。附属单据是为符合进口国政府的法令、规定或其他需要而要求出口方提供的特殊单据，一般信用证中都明确规定这些单据由谁出具、要具备哪些内容、如何措辞等。

延伸阅读6-1

无纸化的国际结算（电子交单）

6.2.2 商业发票

1）商业发票概述

商业发票（Commercial Invoice）通常简称发票（Invoice），是卖方向买方开立的、凭以向买方收款的发货清单，也是卖方对于一笔交易的全面说明，内容包括商品的规格、价格、数量、金额、包装等。商业发票是卖方必须提供的全套出口单据的核心，其余单据均需参照它进行缮制，在内容上不得与发票的记载相矛盾，所以它又称为中心单据。在国际贸易结算中的任何一种结算方式下，发票都是必不可少的。它在国际贸易结算中主要有以下几方面作用：

（1）交易的证明文件。发票是出口商开给进口商的售货证明，从发票上可以看到对交易详细、全面的描述。买方可以从发票上了解卖方所发运的货物是否符合合同要求及信用证条款的规定。

（2）记账和核算的依据。世界各国的企业都是以发票作为记账凭证的，因此，发票通常都列有所装运货物价款的详细计算过程。

（3）报关纳税的依据。商业发票中关于货物的描述、价格、产地等各项记载是世界上绝大部分国家的海关确定税额、税率的依据。

（4）代替汇票。在不使用汇票的情况下，商业发票可以代替汇票作为支付货款的凭证。在征收印花税的国家，使用汇票需计征印花税，所以一些国家的进口商在信用证或托收方式下不要求卖方提供汇票，而以商业发票代替，以免除印花税的负担。

2）发票的内容与缮制

商业发票并没有统一的格式，出具商业发票的不同国家、不同单位都有自己的发票样式，而且交易类型不同，发票的内容也不同，但在制作发票时所要填写的基本内容是大体相同的。商业发票一般可以分为首文、本文和结文三个部分，具体内容如图6-4所示。

（1）第一部分——首文（Heading）。商业发票的首文部分有发票的名称、开立人和抬头人的名称及地址、发票号码、发票开立的地点和日期、合同号码和信用证编号、运输方式、起讫地点的名称等。

<table>
<tr><td colspan="2">Issuer
SHANGHAI JINHAI IMP. & EXP. GROUP GARMENTS BRANCH
NO. 50 LANE 424 YAOHUA ROAD
SHANGHAI CHINA</td><td colspan="3" rowspan="2">商 业 发 票
COMMERCIAL INVOICE</td></tr>
<tr><td colspan="2" rowspan="2">To
ANTAK DEVELOPMENT PTE LTD.
101 KIT CHENER ROAD
JALAN PLA2A SINGAPORE</td></tr>
<tr><td colspan="2">No. SHGM 7056</td><td>Date：May 4，2012</td></tr>
<tr><td colspan="2" rowspan="2">Transport details
From Shanghai China to Singapore by sea</td><td colspan="2">S/C No. 00SHGM3178</td><td>L/C No. 123456</td></tr>
<tr><td colspan="3">Terms of payment
L/C at sight</td></tr>
<tr><td>Marks and numbers</td><td>Number and kind of packages；description of goods</td><td>Quantity</td><td>Unit price</td><td>Amount</td></tr>
<tr><td>K. K. G. T.
73178
SINGAPORE
NO. 1-190</td><td>SHIRTS
700 DOZENS OF MEN COTTON WOVEN LABOURER SHIRTS
ART NO. 286G

800 DOZENS OF MEN COTTON WOVEN SHIRTS
ART NO. 286G
160 DOZENS OF MEN COTTON WOVEN SHIRTS
ART. NO. 666

PACKED IN 190 CTNS ONLY</td><td>700 DOZENS

800 DOZENS

160 DOZENS</td><td>CIF SINGAPORE
USD27. 40/DOZ

USD39. 60/DOZ

USD34. 00/DOZ</td><td>USD19 180. 00

USD31 680. 00

USD5 440. 00
USD56 300. 00</td></tr>
<tr><td colspan="5">SHANGHAI JINHAI IMP. & EXP. GROUP GARMENTS BRANCH
×××</td></tr>
</table>

图 6-4　商业发票样本

第一，发票名称。一般在出口业务中使用的、由出口商出具的发票都是商业发票，所以并不要求一定要标出“Commercial”字样，但一定要醒目地标出“Invoice”字样。如果信用证规定“Shipping Invoice”（装船发票）或“Trade Invoice”（贸易发票），均可按商业发票的要求操作，前面的修饰语都可以不加。

第二，发票开立人的名称和地址。发票的开立人即出口商，其必须是买卖合同中签约的卖方。审单时要核对出票人是否与信用证的受益人名称一致。发票开立人的名称和地址在发票上方标示。一般情况下，出票人的名称与地址是相对固定的，因此大多数企业在制作空白发票时就已印刷上这一内容，或在电脑制单时已将这一内容编入程序。因此，发票一般不需要另外签字。《UCP600》第18条规定：商业发票无须签字。这一规定便利了出口商采用电脑系统、复印或其他电子方法将制作的发票交给银行，这些发票无须带有传统的签字。但是这必须有个前提条件，即在信用证没有特殊规定的情况下。如果来证要求“Signed commercial invoices in duplicate”（已签名的发票一式两份）或“Beneficiary's signed commercial invoices”（受益人签字的发票），那么出口商必须提供签字的发票。

第三，发票抬头人的名称与地址。发票的抬头人即收货人，是买卖合同中的买方。在信用证方式下，除非另有规定，发票的抬头人应是信用证的申请人，地址应是合同买方的地址。

在信用证中，有时是某银行代替某公司申请开证，则发票以某公司为抬头人；如果开证人栏内只有某银行而无公司名称，则只能以银行为抬头人；有时信用证特别规定了收货人名称，则发票要以收货人为抬头人。而在托收和汇款结算方式中，发票应以合同的买方为抬头人，如果买方是中间商，亦可按双方商定，以实际买方为抬头人。

第四，发票号码和开立的地点、日期。发票的号码是出口商自行编制的，应与同一批货物出口报关单的号码一致。因为商业发票是所有单据中的核心单据，所以发票的编号可以代表整套单据的编号。

发票的开立地点即开立人所在地点。因为其他单据的缮制均以发票的内容为依据，所以发票的出具要在其他单据之前，即发票开立的日期是最早的。如果发票的签发日期迟于汇票的出票日，就构成单证不符点，但发票的签发日也不能迟于信用证规定的议付日期。

第五，合同号码和信用证编号。合同号码即订单号码。之所以要列明合同号码，是因为发票是卖方履行合同义务的证明，买方将以发票来核对装运的货物是否符合合同的规定。在买卖双方都有信用证编号的情况下，还应将买方编号注明在发票上。在信用证方式下，无论信用证是否要求，发票都应列明信用证号码。

第六，运输方式、起讫地点的名称。起运地、目的地应与提单上的表示一致。如有转运，应将转运地点明确表示出来。这些内容应参照提单的相关部分缮制。

运输方式通常在发票中表示出来，如海运：by sea，by steamer，by vessel，per S.S.；空运：by air，by air plane，by airway；铁路运输：by rail，by railway，by train；公路运输：by truck，by road，by highway；邮政运输：by post，by parcel post，by mail。在运输

方式后最好加上具体的航次或车号等，这样明确清晰，方便核查。

（2）第二部分——本文（Body）。它是说明履约情况的部分，主要说明货物和货价。内容包括唛头、货物描述与数量、规格、包装、单价、总金额、毛重与净重以及价格条件等。

第一，唛头（Marks），即运输标志，是运输时承运人和收货人用以识别货物的标志。发票的唛头与提单上的唛头刷法相同，要与信用证上的规定绝对一致，包括每个字母、数字、排列顺序、几何形状、特殊标志等。货物外包装一经刷制上唛头，即确定了其合同关系。因此，作为交易货物总说明的发票，必须正确地反映出这个标志。

第二，货物内容。其包括商品名称、品质、规格、包装、数量、重量等。贸易合同中关于货物有四个主要条款：品名条款、数量条款、品质条款、包装条款。在非信用证方式下，发票应按合同条款表明货物内容；在信用证方式下，发票中关于货物的内容应与信用证严格保持一致。

发票中所描述的商品名称应与信用证规定的名称一字不差。如果信用证只规定统称，发票也照样以统称表示，然后再分别列出具体名称。对于其他单据，在不与信用证内容有抵触的前提下，使用统称。

对商品品质、规格、包装等的描述，凡是信用证规定的内容，必须按信用证原文表示，不得增减和删改。如果信用证对这些内容规定了一定的范围，这个范围可能属于该商品出口时合理的机动幅度，发票应按规定的幅度注明。

发票上的货物数量和重量应反映货物实际装运情况，要与提单上的描述完全一致，也都要符合信用证和《UCP600》的规定。如果货物有不同的品种或类别，还应注明每一个品种、类别的数量，特别是在货价不同时，必须逐项注明。货物数量不能随意增加和减少。在信用证结算方式下，如果允许分批装运且每批又未限定具体数量的话，可以由发货人自行决定发运数量。发票应如实反映每批发运的数量，并且每批货物应缮制一套单据。有时信用证要求一批货物也分制几套单据，凡有几套单据的，每套单据都应缮制一份发票，各份发票的货量之和应等于货物的总量。有时因业务需要，一套单据亦可缮制几份发票。

第三，价格。价格是发票的中心内容，同时也是发票中变化较多的项目。价格内容在发票中包括单价、佣金和总金额几个部分。

单价（Unit Price）由四个部分组成：计价货币、计量单位、单位数额和价格条件。由于价格条件既表明了买卖双方的各自责任，也说明了货物单价与货值的内容，因此，必须在发票上体现，并符合信用证的有关规定。例如，在FOB价后应体现装运港名称；在CFR和CIF价之后，应体现目的港名称。价格条件完全按信用证规定填写，如信用证的规定与合同不一致，比如合同是CFR条件，而信用证是CIF条件，这可能是买方委托卖方代办保险，如果来证同时规定保险费用可凭保费收据在信用证下超额支付，则可按信用证要求的价格条件缮制发票，并将保险费与货款加在一起结算。

佣金（Commission）和折扣（Discount）也是价格的组成部分，但不一定出现在每一笔交易中，它取决于单价中是否含有佣金。如果信用证中有折扣或佣金，应将其扣除。如果同时含有这两项，应先减折扣得出实际货价，再从实际货价中扣除佣金。

发票的总金额不能超过信用证金额，除非信用证另有规定。按照《UCP600》的规定，即使散装货可允许在数量上有一定幅度的增减，货款也不能超证。如果发票总金额超过信用证金额，除非信用证特别授权，否则应将超证部分减除另做托收。对于这部分超证金额，应另制汇票，随装运单据一起寄开证行办理托收。

如果信用证规定额外费用如附加费、保险费、选港费、转运费等可以超证支取，受益人应将这些费用与货款加在一起并在发票上注明。

（3）第三部分——结文（Complementary Clause）。它主要包括出口商的签章、进出口许可证号、外汇许可证号、税则号、特殊文句说明等。有些信用证要求在发票内加注某些细节，如要求加注其他一些单据的号码：海关税则号（Customs Tariff No.）、进口许可证号（Import License No.）、外汇批准号（Exchange Permit No.）等。这是进口商根据业务需要和本国有关法律制度及有关规定所做的特殊要求，出口商均应照办。有很多信用证还要求在发票上加注各种证明或声明，如发票内容真实性和准确性及发票唯一性的声明、产地证明等。出口商在加注这些证明和号码时应注意日期等项目的吻合、统一，以免造成不符点。

3）其他类型的发票

发票有狭义和广义之分，前面我们讲的商业发票是指狭义的发票，而广义上的发票除了包括商业发票之外，还包括形式发票、海关发票、领事发票、联合发票等。这些发票都是说明货物详细情况的单据，又都具有各自的特点。下面我们概要地介绍几种常用的其他类型的发票。

（1）形式发票（Proforma Invoice）。它与商业发票在外表上的差别是在格式上有“形式”二字。它是卖方向可能的买方报价的一种形式，也叫预开发票；或是希望买方发出确定的订单邀请，用作交易的发盘。在对外汇或贸易实行管制的一些发展中国家，进口商可凭形式发票向本国主管当局申请外汇与进口许可证。

形式发票不是正式的发票，因它是在贸易成交前就开具的，一般只显示价格和销售条件。一旦买方接受了形式发票，它就不再是“形式”的，而是肯定的合约。在货物出运后，要另开一张正式发票，并将已被对方接受的形式发票的详细内容照录于正式的商业发票内，出口商通常要在商业发票上注明“所列货物按No.××形式发票”字样。形式发票一般在预付、寄售、投标等贸易中使用。

（2）海关发票（Customs Invoice）。它是进口国海关当局规定的进口报关必须提供的特定格式的发票。各国海关发票的内容并不相同，共同点有两方面：①证明申报进口货物的原产地，这是决定征税税率所必需的；②有详细的货物价格构成，以供进口国按该国特殊规定来计算税额，同时还可以核定有无倾销倾向。

此外，海关发票还可以作为进口国海关估价、定税和统计的依据。其往往出现在某些实行特殊关税的国家中。

（3）领事发票（Consular Invoice）。它是出口商根据进口国的规定，按固定格式填制并经进口国驻出口国的领事签证的发票。进口商需凭此办理进口报关手续，以代替进口许可证。如信用证中有此要求，出口商就必须提供。其作用是根据现行市价来审核销售价，以保证不发生倾销并作为课税的依据。此外，它还能增加领事馆的收入。

对于领事发票，各国有不同的规定并设计了各自的格式，由出口商从进口国驻出口国的大使馆或领事馆领取，详细填列后送大使馆或领事馆盖章并支付费用。因为领事发票会带来许多不便，对出口商来说既费时又费钱，所以被认为是自由贸易的障碍，现在并不多见了。有些进口国不需要领事发票，由进口国的领事在出口商的商业发票上签章即可，这叫“领事签证发票”，其作用与领事发票相同。

（4）证实发票（Certified Invoice）。它可以是一张经签署的普通的商业发票，但需要证明以下某一项内容：①货物符合某项合同或形式发票的要求；②货物是或不是某特定国家所产。通常，进口商要求出口商在发票上加注其内容真实的证明，一般用这样的证明文句：“We hereby certify that the contents of this invoice are true and correct”（发票的内容是真实和正确的）。证实发票，根据信用证条款，可由出口商证实，也可由商会或贸促会证实。

（5）联合发票（Combined Invoice）。它是指将其他某种或几种单据的内容都反映在商业发票上。也就是说，联合发票不仅具有商业发票的作用，还代替了它所联合的单据，如保险单、重量单、装箱单、产地证等。联合发票目前只在信用证允许的范围内使用。

（6）样品发票（Sample Invoice）。出口商为推销商品将样品寄给进口商而出具的发票称为样品发票，供进口商作为报关和采购的参考。许多国家对小额样品是免税的，且样品本身也多属赠送性质，因此，此发票仅是一份清单，并不一定是用来索取货款的。

（7）厂商发票（Manufacturer's Invoice）。它又称制造商发票，是根据进口方要求，由出口商品的制造商开给出口商的售货发票，以出口商为发票的抬头人，以出口国当地货币标价，详述出口商品的具体情况。进口商要求提供厂商发票的目的在于了解所进口的货物在生产国国内的销售情况，以检查有无倾销倾向。因此，按通常情况，出口商从制造商处购货的价格应低于出口商向外销售的FOB价格。厂商发票应注明商品的制造商。

6.2.3 运输单据

运输单据是证明货物载运情况的单据，即出口商将货物交给承运人办理装运时，由承运人签发给出口商的证明文件，证明货物已发运或已装上运输工具或已接受监管。因运输方式的不同，运输单据分为由船公司或其代理人签发的海运提单、由航空公司或其代理人签发的航空运单、由速递公司和邮局签发的邮包收据、由铁路部门签发的铁路运单、由多式运输营运人签发的多式联运单据和由公路运输公司签发的公路运单等。

1）海运提单（Marine Bill of Lading，B/L）

海运提单（以下简称提单）是由承运人或其代理人在收到货物后签发给托运人的凭证，表明货物已收到，货物将从何地运至何地，由谁收货，以及托运人和承运人双方的权利、义务和责任豁免。收货人在目的港提取货物时，一般必须提交正本提单。《1978年联合国海上货物运输公约》（简称《汉堡规则》）给海运提单下的定义为：提单是证明海上运输合同和货物已由承运人接管或装载，以及承运人保证凭以交付货物的单据。

（1）提单的作用。各国的海运实践都证明了提单有以下三方面作用：

第一，作为货物的收据（Receipt for Goods）。表明承运人已按提单所列的内容收到了货物。对托运人来说，提单是承运人收到货物的收据，这种收据具有法律效力。即使提单上的记载是错误的，承运人也要对此负责，不能据以对抗托运人以外的第三人。

第二，作为物权凭证（Document of Title），即提单代表了货物的所有权。提单的合法持有者在目的港凭正本提单提货，承运人凭正本提单交货。通过转让提单可以转让货物的所有权，也就是因为提单是物权凭证，所以确定了提单可以转让、抵押。

第三，作为运输合同的证明（Evidence of Contract of Carriage）。提单上列明了承运人和托运人双方的权利和义务，但提单本身并不是运输合同，而只是运输合同的证明。由于在签发提单之前，构成运输合同的主要项目（如船名、航线、开航日期、运价和运输条件等）是承运人事先规定而经托运人接受的，因此合同的成立实际上是在托运人向承运人或其代理人订舱的时候。而提单的签发是在货物装船以后，也是在运输合同成立以后，所以提单是运输合同的证明。

（2）提单的当事人。提单涉及两个基本当事人，即承运人和托运人。

其一，承运人（Carrier），即船方，它是接受托运人的委托，将货物运往目的港的一方。承运人一般是实际拥有运输工具的运输公司。其责任就是按提单所记载的内容将货物交给收货人，但如果货方违反规定，承运人可行使留置权。例如，货方不付应付的运费，承运人可以扣压货物或出卖货物以抵偿欠款。

其二，托运人（Shipper）。它是委托承运人将特定货物运往目的港的一方，即货方。根据价格条件的不同，托运人可能是卖方，也可能是买方。例如，在FOB术语下，托运人就是买方。托运人有权指定收货人。如果提单未经托运人授权而转让，托运人可以对抗凭提单主张物权的善意受让人。

除了以上两个基本当事人以外，提单的交接、背书、转让等过程还会涉及以下几个当事人：

第一，收货人（Consignee）。一般都写在提单的抬头人一栏内，所以又称为抬头人。收货人可以是合同中的买方，也可以是托运人本身，也可以是第三人。抬头人一栏的不同形式决定了提单能否转让。抬头分为三种形式：

① 记名抬头，即在抬头人栏内写明收货人的名称。这种提单不能转让，只能由写明的收货人背书提货。按某些国家的惯例，记名提单的收货人可以不凭提单提货，提单

因此失去了物权凭证的作用。为了能控制货物，银行一般不愿接受这种提单。记名抬头的格式为："Consigned to ××" 或者 "To ××"。

② 指示抬头，即在抬头人栏内写有 "Order"（指定人）字样。这种提单经背书可转让，持有人可凭提单向船方提货，此种提单最能体现作为物权凭证的作用。指示抬头的格式有两种："To order of ××" 和 "To order"。

③ 空白抬头，又称不记名抬头或来人抬头，即在收货人栏内只填写 "To bearer" 或空出不填。来人提单无须任何背书手续即可转让或提取货物，非常方便。

第二，受让人（Transferee）。其是在提单的背书转让过程中，接受被转让的提单的人。其有权凭提单提货，也有权再转让提单。

第三，持单人（Holder）。其是经过正当交接手续而持有提单的人。在提单交接的不同阶段，其可能是托运人，也可能是提单中指定的收货人，还可能是提单背书转让过程中的受让人。

第四，被通知人（Notify Party）。其不是提单的当事人，只是收货人的代理人，是为了方便收货人及时提货，在船只到达目的港时由承运人通知的对象。这是承运人给予货方的一种便利。

（3）提单的内容和缮制。提单虽由不同的船公司自行设计，但内容基本相同。随着近年来单据标准化的观点被广泛接受，目前提单内容的安排也基本一致，完整的提单一般包括正面和背面内容。提单的具体内容如图 6-5 所示。

①第一部分——正面内容。提单正面的记载内容可以分为以下三个部分：

其一，由托运人填写部分。这是在货物装运前托运人从船公司取得空白提单后需填写的内容，包括托运人、承运人、收货人和被通知人的名称和地址；提单号码；船名及船次、装运港和目的港；货物描述，包括货物名称、唛头、件数、重量、体积、包装、表面状况以及全套正本提单份数等。按《UCP600》的规定，货物的描述可使用与信用证中对货物描述并不一致的统称。

其二，由承运人、船长或其代理人填写的部分。其内容包括：在核对托运人实际装货情况后加注的运费情况，一般不列明运费的具体金额，而只列明运费的交付情况，如 "运费预付"（Freight Prepared）、"运费待收"（Freight to Collect），或 "运费在目的港支付"（Freight Payable at Destination）等；提单签发的地点与日期；船公司、船长或其代理人的签章等。

其三，契约文句。这是承运人接受委托货物的若干带契约性的印定声明文字，一般有四项条款：A.装船条款，说明承运人收到外表状况良好的货物，并已装在船上待运。B.内容不知悉条款，说明承运人只对货物的表面状况进行核实，对内部货物概不知情，并不负核对之责，承运人只是负责在目的港交付表面与提单描述相符的货物。C.承认接受条款，说明托运人、收货人和提单持有人同意接受提单上的一切记载，包括背面的契约条款。D.签署条款，表明提单正本一式几份，其中一份提货后，其余备份即失效。

1. Shipper Insert Name, Address and Phone	
2. Consignee Insert Name, Address and Phone	
3. Notify Party Insert Name, Address and Phone (It is agreed that no responsibility shall attach to the Carrier or his agents for failure to notify)	
4. Combined Transport*	5. Combined Transport*
Pre-carriage by	Place of Receipt
6. Ocean Vessel Voy. No.	7. Port of Loading
8. Port of Discharge	9. Combined Transport*
	Place of Delivery

B/L No.

中远集装箱运输有限公司
COSCO CONTAINER LINES

TLX：33057 COSCO CN
FAX：+86（021）6545 8984

ORIGINAL

Port-to-Port or Combined Transport
BILL OF LADING

Received in external apparent good order and condition except as otherwise noted. The total number of packages or unites stuffed in the container, The description of the goods and the weights shown in this Bill of Lading are furnished by the Merchants, and which the Carrier has no reasonable means of checking and is not a part of this Bill of Lading contract. The Carrier has issued the number of Bills of Lading stated below, all of this tenor and date, one of the original Bills of Lading must be surrendered and endorsed or signed against the delivery of the shipment and whereupon any other original Bills of Lading shall be void. The Merchants agree to be bound by the terms and conditions of this Bill of Lading as if each had personally signed this Bill of Lading.

See clause 4 on the back of this Bill of Lading (Terms continued on the back Hereof, please read carefully).

* Applicable only when document used as Combined Transport Bill of Lading.

Marks & Nos. Container/Seal No.	No. of Containers or Packages	Description of Goods (If Dangerous Goods, See Clause 20)	Gross Weight Kgs	Measurement
		Description of Contents for Shipper's Use only (Not Part of This B/L Contract)		

10. Total Number of Containers and/or Packages (in Words)

Subject to Clause 7 Limitation

11. Freight & Charges	Revenue Tons	Rate	Per	Prepaid	Collect
Declared Value Charge					

Ex. Rate:	Prepaid at	Payable at	Place and Date of Issue
	Total Prepaid	No. of Original B(s)/L	Signed for the Carrier, COSCO CONTAINER LINES

LADEN ON BOARD THE VESSEL

DATE　　　　BY

图6-5　提单样本

②第二部分——背面内容。提单的背面是印就的具体运输条款，对有关当事人的责任、索赔和诉讼等均有详细规定。其主要内容有：A.定义。对提单所涉及的当事人做出界定，指出货方是与船方相对的概念。B.适用的法律条款，说明提单的法律依据。C.承运人责任及责任期间条款。《汉堡规则》规定承运人责任从接收货物时起直到交付货物时为止。D.包装与唛头条款。对货物的包装要求坚固适航，对唛头的印刷要求醒目。E.留置权条款。承运人可行使留置权来保证应收款项和费用。F.费用条款。对费用的收取做出明确规定。G.赔偿条款。对货物在运输中遭受损失的赔偿做出明确规定。H.联运、转船、变更航线、装卸货和交货、共同海损、舱面货、鲜活货、战争、检疫、冰冻、罢工、港口拥挤等条款。

根据《UCP600》的规定，银行对提单的背面条款不予审核。除了以上介绍的提单正、背面内容外，必要时，承运人还可以在提单上加以批注。

（4）提单的种类。提单可从不同的角度加以分类：

第一，根据货物是否已装船可划分为已装船提单和备运提单。已装船提单（On Board B/L or Shipped B/L）是货物装上船后，由承运人、船长或其代理人签发的提单。一般情况下，货物装上船后即不得卸下改装其他船只，所以使用已装船提单对托运人、收货人、议付银行均有利。按照银行业务的惯例，出口商向银行结汇议付货款所提交的提单，必须是已装船提单。

备运提单（Received for Shipment B/L）是船公司已收到货物，暂代存入码头或驳船，在等待装船的期间内应托运人的要求而签发的提单。此种提单虽有承运船名，但系拟装船名，因而没有确定的装船时间，货物将来能否如期出运也没有保障。备运提单实际上只是一张收据，并不是运输契约，对买方和受让人十分不利，因此，除非信用证另有规定，银行不接受备运提单；如货物确已装上预定船只，经在原备运提单上加注装船批注，并加打船名、日期，则此备运提单与已装船提单具有同等效力，银行可以接受。

第二，根据承运人在提单上对货物是否有批注可划分为清洁提单和不清洁提单。清洁提单（Clean B/L）是指不载有明确宣称货物或包装有缺陷的条款或批注的提单，即这种提单表明货物在装船时，外表状况良好，货物和包装没有不良现象。目前使用的提单，在其下面印有的契约文句中，第一句就是“除非本提单有特别的声明，货物是在表面良好的状况下装船的”或类似的文句。这样承运人未发现有货损或包装不良，其就有责任按同样外表良好的状况将货物交给收货人，这为收货人的利益提供了有力的保障。一般银行只接受清洁提单。

不清洁提单（Unclean B/L）是指承运人在提单上加注货物外表状况不良或包装不当的批注的提单。该类提单下的货物如在运输途中残损，船方不负责任，所以信用证项下银行可以拒收不清洁提单。至于提单上的任何批注是否都构成不清洁提单，是银行和承运人之间争议最多的问题之一，因此为避免纠纷，应尽量避免批注。

第三，根据运输方式的不同可划分为直达提单、转船提单和联运提单。

① 直达提单（Direct B/L）即货物在运输途中不转船，直接从起运港运达目的港的

提单。提单中关于运输记载的基本内容，仅包括起运港和卸货港，不能带有中途转船的批注。凡信用证规定不许转船的，受益人必须提供直达提单。因为中途不转船，货损也小，所以收货人都希望用这种提单。

② 转船提单（Transshipment B/L）是指货物在起运港装船后，船舶不直接驶往目的港，需要在其他中途港口换船转运往目的港的情况下承运人所签发的提单。为节省时间和转船附加费，减少货物受损和其他风险，收货人一般不同意转船。但由于运输条件的限制或其他方面的原因，转船提单也是常见的。

③ 联运提单（Through B/L）是指包括第一程海运在内，有两个或两个以上的承运人联合起来运送货物，各承运人对自己所执行的运程负责的运输方式签发的提单。联运可以指相同运输方式的联运，也可以是有两种或两种以上运输方式的联运。联运提单是由第一承运人签发的包括全程在内并收取全程费用的提单，但第一承运人只对第一运程负责。

第四，根据船舶营运方式可划分为班轮提单和租船提单。国际海上运输主要有两种运输方式：一是班轮运输；二是租船运输。采用班轮运输方式，由经营班轮运输的承运人或其代理人签发的提单叫作班轮提单（Liner B/L）。国际班轮运输是指固定船舶按照公布的船期表或有规则地在特定的航线和固定港口间从事的国际客货运输。其特点可以描述为：固定船舶、固定船期、固定航线、固定港口。班轮运输的承运人与货物托运人、收货人之间的权利、义务以船公司签发的班轮提单的条款为依据，不再另行签订租船合同。

租船运输是相对于班轮运输的另一种船舶营运方式。货方租船运输货物时，由船长、船东或其代理人签发的，以事先与货方签订的租船合约为依据的提单就是租船提单（Charter Party B/L）。在大宗商品交易中，为节省运费，往往采用租船方式。租船运输的特点是：无固定航线、港口，船期、收费无一定的标准，全部根据租船合约规定。其适合于量大或需特殊装卸设备的货物，如粮、糖、化肥、矿砂、煤炭、石油、木材、水泥、饲料等。目前，在国际上，租船运输方式可分为两大类：程租船（航次租船）和期租船（定期租船）。

第五，根据提单内容的繁简可划分为全式提单和简式提单。全式提单（Long Form B/L）是指详细列明承运人与托运人之间权利、义务等条款的提单。由于条款繁多，所以又称繁式提单。在国际贸易中使用的提单大都是这种提单。

简式提单（Short Form B/L）的正面印有“简式提单”字样，是一种不全部照录提单背面印定的运输条款，仅列出正面的提单内容，或摘录背面的重要条款的提单。由于全式提单背面的条款记载的是关于承运人与托运人之间的责任、权利和义务，所以简式提单的流通性在一定程度上会受到影响。但是如果信用证没有明确规定不接受简式提单，银行则可以接受。这种提单在美国很流行。

第六，根据提交提单的时间可划分为正常提单和迟期提单。正常提单（Unstale B/L，Fresh B/L，Current B/L）是指一般情况下，提单交到议付行，银行估计寄出后该提单能够早于载货船舶到达目的港，收货人付款后可按时提货的提单；反之，迟期提单（Stale B/L）指交单过迟，议付行按正常邮寄路线寄达开证行时，估计载货船舶已到达目的港的提单。这种迟期提单不能按时提货，可能会使收货人支付的费用增加或产生其他损失，所以银行通常不接受迟期提单。为了避免迟期交单，信用证常规定一个提单签发后必须提交的期限，《UCP600》规定，提单须于签发后21日内或信用证规定的特定日期内交送银行。现在许多信用证已将最迟交单期和信用证有效期合并为一个期限。

2）其他运输单据

海运是当代国际贸易中最主要的运输方式，海运提单也是标准化程度最高、法规惯例最完善的一种运输单据。除了海运提单以外，还有其他运输方式中所使用的单据。

（1）多式联运单据（Multimodal Transport Document）。由于集装箱（Container）、托盘（Pallet）等成组化（Unitization）运输方式的广泛运用，货物运输逐渐从“港到港”或“吊钩至吊钩”交货扩大到“门到门”交货。过去使用的单一运输方式针对运输过程中每一不同的运输阶段，分别签发运输单据，这对托运、装卸、收货和结汇都很不方便。为了简化国际贸易流程，便利国际结算和资金融通，需要提供包括全程在内的一种单据，由此产生了多式联运单据。

多式联运单据是使用两种以上不同的运输工具，将货物从一个国家的收受接管地运到另一个国家的指定交货地，由多式联运经营人签发的货运单据。多式联运经营人负责联运事宜，其可能拥有运输工具，并自行承担一部分或全程联合运输任务，也可能只是组织别人来承担各段的运输任务，而其本身并没有任何运输工具。

多式联运单据有两个功用：货物收据和运输合同。依据这种单据的收货人的表示形式即抬头的不同，可以决定它是否为物权凭证。如果是来人抬头或指示抬头，则可以作为物权凭证；如果是记名式抬头，则这种单据不能转让，记名收货人可不凭该单据而只凭身份提货，其也就不是物权凭证。

多式联运单据较联运提单的使用范围广泛，因为联运提单只适用于海运和其他运输方式的联运，而多式联运单据还可适用于不包括海运的其他运输方式的联运。

（2）集装箱提单（Container B/L）。它是在集装箱运输方式下，由承运人或其代理人签发的提单。与其他船运提单相比，集装箱提单具有两大特点：一是货物交接方式不同。在普通船运方式中，一般是在装运港将货物交给承运人，而集装箱货物的交接方式是多种多样的，可以在集装箱码头堆场，也可以在发货人的工厂或仓库，或在集装箱货运站，因此提单签发的方式也就不同。二是物流形态不同。相较于其他船运方式，集装箱运输中货物的集散方式有两种：一种叫整箱货；另一种叫拼箱货。拼箱货有多个发货人和收货人，因此承运人的责任范围有所扩大。

（3）铁路运单（Railway Bill，RWB）。铁路运输具有稳定性强、风险小、运输速度快等特点，并且与公路和航空运输相比费用较低。国际铁路联运多发生在欧亚大陆，我国在1954年参加了由苏联、罗马尼亚等12国签订的《国际铁路货物联运协定》（简称《货协》）。1984年草拟了《集装箱运送规则》，以后经多次修改、补充和完善，1990年同《货协》新文本一起被各成员批准通过实行。国际铁路联运的特点是由一国铁路向另一国铁路移交货物时无须发货人、收货人参加，使用同一份统一的国际联运单据。

铁路运单是国际铁路运输的主要单据，是由承运人签发的，证明托运人、收货人与铁路承运人之间合约的凭证。它只是运输合约和货物收据，不是物权凭证，必须记名，不得转让，承运人凭收货人出示的身份证明交付货物。铁路运单一式两联或几联，一般是运单正本作为运输合同和提货通知，而副本作为收据交托运人向银行办理结算。

（4）航空运单（Airway Bill，AWB）。航空运输由于速度快，多适用于运送鲜活、易变质的货物。目前，国际航空运输的主要经营者是国际空运协会。中国民航不是该协会成员，但与其许多成员签有双边协议，日常业务的处理基本上与国际空运协会的规则一致。

航空运单是空运承运人与托运人订立的民用航空货运凭证，正面载有航线、日期、货物名称、数量、包装、价值、收货人名称与地址、运杂费等项目，背面印有规定托运人和承运人之间权责关系等内容的规章条款。航空运单签发3份正本和若干份副本。在3份正本中，第一份交航空承运人；第二份随货同行，货到目的地后，由航空部门交收货人；第三份交给托运人。因此，托运人交银行的是第三份正本运单。

航空运单具有货物收据、运输合约、运费账单、报关单据和承运人内部业务往来依据等作用。它不是物权凭证，一律做记名抬头，不得转让。

（5）邮包收据（Postal Parcel Receipt，PPR）和快邮收据（Courier Receipt）。邮寄不需要办理复杂的手续，对寄件人来说非常方便，但受邮袋的限制，每个邮件周长不得超过1米，重量不可超过20千克，所以只适用于少量的小件物品。我国虽不是万国邮政联盟的成员，但是与世界上大多数国家和地区签有双边邮政协定，因此，我国邮局也受理国际包裹邮寄业务。

邮包收据和快邮收据是邮局和快递公司签发给寄件人的寄件收据，也是双方签订的邮寄合同的证明。由寄件人填写寄、收件人的名称及地址，物品名称，价值等内容，邮局或快递公司核实并且收费后，予以签发，一份随同所寄物品一并发往目的地，然后由目的地邮局向收件人发出通知书；另一份则交寄件人向银行办理议付。邮寄包裹依据传递方式可分为普通包裹和航空包裹两类。邮包和快邮收据是邮寄合同的证明，不是物权凭证，一律做记名抬头，不得转让。

各种运输单据的比较见表6-1。

表6-1　各种运输单据的比较

单据种类 / 比较项目	海运提单	铁路运单（公路运单）	航空运单	邮包收据	多式联运单据
物权凭证	是	否	否	否	是（指示式、来人式）
货物收据	是	是	是	是	是

续表

单据种类 / 比较项目	海运提单	铁路运单（公路运单）	航空运单	邮包收据	多式联运单据
运输契约	是	是	是	是	是
收货人的形式	指示式、来人式、记名式	记名式	记名式	记名式	指示式、来人式、记名式
可否流通转让	指示式和来人式可以	不可以	不可以	不可以	指示式和来人式可以
发给发货人的正本单据的份数	全套正本交发货人	正本交收货人，副本交发货人	第一份正本交承运人，第二份交收货人，第三份交发货人	一份收据交寄件人	全套正本交发货人
出单人	承运人或船长或其代理人	铁路局（公路局）	承运人或机长或其代理人	邮政局	承运人或多式联运经营人

6.2.4 保险单据

在国际贸易中，由于要经过长距离的运输，货物常常会因为自然灾害、意外事故或其他外来因素遭受损失。为了使货物在受损后获得经济补偿，买方或卖方应在货物出运前向保险公司办理保险。国际贸易货物运输保险有海上、陆上、航空和邮政运输保险等。由于国际货物运输绝大部分是通过海运方式进行的，所以海上运输保险在所有险种中占有主要地位。

1）海运保险的承保范围

（1）海上风险与损失。海上风险一般指海上航行途中发生的或随附海上运输所发生的风险。它包括海上发生的自然灾害和意外事故，但并不包括海上的一切风险，如海运途中因战争引起的损失不含在内。另外，海上风险又不仅仅局限于海上航运过程中发生的风险，它还包括与海运相连接的内陆、内河、内湖运输过程中发生的一些自然灾害和意外事故。自然灾害是指不以人们意志为转移的自然界力量所引起的灾害。例如，恶劣气候、雷电、海啸、洪水、火山爆发、浪击落海等人力不可抗拒的力量所造成的灾害。意外事故是指由于偶然的、难以预料的原因所造成的事故，如运输工具搁浅、触礁、沉没、与流冰或其他物体碰撞、互撞、失火、爆炸等。

（2）海上损失与费用。它是指被保险货物在海洋运输中因遭受海上风险而引起的损失与费用。按照海运保险业务的一般习惯，海上损失还包括与海运相连接的陆上或内河运输中所产生的损失与费用。

第一，海上损失（简称海损）。就货物损失的程度而言，海损可分为全部损失和部分损失；就货物损失的性质而言，海损又可分为共同海损和单独海损。全部损失简称全损，是指运输中整批货物或不可分割的一批货物的全部损失。全损就其损失情况不同，又可分为实际全损和推定全损。

实际全损是指该批被保险货物完全灭失或货物受损后已失去原有的用途。如整批货物沉入海底无法打捞、船被海盗劫去、货物被敌方扣押、船舱进水致舱内水泥经海水浸泡无法使用、船舶失踪半年仍无音讯等。推定全损是指被保险货物发生事故后，其实际损失已不可避免，或为避免实际全损所需的费用与继续运送货物到目的地的费用总和超过保险价值。

部分损失是指被保险货物的损失没有达到全部损失的程度。它又可分为共同海损和单独海损两种。共同海损是指载货运输的船舶在运输途中遭遇自然灾害、意外事故等，使船舶、货物或其他财产的共同安全受到威胁，为了解除共同危险，船方有意识地、合理地采取救难措施所直接造成的特殊牺牲和支付的特殊费用。例如，暴风雨把部分货物卷入海中，使船身发生严重倾斜，如果不及时采取措施，船货会全部沉入大海，这时船长下令扔掉部分货物以维持船身平衡，这部分牺牲就属于共同海损。单独海损是指保险标的物在海上遭受承保范围内的风险所造成的部分灭失或损害，即除共同海损以外的部分损失。这种损失将视情况由标的物所有人单独负担。

第二，海上费用。它是指海上风险造成的费用损失。保险公司负责赔偿的海上费用主要有施救费用（Sue and Labor Charges）和救助费用（Salvage Charges）。施救费用是指当被保险货物遭遇保险责任范围内的灾害时，被保险人或其代理人、雇佣人员和保险单受让人等为防止损失扩大而采取施救措施所支出的费用。救助费用是指保险标的遭遇保险责任范围内的灾害时，由保险人和被保险人以外的无契约关系的第三人采取救助行动，获得成功，被救方向救助的第三方支付的报酬。

2）海运保险的险别

（1）基本险。它也称作主险，是可以单独承保的险别。我国海运货物的基本险别包括平安险、水渍险和一切险。

第一，平安险（Free from Particular Average，F.P.A.）。其原意是“单独海损不赔”。但目前平安险的承保范围已经超出了全损和共同海损的限制。其一般责任范围包括：海上风险造成的全损和共同海损、意外事故造成的单独海损。平安险是保险人承保责任最小的一种基本险。

第二，水渍险（With Particular Average，W.A./W.P.A.）。其原意是“负单独海损责任”。水渍险承保的责任范围大于平安险，除平安险包括的责任外，它还包括自然灾害所造成的单独海损。

第三，一切险（All Risks，A.R.）。其承保责任范围除包括平安险和水渍险的各项责任外，还包括被保险货物在运输途中由于一般外来原因所致的全部或部分损失，但不包括特殊外来原因造成的损失。

（2）一般附加险（General Additional Risk）。其承保由于一般外来因素所造成的损失，共11种：①偷窃、提货不着险（Theft，Pilferage and Non-delivery，T.P.N.D.），承

保被保险货物由于偷窃行为所致的损失和整件提货不着等损失；②淡水雨淋险（Fresh Water and/or Rain Damage），承保货物由于淡水和（或）雨淋所致的损失；③短量险（Risk of Shortage），承保货物因外包装破裂或散装货物发生散失和实际重量短缺的损失；④混杂、玷污险（Risk of Intermixture and Contamination），承保货物因混进杂质和被污染所致的损失；⑤渗漏险（Risk of Leakage），承保流质或半流质货物由于容器破漏所致的损失，以及用液体储藏的货物因液体的渗漏而引起的货物腐败等损失；⑥碰损、破碎险（Risk of Clash and Breakage），承保因震动、碰撞、受压造成的碰损和破碎损失；⑦串味险（Risk of Odour），承保货物因受其他带异味货物的影响而引起的串味损失；⑧受潮受热险（Damage Caused by Sweating and Heating），承保由于气温突然变化或船上通风设备失灵，使船舱内水蒸气凝结而引起货物受潮、受热的损失；⑨钩损险（Hook Damage），承保袋装、捆装货物在装卸或搬运过程中，由于装卸或搬运人员操作不当，使用钩子将包装钩坏所致的损失；⑩包装破裂险（Risk of Packing Breakage），承保因装卸不慎、包装破裂所造成的损失，以及为继续运输安全的需要而产生的修补包装或调换包装所支出的费用；⑪锈损险（Risk of Rust），承保金属或金属制品在运输途中因生锈所致的损失。

（3）特殊附加险。它也必须依附于基本险项下投保，任何一种基本险都可附加投保特殊附加险。特殊附加险包括：①战争险（War Risk）；②罢工险（Strikes Risk）；③交货不到险（Failure to Delivery Risk）；④进口关税险（Import Duty Risk）；⑤舱面险（On Deck Risk）；⑥拒收险（Rejection Risk）；⑦黄曲霉素险（Aflatoxin Risk）等。

3）保险单据的作用

保险单据是保险公司对被保险人承保后出具的书面证明，是双方签订的保险契约，是被保险人索赔的主要依据。在货物出险后，只有在既掌握了提单又掌握了保险单据的情况下，才能真正掌握货权，所以保险单据具有以下作用：

（1）保险单据是保险合同的证明。按保险业的惯例，只要保险人在被保险人填写的保险单据上签了字，保险合同就告成立。它具体地规定了保险人和被保险人的权利和义务。

（2）保险单据是赔偿证明。保险合同不同于一般的贸易合同，它是一种赔偿性合同，而非买卖性合同。被保险人支付保险费后，保险人即对货物在保险合同责任范围内遭受的损失负赔偿责任，被保险人即可凭保单向保险人索赔，因此保险单据也是赔偿权的证明文件。

4）保险合同的当事人

（1）保险人（Insurer）。它是保险合同中与被保险人订约、承诺保险赔款并收取保费的一方。保险人也称承保人，通常是保险公司（Insurance Company）、保险商（Insurance Underwriter）或保赔协会，同时以保险人身份经营保险业务的还有保险代理商（Insurance Agent）和保险经纪人（Insurance Broker）。保险代理商是保险人的代表，根据授权代表保险人承接保险业务。保险经纪人是中间人，替保险公司承揽业务，并收取佣金，因为其不是独立的法人，在受理保险业务时，不能开立正式的保险单据，只能出具暂保单作为办理保险的凭证，然后向保险公司投保。

（2）被保险人（The Insured）。其是受保险合同保障、有权在受险后按保险合同向保险人取得赔偿的人。被保险人必须对保险标的有可保利益，可保利益是对保险标的具有的权益。

保险合同中除了保险人和被保险人这两个基本当事人之外，还有投保人和受益人。投保人是指和保险人订立保险合同并支付保费的人。一般情况下，保险合同签订后，投保人即成为合同中的被保险人。受益人是指根据保险合同的约定有权享受保险合同利益的人。在运输保险中，投保人、被保险人和受益人的界限往往难以划分清楚，一般都是进出口商。在出口保险中，投保人若是出口商，货物未出售时被保险人与受益人都是出口商；若货物出售给进口商，则进口商成为被保险人和受益人。在进口保险中，投保人如果是进口商，则被保险人与受益人都是进口商。

5）保险单的内容

保险单正面除了印定的说明保险人和被保险人合同关系的文句外，需要填写的项目有保险人与被保险人的名称、发票及保险单的号码、货物运输标志、包装及数量、保险金额、保费、费率、装载工具名称、开航日期、航程起讫地点、承保险别、查勘人名称及地址、赔付地点、出单公司地址、出单日期及保险人签章等。保险单的基本内容如图6-6所示。

（1）保险人名称，即承保的保险公司名称，不能是保险经纪人或代理人。

（2）被保险人名称。被保险人是受保险合同保障的人，当发生保险合同规定原因内的损失时，其有权按保险合同的规定向保险人索赔。被保险人一般都是进出口商。保险单通常填写投保人名称。投保人作空白背书后可以随提单一起转让，也可根据信用证要求将保险单做成某人抬头。

（3）保险标的物。通常就是指货物，保单上一般包括货物项目名称、包装与数量以及唛头。有时，也标注“根据某号码发票与提单出具”。

（4）保险金额，即保险人的赔偿限额，需用规定货币表明，同时以英文大写列示。除非信用证另有规定，保险金额应该不小于CIF或CIP价格的110%。

（5）航次或责任期间或两者兼有。货物运输保险人的责任期间不是根据某月某日来定的，而是根据某一程运输来定的。保险单上一般都需注明起止港名称、运输方式及开航时间，在海运时还需注明船名和航次。货物如需转运或采用联合运输，也需作相应说明。

（6）承保险别。这是保险单内容中最主要的部分，所以需特别注意措辞准确、组织严密。在信用证方式下，险别要符合信用证规定。

（7）保险费。被保险人按保险单上列明的费率支付保险费后就有权要求保险人出立保险单。有时，保险单可以不打出保险费或仅注明“根据约定已付”（Paid as Arrange）字样。

中国人民保险公司
THE PEOPLE'S INSURANCE COMPANY OF CHINA
总公司设于北京　　一九四九年创立
Head Office: BEIJING　Established in 1949

发票号码　　　　保险单　　　　保险单号次

INSURANCE POLICY

中国人民保险公司（以下简称本公司）

This Policy of Insurance witnesses that The People's Insurance Company of China（hereinafter called "The Company"）

根据中国第一汽车集团公司

At the request of China First Automobile Group Corporation

（以下简称被保险人）的要求，由被保险人

（hereinafter called the "Insured"）and in consideration of the agreed premium

向本公司缴付约定的保险费，按照本保险单

paying to the Company by the Insured, Undertakes to insure the undermentioned

承保险别和背面所载条款与下列特款承保

Goods in transportation subject to the conditions of this Policy as per the Clauses

下述货物运输保险，特立本保险单。

printed overleaf and other special clauses attached hereon.

标　记 Marks & No.s	包装及数量 Package & Quantity	保险货物项目 Description of Goods	保险金额 Amount Insured
	10sets	Car（1.8L）	USD300 000.00

总保险金额：

Total Amount Insured: SAY UNITED STATES DOLLARS THREE HUNDRED THOUSAND ONLY

保费　　费率　　装载运输工具

Premium as arranged　Rate as arranged　Per conveyance S.S.Vessels

开航日期　　自　　至

Slg on or abt 2023.11　From NAGOYA　To DALIAN, CHINA

承保险别　投保一切险，以中国人民保险公司1981年1月1日生效的有关海洋运输货物保险条款为准。

Conditions ALL RISKS AS PER AND SUBJECT TO THE RELEVANT OCEAN MARINE CARGO CLAUSES OF THE PEOPLE'S INSURANCE COMPANY OF CHINA DATED 1/1, 1981.

所保货物，如遇出险，本公司凭本保险单及其他有关证件给付赔款。

Claims, if any, Payable on surrender of this Policy together with other relevant documents.

所保货物，如发生本保险单项下负责赔偿的损失或事故，应立即通知本公司下述代理人查勘。

In the event of accident whereby loss or damage may result in a claim under this policy immediate notice applying for survey must be given to the company's Agent as mentioned hereunder.

中国人民保险公司长春分公司
THE PEOPLE'S INSURANCE CO.OF CHINA CHANGCHUN BRANCH

赔款偿付地点

Claim payable at CHANGCHUN, CHINA

日期

DATE 20/11 2023

保单背书

图6-6　保险单样本

(8) 查勘人。保险单上通常会注明保险人在目的港的代理检验人，以便货物出险时能及时查勘，分析出险原因及受损程度，以确定赔偿责任。

(9) 出单地点和日期。出单地点关系到适用的法律，出单日期则是保险人责任的起点。银行不接受出单日期迟于运输单据签发日期的保险单。

(10) 保险人签字。一般的保险单都由保险人或其代表签字。但根据英国《保险法》，海上保险单必须由保险人或其代表签字，倘若是公司出具保险单，可以用盖图章代替签名。

保险单正面除上述填写的内容外，还印有正文，主要说明保险单是保险人与被保险人双方的保险合同。此外，还规定了保险人的责任范围、责任起讫界限及除外责任等。保险单背面一般印有货物运输保险条款，另粘贴有附加条款。

保险单的正文、货物运输条款和附加条款三者之间的关系是：后两者与前者矛盾时，以货物运输条款为准；后两者矛盾时，以附加条款为准。

6）保险单的种类

(1) 按保险单据的形式可分为保险单（大保单）、保险凭证和承保证明。保险单是保险人与被保险人之间建立保险契约关系的正式凭证，是保险合同成立后签发的证明文件，也是诉讼、索赔的依据。保险单除具有正面的基本内容外，还在背面附有保险合约的全部条款，对保险人和被保险人的权利、义务做了详尽的规定，是完整和独立的承保形式，是一种正式保单，在实务中俗称“大保单”。

保险凭证（Insurance Certificate）是简化了的保险单，它只列明保险单正面的基本内容，不附背面的保险契约条款。保险凭证上未列明的条款内容，以同类保险单上所载明的正式条款为准。保险凭证与保险单具有同等的法律效力，也可以背书转让。当信用证要求出具保险凭证时，可以接受保险单，但如果要求出具保险单，则不能接受保险凭证。保险凭证俗称“小保单”。

承保证明（Combined Insurance Certificate/Risk Note）是一种比保险凭证更简单的单据。它只在出口商的商业发票上加盖印章，注明承保的金额、险别、保险期限、保险编号、保险和理赔代理人的名称及地点，并不用另出具保险单据，又称为“联合发票”。目前，承保证明仅适用于中国内地对港澳地区的出口业务和中国银行香港分行、澳门分行开来的信用证业务。

(2) 按承保方式可分为预约保险单、总括保险单、流动保险单和单独保险单。

第一，预约保险单（Open Policy/Open Cover），又称为开口保险单或总保单，是保险人与被保险人就一定业务范围签订的长期性的预约保险合同。保单中列明保险货物的范围、险别、保险费率，一般不规定总保险金额，但通常有每次出运货物的最高保险金额限制。合同一经成立，保险人就必须对所规定的保险标的物负责（承保）。凡预约保险范围内的货物，一经装船即自动获得预约保险单内所列条款的保险，但被保险人应在得知货物出运后，立即向保险人申报该批货物的具体情况，银行可以把这种申报的书面文件即保险声明作为一项保险单据予以接受。

第二，总括保险单（Blanket Policy）又称概保单，是保险人在约定的保险期间内，对一定保险标的的总承保单，适用于整批成交多次分批出运、运输距离短、每次出运货物的种类及价值相近的货物保险。各批货物起运时，被保险人无须逐笔向保险人发出装船通知，只在保险单内规定货物的总名称、大约总金额、投保险别、船舶起讫港口，各批装运货物的详情可以另行通知，保险费用可以在一定时期内一起结算。

第三，流动保险单（Floating Policy）又称为统保保险单或总额保险单，是在不超过总保险金额的情况下，可以连续分批装运货物的保险单。一般保险单上只规定保险总金额、航行区域和装货船只等级等保险的总条件。每批装运货物的具体情况在出运后分批申报，保险人则将该批货物的价值从总保险金额中扣减掉，直到总金额被用完为止。

第四，单独保险单（Specific Policy）是承保船名已经确定的某一航程内的运输货物的保险单。这是一种常用的保险单。

（3）按保险标的物价值可以分为定值保险单和不定值保险单。对于定值保险单（Valued Policy），保险当事人明确规定保险标的物的价值，出险时保险人即按约定价值赔偿，而不是根据保险标的物的品质等情况核定的价值赔偿。货物运输保险单一般都是定值保险单，保险单的金额就作为货物的价值。

不定值保险单（Unvalued Policy）是不约定保险标的物价值的保险单。保险单金额是保险人最大的赔偿金额。出险时，保险人按根据货物实际情况核定的货价赔偿。如果核定的货价高于保险单金额，保险人也只赔偿保险单金额；如果核定的货价低于保险单金额，保险人就按核定货价赔偿。在实际业务中，不定值保险单由于对收货人不利，一般不常用。

6.2.5 其他单据

除了上述几种主要单据外，为了证明其履行了信用证或合同中规定的义务，根据各笔贸易性质的不同和进口商的要求，出口商还需要提供其他一些单据，如产地证明书、各种检验证书、装箱单、船公司证明等。

1）产地证明书

产地证明书（Certificate of Origin）就是原产地证明书，简称产地证。由于国际贸易领域出现了反倾销、配额、优惠关税等政策措施，一国对于国别贸易量的统计就变得十分重要，原产地规则也应运而生。产地证明书的内容如图6-7所示。

产地证的作用主要有以下几点：①作为进口国实行国别贸易政策的通关证件；②作为进口国给予优惠关税待遇的进口计税凭证；③作为出口国享受配额待遇的通关凭证。产地证主要可分为两大类：普惠制产地证和一般产地证。

（1）普惠制产地证。普惠制（Generalized System of Preference，G.S.P.）是发达国家给予发展中国家的制成品和半制成品的一种关税优惠待遇。这种制度是由给惠国给予受惠国的单方面关税优惠，具有普遍性、非歧视性和非互惠性等特点。取得普惠制待遇后，受惠国必须向给惠国提供政府有关部门签署的G.S.P.产地证，即G.S.P.Certificate of Origin “Form A”。普惠制产地证的签发机构必须经受惠国政府指定，其名称、地址、授权印鉴都必须在给惠国登记，并在联合国贸易和发展会议秘书处备案。

<table>
<tr><td colspan="2">1.Exporter（full name and address）</td><td colspan="3" rowspan="2">CERTIFICATE No.

CERTIFICATE OF ORIGIN
OF
THE PEOPLE'S REPUBLIC OF CHINA</td></tr>
<tr><td colspan="2">2.Consignee（full name and address）</td></tr>
<tr><td colspan="2">3.Means of transport and route</td><td colspan="3" rowspan="2">5.For certifying authority use only</td></tr>
<tr><td colspan="2">4.Destination port</td></tr>
<tr><td>6.Marks and numbers of packages</td><td>7.Description of goods；Number and kind of packages</td><td>8.HS code</td><td>9. Quantity or weight</td><td>10. Number and date of invoices</td></tr>
<tr><td colspan="2">11.Declaration by the exporter

The undersigned hereby declares that the above details and statements are correct；that all the goods were produced in China and that they comply with the Rules of Origin of the People's Republic of China.

Place and date，signature and stamp of authorized signatory</td><td colspan="3">12.Certification

It is hereby certified that the declaration by the exporter is correct.

Place and date，signature and stamp of certifying authority</td></tr>
</table>

图6-7　产地证明书样本

我国普惠制产地证的签发机构为各地的中国海关下设的出入境检验检疫局。给予过我国普惠制关税优惠的40个国家分别为：欧盟27国（法国、德国、意大利、荷兰、卢森堡、比利时、丹麦、爱尔兰、希腊、葡萄牙、西班牙、瑞典、芬兰、奥地利、波兰、捷克、斯洛伐克、匈牙利、马耳他、斯洛文尼亚、立陶宛、拉脱维亚、爱沙尼亚、塞浦路斯、保加利亚、罗马尼亚、克罗地亚）、英国、欧亚经济联盟3国（俄罗斯、白俄罗斯、哈萨克斯坦）、土耳其、乌克兰、加拿大、瑞士、列支敦士登、日本、挪威、新西兰、澳大利亚。不过随着上述国家逐步取消对中国的普惠制待遇，截至目前，只有3个国家继续给予中国普惠制地位。根据《中华人民共和国普遍优惠制原产地证明书签证管理办法》，海关总署决定，自2021年12月1日起，对输往欧盟成员国、英国、加拿大、土耳其、乌克兰和列支敦士登等已不再给予中国普惠制关税优惠待遇国家的货物，海关不再签发普惠制原产地证书。输往上述国家的货物发货人需要原产地证明文件的，可以申请领取非优惠原产地证书。

（2）一般产地证。向给惠国以外的国家出口商品，如果信用证未规定产地证的签发人，出口商可提供由自己签发的产地证。信用证一般都会要求由权威机构出具产地证，如中国国际贸易促进委员会，以维护其准确性和权威性。

2）商品检验证书

商品检验证书（Inspection Certificate）简称商检证，是商品经检验后由检验机构出具的对商品品质、重量、数量、包装、卫生、疫情等情况给予鉴定的书面证明。出具商检证的机构一般都是各国专业性的商品检验和鉴定机构，也有私人或同业公会设立的民间公证机构。商检证的作用主要包括以下几方面：

（1）证明出口货物已达到某些标准。出口方在发货前拿到进口方规定的检验机构签发的商检证，可以减少双方纠纷，明确货物出现品质、数量、残损等问题后双方所负的责任。

（2）计价依据。因为有的货物是按质量等级来计价的，或是价格条款中有关于品质的增减条款，商检证所提供的证明是进出口双方计算价格的依据。

（3）报关验收的证明。各国都会针对各种进出口货物的质量、数量、包装、卫生等制定法律和法规，规定和限制某些检验标准，因此当事人出具的有效商检证就是报关必需的证明文件。

（4）办理索赔时作为仲裁或诉讼的证明文件。进出口双方在货物的品质、数量等方面出现纠纷时，或向保险人或承运人索赔时，商检证是重要的证明文件，也是向仲裁庭或法院举证的有效证件。

检验证书的种类繁多，常见的有品质检验证书、重量检验证明、数量检验证书、兽医证书、卫生检验证书、消毒检验证书、温度检验证书、验舱证书、植物检疫证书等。

3）装箱单

装箱单（Packing List）又称包装单、码箱单或码单，是全面反映货物包装情况的单据，是商业发票的重要补充。在国际贸易中，除了散装货外，一般都需要提供装箱单。它是收货人清点、核对货物以及海关和商检部门验货的主要依据。

装箱单的内容因货物的不同而不同，一般包括合同号码，发票号码，装箱单号码，出单日期，唛头，商品名称，商品及包装规格，每件包装的毛重、净重和数量，进口商或收货人名称及地址，船名，目的地等。装箱单在缮制时应注意其内容与发票和其他单据表达一致。装箱单样本如图6-8所示。

4）船公司证明

船公司证明（Shipping Company's Certificate）是由船公司或承运人提供的证明船舶的国籍、船级、船龄、挂靠港口等事项的文件，通常是出口商应买方或进口国有关当局的要求而提供的。常见的船公司证明有：

（1）船籍证（Ship Nationality Certificate），由船舶登记国主管部门签发，是证明船舶国籍的法律证书。

（2）船龄证（Certificate of Vessel's Age），一般船龄在15年以上的船为超龄船，25年以上的为报废船。许多保险公司对超龄船都不予承保。

（3）航程证（Certificate of Itinerary），用以说明该航次的航线和中途挂靠港口的证书。

（4）船级证（Certificate of Classification），是船舶检验机构对符合入级条件的船舶授予的一种证书，主要记载船舶的技术营运性能，能反映船舶的技术状况，关系到船舶保险费与租金的高低。

（5）收单证明（Receipt for Shipping Documents），为了使进口商及时凭单提货，出口商有时会将一套单据委托给船长随船带交收货人。此时，船长必须签发收单证明。

<table>
<tr><td colspan="7">SHANGHAI FOREIGN TRADE CORP.
SHANGHAI，CHINA</td></tr>
<tr><td colspan="7">PACKING LIST</td></tr>
<tr><td rowspan="4">To:</td><td colspan="3" rowspan="4"></td><td colspan="2">Invoice No.:</td><td></td></tr>
<tr><td colspan="2">Invoice Date:</td><td></td></tr>
<tr><td colspan="2">S/C No.:</td><td></td></tr>
<tr><td colspan="2">S/C Date:</td><td></td></tr>
<tr><td>From:</td><td colspan="2"></td><td colspan="2">To:</td><td colspan="2"></td></tr>
<tr><td>Letter of Credit No.:</td><td colspan="2"></td><td colspan="2">Date of Shipment:</td><td colspan="2"></td></tr>
<tr><td></td><td colspan="2"></td><td colspan="2"></td><td colspan="2"></td></tr>
<tr><td>Marks and Numbers</td><td>Number and Kind of Package; Description of Goods</td><td>Quantity</td><td>Package</td><td>G.W</td><td>N.W</td><td>Meas.</td></tr>
<tr><td></td><td></td><td></td><td></td><td></td><td></td><td></td></tr>
<tr><td colspan="2">TOTAL:</td><td></td><td></td><td></td><td></td><td></td></tr>
<tr><td>SAY TOTAL:</td><td colspan="6"></td></tr>
</table>

图6-8 装箱单样本

5）其他的单据

由于各笔贸易性质的不同或进口商要求的不同，有时还会出现以下一些单据：

（1）受益人声明，是在信用证交易中出口商自己出具的说明已经履行了合同义务的证明。

（2）电报抄本，当出口商向进口商发出电报或电传后，用电报或电传副本来说明其已按进口商的要求做了通知。

（3）中性单据，即买方要求卖方提供的不显示其姓名、国别等资料的单据。

（4）重量/体积证明书，又称货载衡量证书，或简称衡量证书，是以重量或体积为计价单位的商品在装运前由商检机构、公证行、重量鉴定人进行计量后出具的证明书，作为船公司计算运费、安排舱位及出口商履约和办理议付的依据。

主要概念和观念

○ 主要概念

票据　汇票　本票　支票　单据　商业发票　海运提单

○ 主要观念

票据的广义概念和狭义概念　票据的必要项目

基本训练

随堂测6

○ 知识题

▲简答题

（1）汇票有几种形式的抬头？各有什么不同？

（2）汇票的承兑有几种？

（3）各种运输单据中，哪几种是物权凭证？

▲ 填空题

（1）基本单据主要包括运输单据、保险单据和________。

（2）海洋货物运输基本险分为________、________和________。附加险又分为________和________两类。保险单也称正式保单，俗称________，是保险人发给被保险人的保险契约。

（3）商业发票是________开立的，凭以向________收款的发货清单，也是卖方对于一笔交易的全面说明。

（4）“票据在形式上需要记载的必要项目必须齐全”，这是指票据的________。

（5）提单的抬头分三种形式：________、________和________。

▲ 判断题

（1）正当持票人是付对价持票人，但付对价持票人不一定是正当持票人。（　）

（2）汇票注明“Pay to John David not transferable”，John David背书后该汇票可以转让。（　）

（3）本票只能开出一张，而汇票可以开出一套。（　）

（4）干净、整洁的提单即清洁提单。（　）

（5）不记名提单可以通过背书转让。（　）

（6）航空运单代表货物所有权，可以通过背书转让。（　）

（7）指示提单代表货物所有权，可以通过背书转让。（　）

（8）货物外包装上的标志就是运输标志，也就是通常所说的唛头。（　）

▲ 单项选择题

（1）票据是由（　）签发的，无条件约定自己或他人、以支付一定金额为目的、可以流通转让的有价证券。

A.收款人　　B.付款人　　C.出票人　　D.背书人

（2）“PAY TO OR TO THE ORDER OF A SPECIFIED PERSON”是指（　　）。

A.对某人支付　　B.对某人或其指定人支付

C.对持票人支付　　D.某人发出的支付承诺

（3）（　　）是一人向另一人签发的，保证即期或定期或在可以确定的时间，对某人或其指定人或持票人支付一定金额的无条件书面承诺。

A.本票　　B.支票　　C.汇票　　D.票据

（4）下列不属于票据行为的是（　　）。

A.赎单　　B.背书　　C.提示　　D.承兑

（5）下列名词翻译正确的是（　　）。

A.Dishonor：拒付或退票　　B.Acceptance for honor：承兑

C.Guarantee：保兑　　D.Endorsement：提示

（6）远期汇票在承兑前，其主债务人是出票人，承兑后其主债务人是（　　）。

A.出票人　　B.收票人　　C.承兑人　　D.付款人

（7）在国际结算中起中心作用的单据是（　　）。

A.运输单据　　B.商业发票　　C.保险单据　　D.装箱单

（8）（　　）是物权凭证。

A.港至港提单　　B.不可转让海运单

C.航空运单　　D.邮包收据

（9）海运货物保险的基本险别不包括（　　）。

A.平安险　　B.水渍险　　C.一切险　　D.战争险

（10）下列运输单据能背书转让的是（　　）。

A.航空运单　　B.铁路运单　　C.港至港提单　　D.邮包收据

（11）出票人作为票据的主债务人，对（　　）承担在票据提示时付款人一定付款或承兑的保证责任。

A.收款人　　B.背书人　　C.被背书人　　D.付款人

（12）用来证明原产地或制造地，以便供进口国海关采取不同的国别政策和关税待遇的单据是（　　）。

A.Packing List/Weight List　　B.Inspection Certificate

C.Certificate of Origin　　D.Beneficiary's Statement

（13）金融单据不包括（　　）。

A.汇票　　B.本票　　C.支票　　D.发票

（14）支票是以银行为付款人的（　　）。

A.本票　　B.远期汇票　　C.有条件支付命令　　D.即期汇票

（15）一般情况下有两个当事人的票据是（　　）。

A.汇票　　B.本票　　C.支票　　D.传票

▲ 多项选择题

(1) 国际货款收付基本上都是采用非现金结算，其主要工具包括（　　）。

A.货币　　B.支票　　C.汇票　　D.本票

(2) 国际结算的基本单据包括（　　）。

A.商业发票　　B.运输单据　　C.保险单据　　D.检验证书

(3)（　　）不是物权凭证。

A.港至港提单　　B.不可转让海运单

C.航空运单　　D.专递和邮政收据

(4) 下列可通过背书转让的单据有（　　）。

A.海运提单　　B.保险单　　C.检验证明　　D.汇票

(5) 金融单据包括（　　）。

A.汇票　　B.本票　　C.支票　　D.发票

(6) 海运提单的作用有（　　）。

A.是货物收据　　B.是运输合同的证明

C.是物权凭证　　D.是验货依据

▲ 阅读理解

阅读6.1.2“汇票”中的汇票必要项目，谈谈如何判断一张汇票是否可流通。

▲ 技术应用

如果某人不慎将汇票丢失，应如何处理？

○ 技能题

▲ 单项操作训练

A bill of exchange is an unconditional order in writing, addressed by one person to another, signed by the person giving it, requiring the person to whom it is addressed to pay on demand or at a fixed or determinable future time a sum certain in money to or to the order of a specified person or to bearer.

翻译以上内容，并说明该票据有几个当事人。

▲ 综合操作训练

甲交给乙一张经银行承兑的期票，作为向乙订货的预付款，乙在票据上背书后转让给丙，以偿付原欠丙的借款，丙于到期日向承兑银行提示付款，恰遇当地法院公告该行于当天起进行破产清理，因而被退票。丙随即向甲追索，甲以乙所交货物质次为由予以拒绝，并称已于10天前通知银行止付。在此情况下，丙再向乙追索，乙以票据系甲开立为由推诿不理。丙遂向法院起诉，被告为甲、乙与银行三方。你认为法院将如何判决？理由何在？

观念应用

○ 分析题

根据汇票的定义，请判断下列汇票是否构成确定的金额？

1.Pay to the order of A Co.the sum of one thousand US dollars by installments.

2.Pay to the order of A Co.the sum of one thousand US dollars plus interest.

3.Pay to the order of A Co.the sum of one thousand US dollars only.

4.Pay from our No.2 account to the order of A Co.the sum of one thousand US dollars only converted into GBP.

○ 实训题

请完成汇票的填制：Heilongjiang YD Imp.& Exp.Co.，Ltd.从迪拜（Dubai）的Eastern Steel Co.，Ltd.进口钢材一批，价值228 118.80美元。2023年11月20日Heilongjiang YD Imp.& Exp.Co.，Ltd.自中国工商银行（THE INDUSTRIAL AND COMMERCIAL BANK OF CHINA）开立即期信用证，号码为LC25103W084，Eastern Steel Co.，Ltd.于12月22日向HSBC BANK MIDDLE EAST交单托收，请替该公司制作一张汇票。

BILL OF EXCHANGE

EXCHAGE FOR：________

OF THE BILL OF EXCHANGE PAY TO________THE SUM OF________

DRAWN UNDER D/C NO.：________

ISSUED BY：________

TO：________

FOR________

○ 讨论题

请你运用本章所学知识分析在国际结算中最常使用的是商业汇票还是银行汇票，其主要当事人各是谁。

第7章

汇款结算方式

学习目标

知识目标：具有比较强的理解能力和动手能力，掌握汇款结算业务的操作要领与注意事项，并且了解这种业务的主要知识点；了解国际汇款业务的概念、作用；掌握各种主要汇款方式的特点和程序；理解汇款方式在国际贸易中的应用。

技能目标：掌握各种汇款方式的实务操作及单据的填写；了解SWIFT汇款格式及应用；能够运用所学的理论及业务知识进行实践操作，实际处理汇款业务。

素养目标：培养学生遵守职业道德规范，提升金融素养，增强金融安全意识和风险防范意识，树立正确的价值观。

引例　让跨境人民币结算更便利

党的二十大报告提出“有序推进人民币国际化”。2023年3月2日，中国银行官网发布《中国银行支持外经贸企业扩大人民币跨境使用 促进贸易投资便利化行动方案》，提出进一步扩大跨境人民币结算和融资服务规模，提升跨境人民币结算便利化服务水平，更好地满足外经贸企业交易结算、投融资、风险管理等需求。

《中国银行支持外经贸企业扩大人民币跨境使用 促进贸易投资便利化行动方案》主要内容包括：为客户提供综合化金融服务方案，扩大跨境人民币结算和融资服务规模；优化“跨境汇入汇款直通车”服务流程，提升跨境人民币结算便利化服务水平；加大对跨境电商、市场采购贸易等外贸新业态企业支持力度等10个方面的具体举措。

中国银行将人民币国际化业务作为战略业务，全面提升在人民币国际化业务领域的经营质效，为企业提供更加便捷、高效的结算和融资服务。

资料来源　欧阳洁. 中国银行让跨境人民币结算更便利［N］. 人民日报，2023-05-08（10）.

前几章介绍了国际结算的一般内容，以及国际结算中所使用的工具。从本章开始，我们介绍本学科另一个重要的内容——结算方式。结算方式是指在一定的条件下，使用一定的货币结清债权、债务关系的过程中所采用的方式，也就是债务人向债权人偿还债务的方式，因此还可以称为支付方式。

国际结算方式一般划分为汇款、托收和信用证。此外，按资金的流向和结算工具传递的方向，它还可分为顺汇和逆汇。结算工具的传送方向与资本金的流动方向相同，并且是从付款方传递到收款方的结算方式（如图7-1所示），称为顺汇法（Remittance），又称为汇付法，也就是本章所介绍的汇款结算方式；结算工具的传送方向与资本金的流动方向相反的结算方式（如图7-2所示），称为逆汇法（Reverse Remittance），又称出票法，如后几章将要讲到的托收和信用证结算方式。

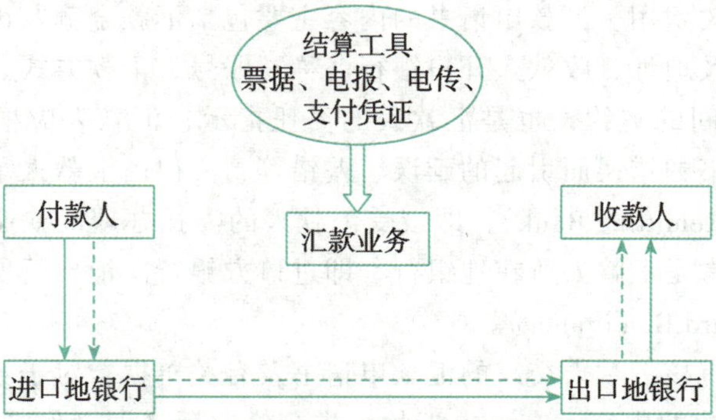

图7-1　顺汇法（实线表示资金的流向，虚线表示结算工具传递的方向）

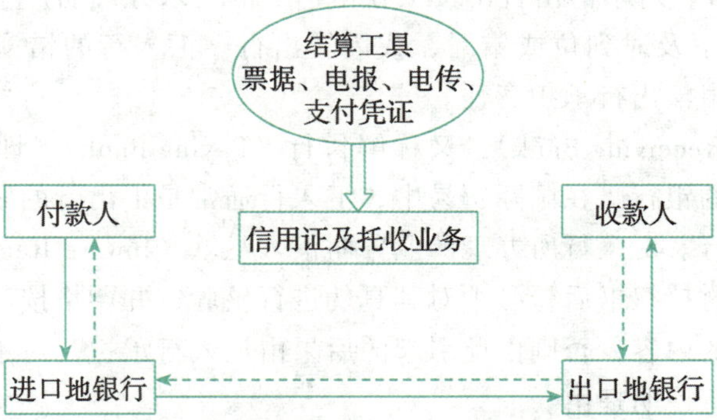

图7-2　逆汇法（实线表示资金的流向，虚线表示结算工具传递的方向）

国际结算方式按其所依据的信用基础可分为以商业信用为基础的结算方式和以银行信用为基础的结算方式。汇款和托收是由债权人和债务人根据他们之间的合同互相提供信用的，故属于商业信用；信用证是银行保证付款的一种凭证，属于银行信用。

7.1　汇款结算方式的基本原理

7.1.1　汇款的概念

汇款也称汇付，指付款人（债务人）主动通过银行或其他途径将款项汇交收款人（债权人）的一种结算方式。它是为解决现金结算的困难而发展起来的，其实质是贸易双方利用银行间的资金划拨渠道，以清偿其债权、债务关系，是建立在商业信用基础上的一种结算方式。这种结算方式程序简单，银行手续费也最少，是最古老的结算方式。

7.1.2 汇款业务的当事人及其权责

汇款业务涉及四个基本当事人，即汇款人、汇出行、汇入行和收款人。

（1）汇款人（Remitter），即付款人，也是债务人，是向银行交付款项并委托银行将该款项交给收款人的当事人。在国际贸易中，汇款人通常是进口商。

汇款人在委托银行汇出款项时，应填写汇款申请书，提供与汇款金额相当的现金或支款凭证并缴纳相关费用。汇款申请书的内容主要包括汇款金额及币种、汇款人姓名及地址、收款人姓名及地址、收款人开户银行名称及账号、汇款方式、汇款附言等。它是汇款人与汇出行之间的契约，也是汇款人的委托指示，汇款人应根据实际情况准确填写。由于汇款申请书的错误而引起的延误、差错等，一律由汇款人承担责任。

（2）汇出行（Remitting Bank），即接受汇款人的委托办理汇款业务的银行。在国际贸易中，汇出行通常是汇款人所在地银行，即进口方银行。汇出行所办理的汇款业务叫作汇出汇款（Outward Remittance）。

汇出行应认真审核汇款人交来的汇款申请书及有关单据，对于不符合要求或会对顺利解付产生不利影响的内容，在要求汇款人进行修改后，即制作支付授权书（Payment Order），交给汇入行。对于汇出行不按汇款申请书的要求办理而产生的差错，由汇出行承担责任；对头寸不及时到位或错漏，或因转出行、汇入行的错漏、延误而引起的问题，根据实际情况由汇出行承担责任。

（3）汇入行（Receiving Bank），又称解付行（Paying Bank），即受汇出行委托，将款项解付给收款人的银行。在国际贸易中，汇入行通常是汇出行的联行或代理行，并且是收款人所在地银行。汇入行所办理的业务叫汇入汇款（Inward Remittance）。

汇入行收到支付授权书后，必须对其真伪进行核验，并严格按其要求办理，不能擅自改变支付授权书的内容，否则由此引起的后果由汇入行承担。对不能解付的汇款，汇入行应及时向汇出行说明理由。

（4）收款人（Payee），即债权人，或称受益人（Beneficiary），是汇款业务中指定的接受汇款的人。在国际贸易中，收款人通常是出口商。收款人在收到汇入行的通知时，即可按要求提供相关材料、凭证进行取款。

在上述当事人中，有可能汇款人与收款人是同一人，这种情况在票汇中比较常见。另外，如果汇出行与汇入行之间没有代理关系，则需要有其他代理行参与，以便代汇出行向汇入行偿付款项。

7.2 汇款结算方式实务

7.2.1 汇款方式的种类及业务流程

根据汇款过程中所使用的支付工具的不同，汇款可以分为电汇、信汇、票汇三种方式，如图7-3所示。在目前的实际业务操作中，信汇已经很少被使用，电汇被普遍采用，票汇一般用于小额支付。由于不同的汇款方式其业务流程是不同的，所以下面我们分别介绍。

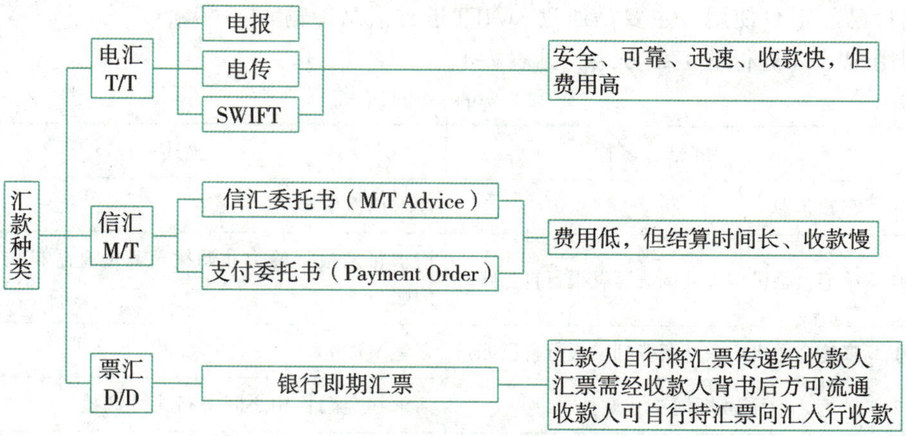

图7-3　汇款方式及特点

1）电汇

电汇（Telegraphic Transfer，T/T）是汇出行应汇款人的申请，用加押电报（Tested Cable）、电传（Telex）或SWIFT形式指示汇入行付款给收款人的一种汇款方式。电汇是使用最广泛的汇款方式，国际银行业经营外汇买卖业务时，以电汇汇率为主。电汇的特点是：

（1）在银行汇款业务中，电汇以电报、电传或SWIFT作为结算工具，优先级别较高，均当天处理完成。

（2）由于交款迅速，银行无法占用电汇资金，汇款人必须承担较高的费用。电汇通常用于紧急款项或大额款项的支付、资金调拨、各种支付指示等。随着电信业的发展，电汇变得更加方便和快捷。

电汇业务的基本程序如图7-4所示。

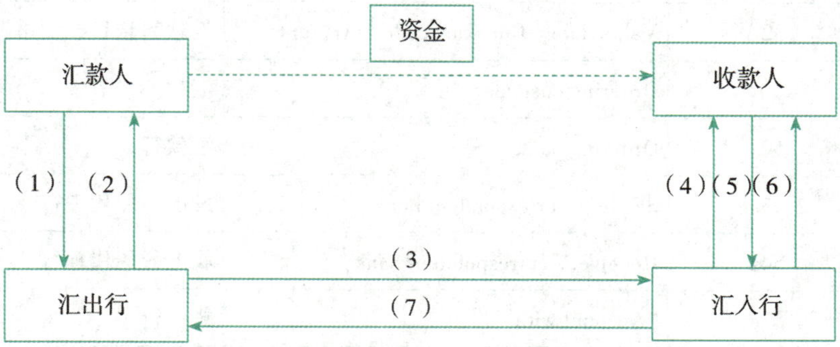

图7-4　电汇业务的基本程序

注：电汇业务的基本程序为：（1）汇款人填写汇款申请书，交款给汇出行，申请书上注明使用电汇方式；（2）汇出行向汇款人开立电汇回执；（3）汇出行根据电汇申请书向汇入行发出电报、电传或SWIFT，委托汇入行解付汇款给收款人，发电后不寄电报证实书；（4）汇入行收到后，核对密押，缮制电汇通知书，通知收款人收款；（5）收款人收到通知书后在收据联上盖章，交给汇入行；（6）汇入行借记汇出行账户取出头寸，解付汇款给收款人；（7）汇入行将借记通知书寄给汇出行，通知其汇款解付完毕，资金从债务人流向债权人，完成一笔电汇。

电汇汇款又可分为以电报或电传方式进行的汇款和利用SWIFT进行的汇款方式，目前电报已经很少使用，主要是通过SWIFT进行信息传输。

利用SWIFT进行的汇款方式，见表7-1。

表7-1 汇款业务的SWIFT格式

报文格式	MT格式名称	描述
MT103	客户汇款	请求调拨资金
MT200	单笔金融机构头寸调拨至发报行自己账户	请求将发报行的头寸调拨至其他金融机构在该行的账户上
MT201	多笔金融机构头寸调拨到发报行自己账户	多笔MT200
MT202	单笔普通金融机构头寸调拨	请求在金融机构之间进行头寸调拨
MT203	多笔普通金融机构头寸调拨	多笔MT202
MT204	金融市场直接借记电文	用于向SWIFT会员银行索款
MT205	金融机构头寸调拨执行	国内转汇请求
MT210	收款通知	通知收报行：它将收到头寸记在发报行的账户上

表7-2是MT103，即客户汇款所使用的SWIFT的电文格式。

表7-2 MT103电文格式

M或是O	Tag项目编号	Field Name	项目名称
O	15	Test key	普通密押
M	20	Transaction reference number（TRN）	业务参考号
M	32A	Value date，Currency code，Amount	汇款起息日、货币符号、金额
M	50	Ordering customer	汇款人
O	52x	Ordering bank	汇款行
O	53s	Sender's correspondent bank	发电行的代理行
O	54s	Receiver's correspondent bank	收电行的代理行
O	57s	“Account with” bank	账户行
M	59	Beneficiary customer	收款人
O	70	Details of payment	付款细节或汇款人附言
O	71A	Details of charges	汇费
O	72	Bank to bank information	指银行与银行之间的附言

注：M=Mandatory Field（必选项目）；O=Optional Field（可选项目）。

在加入SWIFT的银行的终端机上直接会有上述电文提示，在具体进行汇款业务时，只要按提示填写项目内容就可以进行电汇了。

小思考7-1

分析提示

小思考7-1

我国银行在办理汇款业务时要遵循哪些规定?

《货物贸易外汇管理指引》（以下简称《指引》）第三条规定境内机构的贸易外汇收支应当具有真实、合法的交易背景，与货物进出口一致，因此，在办理汇款业务时要企业提供相应的合同等资料来证明其汇款的真实性和合法性。第四条要求经营结汇、售汇业务的金融机构应当对企业提交的贸易进出口交易单证的真实性及其与贸易外汇收支的一致性进行合理审查。国家外汇管理局及其分支机构（以下简称外汇局）依法对本指引第二条、第三条、第四条规定的事项进行监督检查。同时，第六条规定，外汇局建立进出口货物流与收付汇资金流匹配的核查机制，对企业贸易外汇收支进行非现场总量核查和监测，对存在异常或可疑情况的企业进行现场核实调查，对金融机构办理贸易外汇收支业务的合规性与报送相关信息的及时性、完整性和准确性实施非现场和现场核查。

《指引》第二章“企业名录管理”第十条规定，外汇局实行“贸易外汇收支企业名录”（以下简称名录）登记管理，统一向金融机构发布名录。金融机构不得为不在名录内的企业直接办理贸易外汇收支业务。第十一条规定，企业依法取得对外贸易经营权后，应当持有关材料到外汇局办理名录登记手续。因此，银行在办理汇款业务时要核查企业名录。

第六章“分类管理”中明确指出，外汇局应对企业按遵守外汇管理规定情况进行核查比对，根据核查结果，将企业分成A、B、C三类。对A类企业贸易外汇收支，适用便利化的管理措施，可以直接办理贸易收支业务。对B、C类企业的贸易外汇收支，在单证审核、业务类型及办理程序、结算方式等方面实施审慎监管。对B类企业贸易外汇收支实施电子数据核查管理，超出授信额度要依规由外汇局进行核查，而C类企业贸易外汇收支业务以及外汇局认定的其他业务，每笔都要由外汇局实行事前登记管理，金融机构要凭外汇局出具的登记证明为企业办理相关手续。

2）信汇

信汇（Mail Transfer，M/T）是汇出行应汇款人的申请将信汇委托书或支付委托书用航空信函邮寄给汇入行，授权汇入行付款给指定收款人的一种汇款方式。目前这种方式在实务中已经很少使用。

3）票汇

票汇（Banker's Demand Draft，D/D）是汇出行应汇款人的申请，代汇款人开立以其分行或代理行为解付行的银行即期汇票，支付一定款项给收款人的汇款方式。

汇票需要邮寄或汇款者携带，时间较长，收费较低。汇票本身是一张独立的票据，可以对其进行背书而实现流通和转让。这样一来，收款人就可以向任何一家愿意接受汇票的银行转让汇票而获得资金。对收款人来说，汇票的主动性和方便性比信汇要强得多。然而汇票遗失或被窃的可能性较大，一旦发生这样的情况，需要挂失止付，颇为麻烦，所以金额相对小、收款不急迫的汇款可以采取票汇方式。票汇中所使用的汇票式样如图 7–5 所示。

not negotiable

Bank of China

This draft is valid for one year from the date of issue.

NO.________

AMOUNT_____

TO:________________

PAY TO____

THE SUM OF____________________________________

PAY AGAINST THIS DRAFT TO THE ________________________

DEBIT OF OUR　　　　　ACCOUNT　　　　　BANK OF CHINA, SHENYANG

(signature)

图7–5　银行汇票样本

从图 7–5 的汇票格式可以看出，票汇中所使用的银行即期汇票的收款人是汇款的收款人，出票人是汇出行，付款人是汇入行，票面没有表示付款期限，就是即期汇票，所以其也可以视为一张银行支票。这种汇票可以经背书后转让流通。图 7–5 中作了划线处理，这使得这张汇票只能作为支付工具而不可流通。出票行这样做的目的是限制收款人将其转让。

7.2.2　汇款的偿付与退汇

1）汇款的偿付

汇出行在办理汇出汇款业务时，应及时将汇款金额拨付给解付汇款的汇入行，这称为汇款偿付（Reimbursement），俗称拨头寸。拨头寸是汇款结算方式中的一个重要环节。汇入行是在接到国外汇款头寸报单，或者接到可以立即借记国外汇款行账户的通知后才办理解付的，故在进行汇款时，在汇款通知书上需写明偿付指示，规定汇款中拨头寸的办法。根据汇出行与汇入行开设账户的情况，有以下几种调拨头寸的方法：

（1）账户行之间的直接转账。它又分为两种情况：

第一，主动贷记。汇入行在汇出行开有账户时，汇出行首先要将相应头寸主动贷记（Credit）汇入行在汇出行的账户，支付委托书上注明的偿付指示是“In cover, we have credited your A/C with us.”汇入行收到委托书后，使用头寸解付汇款给收款人，如图7-6所示。

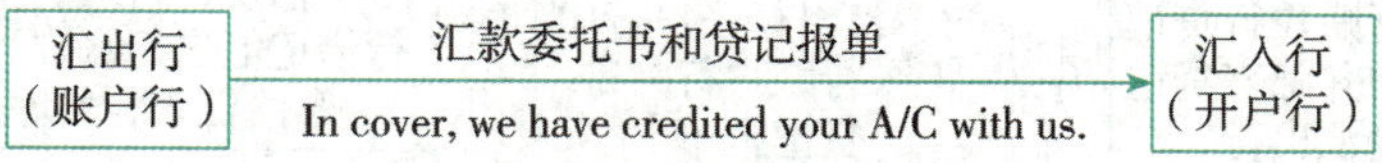

图7-6 主动贷记方式转账流程

第二，授权借记。汇出行在汇入行开有账户时，可授权汇入行借记汇出行账户，汇出行在支付委托书上注明的偿付指示为“In cover，please debit our A/C with you.”汇入行收到支付委托书后，凭授权借记汇出行账户，拨出头寸解付给收款人，同时寄送借记报单通知汇出行，如图7-7所示。

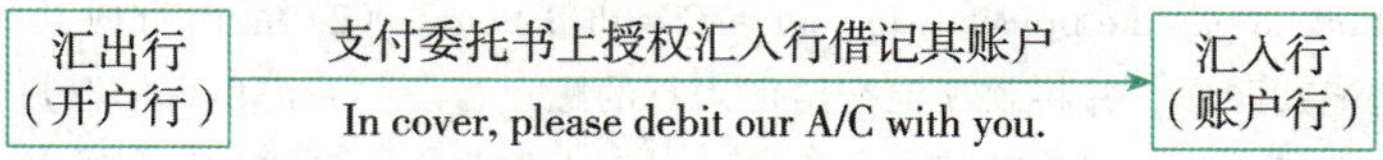

图7-7 授权借记方式转账流程

（2）共同账户行转账。汇出行和汇入行相互之间没有往来账户，但在同一代理行开立往来账户的，可用共同账户转账进行偿付。汇出行在支付委托书上所作的偿付指示是“In cover，we have authorized ×× Bank to debit our A/C and credit your A/C with them.”这家共同的账户行在收到汇出行的付款指示后，可以先借记汇出行的账户，再贷记汇入行的账户，然后向汇入行发出贷记通知，如图7-8所示。

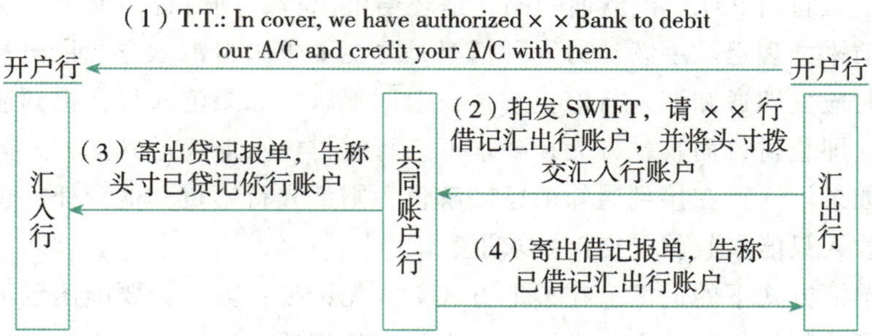

图7-8 共同账户行转账流程

注：（1）汇出行向汇入行拍发电传，发出汇款委托书，并注明拨头寸的指示：T.T.：In cover，we have authorized ×× Bank to debit our A/C and credit your A/C with them.（2）汇出行向与汇入行的共同账户行拍发电传，发出付款指示，指示借记其账户行并贷记汇入行账户。（3）共同账户行贷记汇入行账户，同时发出贷记通知。（4）共同账户行借记汇出行账户，同时发出借记通知。

（3）各自账户行转账。汇出行和汇入行相互之间没有往来账户，而且没有在同一代理行开立往来账户，但它们各自的账户行之间有账户往来的，汇出行可以指示其账户行（A Bank）拨付头寸给汇入行的账户行（B Bank）开立的账户。汇出行的偿付指示为“In cover，we have instructed A Bank to pay the proceeds to your A/C with B Bank.”如图7-9所示。

2）退汇

汇款在解付之前，有可能被撤销而将款项退还给汇款人，这种情况就是退汇。退汇的原因主要有两方面：一方面可能是来自收款方，如拒领，或因死亡、迁移、公司倒闭

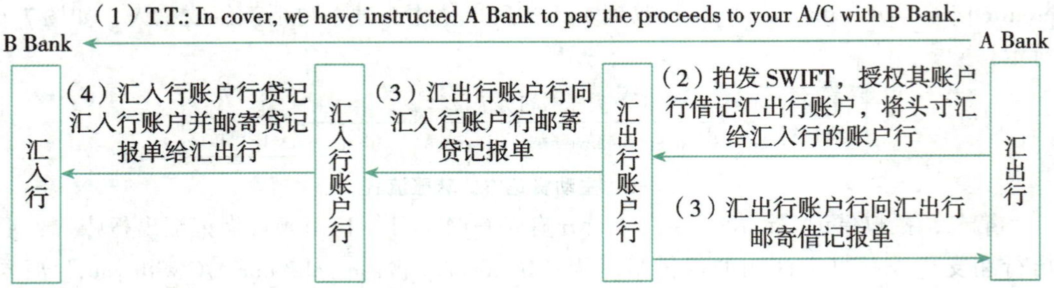

图7-9　各自账户行转账流程

注：(1) 汇出行向汇入行拍发电传，发出汇款委托书，并注明拨头寸的指示：T.T.: In cover, we have instructed A Bank to pay the proceeds to your A/C with B Bank。(2) 汇出行向其账户行发出付款指示，指示账户行借记其账户，并将款项汇交给汇入行的账户行。(3) 汇出行的账户行借记汇出行在其处的账户，贷记汇入行的账户行在其处的账户，并向汇入行账户行发出贷记报单及向汇出行发出借记报单。(4) 汇入行的账户行贷记汇入行在其处的账户，并将贷记报单发送给汇入行。

等客观原因使汇入行无法通知收款人；另一方面可能是来自汇款方，如汇款人因故撤回资金等。而在票汇中，因汇票遗失、被窃或毁损等，汇款方和收款方都有可能要求挂失止付或者重新开票。

(1) 在电汇和信汇方式下的退汇。一种情况是收汇方要求退汇，或是退汇原因来自收汇方，则汇入行将P.O.（汇款通知书）退还给汇出行，同时说明原因，然后由汇出行通知汇款人前来办理退款手续。另一种情况是退汇要求来自汇款方。汇出行接到汇款人的退汇要求时应立即通知汇入行停止解付，退回汇款。如果汇入行在接到通知前尚未解付，便可以立即止付，而收款方无权要求汇入行解付，只能通过其他方式同汇款人交涉要求付款；如果汇入行在接到通知前已经解付，则汇入行不负其他责任，也无须向收款方追索，汇款人只能同收款人交涉要求退款。

(2) 在票汇方式下的退汇。在票汇方式下，无论哪一方，只要能出示汇票就可以申请止付退汇了。如果是收款方要求退汇，则只需将汇票寄还给汇款方，由汇款人自己去汇出行办理退汇手续就可以了；如果是汇款方在将汇票交予收款人之前想要收回汇款，则将汇票交还汇出行注销汇款即可。但是，如果申请退汇人不能出示汇票，则无法退汇。因为汇出行是汇票的出票人，如果票据仍在市场上流通转让，汇出行对任何合法的善意持票人负有无条件付款的责任，所以在收回汇票前不能退汇。根据各国票据法的规定，如果汇票因丢失、被盗或毁损等原因而丧失，汇款人可向汇出行申请止付，重新出票，或要求作出裁决。

7.3　汇款在国际贸易中的应用

汇款是银行汇付款项最简单的方式，使用这种方式时，银行只提供账户划拨款项的服务，而不涉及银行信用。汇款方式既适用于非贸易结算，也适用于贸易结算。在国际贸易中，双方以汇款方式结算时，根据货款汇付和货物运送时间顺序的不同，可以分为预付货款（Payment in Advance）和货到付款（Payment after Arrival of Goods）两种类型。

7.3.1 预付货款

预付货款，又称先结后出，是进口商先将货款汇付给出口商，出口商收到款项后再发货的汇款结算方式。此方式对进口商来说是预付货款，对出口商来说则是预收货款；对银行来说，预付货款属于汇出款项，预收货款属于汇入款项。预付货款是建立在买卖双方签订的贸易合同的基础上的。它主要出现在以下几种情况之下：

（1）双方交易的是紧俏的买方急需的商品。由于货源有限，进口商为了保证购得货物，占领市场，不得不答应出口商提出的预付货款条件，或者是为了在同类竞争者中形成优势，主动提出这种优惠条件来吸引卖方。

（2）进出口双方关系十分密切。一方面，双方可能是长期合作的伙伴关系，互相信赖，信用可靠；另一方面，出口商是国际上信誉极好、信用级别较高的大公司，一般不会出现信用问题。此外，进出口商可能是同属于一家公司的两家分公司，或是母公司与子公司的关系。在以上这些情况下，交易双方较少出现信用问题，用汇款方式结算比较方便。

（3）进口商信誉不佳，或出口商对进口商的资信不了解，因此提出对方预付货款才能发货，以避免承担不能按期收汇的风险。

（4）出口商资金匮乏，只能要求进口商预付货款以购买原材料组织生产或组织货源，之后才能向进口商发货。

（5）在大型机械设备、运输工具等大宗贸易中，或是专为进口商定制的商品买卖中，出口商往往要求进口商预付一定比例的货款，称为定金。此外，大宗贸易常采用分期付款的方式。这种定金和分期付款大多又采用汇款方式。

预付货款的结算方式有利于出口商，而不利于进口商。其不但占压了进口商的资金，而且使进口商承担着出口商可能不履行交货或交单义务的风险。因此，为防范风险，一方面，进口商需事先了解出口商的资信情况；另一方面，进口商有时为了保障自己的权益，降低预付货款的风险，一般要通过银行与出口商达成解付款项的条件协议，常称为“解付条件”。它由进口商在汇款时提出，由解付行在解付时执行。

7.3.2 货到付款

货到付款又称先出后结，是出口商先发货，待进口商收到货物后，立即或在一定时间内将货款汇交出口商的一种汇款结算方式。这种方式实际上属于赊销或延期付款。在这种结算方式下，进口商掌握了依货付款的主动权，并且可以不用收货后立即付款，这对出口商十分不利。货到付款可分为售定（Goods Sold）和寄售（Sold on Consignment）两种。

（1）售定。它是指进口商收到货物后按事先定妥的货物价格将货款汇交给出口商。货价是确定的，付款时间一般是货到即付，也可以按合同的规定付款，习惯上也称这种方式为“先出后结”，即先出口，后结汇。使用售定方式结算通常有以下两种情况：

其一，快销商品，如鲜活商品等。我国广东、广西、福建等省区经常向周边国家出口鲜活商品，如牛、羊、猪、鸡、鸭、鱼、鲜花、蔬菜等。由于这些商品不能积压，为了保持鲜活，出口商采用随到随出、提单随船带交进口商的方式，由进口商按实际收到的货物汇付货款。

其二，经常进出口的一般性日用消费品，由于进出口商之间的交易比较有规律，业务关系较密切，为简化手续或节省费用，可以采用售定的方式。

（2）寄售。它是指出口商出运货物后，委托国外进口商代卖，价格未定，有时也规定最低价格，进口商将货物卖出后，扣除佣金，将款项汇给出口商。寄售的出口商称为委托人，接受寄售委托的进口商称为受托人。他们之间通常有委托寄售协议。寄售的一切运费、保费、杂费、佣金等均由委托人负担，从销售所得中扣除，受托人将净款汇寄给委托人。在寄售方式下，出口商除了要承担进口商的信用风险之外，还要承担价格涨落的风险，所以对出口商最为不利。使用寄售方式通常有以下三种情况：

第一，滞销商品的促销。因为出口商的商品销路不畅或市场有限，采用寄售方式在国外市场上促销。

第二，新产品开拓海外市场。为了打开国外市场，出口商经常需要将新产品寄交海外的进口商，由其代卖，以争取占领国际市场。采用这种寄售方式，一般是以推销为目的的。

第三，剩余货物的处理。出口商在参加完国外的商品交易会、展销会、博览会后，剩余的货品或样品一般交由当地的经销商以寄售的方式处理掉。

7.3.3 汇款的特点

（1）商业信用。汇付虽然是以银行为媒介进行国际结算，但银行在汇付业务中只是处于受托人的地位，仅承担收付委托款项的责任，而对买卖双方在履行合同时的义务不提供任何担保。出口商在装运货物后能否顺利收回货款，进口商在预付货款后能否收到与合同相符的货物，这些都分别取决于进出口双方的信用，所以汇付的基础是商业信用。

（2）风险大。对预付货款的买方或货到付款的卖方来说，一旦付了款或发了货就失去了制约对方的手段，能否按时收货或能否按时收汇，完全取决于对方的信用，如果对方信用不好，很可能钱货两空。因此，买卖双方必定有一方要承担较大的风险。

（3）资金负担不平衡。对预付货款的买方或货到付款的卖方来说，资金负担较重，整个交易过程中需要的资金，几乎全部由他们来承担，资金负担极不平衡。

（4）手续简便，费用低廉。汇付方式与托收和信用证方式相比，手续比较简单，银行的手续费也较低。因此，在交易双方相互信任的情况下，或者在跨国公司的不同子公司之间，或公司内的贸易结算，均可采用汇付方式。

主要概念和观念

○ 主要概念

汇款　电汇

○ 主要观念

汇款资金偿付的方法及流程

基本训练

○ 知识题

随堂测7

▲ 简答题

（1）什么是电汇？具体的业务程序是怎样的？

（2）试分析汇款业务当事人之间的相互关系。

▲ 填空题

（1）汇款结算方式一般有四个当事人：汇款人、收款人、________和________。

（2）在“先出后结”方式中，对出口商来说________比________风险更大。

（3）汇出行在汇入行设有清算账户时，汇入行可根据授权在解付汇款后________对方账户。

（4）结算按资金的流向和结算工具的传递方向分类有________和________两大类别。

（5）按照汇款使用的支付工具不同，汇款可分为三种方式，其中以________最为快捷、使用最为广泛。

▲ 判断题

（1）信汇、票汇、电汇三种汇款方式中，付款行查验汇款真实性的方法相同，都是查验汇出行的签字。（　）

（2）办汇款结算都是通过银行来传递资金的，所以是以银行信用为基础的结算方式。（　）

（3）未开设清算账户的两家银行之间发生汇款业务时，至少需要通过一家碰头行才能结清头寸。（　）

（4）汇款方式目前广泛应用于国际贸易货款结算。（　）

（5）汇入行解付汇款必须严格按照汇出行的支付委托书执行，收到支付委托书后只有电汇和信汇才应该验收印鉴密押。（　）

▲ 单项选择题

（1）属于汇付活动当事人的是（　）。

A.委托人　B.汇出行　C.解付行　D.索偿行

（2）伦敦一家银行委托国外代理行向收款人办理汇款解付头寸调拨，可以（　）。

A.主动借记对方账户　B.主动贷记对方账户

C.授权借记对方账户　　D.授权贷记我方账户

(3) 适宜采用电汇结算的债权债务一般是（　　）。

A.零星的、小额货款　　B.付款时间紧急的大额货款

C.贸易从属费用　　D.不紧急的款项

(4) 采用寄售方式来出售商品时，（　　）承担的风险很大。

A.进口商　　B.代销商　　C.银行　　D.出口商

(5) 汇款人在委托汇出行办理汇款时要出具（　　），它是汇款人与汇出行之间的契约。

A.汇票通知书　　B.支付委托书　　C.汇款申请书　　D.电报证实书

▲ 多项选择题

(1) 预付货款对出口商有利，是因为（　　）。

A.货物未发出，已收到一笔货款，等同于得到无息贷款

B.收款后再发货，降低了货物出售的风险，如果进口商毁约，出口商可没收预付款

C.出口商可以充分利用预收货款，甚至可在收到货款后，再购货发出

D.货物到手前付出货款，会造成进口商资金周转困难及利息损失

(2) 票汇的特点有（　　）。

A.取款灵活

B.汇票可代替现金流通

C.票汇是由汇款人自己将汇票寄给收款人或自己携带出国，并根据收款人的方便，在有效期内随时到银行取款

D.票汇汇入行无须通知收款人取款，是由收款人持汇票登门自取

(3) 进口商为防范预付货款风险，可以（　　）。

A.收款人取款时，要出具个人书面担保或银行保函

B.收款人取款时，保证提供全套货运单据

C.凭借进口商与出口商之间的信誉

D.向出口商提出对进口商品折价支付，作为抵补预付货款造成的资金利息损失

(4) 汇款当事人之间具有委托与被委托关系的有（　　）。

A.汇款人与收款人　　B.汇款人与汇出行

C.汇出行与解付行　　D.汇入行与收款人

(5) 在（　　）结算方式中，汇入银行需要通知收款人来领取汇款。

A.信汇　　B.票汇　　C.电汇　　D.信用证

▲ 阅读理解

阅读本章中关于三种汇款方式的介绍，分析三种方式各有何特点。

▲ 技术应用

某国内厂商参加了在法国举行的新产品展销会，会后其携带的展品和样品想在当地处理掉，请问选用何种销售及结算方式比较合适？

○ 技能题

▲ 单项操作训练

画图说明电汇业务的具体流程。

▲ 综合操作训练

请根据以下MT103汇款业务报文，回答所列问题。

*****NETWORK ACKNOWLEGEMENT *****

ACK *20/TRANSACTION REFERENCE NUMBER

ACK * HLJBOFA35007468H

ACK *23B/BANK OPERATION CODE

ACK * CRED

ACK *32A/VALUE DATE，CURRENCY AND AMT

ACK *190531 USD80 412.12

ACK *

2023-03-07

ACK *　US Dollar

ACK *　80412，12

ACK *50K/ORDERING CUSTOMER

ACK */3514001245127851145

ACK * HARBIN LONGYU IMPORT AND EXPORT Co.，Ltd.

No.2，XINGFU ROAD，DAOLI DIST

ACK *3/CN/HARBIN

ACK *59A/BENEFICIARY CUSTOMER

ACK */NF141nnonnnnncazOTTBBA

576842158631

TOCOO PRODUCTS，INC.

MARK IV AUTOMOTIVE 5665 EAST OUTER DRIVE MIAMI FL，

U.S.A.

ACK *70/DETAILS OF PAYMENT

ACK * EQUIPMENT FEE

ACK *71A/DETAILS OF CHARGES

ACK * SHA

ACK * 2301000002015396 42A101

交易编码：

汇款人名称：

收款人名称：

付款金额：

附　　言：

费用负担方：

观念应用

○ 案例题

1.东方国际集团上海市对外贸易有限公司（以下简称上海外贸）与匈牙利金城豪克国际贸易责任有限公司（以下简称豪克公司）签订了一份95HTI4E025销售合同，约定：由上海外贸供给豪克公司不同规格的儿童棉服和儿童羽绒服，货物总计数量为28 000件，总金额为365 600美元，装运数量允许有5%的增减，价格条件为CIF布达佩斯，装运口岸为中国上海，目的地为匈牙利布达佩斯，付款条件为提单日后70天内电汇付款。销售合同签订后，上海外贸按合同约定在最迟装运期前将货物装上船只，取得提单并交给豪克公司。但货物到港后，一部分被匈牙利海关没收，一部分下落不明，豪克公司因此拒绝付款，上海外贸遭受很大损失。

问题：试用所学的知识对这一案例加以评述。

2.某年某月某日，上海A银行某支行有一笔美元汇出汇款通过其分行汇款部办理汇款，分行经办人员在审查时发现汇款申请书中收款银行一栏只填写了“Hong Kong and Shanghai Banking Corp.Ltd.”（汇丰银行），而没有具体的城市名和国家名，由于汇丰在世界各地有众多的分支机构，汇出行的海外账户行收到这个汇款指令时肯定无法执行。为此，经办人员即以电话查询该支行的经办人员，后者答称当然是香港汇丰银行，城市名称应该是香港。本行经办人员即以汇丰银行香港分行作为收款人向海外账户行发出了付款指令。事隔多日，上海汇款人到支行查询称收款人告知迄今尚未收到该笔款项，请查询于何日汇出。分行汇款部当即再一次联系海外账户行，告知收款人称尚未收到汇款，请复电告知划付日期。账户行回电称，该笔汇款已由收款银行退回，理由是无法解付。这时，汇出行再仔细查阅了汇款申请书，看到收款人的地址是新加坡，那么收款银行理应是新加坡的汇丰银行而不是香港的汇丰银行，在征得汇款人的同意后，重新通知其海外账户行将该笔汇款的收款银行更改为“Hong Kong and Shanghai Banking Corp.Ltd., Singapore”，才最终完成了这笔汇款业务。

问题：试用所学的知识对这一案例加以评述。

○ 实训题

登录国内外各大商业银行网站，了解其国际汇款业务的范围及收费情况，并分析该项业务在国际贸易中的应用前景。

○ 讨论题

利用汇款方式结算，有时买卖双方都无法获得保障，所以一定要谨慎使用，那么请谈谈在国际贸易中，在什么情况下可以选择这种结算方式。

第8章

托收结算方式

学习目标

知识目标：掌握托收方式的概念、种类、特点，理解托收方式的当事人和托收业务流程，熟悉托收业务的融资方式和风险防范措施。

技能目标：通过实验教学，掌握进出口托收业务操作程序；具有比较强的综合分析能力和实际操作能力，能够从理论和实践教学中掌握基本知识点，能够运用基本原理进行案例分析和实践操作。

素养目标：培育学生的家国情怀；具备诚信精神和契约精神；遵守相关法律、法规和行业规范；培养团队协作和沟通能力，能够与客户进行良好的沟通；增强风险防范意识。

引例　扛不住了！埃央行宣布取消跟单信用证制度，恢复托收！

2022年12月29日，埃及央行宣布取消跟单信用证制度，恢复托收单据处理所有进口业务。

埃及央行在其网站上发布的通知称，取消决定参考了2022年2月13日发布的通知，即在实施所有进口业务时停止处理托收单据，仅在进行进口业务时处理跟单信用证，以及随后决定的例外情况。

这总算能让埃及进口商松一口气，要知道，因进口商开不出信用证，导致大量进口货物积压在埃及的港口无法清关。目前，埃及港口积压的进口货物价值约95亿美元。并且在埃及实施信用证新规后，由于外汇短缺、实施信用证政策等原因，埃及进口商取得原材料、成品均面临诸多困难，一些工厂完全或基本停产。

近日，埃及总理马德布利表示，政府将尽快解决港口货物积压问题，并每周公布积压货物放行情况，包括货物种类和数量，确保生产和经济正常运行。

2022年，埃及出台了一系列进口管控“骚操作”，令不少外贸人叫苦不迭——好不容易适应了ACID新规，又来了外汇管制！

2022年2月14日，埃及央行宣布，从3月份起，埃及进口商仅可使用信用证进口商品，并指示银行停止处理出口商托收单据。这一决定是为了埃及政府加强进口监管，减少对外汇供应的依赖。

2022年3月24日，埃及央行再次收紧对外付汇并规定部分商品在未得到埃及央行批复前不得签发跟单信用证，进一步加强外汇管制。

2022年4月17日，埃及进出口控制总局（GOEIC）决定停止从814家外国及埃及本地工厂、公司进口产品，名单中的企业来自于中国、土耳其、意大利、马来西亚、法国、保加利亚、阿联酋、美国、英国、丹麦、韩国和德国等国。

2022年9月8日，埃及财政部决定自当日起，将海关美元价格上调至19.31埃镑，从国外进口商品的汇率将采用该汇率。这一新的海关美元汇率水平达到了历史新高，高于埃及中央银行规定的美元汇率。照埃镑这个贬值速度，埃及进口商进口成本在不断上升。

2022年10月27日，埃及央行发布通知，将被排除在该决定之外的货物价值从5 000美元或等值的其他货币增加到50万美元或等值的其他货币，并宣布逐步取消进口限制直至年底前完全取消。现在埃及客户终于可以不用再等银行开证，能够正常开展进口业务了。

资料来源　新浪财经. 出口商请注意！这个国家宣布取消跟单信用证制度，恢复托收单据！[EB/OL]. [2024-01-02]. https: //finance.sina.com.cn/money/forex/forexinfo/2023-01-04/doc-imxyzwwc5799150.shtml.

托收结算方式是国际贸易中常用的结算方式之一，是出口商（债权人）为向国外进口商（债务人）收取销售货款或劳务价款，开具汇票和货运单据委托出口地银行通过在进口地的联行或代理行代向进口商收款的结算方式。这是一种以商业信用为基础的结算方式，显然对一方有利，而对另一方不利。鉴于当今世界市场是买方市场这一情况，作为出口商想通过支付方式给予对方优惠来开拓市场，采用托收和赊销等商业信用方式现已成为国际贸易货款支付方式的发展趋势。

在国际贸易中，各国银行在办理托收业务时，往往由于当事人各方对权利、义务的不同解释和各国商业银行业务做法上的差异，因而导致争议和纠纷。国际商会（ICC）为调和各有关当事人之间的矛盾，以利国际贸易和金融活动的开展，于1958年草拟了《商业单据托收统一规则》，并建议各国银行采用该规则。此后，国际商会于1978年对该规则进行了修订，更名为《托收统一规则》。

国际商会于1979年出版了《托收统一规则》(Uniform Rules for Collections，编号第322号出版物，简称URC322)，得到了广泛的欢迎，各国纷纷遵照执行。1995年，国际商会又对《URC322》作了修订，以第522号出版物的形式出版了新的《托收统一规则》(简称URC522)，并于1996年1月1日起执行。

8.1　托收结算方式的基本原理

8.1.1　托收方式及其当事人

1）《托收统一规则》关于托收（Collection）的定义

托收，即委托收款。《URC522》第2条对托收的定义是：托收（Collection）意指银行根据所收到的指示，处理金融单据或商业单据，以求：①获得付款及/或承兑，或②凭付款交单及/或承兑交单，或③按照其他条款和条件交付单据的行为。

上述所提的“金融单据”又指资金单据，是指汇票、本票、支票或其他类似的可用于获得款项支付的凭证；“商业单据”是指发票、运输单据、物权单据或其他类似单据，或除金融单据以外的任何其他单据。该定义是对用于国际贸易结算和国际非贸易结算的托收方式的广义概括。

在国际贸易托收中，出口地银行受出口商委托，收受单据并委托进口地代理行收取货款，此项业务称为出口托收（Outward Collection）。进口地银行受出口地银行的委托，向进口商提示单据，并将收妥款项汇交出口地联行或代理行，此项业务称为进口代收（Inward Collection）。

出口商与托收银行之间、托收银行与代收银行之间只是一种代理关系。无论是托收银行还是代收银行，在跟单托收方式中，只是对进出口货物的安全性、收汇的及时性负有道义上的责任，至于进口商能否按照规定的交单条件付款赎单，完全取决于其付款的能力和付款的愿望，银行并不承担付款的责任。因此，托收结算方式对进出口商双方来说，利益风险很不平衡，对出口商而言，其风险要更大一些。

2）托收的当事人

（1）委托人（Principal）。委托人是委托银行办理托收业务的当事人。由于委托人通常开出汇票委托银行向国外付款人代收货款，因此，委托人也称为出票人，在进出口贸易中，通常为出口商。

（2）托收行（Remitting Bank）。托收行又称委托行或寄单行，是接受委托人的委托，转托国外银行代为收款交单的出口地银行。托收行对单据的正确性不负责任，对于因委托人的指示，利用外国银行的服务而发生的一切费用和风险，托收行也不负责任。

（3）代收行（Collecting Bank）。代收行是接受托收行的委托代为向付款人收款的银行，一般为托收行在进口商所在地的分行或代理行。代收行应遵照托收行的指示，尽快向付款人提示汇票，要求其付款或承兑，并在付款或承兑后，及时通知托收行。

（4）付款人（Drawee）。付款人是依据托收指示而接受指示的人，是对托收项目承担最终付款责任的当事人，也是接受有关提示单据的当事人。如果托收中使用了金融单据，付款人应是金融单据中记明的付款人，在贸易托收中必定是进口商。

（5）提示行（Presenting Bank）。提示行是指向付款人提示汇票和托收单据的银行，属于代收行系列。代收行可以兼任提示行，当托收行委托的代收行与进口商之间没有账户关系时，可以由代收行委托的与进口商有账户往来关系的银行担任提示行，向进口商提示单据。

（6）需要时的代理（Case of Need）。这是委托人指定的在付款地的代理人，其作用是在付款人拒绝付款、拒收货物时，代表委托人接受单据并处理货物。如为货物办理存仓、投保、重新议价、转售及运回等事宜。需要时的代理可以为委托人对汇票做参加承兑或参加付款以取得单据，但是除非委托人在托收申请书中明确记载需要时的代理的名称、地址及权限，否则有关银行不接受需要时的代理的任何指示。

托收当事人的关系，以托收行为中国银行为例，如图8-1所示。

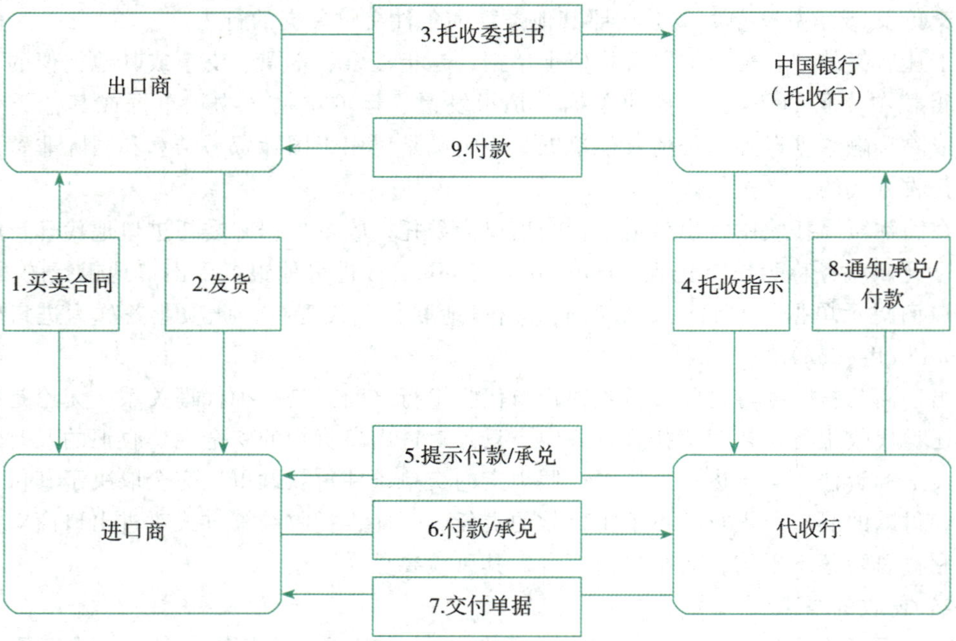

图8-1　托收当事人关系

3）托收方式的特点

（1）托收属于逆汇。托收是建立在商业信用基础上的一种结算方式，其最大特点就是“收妥付汇、实收实付”。出口商以开具汇票的方式，委托当地银行向进口商收取款项。因此托收结算工具的传递方向与资金流动方向相反，故称为“逆汇法”（Honour of Draft/Reverse Remittance）。

（2）比汇款安全。在承兑交单方式下，虽然进口商付款前已取得单据提取货物，出口商风险较大，但与货到付款相比，托收方式下出口商获得了一张已由进口商承兑的汇票，而且出口商可在汇票到期前以贴现方式提前取得货款。对进口商来说，只要付了款或做了承兑，即可取得货权单据，从而得到货物，比预付货款安全。因此，对进口商来说，托收比预付货款安全；对出口商来说，托收比货到付款安全。

（3）收款依靠商业信用。托收属于商业信用，银行办理托收业务时，既没有审核货运单据正确与否或是否完整的义务，也没有承担付款人必须付款的责任。托收虽然是通过银行办理，但银行只是作为出口商的受托人行事，并没有承担必须付款的责任，进口商付款与否与银行无关。出口商向进口商收取货款靠的仍是进口商的商业信用。

如果遭到进口商拒绝付款，除非另有规定，银行没有代管货物的义务，出口商仍然应该关心如何处理货物。在委托书中，这种处理的最常见方式是确认是否需要代收行将货物代为存仓保险。

（4）资金负担不平衡。托收时出口商的资金负担较重，但是因为有单据，有些银行愿意做出口押汇，出口商因此能获得融资。而在采用汇款支付方式时，出口商没有提交单据，所以根本不能做任何融资以改善资金周转。

（5）费用比汇款方式稍高，手续稍多。银行的托收手续费要比汇款手续费略高些，托收要通过银行交单，自然手续也比汇款多，但以此可得到比汇款安全的优势，对出口商还是有利的。

8.1.2　托收的种类

根据托收单据中金融单据是否随附商业单据，托收可以分为光票托收和跟单托收。

（1）光票托收（Clean Collection）是指不附商业物权凭证，仅对金融单据项下的托收，因此也称为金融托收。常见用于托收的金融单据有银行汇票、本票、支票和商业汇票等。

非贸易托收是光票托收，光票托收也可以用于贸易结算，但通常不用于货款主体部分的结算。因为如果对货款主体使用光票托收，出口商必须将代表物权的货运单据直接交单给进口商，然后另开具汇票通过银行托收，很显然出口商将承担“钱货两空”的巨大风险。所以，除非进出口双方有长期可靠的贸易往来而且彼此信任，否则出口商是不愿意采用光票托收方式的。

一般在贸易结算中使用的光票托收，大多是针对各类小额的贸易从属费用，以及出口货款尾数、代垫开支、样品费、佣金等费用的托收，除了使用汇票等金融单据外，还常附带有关的发票或垫款清单作为补充说明。

付款人对代收行或提示行提示的金融单据，通常应一次性付清，但若付款地有关法律允许分批付款，而且付款人要求作分批支付，有关银行可以接受这一要求，但金融单据只有待付款人全部付清后才可以交给付款人。

光票托收的汇票，可以是即期汇票，也可以是远期汇票，其中大多数是即期汇票，远期汇票较少。如果是即期汇票，代收行应在收到汇票后，立即向付款人提示，要求付款。付款人如无拒付理由，应立即付款赎单。如果是远期汇票，代收行应在收到汇票后，向付款人提示，要求承兑，以明确到期付款的责任。付款人如无拒绝承兑的理由，应立即承兑。承兑后，代收行收回承兑汇票，于到期日再作提示，要求付款人付款。若付款人拒绝承兑或拒绝付款，除托收委托书另有规定外，应由代收行在法定期限内，制作拒绝证书，并及时把拒绝情况通知托收行，转告委托人，以便委托人采取适当措施。

（2）跟单托收（Documentary Collection）是指对商业物权凭证的托收。跟单托收可以是带有金融单据（汇票）的跟单托收，也可以是不带有金融单据的跟单托收，即以发票代替汇票，连同有关的货运单据一起交给银行托收，以避免印花税（Stamp Duty）负担。按照向进口商交付货运单据的条件不同，跟单托收可分为付款交单和承兑交单，交单条件是出口商控制收款的重要环节。跟单托收主要用于国际贸易货款的结算，是国际贸易的一种主要结算方式，在本章我们主要研究跟单托收。

8.1.3 跟单托收业务程序

1）一般业务程序

采用跟单托收方式结算时，首先由出口商根据合同条款装船发货，取得货运单据和其他合同中要求的商业单据后，即可签发汇票，填写托收申请书，送交托收行并取得回执。托收行根据委托人的托收申请书缮制托收委托书，连同跟单汇票及全套商业单据邮寄代收行。代收行在收到托收委托书和跟单汇票及全套商业单据后，根据托收委托书的指示，向进口商提示跟单汇票及全套商业单据。进口商按规定的交单条件，或付款赎单，或承兑取单并于到期日付款。代收行将收妥的票款贷记托收行账户，并发出贷记通知书。托收行收到贷记通知书后，将收妥的票款记入出口商账户。至此，跟单托收业务了结。跟单托收程序如图8-2所示。

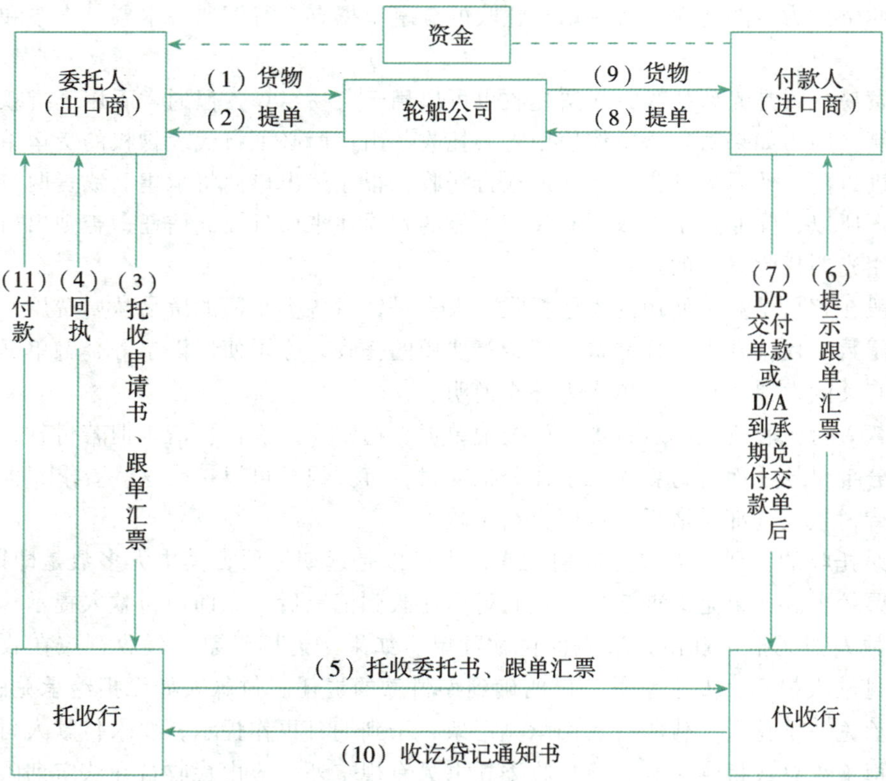

图8-2　跟单托收程序图

2）跟单托收的交单条件

根据交单条件的不同，跟单托收可分为付款交单和承兑交单。

（1）付款交单（Delivered Documents against Payment，D/P）。它是指出口方的交单是以进口方的付款为条件。也就是说，买方支付货款后才能向代收行赎取货运单据从而获得货物所有权。在这种交单方式下，一旦汇票被拒付，出口商仍保有对货物的所有权，所以风险相对较小。

按付款人支付时间的不同，付款交单又可分为即期付款交单（Documents against Payment at sight，D/P at sight）和远期付款交单（Documents against Payment after sight，D/P at ××× days after sight）两类。

①即期付款交单。它是指当代收行向进口商提示汇票和全套商业单据时，进口商立即付款，代收行在收到货款后将单据交付进口商的托收方式。在没有汇票的情况下，发票金额即托收金额或付款金额。即期汇票，见票付款，即期交单，是即期付款交单条件的特征。采用这种托收方式，原则上是第一次提示单据时就要付款。按照国际惯例，给进口商赎取单据的时间为24小时，以便进口商能在第一次提示单据后的下一个工作日内办理付款。在实务中，有些进口商为减少风险，往往坚持在货物到达后才付款。即期付款交单程序如图8-3所示。

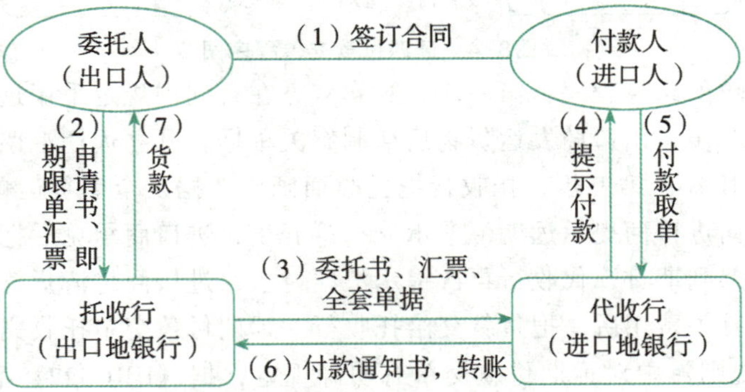

图8-3 即期付款交单程序图

图8-3中即期付款交单程序为：第一步，买方和卖方在合同中约定采用即期付款交单（D/P at Sight）方式结算。第二步，卖方交付货物后准备全部单据（包括货运单证（如提单）和商业单证（如汇票、发票）等），填写托收申请书向托收行申请办理一笔托收业务，交单方式为即期付款交单。第三步，托收行向其境外往来银行（代收行）提出办理即期付款交单的要求，缮制托收面函并交付全套单据。托收行将全套单据分两批或一批寄送代收行。第四步，代收行审核托收面函和全部单据数量后，接受委托业务，同时，通知买方付款赎单。第五步，买方向代收行支付款项，在收到买方款项后将全部单据交给买方。第六步，代收行收到全额货款转交给托收行，并由托收行转交卖方。

②远期付款交单。它是指出口商出具远期汇票及全套商业单据通过托收行委托收款，托收行在受理业务后，立即向国外代收行寄单。代收行收到跟单汇票后，立即向进口商提示承兑，进口商审核汇票无误后予以签字承兑，代收行收回已承兑的汇票。待汇票到期时再向进口商提示付款，在收到货款后将单据交给进口商。远期汇票，见票承兑，远期付款，是远期付款交单条件的特征。所以远期付款交单中，即使付款人承兑了

汇票也不能立即取得单据，出口商仍可通过代收行对货物保留控制权。

远期付款交单是卖方给予买方的资金融通，融通时间的长短取决于汇票的付款期限，通常有两种规定期限的方式：一种是付款日期和到货日期基本一致。买方在付款后，即可提货。另一种是付款日期比到货日期要推迟许多。买方必须请求代收行同意其凭信托收据（T/R）借取货运单据，以便先行提货。远期付款交单具体程序如图8-4所示。

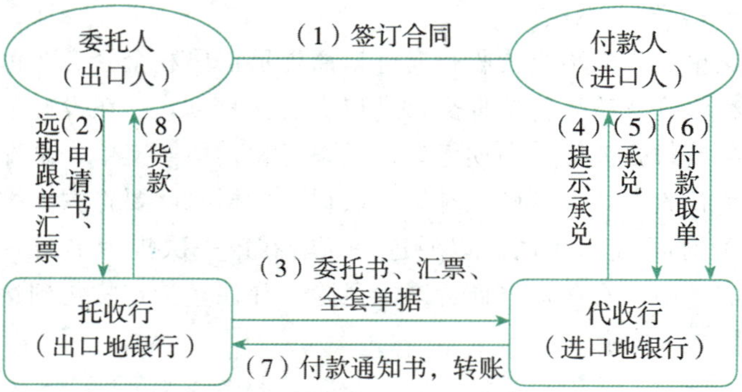

图8-4　远期付款交单程序图

远期付款交单的结算程序：第一步，买卖双方在合同中规定采用远期付款交单的方式结算货款；第二步，出口商发运货物后缮制有关单据，开立远期汇票，交付托收行办理远期付款交单托收；第三步，托收行把托收面函、票据及全套货运单据交给代收行；第四步，代收行向进口商提示远期汇票承兑；第五步，进口商承兑后把票据交还给代收行；第六步，汇票到期日，代收行再次提示汇票付款，进口商付清货款换取单据；第七步，代收行扣除有关费用后，把货款交给托收行，远期付款交单托收完毕。

《托收统一规则》中对远期付款交单有明确规定，据《URC522》第7条a款：托收不应含有凭付款交付商业单据指示的远期汇票。b款：如果托收含有远期付款的汇票，托收指示书应注明商业单据是凭承兑交付款人（D/A）还是凭付款交付款人（D/P）。如果无此项注明，商业单据仅能凭付款交单，代收行对因迟交单据产生的一切后果不负责任。c款：如果托收含有远期付款汇票，且托收指示书注明凭付款交付商业单据，则单据只能凭付款交付，代收行对于因任何迟交单据引起的后果不负任何责任。从中不难看出，国际商会首先不主张使用D/P远期付款方式，但是没有把D/P远期从《URC522》中绝对排除。因此，在采用D/P远期付款方式时应谨慎，尤其当有些国家和地区的商业习惯与规则相抵触时，要明示是按规则办理还是尊重当地习惯的方式。

（2）承兑交单。它是指被委托的代收行于付款人承兑汇票后，将货运单据交给付款人，付款人在汇票到期日履行付款义务。承兑交单与远期付款交单都属于远期托收。出口商开具的是远期汇票，进口商在见票时并不是马上付款，而是应先予承兑，只有在汇票到期后，再予付款，因此它们都属于远期托收。不同的是交单条件，远期付款交单中，进口商只有在汇票到期并支付货款后才能得到单据；承兑交单中，进口商只要承兑后便可得到单据。这时，汇票并未到期，进口商也未能付款。由此可以看出，承兑交单的实质是出口商对进口商提供的资金融通。远期承兑交单具体程序如图8-5所示。

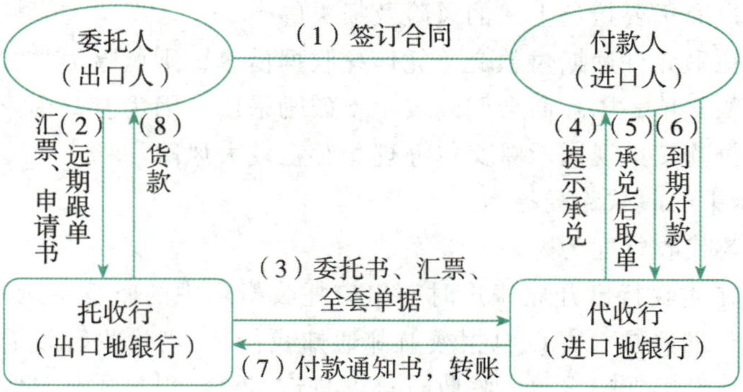

图8-5 远期承兑交单程序图

跟单托收方式是出口商先发货，后收取货款，因此对出口商来说风险较大。进口商付款依据其商业信誉，如果进口商资金紧张或破产倒闭，丧失付款能力，或货物发运后进口地货物价格下跌，进口商可以借故拒不付款；在某些贸易管制国家或地区，由于进口商事先没有领到进口许可证，或没有申请到外汇，被禁止进口或无力支付外汇等，出口商不但无法按时收回货款，还可能造成“钱货两空”的局面。如果货物已经到达进口地，进口商借故不付款，出口商还要承担货物在目的地的提货、存仓、保险费用和可能变质、短量、短重的风险，如果货物转售到其他地方，会产生数量与价格上的损失，如果货物转售不出去，出口商就要承担货物运回本国的费用以及承担可能因为存储时间过长被当地政府贱卖的损失等。虽然上述损失出口商有权向进口商索赔，但在实践中，在进口商已经破产或逃之夭夭的情况下，出口商即使可以追回一些赔偿，也难以弥补全部损失。尽管如此，在当今国际市场出口竞争日益激烈的情况下，出口商为了推销商品占领市场，有时也不得不采用托收方式。如果进口商信誉较好，出口商在国外又有自己的办事机构，则风险可以相对低一些。

托收对进口商较有利，可以免去如信用证结算方式开证的手续以及预付押金，还有可以预借货物的便利。当然，托收对进口商也不是没有一点儿风险。由于付款交单强调了货物单据化的重要性，进口商付款后才能够取得货运单据领取货物，如果发现货物与合同规定不符，或者根本就是假的，也会因此蒙受损失。但总的来说，托收对进口商比较有利。

（3）不同交单条件风险分析。托收结算方式对出口商来说风险较高，不同的交单方式对进出口双方的影响是不同的。对出口商而言，D/A比D/P的风险高，最理想的是即期付款交单，其次是远期付款交单，最后是承兑交单。

从跟单托收看，承兑交单风险最大。因为承兑交单对于出口商而言在收到货款之前已经失去了对货物所有权的控制，将完全依靠进口商的信用来收取货款。承兑交单的风险损失有：货款的损失、出口商的卖方贷款利息（如果有）、运输费用、办理各种单证的费用、银行费用等。

付款交单风险较低。因为在付款交单条件下，只要进口商未付款，物权凭证仍掌握在代收行手中，仍属于出口商所有，但是，这并不等于没有风险损失。如果进口商不来付款赎单，则出口商仍要担负上述的风险及损失等。

假如托收委托书允许远期付款交单凭信托收据借单，则风险损失如同承兑交单。

对于远期付款交单，国际商会明确表示不鼓励采用，因为有些国家的银行基于当地商业习惯把远期付款交单视同承兑交单办理，存在较大风险。

3）托收指示中的收款路径指示

（1）托收行与代收行互为账户行关系。

①当托收行在代收行已开立账户时，出口托收指示中的收款指示写明“收妥款项，请贷记我方在你行的账户，并以电报或航邮通知我行”。当代收行收妥货款后，立即贷记托收行账户，并发出贷记报单。托收行接到贷记报单，得知货款已收妥，可立即贷记委托人账户，完成此笔托收业务，其程序图如图8-6所示。

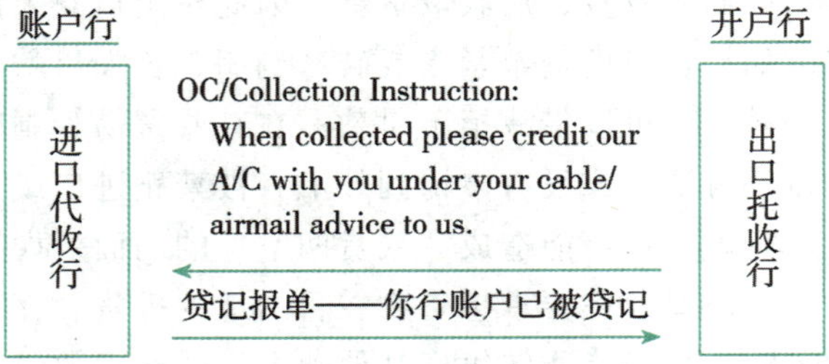

图8-6　托收行在代收行已开立账户程序图

②当代收行在托收行已开立账户时，出口托收指示中的收款指示写明“请代收款项并以电报或航邮授权我行借记你方在我行的账户”。当代收行收妥款项后，发出支付委托书，授权托收行借记自己的账户。托收行接到支付委托书后，立即借记代收行账户，货款收妥后，贷记在委托人账户，完成此笔托收业务，其程序如图8-7所示。

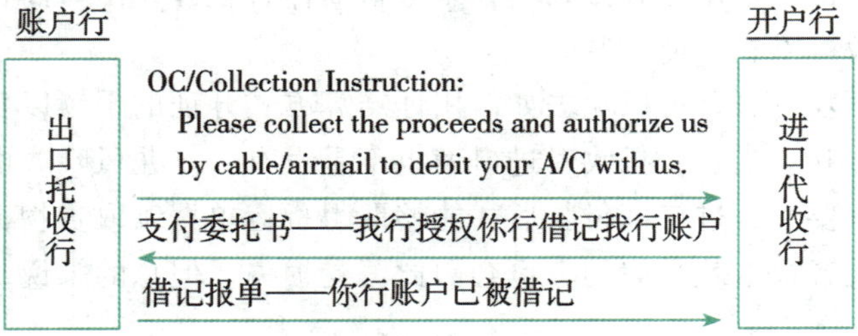

图8-7　代收行在托收行已开立账户程序图

（2）托收行与代收行非账户行关系。这是指托收行与代收行之间相互没有开立账户，而是共同在国外第三方银行开立账户。托收行在国外第三家X银行开立账户时，出口托收指示中的收款指示写明：“请代收款项并将款汇至X银行贷记我行在该行的账户，并请该行以电报或航邮通知我行。”当代收行收妥款项，汇交X银行，授权其借记代收行、贷记托收行账户并通知托收行，托收行得知款项已收妥，可立即贷记委托人账户，完成此笔托收业务，如图8-8所示。

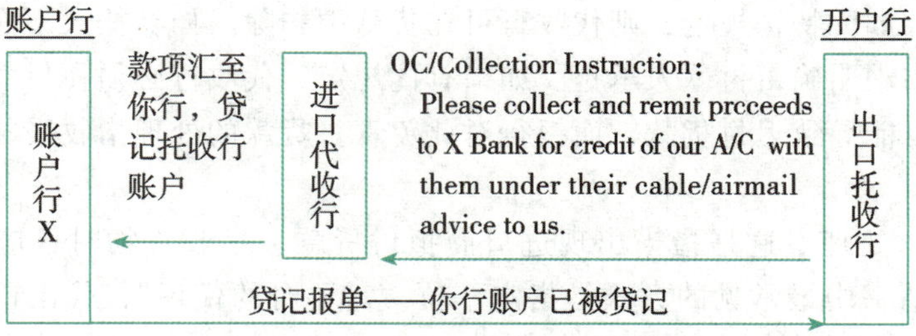

图8-8 托收行在国外第三家X银行开立账户程序图

8.2 进出口托收实务

8.2.1 出口托收业务的实务处理

出口跟单托收是出口商将出口业务单据及跟单汇票提交托收行，由托收行寄往国外代收行，并指示国外代收行在国外客户付款或承兑汇票后放单的一种结算方式。

1）出口跟单托收的功能和特点

出口跟单托收的功能和特点包括：①银行代理出口商要求国外进口商在付款或承兑后代收行即可放单。②托收项下，银行一般不审核单据，只清点单据份数，确认单据份数是否与客户托收委托书上所列相符。③货款能否收回，全凭国外客户信用情况，银行不承担责任。④银行在收取国外款项后，按客户指示办理入账手续。

2）出口托收的当事人责任

（1）委托人的责任。其责任主要表现在两个方面：作为出口商，应履行与进口商之间签订的贸易合同的责任；作为委托人，应履行与托收银行签订的委托代理合同的责任。两方面的责任具体表现如下：

第一，按时按质按量交付货物。这是出口商最主要、最基本的合同义务，是履行贸易合同的第一步，也是跟单托收的前提条件。

第二，提供符合合同要求的单据。跟单托收中，单据是进口商得以提货的必要条件。因此，出口商在发货后应缮制有关单据（如商业发票），并将之与履行合同后所得单据，如运输单据、保险单（如CIF价格中）等交托收银行。这些单据不仅种类和份数上要满足合同要求，而且单据的内容也应符合合同要求。只有提供了符合合同要求的单据，才证明出口商已经履行了贸易合同。

第三，托收申请书中的指示必须是明确的，以便托收行执行（如交单条件）。托收是基于商业信用的，交单意味着物权的转移，因此，确定交单方式是委托人的重要工作。交单方式有付款交单和承兑交单，在向银行发出指示时要依据合同规定。

第四，及时指示。当银行将发生的一些意外情况通知委托人时，委托人必须及时指示，否则，因此而发生的损失由委托人自行承担。

第五，银行费用与货款的处理。银行费用指的是代收行的费用。有时付款人不支付代收行的费用，如无特别规定，则代收行可在货款中扣除。如委托人不愿支付代收行费用，要在委托书中明确由付款人承担。如果有此规定，代收行必须在付款人支付费用后再交单，这有可能导致迟付货款，而银行对此免责。货款的处理指收妥货款后以何种方式付给委托人。

第六，货物处理。这是指当出现进口商拒付货款、拒收货物时，应当如何处理货物。在托收申请书中最常见的方式是指定一位“需要时的代理”，代出口商将货物进行存仓和保险等。

（2）托收行的责任。托收行在接受委托人的委托后，它的责任主要有：

第一，托收行在接受委托人的委托以后，最重要的责任是根据委托人的指示办理业务。在向代收行发出业务委托时，其银行面函内容与委托人的申请书内容要一致，如果委托人的指示不当可要求其更改，托收行不可以擅自更改委托内容。

第二，对委托人提供的单据是否与买卖合同相符合不负责任。托收行没有审核单据内容的义务，托收行只需将收到单据的种类和份数与托收申请书中所列情况核对，如发现单据遗漏时，应立即通知委托人补交。在具体业务中，托收行一般会对委托人交来的主要单据进行重点核对，但这完全是银行对客户提供的服务，而不是应尽的责任。银行（包括托收行、代收行、提示行等）办理托收业务时，应与办理信用证业务一样，要善意和谨慎行事，这是一条基本的原则。

第三，承担过失的责任。银行在受理托收时，向委托人收取手续费，因此必须善意和谨慎地行事。凡因未按照申请书的指示去操作而产生的后果，银行应对其过失负责。

（3）代收行的责任。代收行也处于代理地位，受托收行委托办理业务。其责任与托收行类似，除了以下不同：

第一，代收行最基本的责任是保管好单据等待指示。即付款交单条件下，付款人不付款不可交单；承兑交单条件下，付款人不承兑不得交单。保管单据就意味着保护好委托人的物权。

第二，代收行保管单据的期限是有限的。根据规定，在代收行通知付款人拒付后的90天仍未得到托收行指示，代收行可自行将单据退回托收行。

（4）付款人的责任。付款人的责任是指付款人根据贸易合同审核单据，做出付款或承兑或拒付的决定。就承兑交单而言，单据交给付款人24小时之内，必须归还，除非付款人已承兑好汇票；如是付款交单，允许其在银行审核单据。

3）出口托收业务操作

（1）委托人填写托收申请书，亦称托收委托书（见附样8-1），连同跟单汇票、商业单据一同交给托收行，委托银行收款。

托收申请书是托收行缮制托收面函的依据，也是委托人与托收行的委托代理合同。委托人必须完整、准确地填写如下内容：

①交单条件。托收申请书中，必须清楚地指示是以付款交单D/P还是以承兑交单D/A方式处理。《托收统一规则》规定：对于带有远期付款汇票的跟单托收，如未注明交单条件，其商业单据只能凭付款交出。

附样8-1

中国银行 BANK OF CHINA

托收委托书

COLLECTION ORDER

致：中国银行广州市分行　　　　　　　　　　　　　　　　日期：2023-03-02

兹随附下列出口托收单据/票据，请贵行根据国际商会跟单托收统一惯例（URC522）及/或贵行有关票据业务处理条例予以审核并办理寄单/票索汇：

托收行（Remitting Bank）： 中国银行 广州市海珠区新港西路×××号中山大学蒲园区×××号	代收行（Collecting Bank）： 名称：THE BANK OF TOKYO-MISUBISHI，LTD. 地址：2-××-22 KAYATO BLDG 4F，AKEBONOCHO TACHLKAWA SHI，TOKYO
委托人（Principal）： 中山市×××毛织有限公司 中山市南头镇汲水工业区 电话：××××××××	付款人（Drawee）： 名称：RIQING EXPORT AND IMPORT COMPANY 地址：P.O.BOX 1××9，NAGOYA，JAPAN 电话：××××××××

付款交单 D/P（　）承兑交单 D/A（ √ ） 无偿交单 FREE OF PAYMENT（　）	期限/到期日：2023-05-01
发票号码/票据编号：IV0002120	国外费用承担人：☑付款人 □委托人
金额：JPY 6 000 000.00	国内费用承担人：□付款人 ☑委托人

单据种类	汇票	发票	海运提单	航空运单	保险单	装箱单	数量证书	原产地证书	品质证书	健康证	公司证明	普制产地证			
份数	2	3	3+2		2	2		1				2			

特别指示：

1.邮寄方式：☑快邮　　□普邮　□指定快邮

2.托收如遇拒付，是否须代收行制作拒绝证书（PROTEST）：　☑是　　□否

3.货物抵港时是否代办存仓保险：☑是　　□否

4.如付款人拒付费用及/或利息，是否可以放弃：☑是　　□否

付款指示：　　　　　　　　核销单编号：CA002042

请将收汇款以原币（√）或人民币（　　）划入我司下列账户：

开户行：中国银行　　　　　账号：61010000198601

公司联系人姓名：李华　　　　　公司签章：

电话：86-531-××××××××　　传真：86-531-××××××××　2023-03-02

银行签收人：	签收日期：
改单/退单记录：	

②货款收妥后的处理方式。托收行要在代收行已收妥货款并划入托收行的账户后，才会将货款付给委托人，代收行可以用电报或航函通知托收行，但具体采用哪一种方式须根据托收行的要求。为此，委托人须在委托代理合同中确定用电报还是航空信函通知。

③D/P 方式下，是否可以分批付款，分批赎票。

④D/A 方式下，远期汇票是否要通知到期日，是否需要由代收行保管汇票，以便到期日再向付款人提示。

⑤远期汇票提前付款可否给予进口商折扣或利息；逾期付款应否追加利息等。

⑥银行费用的处理。一般情况下，进口商和出口商各自负担本国银行的费用。根据银行惯例，如果在托收委托书中仅规定须由进口商负担费用，而进口商拒付费用时，则代收行可以将自己应收的费用从应汇给托收行的货款中扣除。如果托收委托书明确规定不准豁免该项费用，则托收行、代收行、提示行对因此而产生的付款延迟或额外开支不负责任。

⑦拒付时是否需制作拒绝证书。委托人应对遭到拒绝承兑或拒绝付款而是否需要制作拒绝证书给予明确指示。根据银行惯例，在委托人没有指示必须制作拒绝证书时，银行没有义务在拒付时制作拒绝证书。

⑧拒付后货物处理的方式。付款人拒付时，银行如未交单，货物所有权仍属于委托人。这时，委托人对货物的处理通常有以下几种方式：A.委托人在进口地找到新的买主，就地将货物处理掉，这是最理想的方式。B.由委托人在进口地的可靠代理人付款提货。这一代理人即预备付款人，须事先在汇票上记载。C.指示代收行凭单提货，办理存仓、保险手续，以便委托人再去寻找新买主。D.运回货物。在没有可能出售货物时，委托人才会这么做，因为这样会损失运费。

在托收业务中，未经代收行事先同意，货物不能直接发至银行，也不能制作以代收行为收货人的记名提单。托收行原则上对于跟单托收项下货物无义务采取任何保护措施，如果银行采取了保护措施（不管接到指示与否），代收行应立即将所采取的措施通知托收行，由此引起的各项费用由委托人负担。有时，在远期付款交单方式下或预计货先于单到时，委托人也请求代收行代为存仓、保险，即使委托人有如此指示，代收行可不予照办，但应立即通知托收行。

⑨选定国外的代收行。如果委托人明确指示通过国外的某一代收行办理收款，如托收行与该代收行开有账户，则可按委托人指示办理；否则，须在征得委托人同意后，由托收行自行选择。

⑩付款人。委托人应列明付款人的详细地址或向其提供单据的住所。

（2）托收行接受托收申请，办理出口托收业务。

①登记编号。将每一笔托收业务按照一定的规则编制业务流水号，以便归档管理。

②检查托收申请书的条款是否明确、项目是否齐全，所交单据有无遗漏。审查无误后，出具回单给委托人。

③代收行的选择。根据总行代理行使用原则，合理审慎地选择代收行。出口商在

该栏内填写国外代收银行（一般为进口商的开户银行）的名称和地址，这样有利于国外银行直接向付款方递交单据，有利于早日收回货款。如果没有填写或不知道进口方的开户银行，则委托人银行将为委托人选择进口商所在国家或地区的一家银行进行通知，这样出口商收到款项的时间将会延长。因此出口商最好知道进口商所在的国外开户银行。

A.若付款人所在地有代理行，尽可能选用与托收行业务关系良好、来往业务较多的代理行作为代收行。

B.若付款人所在地无代理行，可考虑在付款人就近地区选择一家资信良好、服务快捷的银行作为代收行。

C.若委托人（出口商）指定的代收行与托收行无代理行关系或资信不佳，可建议委托人改用与托收行有代理行关系的银行作为代收行。

D.若委托人坚持其指定的代收行，可在了解该代收行资信的基础上酌情考虑接受，但必须向出口商说明风险情况。

④缮制托收指示（见附样8-2）。托收通知书（Collection Advice）又称托收委托书、托收面函。托收银行根据出口人指示，向代收银行发出要求代收货款的通知书。托收银行在接受出口人委托代收货款后，应根据出口人托收申请书的指示，向其代理银行（代收行）发出托收通知书，连同汇票及商业单据一并寄交代收行，要求其按照通知书的指示规定向进口人代收货款。托收通知书中的委托指示与委托人托收申请书中的委托指示的内容，由于贸易背景的不同（光票、跟单汇票或其他凭证）而有所不同，但在其他方面则是一样的。例如，遭到拒付时，应该如何处理，是撤销托收，还是制作拒绝证书并通知委托人；收款后应如何通知，是用电报还是用航邮通知；是否允许付款人分期付款或提前付款（在远期汇票场合下）及折扣、利息；付款人过期不付款应否收取追加利息；托收费用应由哪一方负担等。

托收行受理了出口跟单托收申请以后，应在2个工作日之内根据托收申请书的内容，编制托收编号，缮制托收指示。托收指示的主要内容包括：

A.当事人的名称、地址、电话、传真、电传等详细情况，包括委托人、托收行、代收行、提示行、付款人以及可能出现的需要时的代理。尤其是付款人的地址或提示地点应完整、正确，如果该项地址不明确或有错误，代收行可自行决定是否去查证或确认。如果代收行努力查证，则其对于一切风险和支付时间的延迟不承担责任。

B.托收金额及币种。

C.付款期限。如非即期付款，应注明到期方式，如出票后若干天、见票后若干天等。

D.交单方式。托收委托书应标明是按D／P方式还是D／A方式交单，尤其是在使用远期汇票时更应有明确指示。如果交单方式未作说明，按《托收统一规则》的规定必须按付款交单方式处理。

E.单据名单及各种单据的份数。

附样 8-2

托收指示

Collection Instruction

Date: 20230809

Remitting Bank:	Collecting Bank:
BANK OF CHINA GUANGZHOU BRANCH	THE BANK OF TOKYO-MISUBISHI, LTD. 2-10-22 KAYATO BLDG 4F, AKEBONOCHO TACHLKAWA SHI, TOKYO

SWIFT: BKCHCNBJ300

Dear Sirs.

We enclose the following draft (s) /documents as specified.

Hereunder which please collect in accordance with the instructions indicated herein.

DRAWER	DRAWEE
GUANGZHOU SHUNFANG TAXTIL CO., LTD. GUANGZHOU INDUSTRIAL ZOON.165#	RIQING EXPORT AND IMPORT COMPANY.P.O. BOX 1589, NAGOYA, JAPAN
DELIVER DOCUMENTS AGAINST: D/P	DUE DATE/TENOR: AT SIGHT
DRAWER'S INV. NO.: 000956	AMOUNT: USD 35 000.00

DOCS	DRAFT	INV.	B/L	AWB	INX/P	P/L	FORMA	OTHER
NO.	2	3	3+2		2	2	1	2

SPECIAL INSTRUCTION:

☐Please acknowledge receipt of this Collection Instruction.

☐All my charges are to be born by the drawees.

☐All my charges are to be born by the drawers.

☐All your charges are to be born by the drawees.

☐All your charges are to be born by the drawers.

☐In case of a time bill, please advise us of acceptance giving maturity date.

☐In case of dishonor, please do not protest but advise us of non-payment/non-acceptance by telex, giving reasons.

Disposal of proceeds upon collection.

PLEASE PAY THE ABOVE TOTAL AMOUNT TO : BANK OF CHINA GUANGZHOU BRANCH SWIFT: BKCHCNBJ300

FOR CREDIT OUR HEAD SWIFT: BKCHCNBJ300.

REMATKS.

(Unless otherwise specified this collection is subject of uniform rules for collection URC522)

F.银行费用的划分与归属。常见的做法是委托人承担托收行的费用，付款人承担代收行及提示行的费用，因此托收委托书中需要注明托收行以外的银行费用应向付款人收取，但是考虑到付款人常会拒付代收行托收费用，只愿意支付货款，因此委托书还需进一步说明在付款人拒付的情况下该笔费用是否可以放弃。如果明确规定不得放弃，只能向付款人收取，而又遭其拒绝，则代收行或提示行就不能仅凭货款的支付而放单，对由于延迟交单或不交单所造成的后果不承担责任，但该银行应及时地以最快捷的方式将付款人拒付费用的情况通报给托收行。如果明确规定可以放弃，或者对是否允许放弃不作规定，则代收行根据《托收统一规则》的规定可以按允许放弃处理，那么只要付款人支付足额货款或做出有效承兑，代收行就可以将单据交付给付款人，并且有权从付款人支付的货款中直接扣除应收的费用，在这种情况下，实际上是委托人承担了所有的银行费用。

G.代收行收到款项后的划账方式以及通知方式。

H.关于利息的指示。对于付款人提前支付，是否有利息的扣减；若延迟付款，是否要征收利息；有利息的扣减或追加，其利率、计息期及天数规则等都应做出说明。特别是对付款人延期支付要追加利息时，若付款人拒付利息，是否可以予以放弃。若不进行说明，或明确指示可以放弃，则代收行可以免收利息，按正常的方式交单。若明确规定不得放弃，则代收行在收到利息前不应交出单据，对于由此所造成的后果不负责任，但代收行应将付款人拒付利息的情况及时通知托收行。

I.付款人拒绝付款或拒绝承兑时的处理方法。托收委托书应明确说明若付款人对跟单汇票退票时代收行是否要制作拒绝证书或其他类似的公证文件，如果未说明，银行没有义务取得拒绝证书。如果需要制作，则有关费用均由委托人支付。

J.托收行有关人员的授权签字。在托收委托书中，托收行应根据与代收行间的账户开设情形写明托收指示（Collection Instruction），对代收行收妥款项后的转账路线给予明确指示，一般一式多联，其中正、副联寄交代收行，回单联交给委托人，银行留底联（含会计凭证联）供托收行内部使用。

（3）结汇与收费。托收行接到代理行货款收妥的通知后，即可办理清算工作，一方面可依照与委托人的协议向委托人收取有关手续费，另一方面则按委托人的指示办理入账手续。

8.2.2　进口代收业务的实务处理

进口代收业务（Import Collection）是指银行收到国外托收行寄交的托收单据后，向国内客户提示，并要求国内客户付款或承兑赎单。

1）进口代收业务的特点

进口代收业务的特点包括：①进口代收业务按照国际商会第522号出版物《托收统一规则》办理。②国内银行代国外银行要求进口商付款或承兑后赎单。③代收行不审核单据，只清点单据份数是否与托收委托书上所列的相符。④银行严格按照国外托收行委托书的指示处理单据。

2）代收行的责任

（1）保管好单据。进口商要取得单据，必须对汇票承兑或付款。因此代收银行在进口商未承兑或未付款时，绝对不能把单据交给进口商。此外，在进口商拒绝承兑或拒绝付款时，代收银行应立即通知托收银行，并且在通知中声明保管单据听候托收银行的指示。一般在发出这种通知后，如果在合理时间内未能收到托收银行的进一步指示，应发电催复。

（2）无义务对托收项下货物采取任何行动。按照银行的习惯做法，银行对跟单托收项下的货物，没有任何行动义务，但是，为了保护委托人的货物，不管有没有指示，如果银行采取了提货、存仓、保险等行动，则该银行对于货物的处理、货物的状况、对受托保管或保护该项货物的第三者所采取的行动或疏漏均不负责。不过代收银行必须将这些行动通知托收银行。银行对于货物因采取保护行动而发生的费用和支出应由委托人负责。

（3）托收情况的通知。按照银行的习惯做法，代收银行应根据下列规则，通知托收情况：①代收银行发给托收银行的所有通知中必须列有合适的说明，其中必须列明托收银行的托收委托书编号。②如无明确的指示，代收银行必须用最快的邮件，将托收情况的通知，包括付款通知、承兑通知、拒绝付款或拒绝承兑通知等，寄给托收行；如果代收银行认为事情紧急，也可以用更快的通知方法，如电报、电传或电子通信系统等，费用由委托人负担。③代收银行在提示托收单据而付款人拒绝付款、拒绝承兑时，应尽力查明理由并通知托收银行。

3）进口代收业务操作

（1）清点、登记单据：①收到托收行（寄单行）寄来的委托书和单据后，必须进行清点，以确定收到的单据系托收指示中列明的单据，如有遗漏或与所列不符，必须通过电信或其他快捷方式无延误地通知发出指示的一方。②在进口代收登记簿中进行登记，内容包括：收单日期、托收行行名、进口代收业务编号、付款人名称、货币金额、受益人名称、交单方式、承兑日期 / 付款日期等。

（2）审核委托书指示：①审核委托书指示能否执行，能否办理。如果审核后发现难以执行或决定不办理所收到的托收指示或任何有关指示，有关人员必须无延误地以电信或其他快捷的方式通知托收行。②委托书指示要完整、明确。收到不完整、不明确的指示，应及时向委托行澄清。③银行只能根据所收到的托收指示中的指示行事。④审核委托书有关支付手续费和费用的安排。在任何情况下，按托收行指示所明确规定的条款或根据《托收统一规则》，所有开支和托收手续费应由委托人负担，代收行有权迅速向发出托收指示的银行收回有关支出、费用和手续费的开支，并保留要求发出托收指示的一方预先支付手续费和其他费用的权利。

（3）缮制进口代收通知书：①编制进口代收业务编号，并在“进口代收登记簿”上进行登记。②缮制进口代收通知书，连同全套单据（提单除外）交付款人。

（4）办理进口代收项下的承兑或付款：①进口代收项下的即期付款交单。在进口代收通知书规定的付款工作日内，若付款人同意付款，应在进口代收通知书上盖章确认，并于规定日期来银行办理付款手续，代收行按委托书指示要求，将款项划拨托收行。若在进口代收通知书规定的工作日内，付款人未作任何表示，代收行应主动联系付款人，在规定的工作日后2个工作日内仍未付款者，代收行应书面催询，并在书面催询书中要求付款人先将单据退回，由代收行代为保管。付款人确认付款且资金到位后，代收行按委托书指示办理付款。②进口代收项下的远期承兑及远期付款交单。在进口代收通知书规定的审单付款工作日内，若付款人同意承兑，应在远期汇票上做出承兑，注明承兑日期，待付款人将已承兑的汇票退给代收行后，代收行才能将正本提单交给付款人。代收行按委托书指示要求，或将已承兑的汇票退回寄单行或发电/函通知汇票承兑日及到期日。若将已承兑的汇票退回寄单行，代收行应将汇票正、反面复印留存。若发电/函通知汇票承兑日及到期日，代收行应妥善保管汇票。无论采取何种方式通知承兑日及到期日，经办人员必须按到期日先后顺序归档，并在代收登记簿上进行记录，经常翻阅案卷。汇票到期日，代收行按委托书指示将款项汇交托收行。

（5）拒绝承兑/付款的处理。若付款人拒绝承兑/付款，应以书面方式陈述理由，并将全套单据退回代收行，代收行经办人员应无延误地以最快的方式将拒绝承兑/付款的情况通知托收行，同时等待托收行进一步的指示，收到回复后立即通知付款人。对付款人退回的单据应仔细清点，并在代收登记簿上做好记录，单据必须妥善保管，列入待办卷内。

若付款人要求部分承兑或部分付款，代收行必须以最快捷的方式通知托收行，得到书面同意后，方可办理。

若付款人迟迟不作承兑/付款，经书面催询亦不答复，代收行将有关情况电告托收行时，也得不到进一步指示，代收行可在通知托收行上述情况之日起60天内主动退单，退单时，将全套单据复印留底。

8.3 托收业务风险与资金融通

8.3.1 托收结算方式的风险及其防范

1）托收结算方式的风险

从信用角度看，托收是出口商凭进口商的信用收款，属于商业信用。不同的托收种类其风险和损失的程度是不同的。

（1）对进口商的风险。对进口商来说，在跟单托收中，即使单据无误，其也会承担风险。因为，一方面，进口商付款或承兑后，凭单提到的货有可能与合同不符，或者根本就是假货；另一方面，在遇到市场行情波动幅度较大的情况时，进口商即便已经承兑了远期付款汇票，也有可能无法从代收行取得货运单据，耽误提货。

由于托收方式下的进口商主要担心所购货物的状况，因而其面临的风险主要是围绕货物而展开的。国际贸易中的进出口双方主要以FOB、CFR、CIF等贸易条件达成交易，而这几种条件又有一个共同的特性，即都属于象征性交货条件（Symbol Delivery），因此买卖双方在实际交付货物时很难见面，通常是委托运输公司来实际交付。这样就造成了货物的运输与单据的交付、付款相脱节。在D/P方式下，一般而言，由于进口商付款后才能获得单据，进而向运输公司提取货物，因此进口商可能会面临付款后所提取的货物与合同不符的问题。这时所面临的风险就具体表现为：①出口商以欺诈行为（主要是以虚假单据）骗取进口商付款。②出口商以残次货物骗取进口商付款。由于进口方对出口方资信程度不够了解导致蒙受“钱货两空”的风险。

（2）对出口商的风险。对出口商来说，采用托收方式结算货款时，由于是先发货后收款，再加上各种意外因素的影响，使其遭受风险的可能性会更大一些。这些风险主要有：

第一，信用风险。由于国际市场行情的动荡不定，在进口商遭遇行情下跌的情况下，往往会借口出口商履约不当而撕毁合同，拒绝付款，或借口单据所载规格、包装、交货期等不符合合同规定的情况，要求减价，否则不付款。当然进口商破产和丧失偿还能力时也会给出口商带来“钱货两空”的风险损失。

第二，国家风险。进口国所处国家的政治风险通常也会影响进口商的对外支付。进口国的政治风险主要表现为：进口国政府班子的更替、国内政治局势的变化甚至是政府的某种行为，都可能妨碍买方履行支付协议。比如，进口许可制度、进口外汇支付的冻结等进口商因未能取得进口许可证而不能付款；由于进口国的外汇管理而造成进口商不能付款等；进口国因战争骚乱、罢工等原因造成进口商不能按时付款，都可能使买方的支付协议难以履行，导致进口商拒付货款。

第三，货物单据缮制的风险。出口商采用抬头以进口商为收货人的记名提单，使其在提单及货物的流通转让方面处于被动地位的风险。通常为促成交易，应进口商要求，出口商采用以进口商为收货人的记名提单。以进口商为收货人的记名提单在“收货人”一栏内列明了进口商名称，货物只能交予进口商。提单是控制货物的物权凭证，一旦进口商拒绝付款赎单，出口商将面临只能将货物运回国内而无法以背书方式流通转让给第三方的风险，从而增加了进口商来回的远洋运输费用，也贻误了商机。

第四，承兑交单的风险。在承兑交单（D/A）条件下，进口商在承兑远期汇票后即可得到运输单据提取货物，出口商就可能由于进口商不付款而遭受“钱货两空”的损失，因而承兑交单比付款交单的风险大。

第五，地区惯例风险。从理论上讲，D/P远期对出口商是有利的，出口商不但有物权的保障（进口商不付款，代收行不放单），而且有票据法的保护（进口商对已承兑的汇票有到期付款的责任），但是，实务中并不是任何国家、任何银行都是这样处理国际上D/P远期业务的。拉美、中东及欧洲大陆一些国家，一直有地区的特殊做法和规定，即将D/P远期当作D/A处理的习惯，这给出口商带来很大的风险。在承兑交单条件下，进口商只要在汇票上办理承兑手续，出口商收款的保障只是进口人的信用。不法商人可凭承兑汇票提取货物，以后又借口推卸责任，造成出口商“钱货两空”。虽然出口商可向法院起诉，但在这种情况下，进口商多半已陷于无力付款的境地，甚至破产倒闭，可见，承兑交单比付款交单的风险大得多。

第六，违规操作的风险。违背托收指示操作，将进口商应付的相关代收行费用转嫁至出口商的风险。《UCR522》规定，如果托收指示中明确代收行费用不得放弃而付款人又拒付该项费用时，代收行将不交单。当该项费用已被拒付时，代收行必须以电信方式（当不可能时可用其他便捷的方式）通知曾向其发出托收指示的银行，不得延误。实际操作中，当托收指示中明确指出：ALL YOUR BANK CHARGES ARE TO BE BORNE BY THE DRAWEE，AND DO NOT WAIVE IF REFUSED（代收行费用由付款人承担且不可放弃），而进口商又拒付代收行费用时，一些代收行并未以SWIFT电文及时通知托收行并等待托收行进一步的托收指示，而是在未征得托收行的同意和授权下，直接将单据释放给进口商，然后在进口商对托收行支付的货款中扣收代收行费用。本应由进口商支付的代收行费用由于代收行违背托收指示而转嫁至出口商，损害了出口商的利益。

2）托收风险的防范措施

在托收业务中，进口商为防止出口商以次充好，或到期无法取得货运单据的风险，可在贸易磋商过程中争取采用CIF价格成交，并在合同中明确规定货到目的港后，进口方有抽查货样的权利，以保证货款的支付与进口商品的交付紧密地联系在一起。

出口商虽然面临的风险比进口商大，但只要能增强风险意识，加强防范，就可以防止欺诈行为的发生。为此，出口商应注意以下几点：

（1）应在托收委托书中明确、完整地列明委托事项。出口商在提交银行的申请书中，除了列明付款人及其相关人的名称和地址、交单条件、拒付证书以及利息与费用处理等内容外，尤其要对拒付后的货物处理做出适当的安排，以便拒付发生后，及时将货物存仓或妥善处理。对此，在可能的情况下，出口商应预先在委托书中指定忠实可靠的“需要时的代理”，如无法安排时则可委托代收银行代为提货、存仓和保管，以免遭受货款两空的损失。

（2）充分调查进口商资信。根据进口方的资信能力确定适当的授信程度和交单方式。国际跟单托收的关键风险点在于进口商信用风险，“知己知彼，百战不殆”，对进口商资信状况的掌握也就成为防范风险举足轻重的一步。对进口商的调查内容主要是进口商企业的基本情况（包括进口商相应的登记证明、公司章程、股东名册、经营范围等）、经营能力（包括年营业额、销售渠道）、履约信誉（包括以往的进出口记录、信用等级、在当地和国际市场上的贸易关系）。这些详尽的信息看似复杂而遥不可及，实际中可以委托国外的工商团体（如商会、同业公会GUILD、贸易协会等）进行调查，或查阅外国出版的企业名录、厂商年鉴等，尽管信息的时效性稍微滞后，但也具有一定的参考价值。我国的信用调查市场虽尚不健全，但也呈逐渐升温的趋势。专业的信用管理服务机构不仅提供关于进口商的最全面、最真实的信息以及进口市场的商品行情并出具风险评估报告，而且可根据委托企业即出口商的特点设计出一套完整的信用风险控制方案。

（3）充分了解进口地有关法令和商业习惯。了解进口地的相关法令政策，可以防止货到后不准进港或不能及时收汇等风险；对有些采用与国际托收惯例相悖的地区性惯例的进口商，应采用即期付款交单的方式成交，以防止进口地银行将远期付款交单做成承兑交单的风险。

（4）出口商应争取以CIF价格条件对外成交。对出口方来说，力争自己投保，一方面，可在进口商拒付货款的情况下，为出口商就受损货物向保险公司索赔提供保障；另一方面，在向银行要求续做托收出口押汇时，银行为保证自身利益的安全，一般也要求掌握保险单。当然，如果情况需要进口货物在进口国办理保险，我们也可采用FOB和CFR条件成交，但这时为补救因保险单不在我们手中可能蒙受的损失，可另行投保“卖方利益险”（Sellers Contingent Interest）。

（5）以即期付款交单方式成交。出口方应尽量以即期付款交单方式成交。对于以承兑交单方式成交的，应明确规定在进口商承兑远期汇票时，加上代收行的担保。采用即期付款交单方式，应向托收银行提交全套正本提单办理托收，如果有一部分或全部正本提单直接寄给进口商，则付款交单方式将没有意义。

（6）运输单据的抬头人做成出口商自己或空白，以控制物权。出口商制单时采用空白抬头提单，亦即托运人指示提单，并进行空白背书。在“收货人”栏内只填写“TO ORDER”或“TO ORDER OF SHIPPER”字样，在提单背面签上背书人单位名称及负责人签章，从而通过对提单的背书来转让其对货物的权利，并于托收委托书中指示代收行在进口商付款/承兑后交单，从而更好地控制货权，也利于保持货物的流动性。

（7）加强对商账的管理。对托收交易要建立健全的管理制度，定期检查，及时催收清理，发现问题时应迅速果断地采取措施，以避免或减少可能发生的损失。

8.3.2 托收业务中银行对进出口商的资金融通

1）对进口商的资金融通

（1）进口代收押汇。它是指代收行在收到出口商通过托收行寄来的全套托收单据后，根据进口商提交的押汇申请、信托收据以及代收行与进口商签订的《进口托收押汇协议》，先行对外支付并放单，进口商凭单提货，用销售后的货款归还代收行押汇本息。

对于银行或外贸企业而言，进口代收押汇的优点和进口押汇相比，大体一致，但银行自身的风险却远远超过进口押汇。因为进口押汇是建立在银行负有第一性付款责任的信用证业务基础上，如果单单相符、单证一致，即使开证申请人不付款，开证行也必须履行对外付款的义务。这样，如果剔除汇率风险和利息两个因素，进口押汇并没有给开证行带来更大的风险。而进口代收属于商业信用，无论进口商是否付款，代收行都没有责任，但如果为进口商叙作进口代收押汇，进口商无疑将原本给予出口商的商业信用转给了代收行，从而加大了代收行的风险。作为代收行，应当根据进口商的资信情况、业务情况、抵（质）押/担保情况，为其核定一个押汇额度，供其周转使用，做到拓展业务和防范风险的有机结合。

（2）信托收据（Trust Receipt，T/R）。它是指在远期付款交单的托收业务中，付款期限迟于货物到达目的地的日期时，进口商为向代收行借出单据而出具的借据或凭证。

进口商出具信托收据的目的是在尚未付款时先向代收行借出单据并提货，这实际上是进口商向银行融资的一种方式，但并不是所有进口商都能通过出具信托收据得到融资。在托收业务中，代收行有保管好单据的责任，如果代收行借出了单据，付款人也因此提了货，那么代收行在到期日就必须向委托人（出口商）付款，除非是出口商主动授权代收行通过信托收据放单。因此，代收行为了控制风险，一般只是在付款人（进口商）信誉较好时才愿借出单据。

信托收据中一般记载有以下内容：①进口商在赎回信托收据之前，货物所有权仍属于代收行。②进口商只能以货主（出口商或代收行）的名义将货物存仓；如果货物售出，货款应如数存入银行（代收行），以便汇票到期时支付货款。③如果代收行因借出单据而受到损失，进口商应负责赔偿。④代收行可随时取消信托收据，收回单据及货物。

可见，信托收据在一定程度上又具有保证书的性质。信托收据不仅适用于跟单托收，也可适用于信用证结算方式。

（3）担保提货。它是指在进口贸易结算中，货物到达目的地而单据未到时，进口商在征得运输公司（承运人）的同意后，凭银行保证书提货的方式。这也是进口商向银行融资的一种方式，担保提货业务适用于跟单托收和信用证结算方式。

进口商向银行申请担保提货时，应向银行提交担保提货申请书，申请书的主要内容包括：货物名称、唛头、船名、发货人、装运地点及日期、合同号（或信用证号）、金额、保证条款、进口商签字盖章等。其中，进口商向银行的保证条款是必不可少的内容，进口商一般应保证：①不以任何理由拒付或延付货款；②单据到达后立即向运输公司换回提货担保书并退还给银行；③承担银行因出具提货担保书而遭受的任何损失。

此外，进口商还需向银行提供有关提单的副本或轮船公司发出的货到通知书、商业发票、进口合同副本（或信用证副本）等。

接到担保提货的申请后，银行应在审查申请书及有关文件资料，并按实际货价或金额收取全额保证金后，开具担保提货保证书，以免发生进口商提货后不付款或拖延付款的情况，使银行处于被动的局面。

2）对出口商的资金融通

（1）托收出口押汇（Collection Bill of Purchased）。这是最常见的一种融资方式，是指在跟单托收方式下，出口商发货后将货运单据提交给出口地托收行，请求托收行预先支付部分或全部货款，待托收款收妥后偿还银行垫款的一种出口贸易融资方式。这种融资方式下，托收银行买入出口商开立的以进口商为付款人的跟单汇票和随附的商业单据，将货款扣除利息和有关费用后，余额付给出口商，其还款资金为进口商支付的货款。若出口商无法从进口商处收回货款，则出口商必须使用自有资金偿还本金和利息。出口托收押汇的业务程序：货物装运出口后，出口商开具跟单汇票，连同全套装运单据交托收行委托其收款，同时向托收行申请叙作出口押汇以融通资金。托收行则根据进口商的资信、单据是否符合合同规定、出口商的信用状况等做出是否同意买入单据的决定。如果出口商无不良记录而决定买入票据，则扣除汇票自买单日至到期日的利息、手续费，将净额汇入出口商账户。托收行成为跟单汇票的持有人，待代收行收到进口商付款后，归还托收行垫款。

托收出口押汇的特点是：托收行融资后，成为出口商的债权人，取得了托收项下跟单汇票的质权，如托收遭到拒付，可向出口商索回融资款。如出口商资金紧张，银行有权根据跟单汇票处理货物。尽管如此，托收行还是可能因为种种原因遭受部分损失。

（2）融资汇票贴现（Accommodating Bills for Discount）。出口商事先与托收行订立承兑信用额度协议，从而在托收货款时利用融资汇票来做资金融通的方式。这里所谓的"融资汇票"，是指出口商在托收货款时，用在途货物提单及商业汇票作质押，专为融资而开立的一张以托收行为付款人的远期汇票。其金额需低于托收金额，付款期限须迟于托收款的预计收妥期限。此汇票经托收承兑后即可向贴现市场贴现以得到资金融通。托收行作为融资汇票的承兑人，到期以收到的托收款项偿还融资汇票的票款，在汇票到期时付款给持票人，收回该融资汇票。

主要概念和观念

○ 主要概念

托收　付款交单　承兑交单　信托收据

○ 主要观念

不附商业单据的托收　附有商业单据的托收　以付款为条件的交单　以承兑为条件的交单

基本训练

随堂测8

○ 知识题

▲ 简答题

（1）为什么国际商会不赞成远期付款交单的托收方式？

（2）为什么以托收方式结算贸易货款出口商要争取以CIF价格成交？

▲ 判断题

（1）托收是借助银行才能实现货款的收付，所以托收属于银行信用。（　　）

（2）从理论上讲，承兑交单相比于付款交单对于买方更为便利，因为承兑交单中买方承兑后即可提货，往往可以不必自备资金而待转售所得的货款到期时付款。（　　）

（3）委托人在出口托收申请书上可指定代收行，如不指定，托收行可自行选择它认为合适的银行作为代收行。托收行由于使用其他银行的服务而发生的费用和风险，在前种情况下由委托人承担，在后种情况下由托收行承担。（　　）

（4）托收业务中的提示行应检查汇票承兑的表面形式是否合乎要求，但对签字的真实性及承兑签字人的权限不负责任。（　　）

（5）无论何种情况下，代收行同意进口商凭信托收据借货后产生的风险和后果都由出口商承担。（　　）

（6）托收是出口人将开具的汇票交给所在地银行，委托该行通过其在进口地的分行向进口人收取货款。因此当收不到货款时，银行是要负法律责任的。（　　）

▲ 单项选择题

（1）在托收业务中，以下关系中不属于委托代理关系的是（　　）。

A.委托人和托收行　　B.托收行和代收行
C.代收行和付款人　　D.委托人和“需要时的代理”

(2) 进口商付清货款后，代收行往往会（　）记托收行账户并向托收行发去相应通知书，托收行收到通知书后将货款（　）记出口方账户。

A.借，贷　　B.借，借　　C.贷，贷　　D.贷，借

(3) 托收进口押汇是指（　）给予进口商凭信托收据借单提货、向进口商融通资金的一种方式。

A.代收行　　B.托收行　　C.出口商　　D.提示行

(4) 银行为进口商先行提货而出面担保的行为是（　）。

A.信托收据　　B.出口押汇　　C.进口押汇　　D.提货担保

(5) 跟单托收业务中，即期D/P、远期D/P、D/A做法步骤不同主要发生在（　）之间。

A.委托人与托收行　　B.委托人与代收行
C.托收行与代收行　　D.代收行与付款人

(6) 以下关于托收指示的说法中错误的是（　）。

A.是根据托收申请书缮制的　　B.是代收行进行托收业务的依据
C.是托收行制作的　　D.是托收行进行托收业务的依据

(7) 在凭信托收据借单提货的融资方式中，委托人是（　）。

A.进口商的银行　　B.进口商　　C.出口商的银行　　D.出口商

(8) 即期付款交单中，出口商往往开立（　），通过代收银行向进口商提示。

A.即期汇票　　B.远期汇票　　C.银行汇票　　D.银行承兑汇票

▲ 多项选择题

(1) 代收行的特殊责任包括（　）。

A.保管好单据　　B.无义务对托收项下货物采取任何行动
C.通知托收情况　　D.审查委托人提供的单据是否与买卖合同相符

(2) 托收按交单方式不同分为（　）。

A.D/P　　B.D/D　　C.D/A　　D.T/T

(3) 托收结算方式下银行免责的情况有（　）。

A.单据在快递寄送中的延误所引起的后果
B.不可抗力所引起的后果
C.单据不相符所引起的后果
D.由于疏忽没有按委托指示所引起的后果

(4) 进口商必须在付清货款后才能取得货运单据，这种结算方式是（　）。

A.即期付款交单　　B.远期付款交单
C.承兑交单　　D.付款交单凭信托收据借单

▲ 阅读理解

阅读本章附样8-1托收委托书，回答下列问题：①委托人公司名称、付款人公司名

称；②托收金额、付款期限；③托收单据种类、份数；④指定托收银行；⑤交单条件。

▲ 技术应用

请做出与附样8-1托收委托书相关的出口托收汇票。

○ 技能题

▲ 单项操作训练

某公司分别出口三批货物，合同规定付款方式为：D/P sight、D/P at 30 days after sight、D/A 30 days after sight，设银行寄单邮程为7天，托收日为8月1日，若不计银行合理工作时间，问提示日、承兑日、付款日、交单日各为哪一天？

▲ 综合操作训练

中国银行广州分行根据Guangdong Arts & Craft lmp./Exp.Company提交的跟单托收委托书（参见附样8-1），于2023年5月20日缮制并向代收行The bank of Tokyo-MitSubishi，Ltd.邮寄跟单托收指示，其中：①Ten boxes of lamps from Guangzhou to HongKong by par of Tianyu vessel on May 12，2023；②款项划至中国银行香港分行贷记托收行账户；③两次寄单。根据上述资料完成托收指示（参见附样8-2）。

观念应用

○ 案例题

托收业务风险防范案例分析

2023年，国内鸿翔公司向亚洲某国B公司出口普洱茶。合同规定的支付条款为：“凭见票30天后到期的汇票付款，承兑交单。”鸿翔公司按期办理好装运后，在7月2日，向托收行办理D/A 30天托收。8月2日，鸿翔公司收到托收行转来的代收行来电：“你第152号托收单据于7月13日收到，我行当天已经向付款人提示，付款人承兑后并于当时收到全套单据。我行于8月12日提示要求付款，但8月13日付款人提出拒付，其理由是：商业发票不符合我国当局有关规定，无法通关。”同一天，鸿翔公司也收到了买方B公司类似的通知。

由于B公司未在来电中说明合格的商业发票格式，鸿翔公司不得不查找该地区过去的合同当中要求的发票格式，缮制新的发票补寄。8月26日，买方B公司又来电：“你方补寄的发票我方已经收到，但海关仍然不接受，因为发票上没有注明原产地。据了解，该货物在保税仓库期间的保管费已经接近货值的四分之一。如果你方不能弥补我方损失，我方将不能接受货物。”鸿翔公司经研究，为了避免更大的损失，只好同意降价处理，损失了20%的货款。最后通过其他途径得知，货物早已被买方提走，只因该公司近期亏损严重，无力付款，才采取这种办法抵赖。

○ 实训题

到银行或到外贸公司，跟随业务人员亲自办理一套出口托收或进口代收的业务。

○ 讨论题

分析在托收业务中不同交单条件对出口商构成的风险。

第9章

信用证结算方式

学习目标

知识目标：理解跟单信用证的基本定义，掌握信用证的性质、特点、作用；了解信用证结算方式的应用问题。

技能目标：熟悉信用证业务的一般流程，能熟练运用《跟单信用证统一惯例》（《UCP600》）；能够运用基本原理进行案例分析，锻炼学生的实际操作能力，培养学生的分工协作和团队精神；具有比较强的综合分析能力和实际操作能力。

素养目标：培养学生具有坚守契约精神和诚信至上的信念；遵守职业道德和行为规范；具备风险意识，了解并防范潜在的风险；具备基本的金融知识和素养、团队协作能力和服务意识。

引例　　单证相符底气足 敦促函至货款出

2023年2月，杭州某进出口公司（以下简称“杭州公司”）向孟加拉国某贸易公司（以下简称“孟加拉国客户”）出口一批镀锌带钢，付款方式为100%即期信用证，开证行为孟加拉国某银行（以下简称“孟加拉国银行”），金额为26 035.59美元。3月，杭州公司依约发运全部货物并将完整单证委托代理行交单至孟加拉国银行，银行接受单据，孟加拉国客户付款赎单并提取了货物，并发送了一份汇款时间为3月20日的银行水单给杭州公司，但该笔款项迟迟未到账。3月25日，孟加拉国客户向杭州公司反馈货物有货损情况，保险公司上门检验了解情况时得知孟加拉国客户联系银行要求待货损问题解决后再付款。杭州公司多次通过代理行联系孟加拉国银行要求付款但未收到回复，遂向杭州市国际商事法律服务中心（以下简称“杭州商法中心”）求助，杭州商法中心向杭州公司详细了解案件情况并汇总材料后，立即联系浙江省国际商事法律服务中心（以下简称“省商法中心”）寻求指导与帮助。

敦促过程：省商法中心审阅杭州公司提供的合同、发票、信用证、提单等材料，仔细研究案情后，认为杭州公司在信用证层面做到了“单证一致、单单相符”，孟加拉国银行作为开证行/承兑行仅应对单证进行审查，无权以货物有损毁情形的理由拒绝履行承兑信用证。同时，调解员通过查询孟加拉国银行的相关资料，了解到该银行是某银行系统的地方分行，其总行开设了投诉意见通道。省商法中心于3月30日同时向孟加拉国银行及其总行发出敦促履约函，说明开证行仅具有审单权利并敦促其尽快履行信用证项下承兑义务。

敦促结果：次日，孟加拉国银行即回邮表示其履行了承兑义务，并附上最新汇款水单，杭州公司顺利收到孟加拉国银行信用证项下全部款项26 035.59美元，案件顺利结案。省商法中心随后回函对孟加拉国银行的高效处理表示感谢，并表示会持续关注、积极调解杭州公司与孟加拉国客户间的货损纠纷。杭州公司对省商法中心以立竿见影的工作效率、认真的工作态度和急企业之所急的工作作风为企业纾困解难表达了感谢。

案件评析：本案中杭州公司严格遵循了国际贸易信用证交易中的单证流转规则，为纠纷发生后发送敦促履约函敦促银行履约提供了扎实的法理、实体基础。同时，省商法中心通过向总行发函反映分行拒绝承兑事实的方法也在无形中促使分行及时履约。在此特别提醒出口企业：

（1）提升信用证交易中填单填证水平，认真审证，严格遵循“单单一致、单证统一”的规则，对自己无法提供的单证及时通知国外客户修改，在开证行提示不符点后及时消除，不给开证行/承兑行以单证不符而拒绝承兑的机会。

（2）遇到开证行/承兑行以货损或货物数量、质量不符合描述等理由拒绝承兑信用证的情形时，运用《UCP600》等国际货物贸易法规正当抗辩维护自身权益。

（3）尝试以TT+L/C等多种组合收款的方式，争取到一部分的预付账款，减轻出口企业后续的收款压力。在发生银行信用证拒绝承兑的情况下，及时与当地客户、银行取得联系，也可以通过银行系统内部的投诉反馈渠道积极求助，尽快挽回损失。

（4）银行水单是可以仿造或虚开的，收到银行水单并不能完全等于银行已经汇款。在国际贸易中出口企业应当以实际银行汇款到账作为收到货款的唯一标准，避免产生损失。

资料来源：浙江贸促会．国际商事调解丨案例精选：单证相符底气足 敦促函至货款出［EB/OL］．［2023-05-12］．http：//commerce.suzhou.gov.cn/tradepromotion/sstj/202305/31edc98a33324631b455ac8b58e09983.shtml.

信用证是什么时候出现的，文献上并没有明确的记录，所以关于信用证起源的说法莫衷一是。19世纪后期，商业银行跟单信用证在英国伦敦产生，该结算方式将交易双方凭商业信用履约升级为银行信用做担保，商业银行替代进口商承担第一性付款人的责任，保证出口商能够安全收汇，同时保障进口商能及时拿到单据提货，它很好地解决了国际贸易中买卖双方互不信任的难题，同时还可以帮助进出口商从银行获得融资，这显然在国际贸易的发展历程中具有划时代的意义。信用证经过长久的发展，已成为国际贸易通用的结算方式，也是重要的融资方式，在国际贸易结算和融资中备受青睐。20世纪六七十年代，信用证一度成为全球贸易中的首选结算方式，最高时在欧美国家的使用率达到70%以上。此后，随着结算方式的多样化和国际贸易市场结构的调整，赊销等结算方式在欧美国家的使用逐步增多，信用证的占比缓慢下降。这一情况在2008年金融危机之后又出现了变化，在国际贸易市场大幅动荡的环境下，信用证的安全性、银行信用的可靠性又重新得到客户的重视。据国际商会的统计，近年来全球国际贸易中使用信用证结算方式的占比在20%左右，信用证仍为国际结算的主要方式之一。

9.1 信用证结算方式的基本原理

9.1.1 信用证的含义

1）信用证的定义

《跟单信用证统一惯例》（《UCP600》）对信用证的定义为：Credit means any arrangement, however named or described, that is irrevocable and thereby constitutes a definite undertaking of the issuing bank to honour a complying presentation.

《UCP600》第二条对信用证的定义是："一项不可撤销的安排，无论其名称或描述如何，该项安排构成开证行对相符交单予以承付的确定承诺。"简而言之，信用证是一种银行开立的有条件的承诺付款的书面文件。

信用证定义的三个关键点：①信用证是银行有条件的付款承诺；②付款条件是相符交单，也就是信用证受益人提交的单据只要符合信用证条款、《UCP600》、ISBP745的规定（这也是银行审单的依据），开证行就会承付；③相符交单情况下开证行进行承付。这三个关键点通过三个关键词体现：Irrevocable、Complying Presentation、Honour。

2）信用证的特点

（1）信用证是银行信用，开证行承担第一性付款责任。在信用证付款的条件下，银行处于第一付款人的地位。《跟单信用证统一惯例》规定，信用证是一项约定，按此约定，单据在符合信用证条件的情况下，开证行向受益人或其指定人进行付款、承兑或议付。信用证是开证行的付款承诺，实际上是开证行对出口商的保证，只要出口商满足了信用证中所规定的条件，也就是出口商相符交单，那么开证行就保证付款。因此，开证行是第一付款人。在信用证业务中，开证行对受益人的责任是一种独立的责任。开证行自开立信用证之时即有不可撤销的承付责任。只要受益人交单相符，开证行就要独立地履行其付款承诺，不受其他当事人的干扰。无论是被指定银行还是受益人向开证行交单，开证行都必须履行其付款承诺，不管开证申请人是否有付款的意愿或者能力。开证行承担第一性的、首要的付款责任，从而履行其付款承诺，体现了信用证的银行信用。

（2）信用证是一项独立文件，不依附于贸易合同。信用证是以合同为依据开立的，其内容也应与合同条款一致。但信用证一经开出并被接受就是一项独立的文件，不依附于贸易合同，信用证的当事人只受信用证条款的约束，不受合同条款的约束。

《UCP600》第四条a、b款规定：就其性质而言，信用证与可能作为其开立基础的销售合同或其他合同是相互独立的交易，即使信用证中含有对此类合同的任何援引，银行也与该合同无关，且不受其约束。因此，银行关于承付、议付或履行信用证项下其他义务的承诺，不受申请人基于其与开证行或与受益人之间的关系而产生的任何请求或抗辩的影响。受益人在任何情况下都不得利用银行之间或申请人与开证行之间的合同关系。开证行应劝阻申请人试图将基础合同、形式发票等文件作为信用证组成部分的做法。

（3）信用证是一种纯单据业务。在信用证业务中，银行处理的是单据，不是货物，只要交来的单据符合信用证条款，银行就必须付款。《UCP600》第五条规定：银行处理的是单据，而不是单据可能涉及的货物、服务或履约行为。所以，信用证业务是一种纯粹的单据业务。工业革命以来，由于科技的发展，运输业、国际结算的高速发展以及保险业的不断完善，国际贸易从原始的实际交货发展到目前的象征性交货的新阶段。象征性交货的核心是单据的买卖，卖方以交单代替了交货，买方凭单付款，单据的买卖代替了货物的买卖，这给买卖双方带来了很大的便利。

3）信用证的当事人及相互关系

（1）开证申请人（Applicant）。它是申请开具信用证的一方，在进出口贸易中通常是进口商。如由银行自己主动开立信用证，此种信用证所涉及的当事人中则没有开证申请人。申请人与开证银行签订的委托代理合同称开证申请书。申请人受两个合同的约束：一是与出口商所签订的进出口贸易合同；二是开证申请书。

（2）受益人（Beneficiary）。它是信用证指定的享有凭该证交单支取款项权利的一方，在进出口贸易中通常是出口商。受益人是国际支付关系中的债权人，也可以是其他债权人。受益人有权按信用证的规定正确填制各种单据并取得证书后，在规定的有效期限内提示交单；受益人在接到信用证后，应仔细与合同条款核对，并审核信用证条款能否履行。信用证中的受益人必须有完整的名称和详细的地址。受益人的表示方法有Exporter（出口商）、Shipper（发货人）、Drawer（出票人）或Addressee（抬头人）等。受益人受两个合同的约束：一是与开证申请人签订的贸易合同；二是与开证行之间的信用证。

（3）开证行（Opening/Issuing Bank）。它是应开证申请人的要求开立信用证、承担保证付款责任的银行。通常情况下，开证行是开证申请人所在地的一家银行，一般是开证申请人的账户行，这样既便于进口商从开证行获得资金，也利于银行更方便地掌握进口商的情况。开证行受三个合同的约束：一是与申请人签订的付款代理合同；二是与受益人之间的信用证；三是与通知行或议付行签订的代理协议。

（4）通知行（Advising/Notifying Bank）。它是受开证行的委托，将信用证通知给出口商的银行。通知行只需证明信用证的表面真实性，并不承担其他义务。通知行大多为开证行在出口地的分行或代理行。《UCP600》增加了“第二通知行”的概念。通知行可以通过另一银行（第二通知行）向受益人通知信用证及其修改。

（5）保兑行（Confirming Bank）。它是接受开证行的委托，对开证行开出的信用证的付款责任以本银行的名义实行保付的银行。保兑行通常由通知行担任，也可以由开证行指定的其他银行担任保兑行。保兑行在信用证上加具保兑后，即对信用证独立负责，承担必须付款或议付的责任。汇票或单据一经保兑行付款或议付，即使开证行倒闭或无理拒付，保兑行也无权向出口商追索票款。由此可见，保兑行是接受开证行的委托，以自己的名义从事收单付款业务，并对其行为负法律责任，承担与开证行相同的付款义务。

（6）被指定银行（Nominated Bank）。它是信用证可在其处兑用的银行，如信用证可在任一银行兑用，则任一银行均为被指定银行。被指定银行可以接受开证行的委托和指示，对受益人的相符交单予以承付或议付。根据信用证的不同种类，被指定银行可能是付款行、承兑行和议付行等。《UCP600》为简便及统一付款、承兑信用证项下银行责任的描述，引入了“Honour”（承付）的概念。《UCP500》项下的即期付款、延期付款、承兑和议付统一为承付和议付。付款和承兑信用证项下被指定银行的行为描述为“承付”，而议付信用证项下被指定银行的行为描述为“Negotiation”（议付）。承付是指如果信用证为即期付款信用证，则即期付款；如果信用证为延期付款信用证，则承诺延期付款，并承诺在到期日付款；如果信用证为承兑信用证，则承兑受益人开出的汇票并在汇票到期日付款。议付是指被指定银行在相符交单下，在其应获偿付的银行工作日当天或之前向受益人预付或者同意预付款项，从而购买汇票（其付款人为被指定银行以外的其他银行）及（或）单据的行为。

（7）偿付行（Reimbursing Bank）。偿付行也可以称为信用证的清算银行（Clearing Bank），指接受开证行的委托，代开证行偿还垫款的第三国银行，也就是开证行指定的对议付行或代付行进行偿还的代理人（Reimbursing Agent）。偿付行一般是信用证结算货币清算中心的联行或者代理行，主要是为了头寸调拨的便利。在指定偿付行的情况下，索偿行一方面向偿付行邮寄索偿书，另一方面向开证行寄单，开证行若收到与信用证不符的单据，有权向索偿行追回已经偿付的款项，但开证行不得向偿付行追索。

偿付行产生的原因是：进出口商在信用证中规定的支付货币，既不是进口国的货币，也不是出口国的货币，而是第三国的货币，开证行拥有的第三国货币资金调度或集中在第三国银行，要求该银行代为偿付信用证规定的款项，偿付行通常是开证行的存款银行或约定的垫款银行。

信用证当事人之间的关系是：

（1）开证申请人与受益人之间签订有买卖合同，并约定以信用证的方式付款，于是开证申请人向开证行提出开证申请，与开证行签订开立信用证的合同，并向开证行交纳开证保证金或相关抵押物，保证在开证行收到受益人提交的与信用证相符的单据后向开证行付款，以换取受益人提交的单据。

（2）开证行接受开证申请人的申请，并在开证申请人对开证行履行相关开证手续后，以开证行自己的信誉作为担保，向受益人开立一个有条件的付款承诺的书面文件——信用证，并在受益人交单相符的情况下，保证对受益人付款。

（3）通知行是与开证行有直接业务往来的银行，负责确认信用证的真伪，同时负责将信用证转交给受益人。

（4）保兑行与开证行有着密切的业务关系，当受益人交单时，如果单证相符，则向受益人付款，且该付款等同于开证行的付款，是没有追索权的。另外一层的责任是，当受益人交单时，恰逢开证行倒闭，那么，保兑行将担负对受益人的付款责任。

（5）议付行受开证行的指定和委托，接受受益人的单据，并审核单据是否与信用证的规定相符，如果相符，则先自行垫款给受益人，并将单据转寄给开证行，接受开证行的付款。但是，当开证行拒付或开证行倒闭而得不到付款时，议付行将有权向受益人追索先前垫付的款项。

（6）交单行接受开证行或受益人的委托，接受受益人提交的单据，并负责将单据寄给开证行。受益人是与开证申请人签订买卖合同的卖方，要按照信用证的规定完成交货和交单义务，并利用信用证和在相符交单的情况下，向开证行收取货款。

4）信用证的作用

在国际贸易实践中，卖方在没有收到货款时总是不肯发货，而买方在没有得到货物时不会轻易付款，但要使付款和实际交货同步进行几乎是不可能的。通过跟单信用证结算，一是能使买卖双方的债权、债务得以安全迅速清偿；二是能使买卖双方的货、款等利益得到有力保障；三是能为买卖双方的资金筹备和融通提供便利。

（1）对进口商的作用。进口商可以通过信用证规定的条款，保证出口商按合同规定的数量、规格、质量、装货时间等发运货物；进口商还可以在信用证中加上一些特别条款对出口商实施控制，以保证在所有条件与信用证条款规定相符后才向出口商付款。进口商在付款后可以取得代表物权的单据。此外，银行为进口商提供资金融通，当进口商要求银行开立信用证时，一般不必在该行存入信用证的全部金额作为担保。如果开证行认为进口商资信良好，进口商还可以免交保证金。在远期付款条件下，进口商可开立信托收据从银行借单，取得货物后先将货物卖出，当远期汇票到期后再向银行付款，以避免资金的占压。

（2）对出口商的作用。出口商只要将符合信用证条款规定的货运单据交给出口地银行，就可以取得货款。这有利于加速资金周转。此外，在实行外汇管制的国家，开证行开出信用证，必须符合贸易和外汇管制机构的规定，所以，出口商取得信用证后，就可以避免由于进口国禁止进口或限制对外支付外汇而产生的风险。

银行为出口商提供资金融通，出口商也可以通过议付单据从银行取得资金，即当货物装运完毕后，出口商将单据交给所在地银行，银行买下单据扣除利息后将余款付给出口商。出口商亦可向信用证往来银行申请融资，从银行取得资金购买或制造产品，这种方法称为打包放款。

（3）对开证行的作用。开证行接受进口商的开证申请，即承担开立信用证和付款的责任，这是银行以自己的信用做出的保证。所以，进口商在申请开证时要向银行交付一定的押金或担保品，为银行利用资金提供便利。此外，在信用证业务中，银行每提供一项服务均可取得相关收益，如开证费、通知费、议付费、保兑费、修改费等。因此，承办信用证业务是各银行的业务项目之一。

（4）对出口方银行的作用。由于有开证行的信用保证，只要出口商交来的单据符合信用证条款的规定，出口方银行就可办理议付买单，收取垫款贴息，然后向开证行或其指定的偿付行要求偿付垫款，风险较小。

9.1.2　信用证的内容

信用证的一般内容（General Contents of L/C）是构成信用证基本条款、文句和事项的书面文字。信用证虽没有统一的格式，但其基本内容大同小异。

1）信用证的条款

（1）基本条款。它主要指对信用证本身的说明，包括信用证的种类、编号、开证日期、金额、装运期、有效期、到期地点以及信用证有关当事人的名称、地址等。

（2）单据条款。信用证文本中应列明对汇票及其他商业单据的具体要求。对汇票的规定，包括汇票出票人、受票人、种类、金额、汇票期限及付款人等内容。对商业单据的规定，包括应提交哪些单据及对有关单据的具体要求和应出具的份数，这是信用证最重要的内容。单据主要包括三类：①货物单据（包括发票、装箱单、重量单、产地证、商检证书等）；②运输单据（包括提单以及对提单内容填写的要求）；③保险单据。除这三类单据外，还可能要求提供其他单据或证明等。

（3）商品条款。它主要指对货物的要求，包括货物名称、品质规格、数量（重量）、包装、价格等。

（4）装运条款。其包括运输方式、装运港（地）、目的港（地）、装运日期、是否分批装运或转运等。

（5）其他条款。其包括：①特殊条款，即根据进口国政治、经济、贸易情况的变化，或每一笔具体业务的需要做出的规定，如限制船舶国籍和船舶年龄、限制航线和港口等；②责任文句，即开证行对受益人即汇票持有人保证付款的责任文句。

此外，由于各国银行普遍采用国际商会的《跟单信用证统一惯例》作为信用证业务的规范，所以信用证上一般都注明“本证按照国际商会《跟单信用证统一惯例》办理”。

2）信用证的具体内容

（1）开证行，指应申请人的要求或代表其自身开立信用证的银行。

（2）申请人，根据商务合同的规定向银行（开证行）申请开立信用证的人，即进口商。信用证的申请人包括名称和地址等内容，必须完整、清楚。

（3）受益人，信用证上指定的有权使用信用证的人，即出口商。信用证中应显示受益人完整的名称和详细的地址。

（4）信用证的性质和种类，如标明“不可撤销”等字句。

（5）信用证号码及开证日期和地点。信用证号码是开证行对所开立信用证的编号，便于开证行进行业务查询和核对受益人提交的信用证下的单据。开证日期是开证行开立信用证的日期，一般表述为“Date of Issue”。信用证中必须明确标明开证日期。如果信用证中没有开证日期字样，则视开证行的发电日期（电开信用证）或抬头日期（信开信用证）为开证日期。确定信用证的开证日期非常重要，特别是在需要使用开证日期计算其他时间或根据开证日期判断所提示单据日期是否在开证日期之后等情况时更为重要。

（6）信用证金额（Amount of L/C），一般列有大写和小写数字的最高金额和所使用的货币。信用证金额是信用证条款规定的可支取的金额限度。信用证金额的支取应掌握以下原则：在不可分批装运的情况下，应一次使用完毕；在可分批装运的情况下，每批装运的货款总和以不超过其规定的金额为限；凡在信用证金额前有“约”“大约”或类似意义的用语时，允许有不超过10%的增减幅度。

（7）信用证的有效期及到期地点（Maturity Place of L/C）。这是信用证的主要内容之一。信用证的有效期是受益人向银行交单的最迟期限，在信用证的有效期内，开证行承担第一性的付款责任。信用证的到期地点，有的规定在受益人所在地，有的规定在开证行所在地。到期地点的不同，涉及交单时间和信用证到期日的掌握问题，因此，对于信用证的到期地点应有明确规定，否则应通过通知行要求开证行澄清，一般应规定在受益人所在地到期；如规定在开证行所在地到期，由于出口商无法掌握邮递单据的时间，稍有延误即可能造成信用证过期。因此，对于在开证行所在地到期的信用证，出口商应要求开证申请人修改为在受益人所在地到期，以利于向当地银行交单议付。

（8）关于汇票期限、付款人等内容的规定。

（9）信用证单据条款（Documents Required Clauses）。其包括开证行在信用证中列明的受益人必须提交的单据的种类、份数、签发条件等内容。信用证的单据条款之间必须保持一致，不应有相互矛盾的地方。

（10）信用证中的货物和（或）服务描述（Description of Goods and/or Services）。它是信用证对货物名称、数量、型号或规格等的叙述。根据国际惯例，信用证中对货物的描述不宜烦琐。如果货物描述过于烦琐，建议受益人要求开证申请人修改信用证的该部分内容。因为，烦琐的货物描述会给受益人制单带来麻烦，货物的描述应准确、明确和完整。

一般情况下，信用证中货物描述的基本内容包括货物的名称、数量、型号或规格等。

（11）信用证价格条款（Price Terms），是申请人（进口商）和受益人（出口商）在商务合同中约定的货物成交价格，一般采用国际标价方法。常用的价格条款有离岸价（FOB）和到岸价（CIF）。应当特别注意的是，价格条款的后面应注明“地点”。

（12）信用证装运期限（Shipment Date），是受益人（出口商）装船发货的最后期限。受益人应在最后装运日期之前或当天（装船）发货，信用证的装运期限应在有效期限内。

（13）信用证交单期限（Period for Presentation of Documents），除了有效期限以外，每个要求出具运输单据的信用证还应规定一个在装运日期后一定时间内向银行交单的期限。如果没有规定该期限，根据国际惯例，银行将拒绝受理迟于装运日期后21天提交的单据，但无论如何，单据必须于不迟于信用证的有效期限内提交。

（14）偿付行，是开证行在信用证中指定的向付款行、保兑行或议付行偿付款项的银行。它可以是开证行自己的一家分支行，也可以是第三国的另一家银行（一般为账户行）。

（15）分批装运及转运条款，说明是否允许分批装运和转运。运输由装运港到卸货港或由启运地到目的地，不迟于最迟装运期。关于日期的描述，《UCP600》第三条规定："在或大概在（on or about）"或类似用语将被视为规定事件发生在指定日期的前后五个日历日之间，起讫日期计算在内。一个月的"开始（beginning）"、"中间（middle）"及"末尾（end）"分别指第一到第十日、第十一日到第二十日及第二十一日到该月的最后一日，起讫日期计算在内。

（16）信用证特别条款（Special Conditions）。信用证中有时会附有针对受益人、通知行、付款行、承兑行、保兑行或议付行的特别条款。对于不能接受的条款，应立即洽开证行或开证申请人修改。

（17）银行至银行指示（Bank to Bank Instruction），列明信用证索偿和偿付的方式：①授权借记（Authorize to Debit），开证行授权指定银行借记开证行账户；②主动贷记（Credit），开证行贷记指定银行账户；③授权向另一家银行索偿（Claim Reimbursement from），开证行授权指定银行向另一家银行索偿。

（18）适用《跟单信用证统一惯例》规定的声明等。

小知识9-1 关于SWIFT MT700内容的说明

SWIFT，全称环球同业银行金融电信协会（Society for Worldwide Interbank Financial Telecommunication），现在信用证的开立大部分采用SWIFT MT700电开格式（见表9-1），全世界的银行几乎通用。

表9-1 SWIFT MT700（开立跟单信用证）

M/O	Tag	Field Name（项目名称）	Content
M	27	Sequence of Total（报文页次）	1n/1n
M	t	Form of Documentary Credit（跟单信用证类型）	24x
M	20	Documentary Credit Number（跟单信用证号码）	16x
O	23	Reference to Pre-advice（预通知参考号）	16x
O	31C	Date of Issue（开证日期）	6n
M	31D	Date and Place of Expiry（有效日期和地点）	6n29x
O	51a	Applicant Bank（申请人银行）	A or D
M	50	Applicant（申请人）	4*35x
M	59	Beneficiary（受益人）	4*35x
M	32B	Currency Code，Amount（币种、金额）	3a15x
M	41a	Available With…By…（指定银行与兑付方式）	A or D

续表

M/O	Tag	Field Name（项目名称）	Content
O	42C	Drafts at…（汇票的付款期限）	3*35x
O	42a	Drawee（付款人）	A or D
O	42P	Deferred Payment Details（延期付款条款）	4*35x
O	43P	Partial Shipments（分批装运）	1*35x
O	43T	Transshipment（转运）	1*35x
O	44A	Loading on Board/Dispatch/Taking in Charge at/from（装船/发运/接受监管地点）	1*65x
O	44B	For Transportation to…（最终目的地）	1*65x
O	44C	Latest Date of Shipment（最迟装运期）	6n
O	44D	Shipment Period（装运期限）	6*65x
O	45A	Description of Goods and/or Service（货物/或服务名称）	50*65x
O	46A	Documents Required（单据要求）	50*65x
O	47A	Additional Conditions（附加条件）	50*65x
O	71B	Charges（银行费用）	6*35x
O	48	Period for Presentation（交单期限）	4*35x
M	49	Confirmation Instructions（保兑指示）	7x
O	53a	Reimbursement Bank（偿付银行）	A or D
O	78	Instruction to the Paying/Accepting/Negotiating Bank（给付款行/承兑行/议付行的指示）	12*65x
O	57a	Advice Through Bank（通知行）	A/B or D

9.1.3 信用证的种类

1）光票信用证与跟单信用证

根据信用证项下的汇票是否附有货运单据，信用证可分为光票信用证和跟单信用证。

（1）光票信用证（Clean Credit），是不附货运单据、受益人可以凭开立的收据或汇票分批或一次在通知行领取款项的信用证。有的信用证要求出具汇票并附有非货运单据，如发票、垫款清单等，这种信用证也属于光票信用证。由于不附货运单据，出口商可在货物装运并取得提单以前就开出汇票，请求银行议付。因此，光票信用证实际上具有预先取得货款的作用。

光票信用证项下的单据中没有货运单据，因此对进口商的风险比较大，其无法通过各种单据对货物的交付、质量、数量等予以控制。进口商得依赖出口商的信用，否则可能导致货款两空。此外，开证行也无法利用货运单据来防范风险，只能基于进口商的信用或进口商提供的其他担保，因此，银行的风险也是比较大的。

（2）跟单信用证（Documentary Credit），是凭跟单汇票或仅凭单据付款的信用证。此处的单据指代表货物所有权的凭证（如海运提单等），或证明货物已交运的单据（如铁路运单、航空运单、邮包收据等）。国际贸易结算中使用的信用证绝大多数是跟单信用证。

2）不可撤销信用证（Irrevocable L/C）

不可撤销信用证，是指信用证一经开出，在信用证到期日前，未经有关各方的同意，开证行不能撤销或修改的信用证。按照《UCP600》的规定，信用证是不可撤销的。同时，《UCP600》还规定，除可转让信用证的某些特定情况外，未经开证行、保兑行（如有的话）及受益人同意，信用证既不得修改，也不得撤回。开证行自发出修改之时起，即不可撤销地受其发出修改的约束。以不可撤销信用证交易时，只要信用证各条款得到满足和执行，开证行或保兑行必须无条件地承兑汇票或付款。这种信用证对受益人较有保障，故其在国际贸易中使用最为广泛。根据《UCP500》的规定，信用证上应明确注明是可撤销的或是不可撤销的，如无此项注明，应视为不可撤销信用证。

后来，由于实际业务中，开立可撤销信用证的情形极少，故《UCP600》便删除了可撤销信用证的概念及其有关规定。

3）保兑信用证与不保兑信用证

根据是否有另一家银行加以保证兑付，信用证可分为保兑信用证和不保兑信用证。

（1）保兑信用证（Confirmed L/C），是指由另一家银行即保兑行（通常是通知行，也可是第三方银行）对开证行开立的信用证加具保证兑付责任的信用证。由此可见，信用证保兑是一种特殊的保证付款承诺。《UCP600》第八条b款规定：保兑行自对信用证加具保兑之时起即不可撤销地承担承付或议付的责任，即保兑行在对信用证加具保兑时起就不可撤销地受到该证的约束，从这一刻起，只要相符单据交到保兑行或其他被指定银行，保兑行的承付或议付责任就确立了。保兑行是接受开证行的委托，以自己的名义从事收单付款的业务，并对其行为负法律责任，承担与开证行相同的付款义务。保兑行应按开证行的委托办理信用证的有关事项，独立对受益人负责。保兑行在收到受益人交来的单据时，有义务按信用证的规定进行审核。对于与信用证条款不符的信用证，保兑行有权拒收，或要求受益人在一定期限内改单或拒付；无论是开证行倒闭还是保兑行付款后发现单证不符，都无权对受益人拒付或追回票款；保兑行有权按约定向开证行收取酬金及对单据进行付款清偿；无论开证行发生什么变化，保兑行都不能单方面撤销其保兑责任。

保兑行与开证行的关系是：保兑行应按开证行的委托办理信用证的有关事项，独立对受益人负责。保兑行对于出口商具有审核单据等与开证行相似的权利，而且是信用证的第一付款人，对出口商独立负责。保兑行对出口商有必须议付或代为付款的责任。在保兑行已经议付或代为付款后，无论开证行如何，都无权向出口商进行追索。

MT700信用证第49项显示的“Confirmation Instructions”，表示开证行在信用证中要求通知行对信用证加具保兑。

常见的保兑条款如下：As requested by our correspondent，we hereby confirm the above-mentioned Credit.

（2）不保兑信用证（Unconfirmed L/C），是指未经另一家银行保证兑付的信用证。不保兑信用证，由开证行负保证付款责任，通知行不加保兑，只负通知的责任，所以这种信用证常在信用证通知书上注明：“此仅系上述银行所开信用证的通知，我行不负任何责任”（This is merely an advice of Credit issued by the above mentioned bank which conveys no engagement on the part of this bank），或类似的免责文句。

按照国际惯例，若信用证没有注明Confirmed字样，即认为该信用证为不保兑信用证。

观念应用9-1　　保兑行的责任

观念应用9-1

分析提示

甲国出口商出口一批货物到乙国，进出口双方约定以信用证方式结算，于是乙国进口商委托其银行（乙银行）开立了一张不可撤销议付信用证，该信用证由丁银行保兑。在甲国出口商根据信用证的规定完成了装运任务后，其将全套单据在规定的信用证有效期内向丁银行提示；丁银行审核后认为单据与信用证条款相符，对单据进行了议付。乙银行收单后，经审核认为单据不合格而拒受。丁银行因此而蒙受了巨大的损失。

4）即期付款信用证、远期信用证、议付信用证

根据《UCP600》第二条“定义”的规定，兑付意指：a.对于即期付款信用证即期付款；b.对于延期付款信用证发出延期付款承诺并到期付款；c.对于承兑信用证承兑由受益人出具的汇票并到期付款。议付意指被指定银行在其应获得偿付的银行日或在此之前，通过向受益人预付或者同意向受益人预付款项的方式购买相符提示项下的汇票（汇票付款人为被指定银行以外的银行）及/或单据。被指定银行意指有权使用信用证的银行，对于可供任何银行使用的信用证而言，任何银行均为被指定银行。

（1）即期付款信用证（Sight Payment L/C），是指规定受益人开立即期汇票随附单据，或不需要汇票仅凭单据向指定银行提示，请求付款的信用证（注明“即期付款兑现”的信用证）。对于这种信用证，开证行、保兑行（如有的话）或指定付款行承担即期付款的责任。即期付款信用证的付款行有时由指定通知行兼任。此信用证一般不需要汇票，也不需要领款收据，付款行或开证行只凭货运单据付款。证中一般列有“当受益人提交规定单据时，即行付款”的保证文句。其到期日，一般也是受益人向付款行交单要求付款的日期。

即期付款信用证表述为：This Credit is available with （1） issuing bank or advising bank/other bank （nominated bank） by （×） Sight payment （2） （×） and （3） the beneficiary's draft（s）at ××× sight drawn on nominated paying bank.

注：(1) 填指定银行；(2) 为付款期限；(3) 为汇票条款。

以SWIFT形式开具的信用证中，付款方式见MT700的第41项：

41D：Available With…By…ISSUING BANK/ ××× BANK PAYMENT

(2) 远期信用证（Usance Credit），是受益人提示单据后，开证行和保兑行并不立即付款，而是按照信用证上或汇票上规定的未来日期履行付款义务的信用证。远期信用证有以下两种：

第一种，承兑信用证（Acceptance Credit）。它是信用证规定开证行对于受益人开立的以开证行自己为付款人或以其他银行为付款人的远期汇票，在审单无误后，应承兑汇票并于到期日付款的信用证。

其具体做法是：受益人开出以开证行或指定银行为受票人的远期汇票，连同商业单据一起交到信用证指定银行；银行收到汇票和单据后，先验单，如单据符合信用证条款，则在汇票正面写上“承兑”字样并签章，然后将汇票交还受益人（出口商），收进单据。待信用证到期时，受益人再向银行提示汇票要求付款，这时银行才付款。银行付款后无追索权。

实务中，开立承兑信用证基于以下两种情况：①买卖双方签订远期销售合约，则买方申请开出一份远期付款的承兑信用证，称为卖方远期信用证（Seller's Usance Credit），俗称“真远期信用证”；②买卖双方签订即期销售合约，但买方申请开出一份远期付款的信用证，进口商承担即期付款的责任，银行承兑汇票的费用及贴现费用由开证申请人承担，称为买方远期信用证（Buyer's Usance Credit），俗称“假远期信用证”（Usance Credit Payable at Sight）。假远期信用证是指受益人开立远期汇票，由付款行负责贴现，并规定一切利息和费用由进口商负担。这种信用证表面上看是远期信用证，但从上述条款规定来看，出口商却可即期收到全额货款。因此，这种信用证对出口商而言，实际上仍属即期收款，但对进口商来说，则待远期汇票到期时才付款给付款行。

假远期信用证与普通远期信用证和即期付款信用证的区别是：第一，假远期信用证项下的买卖合同规定的支付条件一般为即期付款信用证付款；普通远期信用证项下的买卖合同的支付条件则明确规定以远期信用证方式付款。第二，假远期信用证要求开立远期汇票；即期付款信用证规定开立即期汇票。第三，假远期信用证规定汇票的贴现利息及承兑手续费等费用，概由进口商负担；普通远期信用证项下的远期汇票由于收汇而产生的利息、贴现息等一般由受益人负担。第四，假远期信用证能即期收汇，而普通远期信用证不能即期收汇。

第二种，延期付款信用证（Deferred Payment Credit）。它是远期信用证的一种，亦称无汇票远期信用证。延期付款信用证的功能与远期信用证的功能相同，只是在期限上不同而已。

在业务处理上，延期付款信用证与承兑信用证类似，所不同的是受益人不需要出具汇票，只需将符合信用证规定的单据交给指定银行，指定银行在验单无误后收取单据，待信用证到期再进行付款。

延期付款信用证适用于大型机电成套设备的进出口，为了提高竞争力，可采用延期付款、卖方中长期贷款或赊欠出口等措施。延期付款信用证通常期限较长，出口商不必提示汇票，开证银行也不承兑汇票，只是于到期日由银行付款。

延期付款信用证表述为：

This Credit is available with（1）issuing bank or advising bank/other bank（nominated bank）by（2）（×）deferred payment at ××.

有三种可能性：①deferred payment at ×× days after the date of B/L or shipment，即提单日或装运日后若干天延期付款；②deferred payment at ×× days after presentation of documents，即交单后若干天延期付款；③deferred payment on（a future date）fixed，即固定在将来某日期延期付款。

以SWIFT形式开具的信用证中，延期付款方式于MT700的第41项表述的文句为：

41D：Available With…By…ISSUING BANK/ ××× BANK/DEF PAYMENT

此处的DEF PAYMENT即DEFFERED PAYMENT，是延期付款的意思。

（3）议付信用证（Negotiable Credit），是开证行在信用证中明确邀请其他银行为受益人提交的符合信用证要求的单据叙作出口押汇（议付），并保证对议付后取得善意持票人身份的银行及时偿付的信用证。所谓议付，就是由议付行向受益人购进由后者出具的汇票及所附单据。议付实际上是议付行在受益人向其递交符合信用证条款单据的前提下对受益人的垫款。由于议付要扣除预付款的利息和手续费，因此，它也是汇票的“贴现”行为，在我国俗称“买单”，又称“出口押汇”。议付行在办理议付后成为汇票的善意持票人，如遇开证行拒付，有权向其前手出票人进行追索。

议付行议付后，即可凭单据向开证行或其指定银行请求偿付货款。如果开证行未在信用证内指定其他银行，则议付行应将单据寄交开证行；若开证行在信用证中指定了一家付款行，则议付行将单据寄交该指定付款行。收到单据的开证行或付款行，在审单无误后，即应将款项偿付给议付行。开证行和付款行的付款，是不可追索的。开证行或付款行如发现单据和信用证不符，应在不迟于收到单据的次日起5个营业日内通知议付行表示拒绝接受单据。

议付信用证的种类如下：

第一，限制议付信用证（Restricted Negotiable Credit），是指开证行在信用证中指定一家银行对信用证进行议付。信用证中要记载诸如“This credit is available with advising bank by negotiation.”（此信用证在通知行议付有效）等文句。应当注意的是，无论信用证以何种方式表明其限制议付，它必须是开证行的意思表示，而不是开证行以外的银行强加于信用证的条款。

第二，自由议付信用证（Freely Negotiable Credit），是任何银行均可议付的信用证，即任何银行均可按信用证的条款自由议付。议付信用证大多数是自由议付的，这对受益人有利。受益人要议付，不一定非要到通知行，可自由选定一家对自己有利的银行。而限制议付信用证的开立，往往是开证行出于对自身利益的考虑。限制议付信用证对受益人不利：一是指定的议付行可能收费很高，而受益人没有选择余地，只好接受；二是一旦指定的银行不愿意办理议付，那么信用证就失去了其应有的保障作用，受益人收款风险就大了。

第三，不可议付信用证（Straight Credit），又称直接信用证，是受益人只能直接向开证行或指定付款行提示单据而不能由其他银行议付的信用证。在此种信用证中，开证行仅对受益人做出验单付款承诺，而不指定或邀请任何其他银行议付，也不承认其他银行的议付有效。开证行或付款行收到符合信用证规定的单据后，即对受益人作无追索的终局性付款。同时，此类信用证一般规定在开证行或付款行到期。

5）可转让信用证和不可转让信用证

根据受益人对信用证的权利能否转让，信用证可分为可转让信用证和不可转让信用证。

（1）可转让信用证（Transferable L/C）。《UCP600》第三十八条：可转让信用证系指特别注明“可转让”（Transferable）字样的信用证。可转让信用证可应受益人（第一受益人）的要求转为全部或部分由另一受益人（第二受益人）兑用。

可转让信用证的转让以开证申请人及开证行的准许为前提，唯有开证行在信用证中明确注明“可转让”字样，信用证方可转让，而且只能转让一次，但是可以一次性地转让给多个第二受益人。信用证转让后，即由第二受益人办理交货，但原证的受益人，即第一受益人，仍需承担买卖合同中卖方的责任。如果信用证中允许分装，信用证可分别转让给多个第二受益人，这种转让可看成一次转让。

（2）不可转让信用证（Non-transferable L/C）。它是指受益人无权转让给其他人使用的信用证。凡在信用证上没有注明“可转让”字样的信用证，均为不可转让信用证。不可转让信用证只限于受益人本人使用。

6）可分割信用证和不可分割信用证

（1）可分割信用证（Divisible L/C）。它是指受益人被允许将信用证的全部或一部分转让给另一个受益人（或同时转让给两个或两个以上的第三者）的信用证。按照国际惯例，只要可转让的信用证规定准许分批装运，它就是可分割的。

一般来说，只有可转让的信用证才是可以分割的信用证。也就是说，可分割信用证必须是可转让的信用证。如果信用证需要转让给两个或两个以上的人，在开证时，可在“可转让”后面注明“可分割”字样。

可转让及可分割信用证多用于分批装运或分口岸对外成交的国际贸易合同。在进口业务中采用可转让信用证，便于中间商把信用证转让给实际供货人，因为中间商自己不掌握商品，通常一边与厂商签订供货合同，另一边与买方签订销售合同，利用二者之间的差价来赚取利润。中间商为了不垫付资金，通常要求买方开立可转让信用证，以便转让给实际供货人办理交货。在我国的出口贸易中，在某个主口岸统一成交而在其他分口岸交货的情况下，为了便于办理在各分口岸交货后的结汇手续，往往要求国外的买方开具可转让、可分割的信用证。在进口贸易中，如中间商确有需要而且信誉可靠，也可开具可转让信用证。但为了防止商业诈骗，买方会严格控制这种信用证的使用。

(2) 不可分割信用证（Undivisible L/C）。它是在开证时没有注明“可转让”与“可分割”字样的信用证。

7）对背信用证（Back to Back L/C）

对背信用证又称“背对背信用证”，是原证的受益人以自己为申请人，要求原证的通知行或其他银行以原证为基础和担保，另行开立的一张与原证内容相似的新的信用证。

要求开立对背信用证的申请人（原证受益人）一般都是中间商，因为他不希望供货的第三方与进口商（原证申请人）直接接触，所以他以第一张信用证的内容为基础，更改当事人、单价、交货期、交单期等内容，开出一份新的信用证。对背信用证的贸易方式如下：

其一，进口商为了取得市场份额，需进口商品，寻找货源；而制造商或供应商需开拓市场，寻找客户。两者因某种原因不能直接通商或来往，故需请中间商介入，把进出口业务联系在一起。中间商为了保住商业秘密和赚取其中的利润，不愿将货源或商业渠道予以公开。因此，进口商先与中间商签约进口所需货物，而后中间商再与出口商签约，推销其产品，这种贸易方式称为“三方两份契约”。

其二，中间商与进口商签订的契约称为第一份契约。依第一份契约所开具的信用证称为原信用证，亦称主信用证。中间商与出口商签订的契约称为第二分契约，依第二份契约开具的信用证称为对背信用证，亦称附属信用证。

其三，为了实现上述贸易方式，在支付结算中可采用对背信用证，但对背信用证是以原信用证为依据开出的。

原信用证与对背信用证所列条款的不同之处是在价格上有差别，原信用证价格高，对背信用证价格低，差价为中间商所获得的商业利润或佣金。关于交货日期，对背信用证所列的交货日期在前，原信用证所列的交货日期在后，以保证按期交货。

可转让信用证与对背信用证的区别是：

其一，可转让信用证是将以出口商为受益人的信用证全部或一部分转让给供货人，允许供货人使用，是一份信用证；而对背信用证与原证完全是两个独立的信用证，两者同时存在。

其二，可转让信用证的权利转让要以开证申请人及开证银行准许为前提；而对背信用证的开立与原证开证申请人及开证银行无关。可转让信用证的受让人，即第二受益人，与第一受益人居于同等地位，均可获得开证银行的付款保证；而对背信用证的受益人不能获得原证开证行的付款保证，只能得到对背信用证开证银行的付款保证。

其三，对于可转让信用证，可使用该证的银行如果开出新证，不因信用证转让而改变该行的地位或增加其责任；而对于对背信用证，如果经通知行开立，则其地位即改变为对背信用证的开证行。

8）对开信用证（Reciprocal L/C）

对开信用证是两张信用证的开证申请人互以对方为受益人而开立的信用证。开立这种信用证是为了达到贸易平衡，以防止对方只出不进或只进不出。对开信用证一般用于易货贸易、补偿贸易、来料加工、来件装配业务。

对开信用证的生效方法是：①两张信用证同时生效。第一张证先开出暂不生效，等对方开来回头证，经受益人接受后，通知对方银行，两证同时生效。②两张信用证分别生效。第一张证开立后立即生效，回头证以后另开，或第一张证的受益人在交单议付时，附一份担保书，保证在若干时间内开出以第一张证开证申请人为受益人的回头证。分别生效的对开信用证只有在易货双方互相信任的情况下才会开立，否则先开证的一方要承担对方不开证的风险。

对开信用证的特点如下：

一是双方必须承担购买对方货物的义务，一方的出口必以另一方的进口为条件，互相联系、互相制约，而且两证的金额要相等或大致相等。

二是第一张信用证的受益人（出口商）和开证申请人（进口商）就是第二张信用证的开证申请人和受益人，两方地位刚好对调；第一张信用证的通知行常常就是第二张信用证的开证行，反过来也是一样。

三是既可以分别生效，即先开证先生效，也可以同时生效，即第一张信用证虽然先开立，但暂时不生效，需待对方开来第二张回头信用证后，两证才同时生效。

9）循环信用证（Revolving L/C）

循环信用证是指信用证被全部或部分使用后，其金额又恢复到原金额，可再次使用，直至达到规定的次数或规定的总金额为止。循环信用证与一般信用证的根本区别在于：后者在全部使用后即告失效，而循环信用证可多次循环使用，直到规定的循环次数或规定的总金额用完为止。国际贸易中如买卖双方订立长期合同，分批交货，进口商为节省开证费用和减少手续，常以循环信用证方式结算。它对出口商来说，也可以减少逐笔催证和审证的手续，保证收回全部货款。

循环信用证又可分为按时间循环信用证和按金额循环信用证。按时间循环信用证是指受益人在一定的时间内可多次支取信用证规定的金额；按金额循环信用证是指信用证金额议付后，仍恢复到原金额可再次使用，直至用完规定的总额为止。

在按金额循环的信用证条件下，恢复到原金额的具体循环方式有三种：①自动循环使用。出口商可按月（或按一定时期）支取一定金额，不必等待开证行的通知，信用证就可在每次支款后自动恢复到原金额。②非自动循环使用。出口商每次支取货款后，必须等待开证行的通知，才能使信用证恢复到原金额，再加以利用。③半自动循环使用。出口商每次支取货款后，经过若干天，如果开证行未提出不能恢复到原金额的通知，信用证即自动恢复原金额。

10）预支信用证（Anticipatory L/C）

预支信用证允许出口商在装货交单前支取部分或全部货款。申请开立预支信用证的进口商往往需要开证行在信用证中加列预支条款，为醒目起见，预支条款的内容往往用红色打印，所以预支信用证又称红条款信用证（Red Clause L/C）。

预支条款通常包括以下几方面内容：①允许受益人预支的最高额度（一般为信用证

金额的30%～40%)；②预支时受益人必须保证按时发货交单；③受益人必须向预支货款的银行交单，预支银行从中扣除预支款及利息；④如在信用证有效期内受益人未能交单，预支银行可向开证行索偿，开证行保证立即偿还预支银行垫款本息及各项费用。

银行按信用证规定并应受益人请求预支款项后，往往要求受益人把正本信用证交出，以控制受益人向该行交单。如果受益人预支了款项却未发货交单，预支银行可以要求开证行偿付，开证行偿付后再向开证申请人追索。由于存在这种风险，所以进口商只有对出口商的资信十分了解或在出口商是可靠、稳定的贸易伙伴时才会向开证行提出开立预支信用证的要求。

预支信用证适用的贸易方式为：①契约商品系市场供不应求的短缺商品，进口商采用优惠的有竞争性的支付方式，以求尽速获得商品以供应市场的急需；②出口商资金短缺或资金周转不灵，要求采用预支信用证，进口商可利用此机会以提供优惠的支付方式为理由，以求压低价格；③进口商为搜索并及时抓到货源，故将预支信用证开至出口地的代理商或委托商处，及时、灵活地抓住紧俏商品，以预支货款的办法与其对手竞争。

9.1.4　信用证结算基本程序

信用证结算的基本程序可以归纳为七个环节（以跟单议付类信用证为例）：

（1）申请人（进口商）申请开证。申请人按照销售合同制作开证申请书，指示开证行按照开证申请书开立信用证。买卖双方在合同中约定采用信用证结算时，通常由买方向其所在地的一家银行提出开证申请，填写并提交开证申请书。开证申请书是申请人和开证行之间的法律文件，也是开立信用证的依据。

（2）进口地银行开立信用证。开证行以信开或电开方式将信用证的内容发送给出口商所在地的通知行，通过其通知或转递信用证给受益人。由于现代通信技术的发展，全电开已成为主要的信用证传递方式，信开和简电开方式已很少使用。

全电开是以电讯方式（TELEX或SWIFT）发出内容完整的信用证正本，是交单承付或议付的依据。SWIFT的信用证格式为MT700和MT701。与信开相比，SWIFT信用证省略了保证条款，但加注密押，系统自动核对密押无误后，SWIFT信用证自动生效。通过电传TELEX开立的信用证现在我国基本已经不使用，以SWIFT方式开立的信用证为主。

（3）出口地银行通知信用证。出口地银行收到开证行开来的信用证，经审查信用证条款完整、清楚，开证行资信正常，并与其有正常往来关系，即可按信用证要求准确、及时地通知受益人。

（4）受益人（出口商）备齐单据向议付行办理议付。为了保证受益人同时完成信用证以及贸易合同项下的义务，受益人在收到信用证时，必须严格根据合同审证，消除信用证交单时的潜在风险，审证后按信用证的要求备货、发货、制单。如有需要对信用证进行修改的，要及时联系申请人，以便申请人向开证行提出修改。

（5）议付行向出口商垫付票款。议付行接到出口商交来的信用证、汇票和各项单据后，将信用证条款与单据核对，如果相符，根据汇票金额扣除利息和手续费后，将票款净额垫付给出口商。

（6）议付行向开证行索偿票款。议付行议付后，取得了信用证规定的全套单据，即可凭单据向开证行或其指定银行请求偿付票款。如果开证行未在信用证内指定其他银行，则议付行应将单据寄交开证行；若开证行在信用证中指定了一家付款行，则议付行应将单据寄交指定付款行。收到单据的开证行或付款行，在审单无误后，应将票款偿付给议付行。若开证行在信用证中指定了一家偿付行，则议付行应向开证行寄单，同时又向偿付行发出索偿通知，偿付行在接到索偿通知后，按其与开证行的事先约定，向议付行偿付；如偿付行拒绝偿付，开证行仍应承担付款责任。开证行和付款行的付款，是不可追索的。

（7）开证申请人赎单提货。开证行在向议付行偿付后，即通知申请人付款赎单。开证申请人应到开证行审核单据，若单据相符，即应付清全部货款与有关费用；若单据和信用证不符，申请人有权拒付。申请人付款后，即可从开证行取得全套单据。此时申请人与开证银行之间因开立信用证而构成的契约关系即告结束。

信用证结算的基本程序（以中国银行业务为例）如图9-1所示。

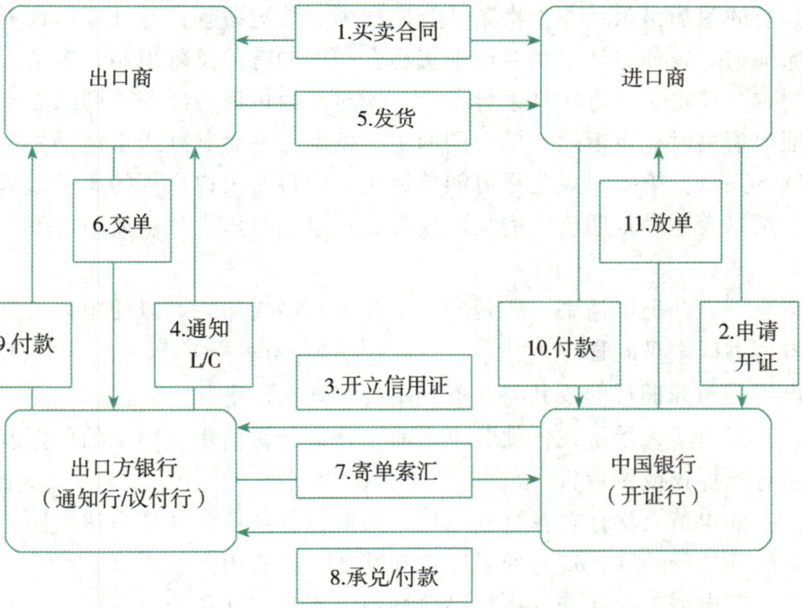

图9-1　信用证结算的基本程序（以中国银行业务为例）

9.2　进出口信用证结算实务

9.2.1　进口信用证结算实务

1）信用证的开立和修改

（1）进口商申请开立信用证。进口商和出口商在签订贸易合同时，会约定结算方式。如以信用证作为结算方式，会规定信用证开立的时间和内容等。

进口商应在合同规定的期限内向所在地银行申请开证。申请开证时，申请人应填写并向银行递交开证申请书；同时，应向开证行交付一定比例的保证金或采取其他担保形式，保证金一般为信用证金额的百分之几到百分之几十，其高低由开证行规定，与申请人的资信和市场行情有关。对于资信良好的客户，有的银行会授以一定的开证额度，在规定额度内开证，可免交保证金。

开证申请书（Application for L/C）既是开证行开立信用证的根据，又是开证行与开证申请人之间法律性的书面契约，它规定了开证申请人与开证行的责任。

开证申请书包括两部分：第一部分（正面）是开证申请人对开证行的开证指示，即信用证应列明的内容；第二部分（背面）规定开证申请人与开证行双方的权利与义务，一般称为偿付协议。

开证申请书主要有下列内容：①开证行名称、开证通知方式、申请日期；②信用证有效期及地点、通知行名址、申请人名址、受益人名址、金额（大小写）和币别；③信用证类型、受益人必须提供的单据种类、正副本份数、内容及要求等；④有关货物的简要描述、必要的附加指示；⑤价格条件及原产国、装运条款；⑥开证申请人签章；⑦开证申请人保证书。开证申请书主要依据贸易合同中的有关条款填制，申请人填好后最好连同合同副本一并提交银行，供银行参考、核对。信用证一经开立则独立于合同，因而在填写开证申请书时应审慎地查核合同的主要条款，并将其列入申请书中。在内容描述上应注意以下几点：第一，规定尽可能单据化，即将对出口商提的要求以单据的形式表示；第二，意思表达尽量明确，避免出现歧义；第三，语言尽量简洁，不应罗列过多的细节。

一般情况下，开证申请书一式两联，由开证行事先印就，以便申请人直接填制。信用证开证申请书样本见附样9-1。

开证申请人与开证行的权利与义务，主要表现在以下几个方面：

第一，开证申请人承认在付款赎单之前，开证行对信用证项下的单据及申请人所交纳的抵押品有抵押权或留置权。

第二，开证申请人保证在单据到达后，如期付款赎单。开证申请人同时保证付清信用证中规定的开证行及其代理行的手续费和其他一切费用。

第三，开证申请人承认开证行只对单据的表面真实性负责。

第四，开证行对报文传输或信件或单据的传递过程中发生的延误、中途遗失、残缺或其他错误产生的后果概不负责；开证行对技术术语的翻译或解释上的错误不负责任，并可不加翻译地传递信用证条款。

第五，开证行对不可抗力导致的营业中断的后果概不负责。

（2）开证行开立信用证。开证行接受申请人的开证申请后，应严格按照开证申请书的指示拟定信用证条款，有的草拟完信用证后，还应送交开证申请人确认。开证行应将其开立的信用证以邮寄或电传或SWIFT方式送交出口地的联行或代理行，请它们代为通知或转交受益人。

附样 9-1 信用证开证申请书样本

IRREVOCABLE DOCUMENTARY CREDIT APPLICATION

TO: National bank of Canada DATE: 20221014

☐ Issue by airmail ☐ With brief advice by teletransmission ☐ Issue by express delivery ☒ Issue by teletransmission (which shall be the operative instrument)	Credit NO. 002/0001619 Date and place of expiry 2022102 IN CANADA
Applicant Junjie International limited company No.123,Firefly Crecent,Wodbridge,Vaughan City,Ontario,Caada	Beneficiary (Full name and address) Kayla Trading Co., Ltd. 8 Garden Street, Cambridge, MA, USA
Advising Bank Citibank, N.A. 399 Park Avenue, New York, USA	Amount USD 250000.00 SAY USD TWO HUNDRED AND FIFTY THOUSAI
Partial shipments ☒ allowed ☐ not allowed Transhipment ☒ allowed ☐ not allowed Loading on board/dispatch/taking in charge at/from New York, America not later than 20221031 For transportation to: Toronto,Canada Price terms CIF	Credit available with ANY BANK By ☒ sight payment ☐ acceptance ☐ deferred payment at against the documents detailed herein ☐ and beneficiary's draft(s) for ____ % of invoice value at ____ sight drawn on ____

Documents required: (marked with √)

1.(×)Signed commercial invoice in 1 copies indicating L/C No. and Contract No. CT0003394.

2.(×)Full set of clean on board Bills of Lading made out to order and blank endorsed, marked "freight [×]to collect / [ ] prepaid[ ] showing freight amount" notifying ____.

( )Airway bills/cargo receipt/copy of railway bills issued by ____,showing "freight [ ] to collect/[ ]prepaid[ ] indicating freight amount" and consigned to ____

3.(×)Insurance Policy/Certificate in 1 copies for 110 % of the invoice value showing claims payable in Canada in currency of the draft, blank endorsed, covering ICC(A) additional WAR Risk

4.(×)Packing List/Weight Memo in 1 copies indicating quantity, gross and weights of each package.

5.( )Certificate of Quantity/Weight in ____ copies issued by ____

6.( )Certificate of Quality in ____ copies issued by ____

7.( )Certificate of Origin in ____ copies issued by ____

Other documents, if any

1.( )Health Certificate in ____ copies issued by ____

2.( )Certificate of phytosanitary in ____ copies issued by ____

3.( )Certificate of Origin Form A in ____ copies issued by ____

4.( )Certificate of Origin Form E in ____ copies issued by ____

5.( )Certificate of Origin Form B in ____ copies issued by ____

Description of goods:

CH-007
IQF STRAWBERRIES
SIZE:15-25MM, STORAGE TYPE: FORZEN,SPECIFICATION: 10KGS/CARTON
QUANTITY:100 MTS
PRICE:USD 2500.00
CIF TORONTO,CANADA

Additional instructions:

1.( )All banking charges outside the opening bank are for beneficiary's account.

2.( )Documents must be presented within ____ days after date of issuance of the transport documents but within the validity of this credit.

3.( )Third party as shipper is not acceptable, Short Form/Blank B/L is not acceptable.

4.( )Both quantity and credit amount ____ % more or less are allowed.

5.( )All documents must be sent to issuing bank by courier/speed post in one lot.

( )Other terms, if any

第一，开证行审查开证申请人的申请开证文件：①审查开证申请书；②审查开证申请人的资信情况；③查验进口开证应提供的有效文件。根据国家有关外汇、外贸管理的规定，审查进口商应提交的有关文件及其有效性和可靠性。

第二，落实开证抵押。其方法主要有三种：①收取保证金。开证申请人申请开证时，开证行通常会收取一定额度或一定比例的现款保证金。开证额度（Quota for Opening a L/C）是开证行对进口商申请开证的授信额度。在授信额度内，开证行对进口商的开证申请一般不收押金；超过授信额度时，则收取押金。②以出口信用证作抵押。③凭其他银行保函。开证行向申请人收取押金，目的是避免付款后得不到偿还的情况发生，因此，倘若申请人能够提交其他银行为其出具的保函，开证行也可以开证。

第三，开立跟单信用证。

SWIFT MT700格式信用证实例见附样9-2。

附样9-2　　SWIFT MT700格式信用证实例

* * * * * * RECEIVED MESSAGE* * * * * *

Status：MESSAGE DELIVERED

Station：1 BEGINNING OF MESSAGE

RCVD * Own Address：BOCOZO××××

RCVD * ：BANK OF CHINA

RCVD * ：GUANGZHOU

RCVD * Output Message Type：700 ISSUE OF A DOCUMENTARY CREDIT

RCVD * Sent by：ACNZ2WXXX WESTPAC BANKING

RCVD * CORPORATION WILLINGTON

RCVD * ：（FOR ALL NEW ZEALAND BRANCH）

RCVD * Priority：Normal

RCVD * 27/SEQUENCE OF TOTAL

RCVD * 1/1

RCVD * 40A/FORM OF DOCUMENTARY CREDIT

RCVD * IRREVOCABLE

RCVD * 20/DOCUMENTARY CREDIT NUMBER

RCVD * 1607/20487923

RCVD * 31C/DATE OF ISSUE

RCVD * 160702

RCVD * 2023-07-02

RCVD * 31D/DATE AND PLACE OF EXPIRY

RCVD * 161227 P.R.O.C.

RCVD * 2023-12-27

RCVD * 50/APPLICANT

RCVD * NEW CHEM INC.
RCVD * AUCKLAND, NEW ZEALAND
RCVD * 59/BENEFICIARY
RCVD * GUANGZHOU FOREIGN TRADE CORP.
RCVD * GUANGZHOU, P.R.OF CHINA
RCVD * 32B/CURRENCY CODE AMOUNT
RCVD * USD20 580
RCVD * US Dollar
RCVD * 20 580.00
RCVD * 39A/PERCENTAGE CREDIT AMOUNT TOLERANCE
RCVD * 41D/AVAILABLE WITH...BY...
RCVD * ANY BANK
RCVD * BY NEG0TIATION
RCVD * 42C/DRAFTS AT...
RCVD * SIGHT FOR FULL INVOICE VALUE
RCVD * 42A/DRAWEE-BIC
RCVD * WPACNZZWAKL
RCVD * WESTPAC BANKING CORPORATION
RCVD * AUCKLAND
RCVD * 43P/PARTIAL SHIPMENTS
RCVD * NOT ALLOWED
RCVD * 43T/TRANSSHIPMENT
RCYD * ALLOWED
RCVD * 44A/ON BOARD/DISP/TAKING CHARGE
RCVD * ANY P.R.O.C.PORT
RCVD * 44B/FOR TRANSPORTATION TO
RCVD * AUCKLAND NEW ZEALAND
RCVD * 44C/LATEST DATE OF SHIPMENT
RCVD * 160930
RCVD * 2023-09-30
RCVD * 45A/DESCP.OF GOODS AND/OR SERVICES
RCVD * BLACK SILICON CARBIDE CIF AUCKLAND
RCVD * 46A/DOCUMENTS IS REQUIRED
RCVD * + COMMERCIAL INVOICES
RCVD * + FULL SET CLEAN "ON BOARD"
RCVD * BILLS OF LADING MADE OUT TO ORDER BLANK

RCVD *　ENDORSED MARKED "FREIGHT PREPAID" AND NOTIFY APPLICANT
RCVD *　+INSURANCE POLICY OR CERTIFICATE
RCVD *　COVERING OCEAN MARINE TRANSPORTATION ALL RISKS AND WAR RISKS.
RCVD *　+ PACKING
RCVD *　+ BENEFICIARY CERTIFICATE STATING BATCH
RCVD *　NUMBERS APPEAR ON ALL DOCUMENTS
RCVD * 47A/ADDITIONAL CONDITIONS
RCVD *　+DRAFTS DRAWN HEREUNDER MUST BEAR
RCVD *　DOCUMENTARY CREDIT NUMBER AND DATE
RCVD *　THEREFOR EACH PRESENTATION OF
RCVD *　DISCREPANT DOCUMENTS UNDER THIS CREDIT.
RCVD *　+ALL DOCUMENTS IN DUPLICATE
RCVD *　OTHERWISE STATED.
RCVD * 71B/CHARGES
RCVD *　ALL BANKING CHARGES OUTSIDE THE
RCVD *　ISSUING BANK ARE FOR ACCOUNT
RCVD *　OF BENEFICIARY.
RCVD * 48/PERIOD FOR PRESENTATION
RCVD *　DOCUMENTS TO BE PRESENTED WITHIN
RCVD *　21 DAYS AFTER ISSUANCE OF BILL OF
RCVD *　LADING BUT WITHIN THE VALIDITY DATE OF THIS
RCVD *　DOCUMENTARY CREDIT.
RCVD * 78/INSTRUCS TO PAY/ACCPT/NEGOT BANK
RCVD * SAC：SWIFT Authentication Correct

（3）信用证的修改。出口商根据合同对信用证进行审核后，若发现与合同规定的内容不符或不能接受或无法办到的条款，为不影响合同的履行和收汇的安全，可按合同规定向进口商提出修改信用证。进口商因一些形势或情况的变化，也可以按规定对信用证提出修改。

《UCP600》规定，信用证都是不可撤销的，这也是对《UCP500》做出的重大修正，但是这并不表示在《UCP600》条件下信用证不可修改。《UCP600》第十条规定：除第三十八条另有规定者外，未经开证行、保兑行（如有的话）及受益人同意，信用证既不得修改，也不得撤销。在受益人告知通知修改的银行其接受该修改之前，原信用证（或含有先前被接受的修改的信用证）的条款对受益人仍然有效。受益人应提供接受或拒绝修改的通知。如果受益人未能给予通知，当交单与信用证以及尚未表示接受的修改的要求一致时，即视为受益人已做出接受修改的通知，并且从此时起，该信用证被修改。对同一修改的内容不允许部分接受，部分接受将被视为拒绝接受修改的通知。

2）开证行审单付款

（1）开证行审核单据。信用证是开证行有条件的付款承诺，因此开证行在决定付款之前要确定这个承诺付款的条件是否成立，即受益人通过议付行交来的单据是否符合信用证的规定，是否符合《UCP600》与《关于审核跟单信用证项下单据的国际标准银行实务》（ISBP）的相关规定。开证行必须自收到单据次日起至多5个工作日的合理时间内审核单据，以做出付款或是拒付的决定。

开证行审核单据无误后，不必事先征得申请人的同意，有权决定在合理工作日内对外履行付款手续。但应在单据收妥并审核相符后，缮制银行收单通知书，附上全套单据及时交申请人签收，以便申请人（进口商）及时报关提货。

（2）单据相符付款。根据信用证的"抽象独立性原则"，银行只就单据表面进行审查，而不介入交易之中，当单据与信用证相符时即履行付款义务。这说明开证行对单据的审查是形式审查，而非对交易有效与否或履行与否的实质性审查。如果开证行基于实质性审查的结论拒绝支付，受益人可对开证行采取诉讼等措施以获得救济。采用形式审查的原因在于，国际贸易中建立该体系的商业目的就是给予卖方一项权利，即当对货物的控制权与其分离时获得银行偿付的一定保障，以弥补商业信用的不足，而实质性审查的要求对银行来说也难以达到，强加给银行会使其风险太大。

另外，在审单的过程中，开证行必须合理谨慎地确定单据是否与信用证表面相符。如果银行没有合理谨慎地审核单据，则银行将向开证申请人承担违约责任。如果开证行合理谨慎地进行了审核，仍然未发现不符点，则申请人不得以开证行未尽到义务为由拒绝付款。并不是所有的单据都必须审核，对于非信用证要求的单据，开证行没有义务审核，不应作为判断单证是否相符的依据。

开证行在确定单据与信用证完全相符后，开证行有义务付款，否则开证行不仅违反了与开证申请人之间的委托合同，也要对受益人承担违约责任。

信用证规定的偿付方式一般分为四类：①单到付款。它是指议付行向开证行寄单、索偿，开证行审单无误后付款（Upon receipt of the documents in compliance with credit terms, we shall credit your account with us or we shall remit proceeds to the bank named by you）。②主动借记。它是指开证行或其总行在议付行开立账户。信用证规定，议付后可立即借记其账户（You are authorized to debit our account with your bank under advice to us）。③授权借记。它是指开证行在议付行虽然开立账户，但信用证规定，必须在开证行收到正确单据后，再授权议付行借记其账户（Upon receipt of the shipping documents in compliance with the terms of L/C，we shall authorize ××× bank to debit our account with them）。④向偿付行索偿。它是指开证行指定第三家银行为偿付行，信用证议付后，议付行向开证行寄单的同时，向偿付行索偿（In reimbursement of your negotiation under this credit，please drawn on our account with the ×××bank）。

（3）开证行对不符点单据的处理。开证行审出不符点后通常会书面告知议付行。如果开证申请人接受不符点，则开证行扣除不符点费用后支付或者承兑信用证项下的货款；如果开证申请人不接受不符点，则开证行会拒付信用证项下的货款。

如果有时来不及修改信用证，受益人就已经把货物运走了，或由于其他原因，受益人提交的单据中存在不符点，那么寄单行可以电提不符点，即寄单行在审核单据后，发现单据中存在不符点，寄单行发电报把单据中的所有不符点通知给开证行、保兑行或付款行等，询问对方是否接受所有不符点。只有承担付款责任的银行接受这些不符点，寄单行才按照信用证的规定邮寄单据；否则，寄单行就不能把单据寄往国外，而是将单据交还给受益人，让受益人和申请人联系。

开证行收到电提电报后，会接洽申请人，让申请人决定是否接受不符点，并在5个工作日之内明确回复寄单行。若开证行表示接受所有不符点，就不能再对这些不符点表示拒付；如果寄单行或者议付行电提不符点后，开证行表示不接受这些不符点，说明开证行已经和开证申请人联系过，开证申请人向开证行表示拒绝接受所提的不符点，即使开证申请人对受益人表示过接受这些不符点也无效。

3）开证行拒付

若开证行审验单据时发现明显不符点或实质性不符点，如装期、效期超出信用证要求，货量短溢超出信用证规定，单据的种类、份数不符合信用证要求，金额有误，货运单据不洁净等，开证行有权对外拒付货款，或不接受与信用证条款不符的单据。但开证行需先以快捷的方式通知议付行，也可在拒付前，先行征求申请人对不符点的处理意见，再将不符之处及不付款的决定通知议付行。

开证行对外拒付货款，必须按照国际惯例，掌握下列原则：开证行审单必须合理谨慎，对外拒付时必须列明所有不符点，不可分批分期提出，并声明代为保管单据，听候处理意见；开证行发出拒付通知的时间不得迟于自收单之次日起算第五个银行工作日；若开证行拒付以后，申请人提出可接受单据，开证行需先征得寄单行的同意后，才能将单据交给开证申请人。

4）开证行注销信用证、清退保证金

对未使用完毕而尚有余额，但已过有效期限的不再执行的信用证，开证行要定期清理，及时办理注销手续。办理注销手续要逐笔经开证申请人书面确认。

对已开出但未使用的信用证，开证行也应及时清理，办理注销手续。如信用证已过有效期，开证行办理注销时，则只需申请人书面确认，而无须告知通知行和受益人。如信用证尚未过有效期，办理注销手续时，应先由申请人提交书面申请，开证行应按照申请，及时以快捷的方式，将信用证注销的理由及信息告知通知行和受益人，经通知行和受益人确认后，方可办理注销手续。

开证行办理注销手续的同时，应将剩余或未使用的保证金退还给开证申请人，并作相应的账务处理。

9.2.2 出口信用证结算实务

1）信用证的接收、审证和通知

（1）来证受理。其包括：①来证的签收。通知行收到国外开来的信用证后，应立即办理印鉴和密押核验手续，并进行签收登记。②印、押不符的处理。如发现印鉴或密押不符或无押，应及时查询核实，同时通知受益人，并注明“印或押不符，待证实”。印、押一经查实，应立即通知受益人。凡采用SWIFT MT700格式开立的信用证，无须核验密押。

(2) 审证。通知行收到开证行开来的信用证后，应着重审核开证行的资信能力、付款责任和索汇路线等方面的内容，主要包括以下三方面：

其一，政治性审查。来证必须是与我国有经济往来的国家或地区，应拒绝接受与我国无往来关系的国家或地区的来证；来证的各项内容应符合我国的方针政策，不得有歧视性内容，否则应根据不同情况与开证行交涉。

其二，开证行资信的审查。为了保证收汇安全，对开证行所在国家的政治和经济状况、开证行的资信和经营作风等必须进行审查。对于资信不佳的银行，应酌情采取适当措施。

其三，对信用证的真伪、性质与开证行付款责任的审查。

(3) 信用证的通知。其包括：①编号与登记。信用证审核无误后，应编制信用证通知流水号，并在信用证上加盖“××银行信用证专用通知章”，同时对信用证作接收登记。信用证登记的内容包括：通知行通知编号、信用证开证日期、通知日期、信用证号码、金额、有效期、修改次数、修改金额。②通知。信用证被受理后，应在1个工作日内通知受益人。通知行收到信用证后，经核对印鉴或密押无误，应立即将信用证转给受益人，并留存一份副本备查。按《跟单信用证统一惯例》的规定，如通知行无法鉴别信用证的表面真实性，其必须毫不迟延地通知开证行说明它无法鉴别；如通知行仍决定通知受益人，则必须告知受益人其未能鉴别该证的真实性。

延伸阅读9-1

受益人审证

2) 审单议付

(1) 出口审单。

第一，接单：①受益人向银行交单时应随附交单委托书以及全套正本信用证。②受益人交单后，银行应检查交单委托书的内容是否齐全，有无签章。若受益人系首次向银行交单，还应要求受益人提供授权经营进出口业务的营业执照、有关账号等。③银行应根据交单委托书核对受益人提交的单据种类、份数，并签收登记。④审核交单委托书是否有对某次修改的拒绝，是否声明单据存在不符点，是否有不符点担保函，是否要求银行办理押汇、贴现及是否附有押汇申请书和贴现申请书，是否提供出口收汇核销单编号。

第二，审单：①审单标准。当信用证的规定与《UCP600》不一致时，应遵循信用证优先于《UCP600》的原则，按照信用证的条款审核单据。其中又包括表面一致性和内容相符性两条原则。遵循表面一致性原则，即受益人提交的单据名称及内容等表面上必须与信用证规定完全一致；遵循内容相符性原则，即只要内容相符即可。②审单的步骤。一是信用证有效性的审核：审核出口商随单据提供的信用证是否系正本，信用证是否有修改及附件是否齐全，有效期是否已过，金额是否已用完。二是清点单据：清点随信用证提供的单据种类、份数，以确认所提供的单据符合信用证要求。以信用证为中心，按信用证条款从上到下、从左至右逐条对照单据，仔细审核，以确定信用证内容能在单据上得到体现。在审单过程中，若发现有不符点，应及时批录，并联系修改或采取其他安全收汇措施。此外，还要以发票为中心，审核其他单据，确保单单一致。

第三，不符点单据的处理：①电提方式。电提不符点是指议付行审单后，通过SWIFT电文向开证行通知不符点，单据保留在议付行，要求开证行接洽申请人，并回复申请人是否接受不符单据。若申请人接受不符点，则议付行可履行议付并寄单和按L/C规定索偿。常见的电提不符点有：起运港或装运港有误、金额有出入、货物品名与信用证略有不同、提单上有批注（不洁）、唛头有误等。电提方式的特点是解决问题快，并且单据由出口地议付行掌握，对出口商而言较为稳妥，即使在未获议付授权的情况下，出口商也可及时处理货物及有关问题。电提方式适用于金额较大、分别向两地寄单、向付款行或偿付行索汇等情况。②表提方式。表提不符点是指议付行寄单时在面函上申明不符点，要求开证行联系申请人，并回复是否接受不符点并付款赎单。若申请人接受不符点，则开证行按面函上的付款指示付款或回复寄单行按信用证规定索偿。如果单据中的不符点已无法更改，但票款的金额较小，出口商可事先将单据中的不符情况通知开证申请人（进口商），若进口商同意议付单据，则出口商向议付行出具担保书，议付行凭担保书议付寄单并在议付通知书（BP）中说明单据议付是“凭保议付”，将不符点逐一表提。表提方式适用于金额较小、来证规定单到开证行付款的情况，对于向付款行、偿付行索汇者亦可酌情采用。但要注意的是，进口商接受不符点不代表开证行也接收不符点。③改作托收寄单。如果单据不符点较多或单据中有严重不符点（如过装运期、过信用证效期、货物溢装、金额超出信用证规定），可以考虑改作托收寄单，出口地银行在寄单面函中将单证不符点逐一向开证行说明。当议付单据改为托收寄单时，出口方货款的收回已失去了银行保障，能否将货款收回完全取决于进口商的商业信誉。

（2）议付。

第一，议付。《UCP600》对议付含义的解释如下：Negotiation means the purchase by the nominated bank of drafts and/or documents under a complying presentation, by advancing or agreeing to advance funds to the beneficiary on or before the banking day on which reimbursement is due to the nominated bank.（议付是指指定银行在相符交单条件下，在它应获得开证行偿付的那天或以前向受益人预付或同意预付并购买汇票及/或单据的行为）其过程是：首先，以议付行的身份审核信用证和单据；其次，垫款给受益人；最后，寄单给开证行索偿，该行因而变成了议付行。

第二，信用证背批。单证相符后，办理议付、付款或承兑时必须在信用证正副本背面批注议付日期、汇票金额、费用、BP号 / 发票号、余额，另加经办人员小签。分批装运时，还应在正副本信用证背面批注每批出口货物的装运日期、装运数量、装运金额。

第三，计收费用。议付行按规定计算议付利息、议付手续费、实付议付金额。

观念应用9-2　议付与结售汇实例

观念应用9-2

分析提示

结汇是指出口单位将出口货物销售获得的某种外汇按售汇之日中国银行外汇牌价的银行买入价卖给银行；售汇是进口单位按购汇之日中国银行外汇牌价的银行卖出价购进某种外汇。

某公司向纽约出口USD15 000.00的货物，装船后公司凭即期信用证持有关单据向银行办理议付。假设当日美元汇价为USD100=CNY668.65/669.13，银行手续费为0.25%，年利率为6.5625%（一年按360天计算），来回邮程为15天。问该公司实结美元是多少？折合人民币是多少？

第四，缮制议付通知书。银行审单完毕，经办人员需缮制议付通知书。议付通知书一般已印就一定的格式，填制时逐项填入有关内容，要求填写完整、清晰、正确、整洁，尤其是数字及币别要正确；对于货币折算、费用收取、索汇指示及寄单对象等，要做到准确无误。

3）寄单索汇

（1）出口地银行寄单索汇的基本要求。其包括：①仔细阅读信用证的“寄单指示”和“偿付条款”；②熟悉有关账户的分布情况；③采用迅速快捷的方法寄单索汇。

（2）结合账户设立情况，确定索汇条款。其包括：①单据寄开证行或保兑行，或发电传给开证行通知议付、要求付款等，如果寄单行在开证行或保兑行开有账户，则应嘱其贷记寄单行的账户，无账户关系时嘱其将款汇交（Remit）指定账户行入账。②如开证行或保兑行在寄单行开有账户，则根据信用证的索偿办法，寄单行可主动借记（Debit）或嘱其见单或见电后授权其借记开证行或保兑行的账户。③信用证规定单寄开证行或指定银行，指示向偿付行索偿。如规定凭汇票或航邮索汇指示索汇，则遵照办理；如规定电索或未明确航邮索汇，为加速收汇，则可选择电索。其收账同上，即视寄单行和偿付行的账户，适当采用贷或借或汇（Credit、Debit、Remit）。④远期付款信用证下索汇，应先由承兑行承兑，在到期日之前再行提示并索汇。

4）出口收汇的考核和催收

（1）出口收汇的考核。信用证项下出口单据议付后，收汇考核人员应凭议付通知书留底，在收汇考核登记表（簿）中进行登记。登记内容包括：议付日期、议付货币及金额、付款期限（即期／远期）、付款银行、预计收汇日期、实际收汇日期、迟收汇原因、催收记录等。

（2）出口收汇的催收。收汇考核人员要经常翻阅收汇考核登记表（簿），逐笔挑出超过合理日期的收汇业务，然后根据金额大小、付款行所在国家或地区、是否正点出单等情况，决定是电催还是函催。一般来说，正点出单，电索不超过5～7天催一次（视付款国家或地区时差而定），函索不超过20天催一次；不符点出单不超过25天催一次。有关催收情况，应在收汇考核登记表（簿）中进行记录。催收函应附在有关议付通知书留底后面，按催收次序排列。

第一次催收后，仍无音信者，应进行第二次催收。催收时间为：电索距第一次电催不超过5个工作日，函索距第一次催收不超过14天，不符点出单距第一次催收不超过20天。

9.3 信用证结算方式的风险及融资

9.3.1 信用证结算方式的欺诈风险及防范

《最高人民法院关于审理信用证纠纷案件若干问题的规定》对信用证欺诈做了权威阐释，明确规定以下四种情形应认定为信用证欺诈：①受益人伪造单据或者提交记载内容虚假的单据；②受益人恶意不交付货物或者交付的货物无价值；③受益人和开证申请人或者其他第三方串通提交假单据，而没有真实的基础交易；④其他进行信用证欺诈的情形。由上述可知，信用证交易中欺诈的构成要件包括主客观两方面：

第一，当事人主观上必须具有欺诈的故意，即主观上存在着虚构事实、隐瞒真相的恶意，其目的在于使对方产生误解，从而诈取财物，不付对价。

第二，客观上利用信用证支付方式实施了欺诈。信用证欺诈的本质是用虚假或不真实的单据套取信用证项下的款项，在国际贸易信用证支付交易中，一方或几方当事人往往利用信用证特有的独立性原则、单证相符付款原则、纯单据业务原则，诱使对方当事人做出错误的意思表示，使之失去财产或放弃某项法律权利，从而达到从对方当事人那里诈取信用证项下的款项的目的。在这里，一方当事人可能是受益人、开证申请人，也可能是受益人与承运人共谋、开证申请人与承运人共谋、开证申请人与受益人共谋、开证申请人与开证行共谋等。

1）信用证欺诈风险的类型

（1）对进口商的欺诈。这是由不法出口商造成的。出口商利用信用证执行“只问单据，不问货物”的特点，装船和发货时以次充好、以少充多而取得运输单据，或者根本不发货而伪造运输单据，只要表面上单据完全符合信用证条款，开证行就必须践诺付款，致使进口商付钱买了劣质货、短装货或根本就得不到任何货物而成为出口商的“猎物”。

（2）对开证行的欺诈。一般来讲，对开证行的欺诈必须由信用证申请人和受益人相互联手，才能达到目的。对开证行的欺诈，可细化为两类：①在上述对进口商的欺诈行为中，信用证申请人对受益人的装运情况十分了解，同时在银行开证时没有足够的保证金；②施用种种骗术，骗取银行高层人员的信任，使银行大肆开立备用信用证，就其本质来讲，备用信用证实际上就是保函，其危害比跟单信用证更直接、更深远，而且金额上更难控制和防范。

（3）对出口商的欺诈。进出口合同签订以后，进口商会通过开证行开立信用证，出口商接到信用证后，要仔细审核信用证，谨防“陷阱条款”或者“软条款”。所谓软条款或陷阱条款诈骗，是指诈骗分子要求开证行开出主动权完全在开证申请人手中，能制约受益人，且随时可解除付款责任条款的信用证，其实质就是变相的可撤销信用证，以便欺诈出口企业和银行。

这种诈骗主要有以下几个特征：①来证金额较大，通常在50万美元以上；②来证含有制约受益人权利的“软条款”或“陷阱条款”，如规定申请人或其指定代表签发检验证书，或由申请人指定运输船名、装运日期、航行航线或声称“本证暂未生效”等；③证中货物一般为大宗建筑材料和包装材料，如花岗石、鹅卵石、铸铁井盖、木箱和纤维袋等；④诈骗分子要求出口企业按合同金额或开证金额的5%～15%预付履约金、佣金或质保金给买方指定代表或中介人；⑤买方获得履约金、佣金或质保金后，即借故刁难，拒绝签发检验证书，或不通知装船，使出口企业无法取得全套单据议付，白白遭受损失。

（4）对出口方银行的欺诈。

其一是利用银行的打包放款信用证业务进行欺诈。打包放款信用证（Packing Credit），是指出口方银行在出口商提供货运单据之前，以其提供的进口方银行开来的信用证作为抵押向其发放贷款的融资行为。这种融资行为本身是具有一定风险的合法金融行为，但是，在特定的条件下，这种融资往往就是不法分子的目的所在。比如，在无贸易背景且开证保证金不足的情况下开立的信用证，如果被用来进行打包放款，则打包放款银行所抵押的不过是一张废纸，欺诈者在拿到融资款项时，欺诈的目的就已达到了，利用伪造、变造或已过有效期的信用证申请打包放款也能达到同样的目的。

其二是利用信用证出口押汇欺诈银行。这也是银行所面对的比较严重的欺诈风险。出口押汇是出口方银行对出口商有追索权的购买货权单据的融资行为。欺诈人以骗取出口押汇银行的款项为目的，因而其开立的信用证通常都会遭到拒付，而当银行开始着手处理申请出口押汇人质押的各种单据和货物时，会发现这些货物的价值根本无法偿清押汇融资数额，而申请押汇人早已不知去向或者申请破产，因而，出口押汇也是欺诈银行的常用手段之一。

（5）对相关企业的欺诈。如果银行准备凭信用证发放打包贷款，但又对贷款申请人资信缺乏信心，就会要求贷款申请人提供有效抵押或寻找有效担保，这时如果贷款申请人蓄意欺诈的话，保证人或者被抵押权人稍有不慎，就会受到欺诈人的连累。

2）信用证欺诈风险的防范

在信用证业务项下，一旦发生欺诈，必然给受骗者造成很大的损失，因此，开证行、议付行、开证申请人和受益人必须结合各自具体业务的运行情况，采取切实措施，严防欺诈风险。

（1）出口商（受益人）的防范措施。

第一，审查开证行的资信。受益人审查开证行的资信可以通过出口地银行来进行。银行对开证行的资信调查，可以通过其信用等级来了解。国际金融界每年都会对全球性大银行的资信进行评级，如最高评级为AAA，最差为D，若一家银行被评为C级或D级，则其资信属于差的行列。开证行资信不清楚的，应在仔细查清其资信后再确定是否使用信用证。开证行所在国与出口商所在国无外交往来的，一般不接受其出具的信用证。对于资信欠佳的银行或政治局势紧张或外汇汇率动荡的国家开来的信用证，应建议受益人尽量分散风险，或请其他银行对信用证进行保兑。

第二，关注进口商所在国政治、经济和法律等的变化。对于可能遇到的风险要早作防范，即使货物属于积压商品或交易条件很优厚也不能轻易签订合同。

第三，重视调查进口商的资信。资信调查是指通过一定的方式对贸易客户或合作者、投资伙伴的资金及信用等方面情况进行调查了解。其既可以通过国内外银行或专业的咨询和调查机构进行调查，也可以通过国内外的商会或我国的驻外使领馆商务机构进行调查。总之，在开展贸易时，一定要对将来的合作伙伴有尽量全面的了解，以减少贸易风险的发生。如果碰到“软条款”信用证，首先应该拒绝接受。在审证时如果发现并确认存在“软条款”，应坚决要求对方修改。

（2）进口商（开证申请人）的防范措施。

第一，审慎选择贸易伙伴。买方应当尽可能通过正式途径来接触和了解客户，尽量挑选在国际上具有一定声望和信誉的大公司做交易，不要与资信不明或资信不好的客户做生意，这是买方把关的第一步，实际上也是最重要的一步。当然，除了对卖方的资信进行调查了解外，对相关银行也应进行资信调查。

第二，在信用证中利用单据约束卖方的行为，规定卖方提供各种检验证明或其他证明性质的单据或在信用证中附加特别条件。不装、短装货物欺诈是不法商人利用信用证结算方式中银行只核对单据而不查验货物的特点，在装运货物时进行的欺诈。如果买方在出口地设有机构，可由该机构开立检验货物的证明书，以此进行承兑、付款。买方还可以要求卖方提供反担保，以此保证卖方交付的货物符合买卖契约规定的品质。

第三，在确定交易方式时，尽量选择有利的价格条件和付款方式。在国际贸易中，使用频率最高的贸易术语是FOB和CIF。两者的最大区别在于谁负责租船、签订运输合约。在签订合同时，买方应争取使用FOB方式。在FOB条件下，由买方租船订舱，办理保险，买方可以选择自己信赖的承运人承接货物，降低船运公司和出口方相互勾结出具假提单的可能性，不给卖方或托运人以可乘之机。这样，可以有效防止签发不真实的提单，如倒签提单、预借提单、虚假不清洁提单等。

第四，尽量采用远期支付方式，即在信用证条款中规定开立远期付款或承兑汇票。这样，即使出现欺诈情形，卖方仍未能获得支付。这不仅使买方有足够的时间取证以利用法律武器维护自己的权益，同时在很多情况下也会令欺诈者心虚并知难而退。

（3）开证行的防范措施。

第一，在开证行开立差额保证金的信用证时，应在信用证上注明“差额保证金开立”，以提示其他银行其风险的存在，并且在信用证中加列条款，如果要对该信用证进行融资，需经过开证行的同意；否则，其贸易融资风险由融资行承担。这样就加强了开证行与融资行之间的联系，保障了贸易融资的确实可行性。

第二，信用证中加具电索条款（即带电汇条款的即期信用证），出口地议付行收到受益人提交的单据与信用证条款核对无误后，可用电报或电传要求开证行或付款行立即电汇付款。

第三，为了防止无贸易背景的信用证的开立，银行的客户经理应跟踪调查装船、制单、寄单过程，以保障贸易、融资的安全。如果客户经理未尽到应尽的注意义务，则需承担相应的责任。

第四，为保障融资安全，应对申请各种融资的企业进行严格的融资资信审查和开立信用证保证金的审查。

第五，对差额保证金信用证的开立严格控制、层层审批，从根本上杜绝欺诈发生的可能性；同时，设立“警戒线”制度，即对申请开立差额保证金信用证的企业进行商誉定位，并根据申请开立信用证的总开证金额、抵押担保金额及其比例等多个信息数据综合确定一个对银行造成威胁的综合指数，作为“警戒线”，如果超过该综合指数，则需跟踪整个信用证及款项的流转过程。

第六，对信用证严格审核，包括对信用证的付款责任、单据条款、所列货币等的审核。

第七，对关系银行严格审核，包括政治审核（是否属于与我国有外交往来国家的银行）、开证行的性质审核、开证行的资信审核。

（4）相关企业的防范措施。其实这和信用证是没有任何关系的，这里之所以说它相关，乃是指其受到了信用证中当事人的欺诈。如应申请人的要求，为开证行提供担保或抵押，最终开证行收到的是伪造单据而未被开证行发现，受骗者和受害者就是该担保企业。此外，还有上述为打包贷款提供担保甚至为假信用证提供资金的企业，对于这些相关企业，防止受骗的办法只能是不要随意给人提供担保或资金。

9.3.2 信用证结算方式下的融资

1）出口信用证融资

（1）预支信用证（Anticipatory/Prepaid Credit）。它是开证行允许受益人在货物装运前，凭汇票或其他有关证件向指定付款行（通常为通知行）提前支取货款的信用证。预支信用证的预支条款常用红字打出，习惯上称为“红条款信用证”（Red Clause Credit）。不过，现在使用的预支信用证的预支条款，并非都用红字打出，但同样能起到红条款信用证的作用。

预支信用证与远期信用证刚好相反，是开证人付款在先，受益人交单在后。开证人之所以愿意开出预支信用证，主要原因是市场上指定货物紧缺，进口方求购心切；出口方资金短缺，进口方借机压价；通过银行向外转移外汇，不失时机地抓住有利价格购进指定现货。此外，订购投资额大、生产周期较长的大型机械设备、船舶、飞机等货物时，出口人需要先备料，也会要求进口人预付部分货款等。

预支信用证分为全部预支和部分预支两种：①全部预支信用证（Clean Payment Credit）是指仅凭受益人提交的光票预支全部货款，实际上等于预付货款，也有的要求受益人在凭光票预支货款时，需附交一份负责补交货运单据的声明书；②部分预支信用证是指凭受益人提交的光票和以后补交装运单据的声明书预支部分货款，待货物装运后货运单据交到银行再付清余款，但预支货款要扣除利息。

（2）打包放款。其界定有不同的主张，通常所指的打包放款，是与信用证有关的贸易融资形式之一，是出口商收到进口商开来的信用证后，因需要资金支付材料费用、生产费用、装运费用等，将信用证交到银行，以信用证为还款保证，向银行申请出口货物装运前融资；当货物装运后，客户把出口单据交贷款银行作议付，用所得款项偿还打包款。这种做法是出口商所在地银行给予出口商的一种“装运前融资”（Pre-shipment Finance）。融通银行需承担融资预支款的风险，为了减少风险，银行于预支款时要求出口商提供抵押品并办理有关手续。

打包放款的贷款金额一般是信用证金额折合人民币金额的60%～80%，期限一般不超过4个月，利率为流动资金贷款利率。也有将打包放款称为信用证抵押贷款的，是指出口商收到境外开来的信用证，在采购与这笔信用证有关的出口商品或生产出口商品时，资金出现短缺，用该笔信用证作抵押，向银行申请本、外币流动资金贷款，用于出口货物加工、包装及运输过程中出现的资金缺口。

小知识9-2　　打包放款诈骗案

某进口商在厦门的合资企业购进卡其布原料，经加工后再将产品（卡其裤）返销国外。银行有关人员详细审核了该份信用证后，拒绝了受益人的要求，理由有三点：①该证限制在开证行议付（即验单付款），其他行只能作局外议付，风险较大；②该证带有“陷阱条款”：“受益人方的银行在作任何修改后，必须通知开证行并得到其确认电，证实已做出此修改”，这一条款制约了受益人的主动权，对其非常不利；③申请人并非实际进口商，亦未曾与受益人订有任何合同或协议，资信不明。但受益人遭拒绝后，并未放弃这笔交易，而是继续向其他银行提出融资要求。后来湖州市某银行因不了解这笔交易的复杂性及该信用证的特殊性，给受益人融通了400万元人民币。受益人将这笔钱作为购货款，汇往实际进口商在厦门的银行账户。实际进口商骗到钱后，马上将其转移到国外，杳无踪影，其在厦门的合资企业也已宣布倒闭。而受益人只收到相当于人民币90万元的卡其裤产品，产品找不到销路，全部积压在仓库中，直接造成的经济损失达人民币300多万元，教训十分深刻。

（3）出口押汇。它是指出口商在收到信用证的情况下，因资金短缺，在货物装船发运后，将信用证要求的有关全套单据交到银行，要求银行立即按照信用证的金额进行付款，使出口商能够得到短期的资金周转。出口押汇的种类包括：

第一，信用证单据的押汇。出口商根据信用证的要求，将信用证上所列的各种单据和信用证交给银行进行短期借款，实际上就是将信用证中的单据抵押给银行。

第二，远期信用证承兑的押汇。它是指出口商的远期信用证业务在得到开证行的承兑通知后，利用远期信用证的承兑通知，向银行申请短期借款。

出口押汇与出口议付的区别是：①法律关系不同。议付是一种票据买卖关系，议付行支付合理对价后就成为正当持票人，拥有票据项下的一切权利，受国际惯例、信用证有关法律、票据法的约束；押汇是一种权利质押关系，银行不拥有质物所有权，它拥有的是开证行在单证一致的情况下取得付款的权利，受国内合同（借款合同）法、担保法有关规定的约束。②适用范围不同。议付只能在议付信用证的情况下发生，如为限制议付，则只有指定银行可以议付；如为自由议付，则任何银行皆可议付。押汇可以由任何愿意操作的银行操作，且可在L/C、T/T、D/P、D/A、O/A等支付方式下叙作。③追索情况不同。两种方式下，银行（议付银行、押汇银行）在开证行拒付时都对受益人拥有追索权，但银行与受益人约定放弃的除外。④费用与风险不同。对于议付，受益人花费的成本小，银行的风险大；对于押汇，受益人花费的成本大，银行的风险小。

第三，远期银行承兑汇票的贴现。它是指出口商拿到了一张远期银行汇票，这张汇票已经被银行承兑了，但还没有到期，出口商可以将这张汇票抵押给银行进行借款。

（4）贴现。承兑信用证项下的远期汇票，经指定承兑行（在出口地）审单相符、承兑汇票后，要求该行自己贴现，提早把汇票净款垫付给受益人，对其融资，承兑行寄单给开证行，并通知汇票到期日，等到到期日它就获得开证行的偿付，以归还垫款。这也是对出口商的融资行为。

2）进口信用证融资

（1）进口开证授信额度。它是指银行信贷部门或统一授信评审机构给客户核定的减免保证金开证的最高限额，是开证行为帮助进口商融通资金而对一些资信较好、有一定清偿能力的进口商，根据其提供的质押品和担保情况核定的一个相应的开证额度。进口商在每次申请开证时可获得免收或减收开证保证金的优惠。

对外开立信用证后，对开证行来说就形成了一笔或有负债，只要出口商提交的单据满足信用证的规定和要求，开证行就要承担第一性的付款责任。由于开证行代进口商承担了有条件的付款责任，因此银行在受理进口方的开证申请时，均把开立信用证视为一种授信业务。没有开证额度的进口商申请开立信用证时要收取100%的保证金。

进口商申请开证时，银行除审查其开证额度是否足够外，为维护银行的信誉和资金安全，通常还要重点审查货物的性质及变现能力、货物保险、物权单据的控制等情况。如发现申请书中的开证条款对银行和进口商的利益形成了潜在的威胁，银行有权要求进口商加入一些保护性条款或拒绝受理开证申请。

（2）进口押汇。它是指开证行收到出口方提交的信用证项下的单据并审核无误后，开证申请人出现资金困难无力按时对外付款时，由开证行先行代其付款，使进口方取得短期的资金融通。

进口方申请办理进口押汇，需向银行出具押汇申请书和信托收据，将货物的所有权转让给银行，银行凭此将货权凭证交予客户，并代客户付款。可见，办理了进口押汇后，信用证项下的货物所有权即归银行所有，进口商作为银行的受托人代银行保管有关货物，同时保证在规定的期限内用销售收入归还全部银行垫款。进口押汇是短期融资，期限一般不超过90天。

（3）提货担保。它是指当进口货物先于货运单据到达时，进口商为办理提货手续向承运人或其代理人出具的，由银行加签并由银行承担连带责任的书面担保。提货担保多用于信用证项下，且信用证要求提供全套货权单据。提货担保业务流程如图9-2所示。

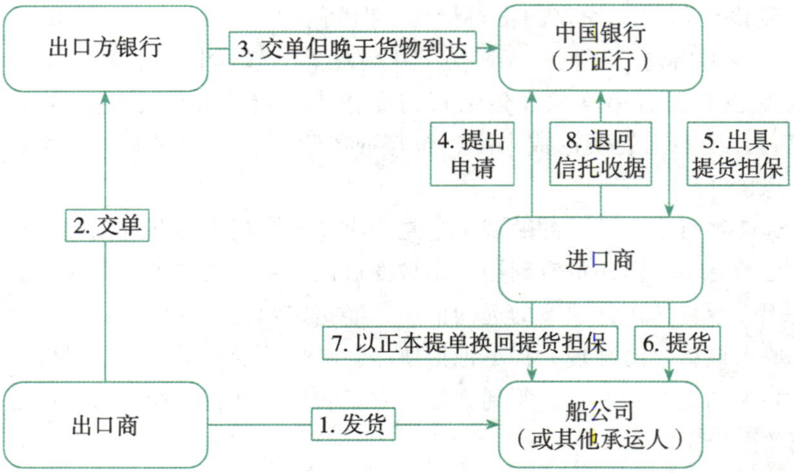

图9-2　提货担保业务流程图

注：①货物早于信用证或托收单据（含正本提单）到达，进口商向银行提交提货担保申请书；②银行经审核后为进口商出具提货担保；③进口商凭银行出具的提货担保向船公司（或其他承运人）办理提货；④信用证或托收项下的单据到达后，进口商向银行办理付款赎单，然后凭正本提单向船公司（或其他承运人）换取先前出具的提货担保并交还银行。

（4）信托收据（Trust Receipt）。它是指为了进口或本地购货融资，由进口商或本地购货商与提供融资的银行所签署的协议，协议表明进口商或本地购货商作为银行的代理人（受托人）为银行处理（出售）货物，因进口商该行为所带来的利益应优先用于偿还银行提供融资所产生的债权，从而从银行获取短期融资的一种业务。

信托收据实质上是客户将自己货物的所有权转让给银行的确认书，持有该收据即意味着银行对该货物享有所有权，银行凭信托收据将货权凭证交予进口商，并代进口商付款，进口商则作为银行的代理人保管有关单据和货物，代理银行销售货物，并将货款收回交给银行。

一般而言，信托收据具有如下特征：①它是一种信托合同，信托收据所建立的法律关系是有关信托财产处分的信托法律关系。②它是以委托人——银行对进口货物所拥有的合法财产权利为前提的，因为各国信托法都要求信托关系的建立需以委托人对信托财产拥有合法权利为基础。③它的基本功能在于为进口商提供融资的便利，并为银行债权提供一种保护机制。信托收据基于进口商不能及时偿还其对出口商的款项，而由银行预先支付对出口商的款项。④它所构建的信托关系是一种相对独特的信托关系，不同于普通的动产或不动产信托。

主要概念和观念

○ 主要概念

信用证　保兑行　可转让信用证　对开信用证　循环信用证

○ 主要观念

跟单信用证是银行有条件的付款承诺　信用证的特点

基本训练

○ 知识题

▲ 简答题

(1) 简述信用证结算方式的特点。

(2) 简述信用证项下各主要当事人的法律关系。

随堂测9

▲ 判断题

(1) 若错过了信用证有效期到银行议付，受益人只要征得开证人的同意，即可要求银行付款。(　　)

(2) 保兑行付款后，只能向开证行索偿，但遭开证行拒付或开证行无力付款时，有权向受益人及议付行追索。(　　)

(3) 信用证的性质是银行信用，因此，信用证项下使用的汇票必定是银行汇票。(　　)

(4) 国外来证规定汇票付款人为开证申请人，货物装船后受益人已获得已装船清洁提单，但尚未送银行议付，获悉开证申请人破产倒闭，受益人无法从开证银行得到货款。(　　)

(5) 在使用可转让信用证时，受益人有权要求银行将信用证的全部或部分转让给第二受益人，但第二受益人不得再将原信用证上的全部或部分权利转让给第三人。(　　)

(6) 在信用证申请书的装运期中，开证申请人可通过使用诸如"迅速""立即""尽快"之类的词语，以促使受益人尽快完成装运。(　　)

(7) 在信用证业务中，信用证的开立是以买卖合同为基础的，因此，信用证条款与买卖合同条款严格相符是开证行向受益人承担付款责任的条件。(　　)

(8) 在跟单信用证业务中，有关装运期限的日期用"以后"来限定的，将理解为不包括所述当日在内。(　　)

▲ 单项选择题

(1) 信用证上如未明确付款人，则制作汇票时，受票人应为(　　)。

A. 开证申请人　　B. 开证行　　C. 议付行　　D. 任何人

(2) 关于信用证的有效期，除特殊规定外，银行将拒绝接受迟于运输单据出单日期(　　)天后提交的单据。

A.20　　B.30　　C.25　　D.21

A.可撤销信用证　　B.远期信用证　　C.承兑交单　　D.保兑信用证

(3) 信用证付款方式下，银行付款的原则是出口商提交的单据应（　　）。

A.与买卖合同的规定相符

B.与信用证的规定相符

C.与信用证规定和买卖合同的规定同时相符

D.与合同规定或信用证的规定相符

(4) 根据《UCP600》的规定，开证行的合理审单时间是收到单据次日起的（　　）个工作日之内。

A.5　　B.6　　C.7　　D.8

(5) 以下关于承兑信用证的说法，正确的是（　　）。

A.在该项下，受益人可自由选择议付行

B.承兑信用证的汇票的期限是远期

C.其起算日是交单日

D.对受益人有追索权

(6) 国外开来的不可撤销信用证规定，汇票的付款人是开证行，货物装船完毕后，闻悉申请人已破产倒闭，则（　　）。

A.由于付款人破产，货款将落空

B.可立即通知承运人行使停运权

C.只要单证相符，受益人仍可从开证行取得货款

D.待付款人财产清算后方可收回货款

(7) 在进料加工贸易中，我方通常先向外商购买原材料或配件，加工成成品后再卖给该外商。为防范风险，我方应采用（　　）比较稳妥。

A.保兑信用证　　B.可转让信用证　　C.预支信用证　　D.对开信用证

(8) 信用证的货物名称错把BLACK TEA写作BLACK TEE，出口商审证时没有注意到这个问题，那么制作单据时应（　　）。

A.改作BLACK TEA

B.按原文写作BLACK TEE

C.按原文写作BLACK TEE，然后在后面加上（BLACK TEA）

D.把信用证结算改成托收结算

(9) 办理出口押汇，开证行拒付票款时，如果买单银行是（　　），则能向受益人追还票款。

A.保兑行、议付行　　B.付款行、保兑行

C.付款行、议付行　　D.议付行

(10) 打包放款是（　　）。

A.对出口商的装运前融资　　B.对出口商的装运后融资

C.对进口商的融资　　　　　　　　　　D.对船公司的融资

(11) 我某公司与外商签订一份CIF出口合同，以L/C为支付方式。国外银行开来的信用证规定："信用证有效期为8月8日，最迟装运期为7月31日。"我方加紧备货出运，于7月21日取得大副收据，并换回正本已装船清洁提单，我方应不迟于（　　）向银行提交单据。

▲ 多项选择题

(1) 下列信用证条款中属于"软条款"信用证性质的是（　　）。

A.商业发票需开证申请人签署

B.货物样品寄交开证申请人认可并作为议付条件之一

C.商检证书由开证申请人签发，并作为议付单据之一

D.信用证规定货物清关后银行才支付货款

E.承运船只由买方指定，船名以信用证修改书的方式通知，交单时必须提交信用证修改书

(2) 因下列情况开证行有权拒付票款（　　）。

A.单据内容与信用证条款不符　　　　B.实际货物未装运

C.单据与货物有出入　　　　　　　　D.单据与单据之间不符

E.单据与合同规定不符

(3) 信用证的三角契约安排是指（　　）关系。

A.开证申请人与受益人的进出口合同　　B.开证行与受益人的跟单信用证

C.开证申请人与开证行的申请书　　　　D.开证行对保兑行授权书

E.开证行给通知行的指示

(4) 信用证申请书上常见的付款方式有（　　）。

A.即期支付　　　　B.承兑支付　　　　C.议付

D.延期支付　　　　E.货到支付

(5) 审核信用证项下进口货物单据的是（　　）。

A.开证行　　　　B.代收行　　　　C.开证申请人

D.会入行　　　　E.托收行

▲ 阅读理解

阅读本章附样9-2信用证，回答下列问题：

(1) 请指出该证中的开证申请人、受益人、开证行、通知行。

(2) 该信用证要求卖方必须提供的单据是什么？对这些单据的要求是什么？

▲ 技术应用

请根据下面的银行索汇面函（如图9-3所示）回答以下问题：①信用证项下的开证行、付款行及索汇行分别是谁？②索汇金额是多少？③提交的单据种类有哪些（说出具体单据的名称）？④明确面函上的索汇路线。

Bill of payment

when corresponding, Please always quote: BP NO.BP0000017

To: Bank Rakyat Indonesia

We hereby certify that we hava negotiated the documents under the following L/C in accordance with the terms and conditions thereof.

Draft/Inv. No.	Tenor	Amount	Our Charges	Total
S0000075/IV0000008	0 AT SIGHT	USD 248000.00	USD 346.71	USD 248000.00

L/C issued by:
Bank Rakyat Indonesia

The relative documents are disposed as follows:

Document	Comm./Cust. Invoice	Packing Wt. Spec.List	Origin Cert.	Inspection Cert.	Insurance Cert.	Bills Of Lading	Draft	Airway bill
FIRST MAIL	×	×	×			×	×	
SECOND MAIL								

In reimbursement,we have claimed to: Bank Rakyat Indonesia

We are holding a negotiating bank's/shipper's guarantee, which we join and extend to you, covering the following discrepancies.(If descriped hereunder). Please advise us when we may release the guarantee.

- [x] Please remit the proceeds to us by SWIFT under advice to us.
- [ ] Please remit the proceeds to our account with our New York agency by SWIFT advice to us.
- [ ] In rembursement, we have debited your account with us.
- [ ] Please credit our general office account with you under SWIFT advice to us.

GENERAL INSTRUCTION
1.Please send us payment/credit advice by swift.
2.In case of non-acceptance/non-payment ,please hold the bills protested and attend to the warehousing and fire insurance under SWIFT advice to us giving reasons. 3.We hereby certify that the documents presented within the expiry date of the credit and/or the last day of the period of presentation time after date of issuance of the transport document(s).

Bank of China

Authorized Signature

图9-3　银行索汇面函

○ 技能题

▲ 单项操作训练

针对下列信用证中的偿付条款，请分别列出议付行索偿时应采用的文句：

（1）We hereby authorize you to debit our account with your Head Office Beijing under your advice.

（2）Upon receipt of your negotiation advice stating that documents have been complied, we shall authorize you to debit our account with you under advice to us.

（3）In reimbursement of your payment made under this L/C，we shall credit your account with us under our telex advice to you.

（4）On receipt of your negotiation advice stating that documents have been complied，we shall remit cover by cable/airmail to your correspondent as designated by you for credit of your account with them.

（5）Upon negotiation made by you please reimburse yourselves through ××× Bank by telex certifying documents complied with and requesting them to debit our account and credit your account with the same amount.

▲ 综合操作训练

阅读本章附样9-2信用证，回答以下问题：

（1）该信用证的开证形式是________。

（2）该信用证的通知行是________。

（3）指出制约受益人交单的时间。

（4）该信用证项下需要由受益人提交哪些单据？

观念应用

○ 案例题

信用证单据条款要明确

欧洲某银行开立了一张不可撤销议付信用证，该信用证要求受益人提供“Certificate of Origin：E.E.C.Countries”（标明产地为欧盟国家的原产地证明书）。该证经通知行通知后，在信用证规定的时间内，受益人交来了全套单据。在受益人交来的单据中，商业发票上关于产地的描述为“Country of Origin：E.E.C.”，产地证则标明“Country of Origin：E.E.C.Countries”。

议付行审核受益人提交的全套单据后认为，单单、单证完全一致，于是该行对受益人付款，同时向开证行索汇。开证行在收到议付行交来的全套单据后，认为单单、单证不符：发票上产地一栏标明：E.E.C.，而信用证要求为E.E.C.Countries，二者有出入。

开证行明确表明拒付，并且保留单据听候处理。收到开证行的拒付通知后，议付行据理力争：信用证对发票并未要求提供产地证明，况且发票上的产地与产地证一致。故议付行认为不能接受拒付，要求开证行立即付款。

问题：对以上案例试进行评述。

○ 实训题

请分组完成一笔完整的即期信用证项下的开证业务（贸易背景可参考本章附样9-2的信用证内容）。

（1）角色分配：开证申请人和开证行。

（2）业务环节：信用证的申请和开立。

(3) 开证申请人：申请开证，提交的文件包括开证申请书、买卖合同、形式发票。

(4) 开证行：开证前的审核，开立信用证。

○ 分析讨论题

(1) 分析托收方式中的“付款交单”和信用证方式中的“交单付款”有什么不同?

(2) 说明买卖合同、货物、单据与信用证之间的关系。

第10章

其他结算方式

学习目标

知识目标：具有比较强的自学能力和理解能力，能够理解并掌握新兴的结算方式；掌握本章结算方式的基本概念、特点；了解其一般业务程序；学会各种结算方式的利弊比较。

技能目标：了解本章结算方式的业务操作；能够运用所学的理论及业务内容在实践中进行操作，掌握各种结算方式的应用。

素养目标：培养跨文化意识和国际视野，了解不同国家和地区的文化差异和法律法规以及结算习惯和规定；具备创新精神，勇于面对挑战，敢于尝试新的方法和理念。

引例　中银协：2021年成员单位保理业务量同比增长42.97%

2022年11月22日，中国银行业协会发布了《中国保理产业发展报告（2021—2022）》（下称《报告》），这是中国银行业协会连续第十年发布保理产业发展报告。

国际保理商联合会（FCI）2022年6月发布的《FCI年度综述（2022）》中的统计数据显示，2021年全球保理业务量据估算约合3.09万亿欧元，同比上升13.5%。从地区上看，2021年不同地区保理业务发展均有不同程度的提升。欧洲地区保理业务量达2.12万亿欧元，增长14.80%，其全球最大保理市场的地位仍然难以撼动；得益于中国市场的拉动，亚太地区保理业务量小幅提升；美洲地区在新冠肺炎疫情后经济显著复苏，保理业务量增长22%；非洲地区虽然保理业务总量占比小，但增长率同样达到28%。从单一国家来看，2021年中国的业务量为5 626亿欧元，连续第五年领跑全球。

《报告》显示，我国银行业保理业务量继2020年强势反弹后，实现持续增长，在较困难的经济形势中表现出整体向好的态势。中国银行业协会保理专业委员会统计数据显示，2021年保理专业委员会全体成员单位保理业务量为3.56万亿元人民币，同比增长42.97%。其中，国际保理业务量为481.77亿美元，同比增长32.52%；

国内保理业务量为3.25万亿元人民币，同比增长44.44%。国内保理业务仍然是我国保理市场的主力增长点，在保理业务中占比达91.29%。中国服务贸易协会商业保理专业委员会统计数据显示，2021年我国商业保理行业继续保持良好增长态势，全年商业保理业务量约2.02万亿元，同比增速约34.7%。《报告》同时认为，我国保理行业仍处于成长期，市场规模有望保持持续增长。一方面，我国仍保持经济贸易正增长，应收账款金额持续增长，保理业务市场需求量不断加大；另一方面，国家政策鼓励大力发展供应链经济与供应链金融，监管部门也不断出台保理业务发展相关的政策法规，为我国保理业务的持续健康发展提供了良好的政策环境。

资料来源：李愿．中银协：2021年成员单位保理业务量同比增长42.97%，国际双保理业务下降［N］．21世纪经济报道，2022-11-23.

一直以来，信用证方式因其风险小、可靠性强的特点成为国际贸易中最主要的结算方式，但是近年来，由于进口商需支付较高的包括开证费、改证费、偿付费等在内的银行费用，有时还需要一定的开证押金或占用一定的信用额度，并且手续繁杂，所以越来越多的进出口商开始选择银行保函等其他结算方式。本章着重介绍信用证以外的各种结算方式。

10.1 银行保函

在国际经济交往中，交往双方处在不同的国家和地区，双方之间缺乏必要的了解和信任，会在不同程度上对对方的资信产生怀疑，为使双方能放心地达成交易，这时常常需要一个第三者作为担保人，以自己的资信向受益人保证对委托人履行交易合同项下的责任义务或偿还债务承担责任，通过这种方式促进交易的顺利进行。而银行由于具有雄厚的资金基础和强有力的经营能力，经常应客户要求提供这种担保服务。

10.1.1 银行保函的定义和作用

（1）银行保函的定义。

银行保函（Letter of Guarantee，L/G）也称为银行保证书，是指银行根据委托人的申请，向受益人开立的担保履行某项义务并有条件地承担经济赔偿责任的书面承诺文件。它属于银行信用，当申请人未能履行其所承诺的义务时，银行负有向受益人赔偿经济损失的责任。

银行保函具有以下特点：①以银行信用代替商业信用，解决交易双方互不信任的问题。②银行保函依据商务合同开出，但又不依附于商务合同，具有独立的法律效力。当受益人在保函项下合理索赔时，担保行必须承担付款责任，而不论委托人是否同意付款，也不管合同履行的实际事实，即保函是独立的承诺并且基本上是单证化的交易业务。③适用的范围广泛，除商品贸易外，还可用于劳务、技术交易、工程承包、国际融资、设备租赁、各种合同的履行等。④内容和格式灵活多样，可以因交易要求不同而灵活变换。

（2）银行保函的作用。银行保函作为第三者的信用凭证，其出具的目的是使受益人能够得到一种保证，以消除他对申请人是否具有履行某种合同义务的能力或决心的怀疑，从而促使交易顺利进行，保证货款和货物的正常交换，这是银行保函的基本功能之一。除此之外，银行保函通常还被用来保证合约的正常履行、预付款项的归还、贷款及利息的偿还、合同标的物的质量完好、被扣财务的保释等。概括而言，就银行保函的本质而言，其具有两大基本作用：第一，保证合同价款的支付；第二，发生合同违约时，对受害方进行补偿并对违约责任人进行惩罚。

10.1.2　保函当事人及其权责

（1）委托人（Principal）或称申请人，即向银行提出申请开立保函的一方。申请人要承担以下责任：担保行按照保函规定向受益人付款后，申请人必须偿还担保行所作的支付；负担保函项下的费用及利息；如果担保行要求，则应预支部分或全部押金。保函的申请人因业务不同，可以是投标人、供货人、买方、卖方、签约人、承租人等，不一而足。从这方面可以看出，保函的适用范围是十分广泛的。

（2）受益人，即接受保函并有权按保函规定的条款向担保行提出索赔的一方。它的责任和权利是：履行与申请人之间签订的合约项下的责任；在申请人违约时，有权向担保行索赔。受益人可以是招标人、卖方、买方、雇主、签约人、出租人等。

（3）担保行，是根据申请人的要求开立保函的银行。它的责任和权利是：一经接受申请，就有责任按照申请书开出保函；保函开出后，有责任按照保函承诺的条件对受益人付款；如果申请人不能立即偿还担保行已经付出的款项，担保行有权处置保证金、抵押品或担保品；担保行有权拒绝开立它认为不能或不愿承担责任的保函。

根据保函开出的方式不同，在流转程序中还会出现通知行（也叫转递行）、转开行、反担保行、保兑行等当事人。

10.1.3　银行保函的种类和业务程序

1）银行保函的种类

银行保函按其应用范围可分为出口类保函、进口类保函、对销贸易类保函、其他类保函四种。具体分类如图10-1所示。

银行保函的种类
- 出口类保函：投标保函、履约保函、还款保函、质量保函、保留金或留置金保函等
- 进口类保函：付款保函、租赁保函、延期付款保函等
- 对销贸易类保函：补偿贸易保函、来料加工保函及来件装配保函等
- 其他类保函：借款保函、关税保付保函、账户透支保函、保释金保函等

图10-1　保函的种类

（1）出口类保函。它是银行应出口方申请向进口方开出的保函，是为满足出口货物

和出口劳务需要而开立的保函。

第一，投标保函（Tender Guarantee）。它是在以招标方式成交的工程建造或货物买卖等交易中，银行应投标方的要求向招标方（受益人）出具的，保证投标方在投标有效期内不撤标、不改标，在中标后规定的期限内签订招投标项下的合同或提交履约保函或履约保证金，如投标方违反以上条件，则由银行按照保函的约定向招标方（受益人）赔付一定金额的款项作为补偿的书面承诺。

投标保函的金额一般为投标金额的1%～5%。有效期至开标日为止，有时再加3～15天的索偿期。如投标人中标，则有效期自动延长至投标人与招标人签订合同、交来履约保函时为止。

第二，履约保函（Performance Guarantee）。它是担保银行应申请人的要求，向受益人开立的保证申请人履行某项合同义务的书面保证文件。这是招标人要求中标人在签订合同时必须提供的，保证如果中标人未履行合约义务便要予以赔偿。这种保函的适用范围很广泛，除此之外，还可以用于一般的进出口贸易，以及国际租赁、技术贸易、对外加工贸易、补偿贸易等。履约保函的金额一般为合同金额的5%～15%，有效期一般是至合同执行完毕为止，有时还要再加3～15天的索偿期。

第三，还款保函（Repayment Guarantee）。它又称预付款保函、借款保函或定金保函，是担保行应申请人的要求向受益人开立的保证书，保证申请人履行合同中的某项义务，否则由担保行负责向受益人偿还已预付的款项和利息。我国在对外筹资时常会使用这种保函。在大宗贸易中，由于进口方常需向出口方支付一定的定金，为避免出口方违约给自己带来损失，进口方可以要求对方提供还款保函。这种保函的金额就是定金的数额。还款保函有效期至合同执行完毕为止，再加上3～15天的索偿期，或者订为预付金全部扣完时失效。

第四，质量保函（Quality Guarantee）。在供货合同中，尤其是在机械设备、船舶、飞机等的出口合同中，买方会要求卖方提供银行担保，保证如货物质量不符合合同规定，而卖方又不能更换或维修时，担保行便将保函金额赔付给买方，以弥补其所受的损失。这种银行保函即质量保函。质量保函的金额一般为合同金额的5%～10%，保函有效期一般是至合同规定的质量保证期满再加3～15天的索偿期。

第五，保留金或留置金保函（Retention Money Guarantee）。在工程项目的承建或大宗贸易中，有些合约会规定将合同总价的5%左右留在整个项目或交易完成并经业主或买方验收后再支付，这就是保留金或留置金。保留金或留置金保函就是担保银行应承包人或卖方的请求向业主或买方开具的银行保证书，保证如果业主发现项目存在缺陷或买方发现货物质量不符，将由承包人或卖方退还保留金或留置金，否则由银行代为支付。

（2）进口类保函。它是银行应进口方的申请而向出口方开出的保函，是为满足进口货物和进口技术需要而开立的。

第一，付款保函（Payment Guarantee）。它是担保银行应进口商的要求向出口商出具的银行保函，保证只要出口方按合同规定提供货物或技术资料，进口方一定履行部分或全部付款义务，否则由担保行代为支付或承担赔付的责任。付款保函的金额即合同金额，保函有效期至合同规定的付清价款日期再加半个月。

第二，租赁保函（Leasing Guarantee）。它是银行应承租人的要求对其在租赁合同项下的付款义务向出租人出具的保证文件。租赁保函适用于以租赁方式进口机械、仪器、设备、运输工具等经济活动。担保行向出租人保证其一定代承租人按租赁合同的规定交付租金；或保证承租人一定按租赁合同的规定交付租金，如不交付，担保行代为交付。租赁保函的金额即租金金额，保函有效期至租赁合同规定的全部租金付清日期再加半个月。

第三，延期付款保函（Deferred Payment Guarantee）。进口方按照合同规定预付出口方一定比例（如货款的5%）的定金，其余部分（货款的95%）由进口方银行开立保函，保证进口方凭货运单据支付一部分（如货款的10%），其余部分（货款的85%）分为10个相等的份额，每份金额加利息，每半年支付一次，共5年分10次付清全部货款。如果买方不能付款，担保行代为付款。此种保函称为延期付款保函。保函金额即扣除预付部分的货款金额，保函有效期至保函规定的最后一期货款及利息付清日期再加半个月。发展中国家进口大型机械成套设备多采用延期付款方式。

（3）对销贸易类保函。把出口与进口连在一起做交易，就是对销贸易，也称对等贸易。其中，补偿贸易、来料加工、来件装配是我国常见的三种做法。银行为对销贸易提供的保函如下：

第一，补偿贸易保函（Guarantee for Compensation Trade）。在补偿贸易中，进口设备的一方向供应设备的一方提供银行担保，向其保证：如进口方在收到与合同相符的设备后，未能按合同规定将以该设备生产的产品返销出口给供应设备方或由其指定的第三者以偿付进口设备的价款，又不能以现汇偿付设备款及附加利息，担保行即按保函金额加利息赔付供应设备的一方。这种保函为补偿贸易保函。保函金额通常是设备价款金额加利息，保函有效期一般为合同规定的进口方以产品偿付设备款的日期再加半个月。

第二，来料加工保函（Processing Guarantee）及来件装配保函（Assembly Guarantee）。在来料加工或来件装配业务中，进料或进件方向供料或供件方提供银行担保，向其保证：如进料或进件方收到与合同相符的原料或元件（有时还包括加工或装配所需的小型设备及工具）后，未能以该原料或元件加工或装配，并按合同规定将成品交付供料或供件方或由其指定的第三者，又不能以现汇偿付来料或来件价款及附加的利息，担保行便按保函金额加利息赔付供料或供件方。这种保函即来料加工保函及来件装配保函。

保函金额通常即来料或来件的价款金额加利息，保函有效期一般至合同规定的进料或进件方以成品偿付来料或来件价款的日期再加半个月。

（4）其他类保函。其包括在一切非贸易性质的国际经济交往中，银行代债务人向债权人开出的各种保函。我国比较常见的有以下几种：

第一，借款保函（Loan Guarantee）。企业或单位从国外借款，一般需要提供银行担保，向国外贷款人保证，如借款人未按借款契约规定按时偿还借款并付给利息，担保行即代借款人偿还借款并支付利息。这种保函即借款保函。保函金额即借款金额加利息，保函有效期为借款契约规定的还清借款并付给利息的日期再加半个月。

第二，关税保付保函（Customs Guarantee）。它是担保行为申请人临时入境未纳海关税金的货物而向当地海关出具的保函，保证该批货物在规定的时间内撤离该国，否则将由担保行向当地海关交纳规定数额的税金。保函金额即外国海关规定的税金金额，保函有效期为合同规定的施工器械或展品等撤离该国的日期再加半个月。

第三，账户透支保函（Overdraft Guarantee）。它是担保行为对外承包的工程公司（或其他驻外机构）在外国向当地银行申请开立透支账户以获取资金融通而开立给当地银行的保函，以保证申请人按透支契约的规定按时补足透支金额并支付利息和有关银行费用。保函金额一般是透支合约规定的透支限额，保函有效期一般为透支合约规定的结束透支账户日期再加半个月。

第四，海事保函（Guarantee for Marine Accident）。它亦称保释金保函（Bail Bond），是一国银行为了保释因海上事故（如因撞损海港码头设施或其他船只、船舶合同纠纷、海难事故、海洋污染或涉嫌走私等触犯他国法律）而被扣的本国船只向当地法院或港务局出具的保函。该保函保证船主将依法庭的判决赔偿损失．否则，将由担保行代为支付。保函金额视可能赔偿金额的大小由当地法庭确定，保函有效期一般至法庭裁决日期后若干天。

2）银行保函的业务程序

银行保函的实务操作通常由六部分组成：

（1）申请人向银行申请开立保函。公司或企业等根据业务需要请求银行为其出具保函时，应填写书面的保函申请书，并按银行的要求提交项目的有关批准文件、交易合同副本或招标书副本、反担保文件或财产抵押书、保函格式等。

保函申请书是担保行与申请人之间权责关系的契约，也是银行对外出具保函的法律依据。其主要内容包括：申请人的基本情况、保函的基本条款、申请人的责任和义务、担保行的免责条款。

（2）担保行审查。银行出于保护自身利益的考虑，在接到申请后、开立保函之前，会对申请人的资信状况、申请人提交的开立保函的申请书、交易合同副本或招标书副本、反担保文件或财产抵押书、保函格式等逐一进行详尽的审查核实，以便决定是否接受委托开具保函。

审查的内容包括：①申请人的基本情况，包括是否具有被担保资格、经营管理水平和财务状况；②受益人资信情况；③对交易合同或项目的审查，包括合同的内容或条件是否合理，项目是否可行，所适用的法律与有关惯例是否与所在国的法律冲突；④保函内容，包括申请内容是否属于银行开立保函的范围，是否合法；⑤对反担保的审查，主要看资产抵押和反担保措施是否落实。

（3）担保行开立保函。银行对申请人提供的有关资料及申请人的资信审查认可后，便可正式对外开立保函，并按规定的收费标准向申请人收取担保费。正式开出保函前要编号登记，然后根据申请书的有关内容缮打保函一式五联。发出之前要审查保函条款是否合法，是否与合同一致。在日常业务中，保函的开立方式分为电开和信开两种。银行在保函中应明确有效期。

（4）保函的修改。银行保函可以在有效期内进行修改。保函的修改必须经过当事人各方一致同意后方可进行，任何一方单独对保函条款进行修改都视作无效。当申请人与受益人就保函修改达成一致后，由申请人向担保行提出书面申请并加盖公章，注明原保函的编号、开立日期、金额等内容，以及要求修改的详细条款和由此产生的责任条款，同时应出具受益人要求或同意修改的意思表示供担保行参考。担保行在审查申请并同意修改以后，向受益人发出修改函电，由主管负责人签字后发出。

（5）保函的索赔。担保行在保函的有效期之内，若收到受益人提交的索赔单据及有关证明文件，应以保函的索赔条款为依据对该项索赔是否成立进行严格审核，并在确认索赔单据及有关证明文件完全与保函索赔条款的规定相符合时，及时对外付款，履行其在该项保函中所承担的责任。担保行对外付款后，可立即行使自己的权利，向保函的申请人或反担保人进行索赔，要求其偿还银行所支付的款项。

（6）保函的注销。保函在到期后或在担保行赔付保函项下的全部款项后失效。担保行应立即办理保函的注销手续，并要求受益人按保函的有关规定将保函退回担保行。至此，保函业务的运作程序结束。

3）担保方式

担保行进行担保有两种方式，即直接担保和间接担保。

（1）直接担保，即担保行应申请人的申请，直接向受益人开立保函，并凭此直接向该受益人承担支付担保责任。这种方式开出的保函称为直开式保函。直开式保函有直交式和转交式两种类型。直交式保函是保函开立方式中最简单、最直接的一种。在这种方式下，担保行应申请人的要求直接将保函开给受益人，中间不经过其他当事人。

直交式保函的流程是：①申请人与受益人之间订立交易合同；②申请人向担保行申请开立保函；③担保行将保函开给受益人（直接寄交或代交）。

直交式保函的特点是：①涉及当事人少，关系简单；②受益人接到担保行开来的保函后，无法辨别保函真伪，因此无法保障自身的权利；③索偿不方便，即使申请人违约，受益人具备索偿条件，但是要求国外担保行进行赔偿有诸多不便。由于受益人的权利不能得到有效保证，受益人通常不愿意接受这种保函，因此在实际业务中很少开立。

在转交方式下，担保行转请受益人所在地的另一家银行即转递行将保函通知受益人。转交式保函的具体程序如图10-2所示。

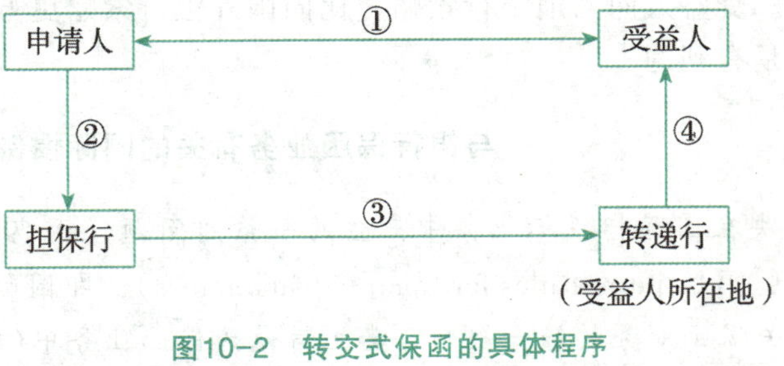

图10-2　转交式保函的具体程序

注：①申请人与受益人之间订立交易合同；②申请人向担保行申请开立保函；③担保行将保函通知转递行；④转递行将保函交给受益人。

转交式保函的特点是：真假易辨和索赔不便。这种开立保函的方式较为普遍，由于受益人接到的保函是经过通知行或转递行验明真伪后的保函，其不必担心保函是伪造的；在该方式下，受益人索偿不方便的问题仍然存在。受益人只能通过通知行或转递行向担保行索赔，而通知行或转递行只有转达的义务，它们本身不承担任何责任，因此，实际上还是受益人向国外担保行索赔。

（2）间接担保。间接担保方式下的保函为转开式。有些受益人更乐于接受本国银行开立的保函，因为本国银行作为担保行，在履行担保业务时可以避免国家风险，还可以避免产生国际上的法律冲突、管辖权等复杂问题，方便受益人索赔。有些国家规定只能接受受益人所在地的银行开立的保函，我国对投标保函、履约保函、关税保函等有这样的规定。但是，在实际业务中，申请人向受益人所在地银行申请保函又十分不方便，所以只能采用转开式的方法。

申请人请求其所在地银行（称为指示行）开立一份以国外受益人所在地银行（称为转开行）为受益人的反担保函，由指示行委托该转开行按规定的格式开立一份以原始保函的申请人为申请人、以原始保函的受益人为受益人的保函，即转开保函，具体程序如图 10-3 所示。

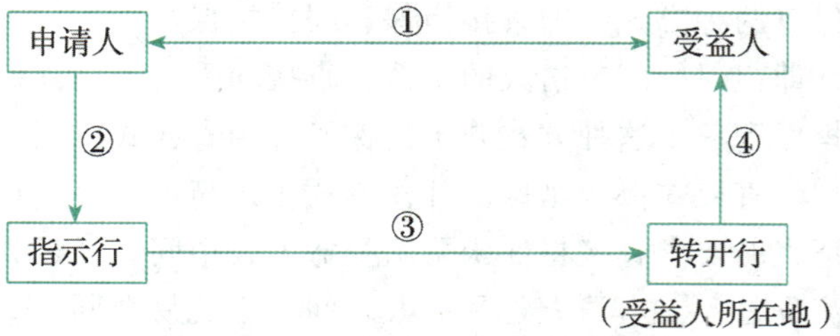

图10-3　转开式保函的具体程序

注：①申请人与受益人之间订立交易合同；②申请人向当地银行申请开立保函；③指示行开立一份以转开行为受益人的保函（反担保函），以此委托转开行转开保函；④转开行向本地受益人开立保函（转开保函）。

在这种间接担保中，指示行有双重身份。转开保函是对原保函的转开，所以在转开业务中有两个保函：原保函和反担保函。指示行是原保函中的担保行，又是反担保函中的反担保行。对受益人来说，只需根据转开保函向当地转开行提出索赔，然后由转开行向指示行进行索偿。受益人向当地银行索赔，比向国外银行索赔更方便可靠，所以转开保函对受益人来说是有利的。

专题 10-1　与银行保函业务有关的国际惯例

国际商会为解决在国际招投标业务中产生的一系列问题，于1978年制定并颁布了《合约保函统一规则》（Uniform Rules for Contract Guarantees），即国际商会第325号出版物。这是第一个有关保函业务的统一规则，其主旨是为保函业务中的有关当事人谋求利益均衡。国际商会于1982年制定并颁布了《开立合约保函的示范格式》（Model Forms for Issuing Contract Guarantees），即国际商会第406号出版物。1992年，国际商会为适应保函业务的发展，又制定并颁布了《见索即付保函统一规则》(Uniform Rules for Demand Guarantees)，即国际商会第458号出版物。该出版物对见索即付保函作了规定，这是因为对申请人的“违约”由于立场不同，有不同的解释，一旦发生，各执一词很难确定，因此，受益人往往为了保证索偿顺利，要求索偿只要由他（受益人）出具一张书面索偿证明即可有效。这就大大减轻了判断“违约”的困难，只凭单据形式的索偿证明就赔付。这种做法和“备用信用证”做法一样，从判断事实转为凭单据付款了。但是，由于保函在世界范围内被普遍采用只是近20年的事情，且各个国家的法律对保函的属性及运作规定各不相同，再加上上述规则的精神与现行的常规做法尚有一定的出入等，《合约保函统一规则》和《见索即付保函统一规则》不像《跟单信用证统一惯例》那样普遍被各国银行所接受并采用，因此很少有人接受并在保函上注明采用此规定。

延伸阅读10-1

关于保函的几个概念

10.2 备用信用证

10.2.1 备用信用证的含义

备用信用证（Standby Letter of Credit，S L/C）又称商业票据信用证、担保信用证，是开证行应开证申请人的要求，向受益人开出的、以其自身的银行信用担保开证申请人履行义务的保证付款凭证。备用信用证是一种信用证的安排，它代表了开证行对受益人的以下责任（不管其称谓或代表方式如何）：①偿还申请人的贷款，或预付给申请人的，或记在申请人账户的款项；②支付由申请人承担的任何债务；③支付由于申请人在履行义务上的违约所造成的损失。

备用信用证属于银行信用，开证行对受益人保证在开证申请人未履行其义务时，即由开证行付款，因此，备用信用证对受益人来说是备用于开证申请人发生毁约时取得补偿的一种方式。如果开证申请人按期履行合同的义务，受益人就无须要求开证行在备用信用证项下支付货款或赔款了，这就是称作“备用”的由来。因此，备用信用证作为一种付款承诺，虽然形式上是第一性的，但意图上却只是在委托人违反基本合同的情况下使用，具有备用之意。备用信用证实质上是具有信用证形式和内容的一种银行保函，目前，除应用于招投标、履约以及一般商业用途外，备用信用证还广泛地应用于国际企业的资金融通方面。

备用信用证起源于19世纪中叶的美国银行业，当时的美国联邦法律禁止银行为客户提供担保，商业银行为客户出具保函被认为是越权行为，是无效的。为了既能避免与法律冲突，又能满足客户提出的代其担保的要求，美国的银行便开立了类似于保函性质的备用信用证。日本早期的立法也是禁止银行从事担保业务的。因此，备用信用证在美、日两国使用较广，后来由于其用途较为广泛，各国对其管制较为宽松，才逐渐盛行于世界。

1998年6月，国际商会印发第590号出版物《国际备用证惯例》(International

Standby Practices，《ISP98》)，并于1999年1月1日起正式启用。这是国际商会首次以独立的规则制定备用信用证惯例，2007年7月1日颁布实施的《UCP600》也规定在其可适用的范围内包括备用信用证，这表明备用信用证已成为用途广泛、日趋成熟的金融工具。

10.2.2 备用信用证的业务流程和特点

1）备用信用证的业务流程

备用信用证的内容与跟单信用证大体相似，只是对单据的要求远比跟单信用证简单。其内容一般包括以下要素：开证行名称、开证日期、受益人名称、开证申请人名称、信用证金额、需提交的凭证、到期日、保证文句等。备用信用证的业务流程与跟单信用证的流程大体相同，一般分为以下几个步骤：

（1）开证申请人根据基础合同的规定向银行申请开立备用信用证。

（2）开证行经过审核后，开出备用信用证，并通过通知行通知受益人。

（3）如果申请人按合同履行了所承担的义务，开证行就不必因开出备用信用证而履行付款的义务，其担保责任在备用信用证到期时解除；如果申请人未能到期履约，受益人可根据备用信用证的规定提交有关单据和文件向开证行索赔。

（4）开证行在收到索赔文件后，经审查符合信用证规定的，应该无条件地向受益人付款。

（5）开证行向受益人付款后，可向申请人索赔，开证申请人有义务偿还。

2）备用信用证的特点

根据《ISP98》，备用信用证在开立后即成为一项不可撤销的、独立的、跟单的及具有约束力的承诺，因此，备用信用证具有以下特点：

（1）除非在备用信用证中另有规定或经双方当事人同意，开证申请人不得修改或撤销其在备用信用证项下的义务。

（2）备用信用证项下开证行义务的履行并不取决于开证行从申请人那里获得偿付的权利和能力、受益人从申请人那里获得的付款的权利，也不取决于在备用信用证中对任何偿付协议或基础交易的援引，或开证行本身对任何偿付协议或基础交易的履约或违约的了解与否。

（3）备用信用证在开立后即具有约束力，无论申请人是否授权开立，开证行是否收取了费用，或受益人是否收到或因信赖备用信用证或修改而采取了行动，对开证行都是有强制性约束力的。

10.2.3 备用信用证的种类

按照用途的不同，备用信用证可以分为以下八种：

（1）履约备用信用证（Performance Standby L/C）。履约备用信用证用于担保履行责任而非担保付款，包括对由于申请人在基础交易中不履约导致损失的赔偿。在履约有效期内如发生申请人违反合同的情况，开证行将根据受益人提交的符合备用信用证要求的单据代申请人赔偿备用信用证的金额。

（2）预付款备用信用证（Advance Payment Standby L/C）。预付款备用信用证用于支持申请人收到受益人预付款后所承担的义务和责任，通常用于国际工程承包项目中业主向承包人支付的合同总金额一定比例的工程预付款，以及进出口贸易中进口商向出口商支付的预付款。

（3）投标备用信用证（Tender/Bid Bond Standby L/C）。投标备用信用证用于担保申请人在中标后履行其签订和执行合约的义务和责任。若投标人未能履行合同，开证行须按该备用信用证的规定向受益人履行赔款义务。

（4）融资备用信用证（Financial Standby L/C）。融资备用信用证保证付款义务的履行，是开证行担保借款人到期还款，如果违约不还，则开证行负责还款。

（5）直接付款备用信用证（Direct Payment Standby L/C）。直接付款备用信用证用于担保到期付款，特别是与融资备用信用证有关的基础付款义务的到期付款，而不涉及是否违约。其通常用于担保企业发行债券或订立合同时的到期支付本息义务。

（6）商业备用信用证（Commercial Standby L/C）。商业备用信用证为申请人对货物或服务的付款义务进行保证。如果开证申请人未履行付款义务，则开证行凭受益人提交的与备用信用证相符的单据，向受益人履行付款责任。

（7）反担保备用信用证（Counter Standby L/C）。反担保备用信用证是对其受益人开立的另外一个单独的备用信用证或担保书提供担保。

（8）保险备用信用证（Insurance Standby L/C）。保险备用信用证用于担保申请人的某一保险或再保险义务。

10.2.4 备用信用证与其他结算方式的关系

1）备用信用证与跟单信用证的关系

（1）备用信用证与跟单信用证的相同点。备用信用证采用与跟单信用证相同的做法，开证行承担第一性的付款责任；二者同属信用证范畴，它们所遵循的国际惯例都是国际商会的《跟单信用证统一惯例》，两者均是独立于基础合同之外的独立文件；二者同属银行信用，银行所处理的都是单据而非货物。

（2）备用信用证与跟单信用证的区别。其包括：①备用信用证在申请人违约时才使用，而跟单信用证是受益人履约的证明。②二者要求付款的单证不同。备用信用证是凭受益人出具的证明开证申请人违约的文件、索赔通知书以及其他有关文件或单据支付款项的；跟单信用证以符合信用证要求的货运单据、商业发票、保险单等作为付款的依据。③备用信用证备而不用和没有货物保证等特点，使其所规定的单证不能议付；而跟单信用证以一定的货物作为银行保证的基础，单证可办理议付。④二者的使用范围不同。备用信用证广泛适用于保证多种形式的付款或履约交易；而跟单信用证主要用于进出口贸易结算过程中，给进出口商提供资金融通上的便利。

2）备用信用证与银行保函的关系

（1）备用信用证与银行保函的相同点。两者都是银行根据申请人的要求向受益人出具的书面保证文件，涉及的当事人基本相同，都是以银行信用来弥补商业信用的不足；在银行保函和备用信用证项下，银行所处理的都是单据而不是货物，银行一般都是在申请人没有履约的情况下才对受益人做出赔付。

（2）备用信用证与银行保函的区别。其包括以下几点：

第一，备用信用证适用于《UCP600》，该惯例已被世界上大多数国家所接受和执行，《ISP98》也是备用信用证专有的惯例和规则；而银行保函没有一个统一固定的国际惯例，《合约保函统一规则》《开立合约保函的示范格式》《见索即付保函统一规则》等国际商会的出版物尚未被广泛接受，在实务中使用并不多。

第二，备用信用证中的开证行负有第一性付款责任，即受益人向开证行交单请求付款，而不是向申请人交单索偿；银行保函中银行有时承担第一性付款责任，有时承担第二性付款责任。

第三，备用信用证和银行保函所要求的单据有所不同。备用信用证一般要求受益人在索赔时提交即期汇票及表明申请人未能履约的书面声明；而银行保函则不要求受益人提交汇票，担保行仅凭受益人提交的书面索偿单据及证明申请人违约的声明即付款。

第四，银行保函的付款依据是有关合同或某项承诺未被履行，因此担保行在确立是否付款时可能被牵扯到商务合同中去，甚至被扯入被保证人和受益人的争议之中。而备用信用证的付款依据是受益人在信用证有效期内按信用证规定提供的声明书或单据，银行与开证申请人和受益人签订的合同无关。简而言之，信用证与单据相联系，保函与履约相联系。

10.3 国际保理

目前的国际市场以买方市场为主，许多出口商为了吸引更多的进口商而以赊销（Sales on Account）、承兑交单（D/A）等作为支付方式，但在这些方式下，出口商的商业风险和资金负担都加大了，因此越来越多的出口商选择在此基础上叙作保理业务，保理业就是在这一背景下发展起来的。

10.3.1 国际保理概述

国际保理（International Factoring），全称是国际保付代理业务，简称保理（Factoring）或出口代理，是出口商与金融机构（在保理业务中称为保理商）经协商达成的一种付款安排，即赊销项下或托收项下的货物装运以后，出口商无追索权地将所有货运单据（主要是发票和提单）卖断给保理公司，从而获得款项融资的方式。

保理业最早出现在20世纪30年代的美国。1968年，来自15个国家的30余家银行和保理公司在斯德哥尔摩召开大会，宣布成立国际保理商联合会（Factors Chain International，FCI）。就会员公司数量和保理业务营业额而言，FCI是目前世界上最大的保理业国际组织。

小知识10-1

国际性保理组织

目前世界上有三个国际性保理组织，除了FCI之外，还有国际保理协会（International Factors，IF）和哈拉尔海外公司（Heller Oversea Corporation）。FCI总部设在荷兰的阿姆斯特丹，是由各国保理公司组成的民间商务组织，也是一个开放式的组织，允许一个国家有多家保理公司参加。其余两个组织均属于封闭型，每个国家只允许一家公司参加，其影响力和业务规模远不如FCI。目前，世界上已有50多个国家的银行成为FCI的会员银行。中国银行于1993年3月正式加入FCI，之后交通银行、光大银行和中信银行也相继加入。

延伸阅读10-2

中国银行保理业务概述

1）国际保理业务的服务项目

（1）销售分户账管理（Maintenance of the Sales Ledger）。对出口企业实行分户账管理是确保出口企业正常生产、经营和销售的必要手段，是出口企业减少经营开支、提高经济效益的最基本的财务管理工作。

由于保理商通常是大的商业银行的附属机构，拥有完善的账户管理制度、先进的管理技术和丰富的管理经验，同时，各大保理商与国外相关机构实现了计算机联网，因此能够提供高效的社会化服务。

其具体做法是：保理商收到客户（出口商）交来的销售发票后，在电脑中设立分户账，输入必要的信息及参考数据，如债务人、金额、支付方式、付款期限等，然后由电脑进行自动处理，如记账、催收、清算、计息、统计报表的打印等，保理商可根据客户的要求，随时或定期提供各种数字和资料。

（2）债款回收（Collection from Debtors）。它是一种技术性、法律性较强的工作，一般出口商甚至畅销产品的卖主也因缺乏这种回收债款的技术，导致应付账款不能及时收回，使营运资金周转不灵。保理商则拥有专门的收债技术和知识，能够正确、适时地向不同债务人收回债款。如果产生争议和纠纷，保理商还有专门的法律部门，提供有效的律师服务。

债款回收的具体做法是：客户先与保理商商议收债方式、程序等；然后双方签订保付代理协议，各自按照协议的规定履行相关义务。

（3）信用销售控制（Credit Sales Control）。国际贸易渠道和网络错综复杂，国际市场行情千变万化，要避免和减少潜在风险，出口企业就必须了解和掌握客户的资信变化情况，制定出切实可行的信用销售限额和采取必要的防范措施。然而，一般中小企业很难做到这一点。保付代理商以其独特的优势，利用保理商联合会广泛的代理网络和官方或民间的咨询机构，以及其母行在国外广泛的分支机构和代理网络，通过现代化手段获取最新的动态资料，依据所掌握的客户资信情况，为供应商（出口商）提供其客户的信用销售额度，从而将应收账款的风险降到最低。

（4）坏账担保（Full Protection against Bad Debts）。保理商对坏账担保的服务是有限制条件的。通常，保理商对其客户不会提供100%的坏账担保。也就是说，只要供应商对每个客户的销售控制在保理商核定的信用销售额度内，就能有效地消除因买方信用造成的坏账风险。但对因供应产品的质量、服务水平、交货期等引起的贸易纠纷而造成的坏账和呆账，保理商不负赔偿之责。

（5）贸易融资（Trade Financing）。保理商可以向供应商提供无追索权的贸易融资，而且手续方便，简单易行。它不像信用放款那样需要办理复杂的审批手续，也不像抵押放款那样需要办理抵押的移交和过户手续。供应商在发货或提供技术服务后，将发票交给（通知）保理商，即可立即获得不超过80%发票金额和无追索权的预付款融资，基本解决了在途和信用销售的资金占用问题。

2）国际保理业务的当事人

国际保理有两种做法，即国际单保理和国际双保理，前者有三个当事人，后者则有四个当事人。

（1）出口商，也可以说是销售商，对所提供的货物和服务出具发票，将以发票表示的应收账款转让给保理商叙作保理业务。

（2）进口商，即债务人，对出口商提供货物或服务所产生的应收账款负有付款责任。

（3）出口保理商，是与出口商签订协议，对由出口商出具的发票表明的应收账款叙作保理业务的一方。

（4）进口保理商，是同意代收已由出口保理商转让过来的应收账款，并有义务支付该项账款的一方。如果是单保理方式，则只涉及进口保理商，没有出口保理商。

3）国际保理业务的适用范围

（1）出口商对国外客户或者新客户的信誉及经营情况不够了解，而对方又不愿意采用信用证的方式支付时。

（2）出口商为了扩大市场份额，同意对进口商采用赊账交易或托收等方式，但是又不愿意承担汇率风险且有融资需要时。

（3）出口商由于自身所经营商品的特点，如每次发货数量少但批次较多，为力求减少中间环节以适应市场变化的需要时。

10.3.2　国际保理的种类

现代保理的基本模式可以分为单保理模式和双保理模式。

（1）单保理模式（Single Factor System）是指只涉及一方保理商的保理模式。一般情况下，出口地银行不是出口保理商，只是作为中间媒介，起到传递函电及划拨款项的作用，故单保理模式有三个当事人，即出口商、进口商和进口保理商。

（2）双保理模式（Two Factors System）是指同时涉及进口和出口两家保理商的保理模式。进出口保理商双方签署协议，相互委托代理业务，并由出口保理商根据出口商的需求提供服务。目前，发达国家都采用这种模式，这也是世界上较为通行的做法。其运作程序包括：

第一，出口商与出口保理商联系保理业务。在签订贸易合同前，出口商必须与出口地的保理商联系保理业务。如果保理商同意叙作保理业务，则由出口商填写“信用额度申请表”。申请表的内容包括进出口商的名称、地址、商品的名称和详细情况、估计销量和价格、付款条件、申请金额和币种等。出口保理商对出口商的经营状况和“信用额度申请表”进行审查，然后根据进口地的情况选择一家进口保理商，并且通过EDI系统将出口商的信息和“信用额度申请表”的内容发送给进口保理商。

第二，进口保理商核定信用额度。收到相关资料后，进口保理商立即对进口商的资信进行调查，并将结果及可以向进口商提供的信用额度通知给出口保理商，同时发送自己的费率报价。根据国际保理商联合会的规定，进口保理商一般应在14个工作日之内做出答复。

第三，出口保理商与出口商签订出口保理协议。根据进口保理商的调查结果，出口保理商对进出口商即将进行的交易加以确认，并向出口商提出自己的条件和报价。出口商如果接受报价，则双方签订保理协议。出口商在协议规定的信用额度内与进口商正式签订买卖合同。

第四，进口保理商批准信用额度。出口保理协议签订后，出口保理商可通过EDI系统与进口保理商联系，提出正式的信用额度申请。进口保理商经过核对审查后，正式批准信用额度及有效期限，并在14个工作日之内正式通知出口保理商。

第五，出口商将应收账款的单据转让给出口保理商。出口商按合同规定装运货物后，将取得的单据提交给出口保理商，要求其叙作保理业务。出口保理商按发票金额扣除利息和承购费用后，立即或在双方商定的日期将货款支付给出口商，并将单据寄送给进口保理商。

第六，进口保理商催收应收账款和进口商付款。进口保理商收到出口保理商寄来的发票后，计入应收账款，之后开始负责向进口商催收货款。当进口商付款后，进口保理商应立即将扣除保理佣金后的余额划付给出口保理商。

10.3.3 国际保理的应用

1）对出口商和进口商的积极作用

国际保理业务能为出口商和进口商带来保障风险、节约成本、资信调查、融资便利、增加营业额、简化手续等益处（见表10-1）。

表10-1 国际保理业务的积极作用

积极作用	对出口商	对进口商
保障风险	进口商的信用风险转由保理商承担，出口商可以得到100%的收汇保障	采用O/A、D/A等方式结算，是风险最低的付款方式
节约成本	资信调查、账务管理和账款追收都由保理商负责，减轻了出口商的业务负担，节约了管理成本	节省了开立信用证和处理繁杂文件的费用

续表

积极作用	对出口商	对进口商
资信调查	保理商提供资信调查和信用额度，出口商掌握了收汇主动权	通过资信调查掌握付汇主动权
融资便利	出口商将发票提交给保理商后即可向保理商申请提供发票金额50%～90%的无追索权的融资，且手续简便	可以获得更优惠的支付方式，不必交纳开证保证金，减少了资金的占压
增加营业额	向进口商提供O/A或D/A等具有吸引力的结算方式，增强了市场竞争力，扩大了销售	利用这些优惠的支付方式，以有限的资本购进更多的货物，加快了资金流动，增加了营业额
简化手续	免除了一般信用证交易的烦琐手续	在信用额度被批准后，购买手续简化了，进货快捷了

2）国际保理业务的缺点

（1）国际保理商的风险较大。虽然在国际保理业务中，国际保理商事先已对进口商的资信进行了调查和评估，并规定了信用额度，但国际保理商所承担的风险远远大于信用证业务中开证行的风险，所以，国际保理商批准的信用额度一般都不大。

（2）出口商承担的国际保理费用偏高。国际保理业务的手续费一般是货款的1%～3%，如有融资服务，则费用更高些。这些费用一般由出口商承担，当然也可以事先将其估算在出口成本之内转嫁给进口商，但因此会提高货物价格，对交易的达成或多或少有一定的影响。

3）保理在国际贸易中的应用

作为一种综合性的支付方式，保理业务的开展有利于促进国际贸易的进行。由于保理业务一般只向出口商收费，与信用证方式相比，显然更有利于进口商，因此在适当的贸易背景条件下，如贸易双方资信、经营状况良好，贸易所产生的债权有较强的独立性和可靠性，保理融资就可以在传统的融资方式限度之外进行，从而促进国际贸易的发展，增强销售商的市场竞争力，同时也能增加银行的营业收入。

10.4 福费廷

福费廷（Forfaiting）一词来源于法国，是放弃或让出某种权利给他人的意思。福费廷业务起源于第二次世界大战之后的东西方贸易，由瑞士的苏黎世银行协会率先开办，是在资本货物与设备的对外贸易中为进出口商所利用的一种中长期资金融通形式。20世纪50年代后期，随着西方各国贸易越做越大，出口商对中长期融资的要求也不断增加，福费廷业务进一步活跃起来。目前福费廷业务持续增长，已经扩展到全世界范围内。

10.4.1 福费廷的概念

福费廷即包买票据业务，指银行从出口商处无追索权地购买由银行承兑或保付的远期汇票或本票，或购买未到期的应收账款的业务。它是一种贸易融资工具，融资比例通常为100%，还款来源为出口项下的收汇款项。早期的福费廷业务主要用于期限较短的谷物等普通商品的贸易，后来逐渐转向资本性商品贸易，而发展到现在，只要包买商的能力允许、技术上可行，无论何种类型、何种期限、多少金额的商品交易都可以利用福费廷融资。

福费廷交易的当事人主要有四个：

（1）进口商，即福费廷交易的债务人。其主要承担到期支付票据款项的责任。

（2）出口商，为了保护自己不受追索，其将经过进口商承兑的远期汇票或本票无追索权地售给福费廷融资者，把收取款项的责任和风险转嫁给它。对出口商而言，福费廷融资是提前取得现款的一种资金融通形式，是出口信贷的一种类型。

（3）担保人，一般是进口商所在地的银行，为进口商的按期支付提供担保。福费廷融资者在债务人不付款时，可以要求担保人付款，以作为自己的保障。

（4）福费廷融资者，即贴现机构，通常为出口地的银行或其附属机构或大金融公司或福费廷公司。该当事人对出口商持有的由进口商承诺付款并经担保的远期汇票进行贴现，且对出口商无追索权，相当于买断出口商持有的票据，所以一般也将福费廷业务译为“包买票据业务”，将福费廷融资者称为包买商。如果存在二级市场，则会出现二级包买商，而直接从出口商处购买票据者则称为初级包买商。

福费廷业务的特点包括：①一般以国际正常贸易为背景，不涉及军事产品，通常限于成套设备、船舶、基建物资等资本货物交易及大型项目交易。②在福费廷业务中，出口商必须放弃对所出售的债权凭证的一切权益，贴现银行也必须放弃对出口商的追索权。③其期限一般为1~5年，属于中期融资业务。但近年来国际上发展出最短的包买票据业务为180天（6个月），最长的可达10年，通常采用每半年还款一次的分期付款方式。④属批发性融资业务，适合于100万美元以上的大中型出口合同，对金额小的项目而言，其优越性不明显。近年来也发展了一些小额交易，但要收取较高的费用。⑤出口商必须对资本货物的数量、质量、装运、交货期担负全部责任。⑥较多地使用美元、欧元及瑞士法郎作为结算和融资货币，其他可自由兑换的货币使用得较少。

10.4.2 福费廷的一般程序

1）福费廷的业务流转程序

（1）出口商与包买商签订福费廷协议。买卖双方在贸易谈判时如果决定使用福费廷方式融资，出口商应事先与包买商约定好，以便做好信贷融资安排。

（2）出口商按照福费廷协议的相关内容与进口商签订贸易合同。

（3）出口商按规定发货，之后签发远期汇票，通过银行以正常途径寄送给进口商，并取得进口商往来银行的保付或担保；或由进口商出具本票，由担保银行在票面上注明“Per Aval”并签字，然后交由出口商。

（4）出口商向包买商交单。出口商取得上述汇票或本票后，背书并注明“无追索权”（Without Recourse）字样，然后连同其他全套单据交给包买商。包买商在收到单据后需认真审核，审单无误后办理贴现，将净额付给出口商。

（5）包买商到期提示索偿。在票据将要到期前，包买商就把票据直接寄给担保人或保付人。

（6）进口商于到期日按包买商的指示汇付票款。

以上业务流程如图10-4所示。

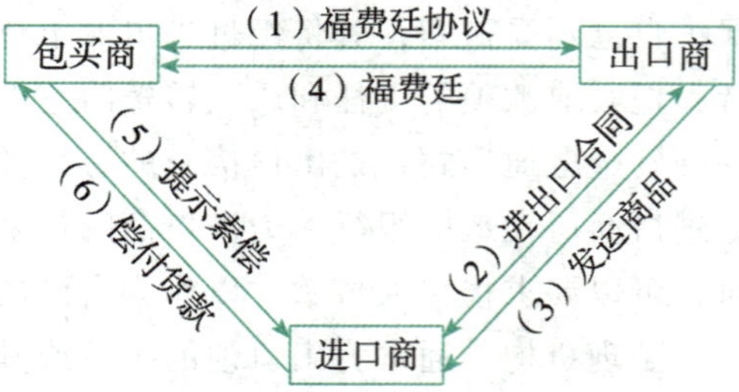

图10-4　福费廷业务流程

2）关于包买商的票据贴现

包买商在进行票据贴现时，会出现以下几种类型：

（1）投资性贴现，即如上述流程中所述，包买商在贴现后自留票据，到期后向进口方银行索偿。包买商应事先得到进口方银行的付款承诺及进口国有关政府和法律的许可文件，审单无误后向出口商付款，并妥善保存远期票据，以便在到期日前将票据寄付款银行索偿。

（2）交易性贴现，包买商向出口商付款即购买了远期票据，然后等待在二级市场上出售获利的机会。

（3）经纪性贴现，即包买商在购买了出口商手中的远期票据的同时转贴给二级市场。这需事先与二级市场的包买商达成协议，在收到出口商的全套单据后，再背书给下一手包买商，并提供其他有关资料和证明，收到付款后再支付给出口商。

10.4.3　福费廷方式的利弊

1）出口商方面

有利方面：①福费廷融资不影响出口企业的债务状况，不受银行信贷规模和国家外债规模的影响；②福费廷业务是无追索权方式的贴现，出口企业一旦将手中的远期票据卖断给银行，同时也就卖断了一切风险，包括政治、金融和商业风险，免除了后顾之忧；③出口企业通过采用包买票据的方式在商务谈判中为国外买方提供了延期付款的信贷条件，从而提高了自身出口产品的竞争力；④出口企业可将全部或部分远期票据按票面金额融资，无须受预付定金比例的限制；⑤出口企业在支付一定的贴现费用后，可将延期付款变成现金交易，变远期票据为即期收汇，提高了资金使用效率，增加了业务量，增强了企业活力；⑥由于包买票据采用固定利率，出口企业可尽早核算出口成本，卖断以后的一切费用均由贴现银行承担；⑦福费廷融资操作简便、融资迅速，不需要办理复杂的手续和提供过多的文件，可以节省时间，提高融资效率。

不利方面：①出口商必须保证债权凭证是清洁有效的，这样才能免除包买商对他的追索权；②必须找一个使包买商满意的担保人；③由于转嫁了所有的收汇风险，所需费用较高。

2）进口商方面

有利方面：①可获得贸易项下延期付款的便利；②不占用进口商的融资额度；③所需文件及担保简便易行。

不利方面：①银行提供担保占用进口商的授信额度；②在福费廷业务中，出口商可能会转嫁融资费用，基础交易合同的价格可能会提高；③进口商必须向担保行支付担保费用，从而使成本进一步增加。

3）包买商方面

有利方面：①使银行扩大了服务范围，加强了与国际金融界的交往，有利于培养金融专业人才；②利用外资为国内出口商广开融资渠道，促进了贸易出口，带动了其业务发展；③融资效率高，不占用银行信贷规模，却增加了融资金额和扩大了融资范围；④可随时在二级市场上出售所贴现的票据，能转移风险。

不利方面：①风险较大，因为无追索权地购入，不能保证按期收回应收款项，并承担了出口贸易融资中的所有汇率、利率、信用和国家风险；②包买商必须调查、了解进口商和担保人的资信状况。

10.5 支付方式的选择与综合运用

支付方式即结算方式。不同的结算方式有不同的特征和用途，就不同的当事人来说，其优缺点截然不同。在正常履约时，一般使用传统的汇款、托收和信用证三种结算方式；而在非正常履约时，可以使用银行保函和备用信用证；在需要融资时，可以选择保理、福费廷等。在实际业务中，正确地使用结算方式，无论是对债权人还是对债务人而言，都是一个十分重要的问题。

10.5.1 选择适当的结算方式

传统的三种结算方式——汇款、托收和信用证，在国际贸易中一直占有主导地位，因此能够根据具体情况恰当地应用这三种结算方式是非常重要的。

1）三种结算方式的特点

要合理地运用汇款、托收和信用证三种结算方式，首先应掌握其特点，见表10-2。

表 10-2 三种结算方式的对比

结算方式		手续	费用	资金负担	买方风险	卖方风险
汇 款	预付货款	简单	最小	不平衡	最大	最小
	货到付款				最小	最大
托 收	D/P	稍多	稍大	不平衡	较小	较大
	D/A				极小	极大
信用证		最繁	最大	较平衡	交单有保证	收款有保证

2）选择支付方式的依据

合理地选择支付方式，要依据以下几个标准来进行：

（1）根据对方的信用状况来选择支付方式。在国际贸易中，交易合同以及款项结算能否顺利进行，主要取决于交易对象的信用状况。出口商想要安全地收款，进口商想要安全地收货，都必须对对方的信用状况进行调查，根据信用调查的结果选取适当的结算方式。如果对方信用较差或信用状况不明确，就应该尽量选择风险较小的结算方式；如果对方信用状况良好，就可以选择手续比较简单、费用较少的结算方式。但对出口商来说，承兑交单的托收方式或货到付款一般不宜采用，除非是本公司的子公司或同属于一个企业集团，或者十分有把握的才可以使用，否则风险很大。

（2）根据货物在市场上的销售情况来选择支付方式。在贸易磋商过程中，支付方式是仅次于价格条件的重要问题。如果出口商的货物是畅销的，则在价格和支付方式上都可以选择对自己有利的条件；如果商品是滞销货，选择的主动权则在进口商方面。所以，在选择支付方式时，考虑货物是否畅销、能否在国际市场上有很好的销售前景也是重要的因素。

（3）根据双方决定的贸易条件来选择支付方式。不同的贸易术语对支付方式的选择有很大影响。国际商会的《国际贸易术语解释通则》（《INCOTERMS 2020》）中介绍了11种贸易术语，贸易术语中有实际交货条件，即卖方是以向买方实际交付货物的行为来履行交货义务的，买方只有在收到货物后才有义务付款。EXW、DAP、DPU、DDP等都是实际交货条件。由于是卖方或其通过承运人向买方直接交付货物，卖方交货和买方收货同时发生，卖方无法通过控制单据而控制物权，因此如果采用托收方式结算，实质上就是货到付款，对出口商来说风险是非常大的，所以实际交货条件不适宜采用托收方式结算。另外一些术语是推定交货条件，即卖方不是直接将货物交给买方，而是将货物向承运人托运后就算履行了向买方交货的义务。如CIF、CFR、CIP、CPT等条件都是推定交货条件，卖方取得代表货物所有权的单据后向买方提示，买方就必须付款才能取得单据，之后才能向承运人提货。在推定交货条件下，卖方交货和买方收货不同时发生，转移货权以单据为媒介，卖方也是通过单据控制货权的，所以可以采用托收方式结算。但在FOB、FCA条件下，虽然买方也是凭单付款，但由于买方安排运输，货物装到买方指定的船上，也不宜使用托收方式结算。

而对于信用证结算，理论上说只能在推定交货条件的交易中使用，因为只有这样，银行才可以有物权作抵押要求进口商付款。

（4）根据运输单据的性质来选择支付方式。各种运输单据的性质是不同的，只有海运提单和多式联运单据才能作为物权凭证，因此，只有在取得这两种单据时，出口商才能控制货物，才可以使用托收这种支付方式。而在空运、铁路运输、邮寄等方式中，由于运输单据都不是物权凭证，不宜使用托收方式。

（5）根据结算货币来选择支付方式。如果以进口国货币作为计价和支付货币，而该国货币又属于硬货币，即币值稳定且可能升值，出口商在收汇安全的情况下，一般不急于收回货款，故愿采用货到付款或托收等结算方式：一则手续简便、费用低；二则回收的等值货款有更强的购买力。另外，币值走势也直接影响到收付双方的利益。如果使用软货币，对付款方有利；如果使用硬货币，则对收款方有利。

（6）根据合同金额的大小来选择支付方式。若合同金额比较小，可以接受D/A远期或货到付款；如果合同金额较大，对D/A托收和货到付款业务，要求必须投保出口信用险或者直接采用信用证方式。

（7）根据相关国家的政治、经济状况和宏观政策来选择支付方式。若一国政治稳定、经济运行平稳、国力富足、金融秩序良好、国民购买力强、诚信度高，则对该国出口时，可以使用货到付款或D/P甚至D/A，而不必坚持使用预付货款或信用证方式。同时，贸易国的经济政策，特别是外贸政策和金融政策、外汇制度对进出口商在贸易中选用的结算方式也会有一定的影响。如果一国实行保护贸易政策，对本国进口采取各种形式的非关税壁垒措施，对外汇实行管制，则在与该国的贸易伙伴做出口交易时，就要谨慎地使用信用证方式，最好使用预付货款结算，因为对方很可能受政策影响开不出信用证或者拿不到信用证要求的其他单据，造成单据不符而遭拒付或者根本申请不到外汇来支付货款。

10.5.2 各种结算方式的综合运用

在国际贸易中，一笔交易一般选用一种结算方式。但在实际业务中，同一笔交易把两种甚至两种以上不同的结算方式结合起来使用的做法也不少见。因为把不同的结算方式结合起来使用，可以起到取长补短、相辅相成的作用，从而达到既能加快资金周转，又能确保安全收汇的目的。

（1）信用证与汇款结合使用。这样的支付方式在大额的设备进口中被广泛采用。如销售合约规定有一部分是预付货款，以汇款方式支付；剩余的采用信用证方式结算，金额可以是发票金额的80%或90%等。又如，在煤炭、粮食等散装货物的贸易中，90%的货款以信用证方式结算，其余10%的货款在货物运抵目的港经检验合格后，按实际合格的数量确定余额，并以汇款方式支付。

（2）信用证与托收方式结合使用。这种方式一般是货款的主要部分用信用证方式支付，另一部分用托收方式支付，并在合同中明确规定使用信用证和托收方式的比例。出口商在货物运出后，将货运单据委托议付行通过开证行收取货款。信用证项下的金额和托收款项分别开立汇票。全套装运单据附在信用证项下，而托收项下的汇票为光票，为了安全，信用证上必须注明“在发票金额全部付清后才可以交单”的条款。也可以将全套单据附在托收部分的汇票下，信用证项下的汇票凭光票付款。

（3）信用证和保函结合使用。在成套设备或工程承包交易中，除了支付货款外，还会有预付款和保留款的收取。在这样的情况下，一般货款可以采用信用证方式支付，保留款的支付或违约时预付款的归还可以用保函方式解决。

（4）汇款与保函相结合使用。由于汇款是一种以商业信用为基础的结算方式，所以无论预付货款是不是货到付款，都可以用保函来加以保证。

（5）托收与保函结合使用。出口商为了在托收方式下收款有保证，要求进口商申请开出保函，一旦进口商在收到合格单据后未在规定的时间内付款，出口商有权向开立保函的银行索取货款。在这样的业务中，为了保证在遭到拒付后出口商能有充裕的时间办理向银行追偿的手续，保函的到期日必须晚于托收付款期限。在办理托收申请时，出口商还应该在托收申请书中明确：在发生拒付时，代收行应立即用电报或电传通知，以免延误时间导致保函过期失效。

（6）承兑交单或赊销与保理结合使用。出口商选择承兑交单或赊销的支付方式，是为了使自己的商品能够在国际市场上有好的销路，为了吸引较多的进口商，但要承受相当大的风险，同时叙作保理业务，就可以避免一部分风险，又保留了承兑交单或赊销方式原来的优势。

主要概念和观念

○ 主要概念

银行保函 投标保函 履约保函 付款保函 备用信用证 国际保理 福费廷

○ 主要观念

各种支付方式的合理选择 各种结算方式的结合使用

基本训练

随堂测 10

○ 知识题

▲ 简答题

（1）什么是银行保函？试列举出主要的保函种类。

（2）保理业务有哪些内容？对比其他结算方式，说明保理业务对进出口商有哪些作用。

（3）备用信用证与跟单信用证、保函有哪些不同？

▲ 填空题

（1）银行保函按其应用范围可分为________、进口类保函、________和其他类保函四种。担保行进行担保有两种方式，分别是________和________。

（2）福费廷也就是指________业务。

(3) 只涉及一方保理商的保理模式称为________；同时涉及进口和出口两家保理商的保理模式称为________。其中，________是世界上较为通行的做法。

(4) 保函主要的当事人有________、________和________。

(5) 福费廷业务的当事人主要有________、________、________和________。

(6) 国际保理业务提供的服务包括________、________、________和________。

(7) 国际保理业务的当事人主要有________、________、________和________。

(8) FCI是________的缩写，是指________，目前是世界上最大的保理业国际机构。

(9)《ISP98》是指________。

(10) Standby L/C是指________。

▲ 判断题

(1) 签发保函意味着担保行承担了一项确定的负债。因此，担保行出于自身利益的考虑，在签发保函之前往往要对申请人的资信情况及财务状况、担保品及反担保措施、项目可行性及效益、保函申请书或委托担保协议等内容进行详尽的审查。（　）

(2) 备用信用证和银行保函在形式上相似，和跟单信用证在作用上相似。（　）

(3) 备用信用证是美国银行为了回避当时的法律限制，同外国银行竞争，从而为客户提供担保服务而创立的一种保函业务的合法替代。（　）

(4) 包买票据业务主要服务于资本货物的出口融资。（　）

(5) 国际保理是集结算、管理、担保与融资为一体的综合性售后服务业务。（　）

(6) 福费廷业务中风险的最后承担者是进口商。（　）

▲ 单项选择题

(1) 以下关于备用信用证的说法不正确的是（　）。

A.开立备用信用证的目的是由开证行向受益人承担第一性的付款责任

B.若申请人未能履约，则由银行负责向受益人赔偿经济损失

C.若申请人按合同规定履行了有关义务，受益人就无须向开证行递交违约声明

D.备用信用证常常是备而不用的文件

(2) 下列关于国际保理的说法正确的是（　）。

A.国际保理是保理业务在国际结算中的运用

B.保理组织与出口商的业务关系实际上是一种借款关系

C.保理组织对进口商进行资金融通

D.保理组织不承担任何信用风险

(3) 保理业务与贴现业务的区别之一是（　）。

A.前者对出票人有追索权，而后者对出票人没有追索权

B.两者对出票人均无追索权

C.前者对出票人没有追索权，而后者对出票人有追索权

D.两者对出票人均有追索权

(4) 在国际贸易结算中，普遍实行“推定交货”，推定交货的实质是（　）。

A.货物单据化　B.快速收汇　C.奖出限入　D.转账结算

(5)“福费廷”业务最早起源于(　　)。

A.美国　B.瑞士　C.法国　D.英国

(6)“福费廷”业务适用于(　　)。

A.资本货物　B.普通货物　C.农业产品　D.大宗货物

(7)传统的国际贸易和结算中的信用主要是(　　)两类。

A.系统信用和银行信用　B.系统信用和司法信用

C.商业信用和司法信用　D.商业信用和银行信用

(8)国际商会的以下出版物中,适用于备用信用证的是(　　)。

A.《UCP 600》　B.《URC 522》

C.《ISP 98》　D.《INCOTERMS 2020》

(9)在出口商刚一进入某一市场,且市场竞争激烈的情况下,采用以下(　　)支付方式与融资方式的结合最为合理。

A.托收与汇款　B.D/A或O/A与保理

C.信用证与托收　D.信用证与保函

(10)对进口商来说,可减少开证金额,少付开证押金,少垫资金;对出口商来说,又可要求银行须待全部货款付清后,才能向进口商交单,收汇比较安全的结算方式的组合是(　　)。

A.信用证与汇款　B.D/A与保理

C.信用证与托收　D.信用证与保函

▲ 多项选择题

(1)下面关于银行保函的论述正确的是(　　)。

A.银行保函是开证行的信用担保　B.有条件保函银行负第一性付款责任

C.实行“见索即付”的原则　D.使用范围比跟单信用证广泛

(2)下列各项中,对出口商进行融资的方式是(　　)。

A.打包放款　B.出口押汇　C.包买票据　D.国际保理

(3)保理业务的特点是(　　)。

A.适用于大型设备贸易　B.能免除出口商的信贷风险

C.适用于一般商品贸易　D.能加速出口商资金周转

▲ 阅读理解

阅读前述福费廷的应用,请说明在福费廷结算业务中,对出口商有哪些影响?

▲ 技术应用

在国际贸易中,一般利用铁路运输的业务很少采用跟单托收结算方式,为什么?

○ 技能题

▲ 单项操作训练

请画图说明福费廷业务流程。

▲ 综合操作训练

（1）巴基斯坦某项电力安装工程进行招标，我国哈尔滨威信国际有限公司根据招标方业主的要求投标后中标，根据巴方业主招标书，我方公司需要出具履约保函并进行反担保，哈尔滨威信国际有限公司向中国工商银行和平支行提出申请开立保函，按工行关于开立保函机构的规定，由一级分行工商银行黑龙江省分行开立反担保保函，再由境外联行巴基斯坦工行伊斯兰堡分行向业主开立担保保函。

请分析，本案例是直接担保保函还是间接担保保函？案例中的申请人、反担保人、担保人、受益人分别是谁？开具保函的业务流程又是什么？

（2）2023年5月29日，某出口商A向B出口一批商品，价值为120 600.00欧元，合同约定在7月21日付款。出口商为了获得融资，于6月1日向出口保理商做了出口保理业务，金额为合同金额的50%。到期时进口商向进口保理商全额付款，进口保理商同时将全部货款划入出口保理商指定的账户。

计算：假设市场利率为6%，一年按360天计算，到期时出口保理商应向出口商支付多少欧元？

观念应用

○ 分析题

（1）选择不同的支付方式应依据哪些因素？如何把几种支付方式结合使用？

（2）在以EXW、FOB、CIF价格条件成交的贸易中，在选择结算方式时应注意什么问题？

○ 案例题

（1）保函部分

案情：2023年6月初，广东A银行应信用证申请人B公司之申请，开立了一份金额为1 500万美元、以中国香港C公司为受益人的L即期信用证。6月底，B公司声称货物已到码头，并向A银行申请开立担保提货保函（Letter of Guarantee for the Release of Goods）。A银行发现单据尚未到达，按规定收取了相应的保函保证金后，为B公司开立了金额为1 500万美元的提货保函。到7月中旬，A银行仍未收到该保函项下的正本单据。

A银行立即致电申请人B公司查问事件原因。原来，信用证申请人B公司从中国香港C公司进口的该批货物，与L信用证上所标明的价格不符，而是一个较高的价格。对于该批货物，B公司与C公司另有约定：只有在B公司支付给C公司相应的差额款项后，C公司才到银行交单议付；否则，C公司拒不交寄单据，并继续掌握货物的所有权。这次，由于B公司就另一批货物的质量问题向C公司索赔，并提出在L信用证项下的货物差价中扣减。但C公司认为其货物质量合乎要求无任何问题，拒绝了B公司的索赔。C公司还声称，B公司应尽快付清L信用证项下的相关货物差价；否则，它们将凭正本提单向承运人S船公司追回所出运的L信用证项下的货物。

A银行获悉这一情况后，发现自己无意中卷入了一场贸易纠纷。如果B公司向C公司索赔未果，从而拒绝支付L信用证项下的货物差价，那么，持有正本提单的C公司因拥有货物的所有权，它们将有权凭正本提单向承运人S船公司追索货物，又由于该批货物已被B公司凭A银行签发的提货保函提走，而提货保函受益于承运人S船公司，S船公司必然持提货保函向A银行索赔。这样一来，A银行将处于两难境地：一方面，B公司已提走货物，并且在生产中耗用了一部分，A银行根本无货物还给S船公司；另一方面，A银行在其签发的提货保函中承诺向S船公司承担“认赔责任”，虽然收取了B公司的足额提货担保保证金，但若真的卷入由此引起的法律纠纷，A银行仍然很被动，甚至可能造成损失，并影响其正常业务的开展。

分析：A银行应如何操作才能避免或减少损失？这个案例带给你的启示是什么？

（2）国际保理案例

经营日用纺织品的英国Tex UK公司主要从我国、土耳其、葡萄牙、西班牙和埃及进口有关商品。几年前，当该公司首次从我国进口商品时，采用的是信用证结算方式。最初采用这种结算方式对初次合作的公司是有利的，但随着进口量的增长，该公司越来越觉得这种方式烦琐、不灵活，而且必须向开证行提供足够的抵押。为了继续保持业务的增长，该公司开始谋求至少60天的赊销付款方式。虽然该公司与我国的出口商已建立了良好的合作关系，但是考虑到这种方式下的收汇风险过大，因此我国的供货商没有同意这一条件。

之后，该公司转向其国内保理商Alex Lawrie公司寻求解决方案。英国的进口保理商为该公司核定了一定的信用额度，并通过中国银行通知了我国的出口商。通过双保理制，进口商得到了赊销的优惠付款条件，而出口商也得到了100%的风险保障以及发票金额80%的贸易融资。目前，Tex UK公司已将保理业务推广到了5家中国的供货商以及土耳其的出口商。

分析：试通过这一案例说明双保理业务在实际应用中的作用。

（3）选择结算方式时考虑因素的案例

国内某出口公司在一次出口交易会上与初次往来的某国外进口商签订了一笔出口合同，并凭该进口商出具的以国外某银行为付款人的5万美元的支票在两天后将合同货物空运出口，随后，该出口公司将收到的支票交国内某银行办理托收，却被告知该支票为空头支票，此时，货物已被对方提走，出口公司因此钱货两空。

分析：该案例说明了什么问题，出口公司应该怎么做？

○ 实训题

登录国内外各家商业银行及相关金融机构的网站，了解各种结算方式的最新发展趋势及国际结算中的最新风险防范措施。

○ 讨论题

我们知道，每种结算方式都各有优缺点，在实际工作中不同的结算方式可以结合起来使用，讨论如何结合才能更有效率、更安全。

主要参考文献

[1] 管涛，王乾筝，黎琪嘉，等．关于构建“海丝人民币汇率指数”期货的构想［J］．国际金融，2019（1）．

[2] 季云华．资本流动管理工具在我国的借鉴及运用研究［J］．浙江金融，2019（3）．

[3] 中国工商银行国际结算单证中心（合肥）区块链研究课题组，王晓敏．应用区块链技术发展工商银行传统国际结算工具之探讨［J］．杭州金融研修学院学报，2018（10）．

[4] 李峰，焦芳．电子交单业务的未来［J］．中国外汇，2014（6）．

[5] 王勤淮．票据市场电子化的国际趋势与我国的选择［J］．中国期货市场，2003（7）．

[6] 闫红．区块链在国际结算中的应用分析［D］．沈阳：辽宁大学，2018．

[7] CHAN R H，GUO Z Y，LEE S T，et al.Foreign exchange modelling［M］．Singapore：Springer International Publishing，2019．

[8] DEUTSCH H P，BEINKER M W.FX derivatives［M］．Berlin：Springer International Publishing，2019．

[9] ALBER N.Determinants of financial inclusion：the case of 125 countries from 2004 to 2017［M］．Berlin：Springer International Publishing，2019．

[10] TSKHADADZE N V，CHERNORIZOVA N V.International financial markets in the conditions of transformation of financial system［M］．Berlin：Springer International Publishing，2018．

[11] BULJEVICH E C，PARK Y S.Project financing and the international financial markets［M］．US：Springer International Publishing，1999．

[12] 刘铁敏．国际结算［M］．2版．北京：清华大学出版社，2019．

[13] 李玫．国际金融［M］．北京：中国人民大学出版社，2016．

[14] 吕江林．国际金融［M］．北京：科学出版社，2016．

[15] 庞红，尹继红．国际结算［M］．北京：中国人民大学出版社，2016．

[16] 苏宗祥．国际结算［M］．6版．北京：中国金融出版社，2015．

[17] 陈雨露．国际金融［M］．北京：中国人民大学出版社，2015．

[18] 张东祥．国际结算［M］．北京：首都经济贸易大学出版社，2015．

[19] 苏宗祥，徐捷．国际结算［M］．北京：中国金融出版社，2015．

[20] 陈燕．国际金融［M］．北京：北京大学出版社，2015．

[21] 安毅．期货市场学［M］．北京：清华大学出版社，2015．

[22] 贺瑛. 国际结算 [M]. 北京：高等教育出版社，2015.

[23] 周学明. 国际贸易实务 [M]. 北京：中国金融出版社，2015.

[24] 冯文伟. 国际金融学 [M]. 上海：立信会计出版社，2014.

[25] 潘天芹. 国际结算 [M]. 杭州：浙江大学出版社，2014.

[26] 贺瑛. 国际结算 [M]. 北京：高等教育出版社，2011.

[27] 徐明，李辉. 中国证券业年鉴 [M]. 上海：复旦大学出版社，2011.

[28] 刘鸿儒. 中国金融年鉴 [M]. 北京：中国金融出版社，1986.

[29] 毛盛勇，叶植材. 中国统计年鉴 [M]. 北京：中国统计出版社，2019.

[30] 盛勇，叶植材. 中国统计年鉴 [M]. 北京：中国统计出版社，2019.

[31] 贺瑛，张晖. 国际金融学 [M]. 2版. 上海：立信会计出版社，2023.

[32] 吴志明，杨胜刚. 国际金融 [M]. 5版. 北京：高等教育出版社，2021.

[33] 斯泰尔 B.布雷顿森林货币战：美元如何统治世界（典藏版）[M]. 北京：机械工业出版社，2019.

[34] 许南，李建军，张雅. 国际结算 [M]. 2版. 北京：中国人民大学出版社，2021.

[35] 刘昊虹. 国际结算 [M]. 2版. 北京：中国金融出版社，2022.

[36] 徐立平，李果，何文祥. 国际结算实验教程 [M]. 大连：东北财经大学出版社，2021.

[37] 高露华，鹿永华. 国际结算 [M]. 2版. 北京：清华大学出版社，2021.